| POST-POSTMODERN |

포우스트-포우스트모던

미국소설론과 작품세계

언어 상상력 자아탐구 공존의식

역사의 격동기에
한때 유배지였던
제주도에서 태어나
큰 뜻을 가졌으나
좌절과 고난의 삶을
살다 타계하신 부모님
고창무(1905-1982)와
김이환(1909-1993)에게
그리고
삶의 반려자 차정원
두 딸 원렬 원실에게
깊이 감사하고 사랑하는
마음으로

| POST-POSTMODERN |

포우스트-포우스트모던 미국소설론과 작품세계

언어 상상력 자아탐구 공존의식

고지문 지음

Paul Auster

Tim O'Brien

Charles Richard Johnson

Marilynne Robinson

Leslie Marmon Silko

전남대학교출판문화원

Contents

■ 머리말

1940년대에 출생한 다섯 소설가, 폴 오스터(Paul Auster), 팀 오우브라이언(Tim O'Brien), 찰즈 리처드 존선(Charles Richard Johnson), 매럴린 로빈선(Marilynne Robinson), 그리고 레슬리 마먼 실코우(Leslie Marmon Silko)를 논의하는 저서의 표제에 포우스트-포우스트모던이라는 용어가 있다. 무엇보다도 먼저 독자들에게 생소한 포우스트-포우스트모던이즘에 대한 설명이 필요하다. 소설가는 어떤 예술가, 인문학자 그리고 신학자보다도 더욱 상상적이면서도 구체적이고 전체적으로 실존목적과 방식을 모든 사람의 자발적 공감과 동의 그리고 수용을 전제로 탐구하려고 최선을 다한다. 그러기 위해 그는 어떤 극한상황에서도 실존의 긍정적, 낙관적 의식 그리고 가능성과 잠재력을 확장하려는 주인공과 이야기를 철학과 사조에 의존하여 창조한다. 이렇게 창조된 주인공과 이야기는 독자들 스스로 자기를 더욱 진실하고 심오하게 알려는, 자신의 가능성과 잠재력을 최대한으로 계발하려는, 다른 사람들을 더욱더 깊이 배려하고 사랑하려는, 그리고 사회정의를 실현하려는 욕구를 촉발시킴과 동시에 충족시키는 위력을 발휘할 수 있어야 한다. 그런데 1980년대에 이런 위력을 발휘했던 포우스트모던이즘은 사회와 사조 변화에 따른 의식전환으로 예술철학과 비평에서 생명력, 다시 말하면 과거의 지배적, 우월적 위상을 상실한다. 이렇게 위상을 상실한 포우스트모던이즘은 종말을 맞는다.

이 종말의 사례를 들면, "1990년대 초에 비평가들은 포우스트모던이즘이 '절정기'에서 쇠퇴하기 시작했고, 새로운 형태의 사실주의가 그 자리를 차지하기 시작했다는 사실을 주장하는 포문을 열었다." 1991년에 포우스트모던이즘의 대부인 이합 핫산(Ihab Hassan), 그리고 포우스트모던 소설가들인 죤 바스(John Barth), 레이먼드 페더만(Raymond Federman), 그리고 윌리엄 개스(William Gass)가 참석한 학술대회, "포우스트모던이즘의 종말: 새로운 방향"에서 "비평가들은 미학과 문학이론의 핵심에서 분명한 변화를 확인하기 시작했다고 공언했다. 그 후로 우리는 . . . 포우스트모던이즘의 유아론과 무책임성 그리고 윤리적, 사회적 공허성과 (드디어) 결별하려고 계속 노력해 왔다." 독자들이 포우스트모던이즘의 이런 부정적, 불합리한 주장을 거부하자, 거기에 동조하면서도 그것의 긍정적, 합리적 철학을 수용하는 "'새로운' 형태의 사실주의가 출현했다." 이렇게 독자들의 의식 그리고 소설 창작기법의 변화로 "1989년에 포우스트모던이즘의 종언은 . . . 불가항력으로 간주되었다. 1990년대 중반에는 '포우스트모던이즘 후에 (혹은 을 넘어서)'라는 구절이 많은 비평서들의 표지를 장식했다" ((Josh Toth & Neil Brooks, "Introduction: A Wake and Renewed?," in *The Mourning After: Attending the Wake of Postmodernism*, Eds. Neil Brooks and Josh Toth (Amsterdam: Rodopi, 2007), 3-4, 4, 5)). 이 "포우스트모던이즘 후에 혹은 포우스트모던이즘을 넘어서"의 철학이 바로 포우스트-포우스트모던이즘이다. 게다가 포우스트-포우스트모던이즘의 출현으로 비평가들의 연구대상에도 큰 변화가 일어났다. 그 사례를 들면, "1970년대와 1980년대의 서평가와 비평가들에게 중요한 소설가들은 죤 바스, 죤 혹스(John Hawkes), 윌리엄 개스, 커트 반어거트(Kurt Vonnegut), 토머스 핀천(Thomas Pynchon), 도늘드 바털미(Donald Barthelme), 이쉬미얼 리드(Ishmael Reed), 그리고 로버트 쿠버(Robert Coover)였고, 이들보다 관심이 더 적은 작가들은 레이먼드 페더만, 로늘드 수케닉(Ronald Sukenick), 그리고 스티브 캐츠(Steve Katz)였다. 최근 비평가들은 이것과는 약간 다른 목록을 만들었는데, 토머스 핀천은 다시 포함되지만 돈 디릴로우(Don DeLillo), 캐시 애커(Kathy Acker), 그리고 폴 오스터에다 윌리엄 깁선(William Gibson)을 필두로 사이버펑크(cyberpunk) 계열의 작가들, 처음에 경멸적으로 저평가받았지만 나중에 상당한 비평적 주목을 끌었던 소설가들인 윌리엄 개더스(William Gaddis), 죠우저프 맥얼로이(Joseph McElroy), 그리고 길버트 소렌티노우(Gilbert Sorrentino)를 추가했다. ((Jeremy Green, *Late Postmodernism: American Fiction at the Millennium* (New York: Palgrave, 2005), 32)). 요컨대 포우스트-포우스트모던이즘은 포우스트모던이즘을 넘어서는 철학으로 소설창작기법으로 새로운 형태의 사실주의를 선호하며, 비평가들의 연구대상을 포우스트모던 소설가들보다도 오히려 1940년대와 그 후에 출생한 작가들에게 집중시켰다.

이런 포우스트-포우스트모던이즘에 대한 설명은 학술적이므로 매우 난해하다. 이 설명이 지나치게 관념적이고 추상적이기 때문이다. 그러므로 저자는 천박한 지식으로 과연 타당하고 합리적이라는 말을 들을 수 있을 거라는 자신감은 없지만, 두 개의 실례를 들어 구체적으로 포우스트-포우스트모던이즘을 설명하려고 한다. 먼저 소설주인공을 실례로 들어 설명하면, 그는 모던이즘소설에서는 자기를 억압하고 질식시키는 사회에서 극도로 소외되고 고립되어 자기보존이 불가능함으로 결국 현실을 도피하는 삶을 선택한다. 포우스트모던 소설주인공은 자신의 생사가 걸린 극한상황을 극복하고 사회 속에서 생존하기 위해 오로지 홀로 존재한다. 반면에 포우스트-포우스트모던 소설주인공은 인권을 유린하는 탄압사회에서 어떤 역경과 시련에 직면하면서도 혼자만 생존하려고 사회와 다른 사람을 부정하지 않고 긍정하면서, 함께 사는 실존을 추구하는 여유와 행복을 즐기려고 한다. 다음에는 1950년대에 미국사회에 소개되어 열광적으로 수용된 불교를 실례로 들어 포우스트-포우스트모던이즘을 설명해보려고 시도한다. 버너드 맬러머드(Bernard Malamud)는 *듀빈의 생애*(*Dubin's Lives*, 1979)에 22세의 대학중퇴자이고 불교수도원에서 도망쳐 나온 패니 빅(Fanny Bick)을 성과 의복 해방의 선구자로 등장시켰다. 그녀는 기독교가 여자에게 가혹했던 성 억압 그리고 여체를 잔인하게 옭아맸던 의복으로부터 해방의 길을 불교에서 발견했다. 이처럼 그녀에게 불교는 자기를 모든 억압과 질곡에서 정신적, 육체적으로 해방시켜준 구세주였다. 그녀는 자신의 젊은 아름다운 신체를 유감없이 노출시키는 헐렁한 옷차림으로 성적 욕망을 마음껏 드러내는 분위기를 조성하여 성해방을 구가했다. 또 잭 케러왝(Jack Kerouac)도 불교로 자기를 극도로 혼란시켰던 천주교의 정신과 육체를 분리시키는 이원론, 더욱이 삶과 예술을 구별하는 이원론을 극복할 수 있었다. 게다가 그는 불교로 자아탐구와 자발적인 삶 의지를 억압하는 출세제일주의와 물질만능주의에서 해방되어, "나는 누구인가"를 탐구하려는 인간으로 변신할 수 있었다. 더욱이 그는 선불교의 영향을 받은 일본 하이쿠(haiku)에 함축되어 있는 소재의 다양성과 이질적인 소재의 결합과 조화에 매료되었다. 그는 이원론의 극복과 "만물은 하나이다"는 진리를 바탕으로 만물은 변화무쌍하기 때문에 이 세상과 삶에 영원불변은 있을 수 없다는 깨달음으로 세속적인 물욕으로부터 해방되어 자유스러운 삶을 살려고 고심하는 *진리의 탐구자들*(*The Dharma Bums*, 1958)의 주인공, 레이먼드 스미스(Raymond Smith)를 창조했다. 요컨대 맬러머드와 케러왝의 소설주인공은 마음을 비워, 다시 말하면 불교의 공에 의존하여 개인적 차원에서 인간을 질식시키고 억압하는 획일적 사고와 욕구(물질만능주의와 출세제일주의) 그리고 종교와 제도로부터 해방되어 자유를 구가하는 전형적인 개인주의자이다. 반면에 흑인소설가, 찰즈 리처드 존선은 그의 소설에서 공과 함께 연기론을 강조했다. 그는 자유를 신체적, 법적 측면보다는 오히려 심리적, 성적, 정신적 관점에서 고찰했다. 그래서 그는 흑인이 갈망하는 자유를 항의와 반항으로 쟁취하려 하지 않고 돈오로 향유하려고 전력하기 때문에 불교에 의존하여 자아와 본래면목 탐구를 절대시했다. 그는 이 탐구를 모든 사람과 자연은 서로 의존하여 공존한다는 연기설에 집중시켰다. 그는 흑인들이 빼앗긴 자유와 인권을 회복하는 첩경은 지배계층인사들을 적대시하는 반항에 있지 않고, 돈오에 정진하면서 연기설을 바탕으로 그들과 서로 의존하는 공존의식을 확장하는 데에 있다고 강조했다. 그는 모든 인간은 자연의 일부이고 평등하므로 서로 의존하여 상생하면서 돈오에 정진해야 한다는 진리를 깨달은 *소치는 사람 이야기*(*Oxherding Tale*, 1982)의 주인공, 앤드루 호킨즈(Andrew Hawkins)를 창조했다. 요컨대 이 주인공은 대립과 적대관계에서도 상호이해, 배려, 존중, 그리고 협력을 증진하는 관용과 화해정신 그리고 공동체의식을 확장하는 원동력이 될 수 있는 돈오와 연기설의 절대적 중요성을 강조했다. 결론적으로 포우스트-포우스트모던 소설주인공은 극한상황에서 오로지 혼자만 생존하려고 고군분투하는 이기적 개인주의자가 아니고, 돈오와 연기설을 바탕으로 사이좋게 공존하려는 이타적 상생주의자이다. 오늘날 우리 사회는 이런 주인공을 필요로 할 뿐 아니라 요구한다.

오스터, 오우브라이언, 로빈선, 그리고 실코우도 죤선처럼 어떤 극한 상황에서도 혼자만 생존하려하지 않고, 다른 사람을 이해하고 배려하며 존중하면서 함께 공존하려는 소설주인공을 창조했다. 그들의 소설주인공은 자신의 생존을 위협하고 인권을 유린하는 사회와 억압자들에게 무조건 맹목적으로 반항하지 않았다. 그는 그런 사회와 억압자들마저 긍정적으로 수용하면서 적대시하지 않았다. 그는 이런 수용으로 자신의 실존위기와 한계상황을 힘겹게 감내하면서 낙관적으로 극복하려했다. 그는 오로지 이런 여건에서도 자아와 본래면목을 탐구하고, 자신의 가능성과 잠재력 계발에 전념하여 창조적이고 평온한 삶을 즐기려했다. 게다가 이 소설가들은 이런 주인공을 현실을 외면한 상상세계에서 허구적으로 창조하지 않고, 사실적으로 이야기했다. 이처럼 그들의 긍정적, 낙관적 의식을 전제로 창조한 소설주인공 그리고 그의 실존목적과 방법을 상상력에 의존하여 허구적으로 묘사하기보다는 오히려 사실적으로 기술한 수법은 1920년대와 1930년대에 출생한 포우스트모던 소설가들의 소설철학과 기법과는 아주 상이하다. 이 상이가 포우스트-포우스트모던 소설을 태생시킨 요인이고 배경이다.

이 상이는 1940년대 이전에 출생한 포우스트모던 소설가들과 그 이

후 태생의 포우스트-포우스트모던 작가들의 실존체험과 의식의 현격한 차이에서 비롯되었다. 포우스트모던 소설가들은 궁핍, 억압 그리고 위기감이 팽배했던 시대에 태어났다. 그들은 세계 대공황과 제2차 세계대전의 궁핍과 참화 뿐 아니라 본능을 억압하는 사회관습과 규범을 체험하면서 성장했다. 게다가 그들은 예상 밖의 사회격변의 와중에서 부지불식간에 삶의 전부를 상실하는 위기상황에 직면했다. 그들은 이런 체험과 직면으로 자기와 세계를 비관적, 비극적, 부정적 시각과 의식으로 볼 수밖에 없었다. 따라서 그들은 이런 시각과 의식을 전제로 독자적으로 궁핍, 억압 그리고 극한상황을 극복하는 소설을 창작했다. 그들은 소설 창작철학과 기법을 개개인의 생명과 안전을 보장하려하지 않을 뿐 아니라 자아, 본능 그리고 소망을 인정하고 용납하려하지 않는 기존 진리, 예술, 이념, 종교, 그리고 체제를 부정하는 소설주인공을 상상력에 의존하여 언어로 창조했다. 그들은 상상력과 언어에 의존하면서도 사회를 이탈하지 않고 홀로 억압과 극한상황을 극복하고, 자아를 탐구하고 실현하려고 최선을 다하는 소설주인공 창조에 전력했다. 한때 이 소설주인공은 독자들에게 대단한 위로, 용기, 희망, 그리고 활력을 불어넣어주었기 때문에 그들의 열렬한 환영과 지지를 받았다. 그러나 이 소설주인공은 오로지 자기 생존에만 급급하여 다른 사람들과 공존하려는 의지와 실천이 없는 개인주의자일 뿐 아니라 기존 진리를 인정하고 수용하려 하지 않는 부정주의자 겸 의사소통 불가능자라는 비난을 받는 현실감과 핍진감이 없는 허구적 인물이다. 오늘날 이런 비난을 받는 소설주인공이 포우스트모던 소설가들의 체험과 의식의 한계성을 드러낸 진면목이다. 이런 한계성을 초월하는 포우스트-포우스트모던 소설가들은 1940년대에 태어나서 제2차 세계대전 후의 풍요와 안정을 구가하는 분위기에서 성장했다. 따라서 그들은 자기와 세계를 긍정적, 낙관적, 희극적 시각과 의식을 전제로 어떤 극한상황에서도 다른 사람들과 공존하려는, 더욱이 자기 삶을 억압하고 파멸시키려는 지배세력과 체제에 맹목적으로 반항하지 않고 긍정적, 평화적으로 대응하려는 소설주인공을 사실적으로 창조했다. 오늘날 우리는 우리 실존에 귀감이 되는 이런 소설주인공을 필요로 한다. 우리 필요에 부응하여 등장한 이 소설주인공이 바로 포우스트모던 소설의 한계를 초월한 새로운 인간상일 뿐 아니라 포우스트-포우스트모던 소설이 구현하려는 목표이다.

저자가 이 저서를 집필하기 위해 임의로 선정한 오스터, 오우브라이언, 죤선, 로빈선, 그리고 실코우가 1940년대에 출생한 대표적 소설가들은 아니다. 저자는 처음에 이 년대에 출생한 열 작가에 대한 논문을 한 편씩 쓰고 싶었지만 자료수집의 한계로 뜻을 이룰 수 없었다. 그래서 한 작가에 대한 두 편의 논문을 쓰기로 작정하고 다섯 작가를 선정했다. 이 선정 기준을 작가의 우열보다는 오히려 미국소설의 골격을 이루는 여러 인종의 남녀소설가들 중에서 골고루 뽑는데 더 큰 비중을 두었다. 이렇게 선정된 소설가가 유대인 오스터, 백인남자 오우브라이언, 흑인 죤선, 백인여자 로빈선, 그리고 인디언여자 실코우이다. 그들은 미국인들의 소망과 욕구 그리고 시대정신과 사조에 부응하여 그들의 의식개혁과 사회변화를 선도하려는 포우스트-포우스트모던 소설철학을 공유하면서도, 그들 각자의 성장배경 그리고 고유한 문화적 전통과 유산을 이야기 소재와 말하기 수법으로 특이하게 활용했다. 그들의 이야기 소재의 다양성과 이질성 그리고 말하기 수법의 복잡성, 의외의 방향으로 전개 그리고 평온함과 안정감을 자아내는 끝맺음은 매우 매력적이다. 이들과 비견할만한 1940년대에 출생한 소설가들은 맥스 애플(Max Apple), 캐시 애커, 로리 앤더선(Laurie Anderson), 옥테이비어 버틀러(Octavia Butler), 제이 캔터(Jay Cantor), 캐스린 데이비스(Kathryn Davis), 새뮤얼 알 델레이니(Samuel R. Delany), 윌리엄 깁선, 배리 기퍼드(Barry Gifford), 맥신 홍 킹스턴(Maxine Hong Kingston), 보비 앤 메이선(Bobbie Ann Mason), 응토자케 샹게이(Ntozake Shange), 아트 스피겔먼(Art Spiegelman), 그리고 린 틸먼(Linne Tillman) 등등이다.

저자는 부덕한 소치와 게으름으로 논문을 집필하면서 소설을 논의할 동료와 후학을 찾을 수 없었다. 게다가 국내 학술지에 발표된 1940년대에 출생한 미국소설가들에 대한 논문도 많지 않았다. 상대적으로 레슬리 마먼 실코우의 *의식*과 *망자들의 비망록*에 관한 논문은 많았지만, 저자의 견해와는 상당한 차이가 있었다. 이 저서는 오로지 혼자 작품을 읽고 사색하고 이해하여 쓴 논문들을 수합한 책이다. 저자의 이해와 글이 과연 독자들의 반향을 불러일으킬 수 있을지에 대한 기대보다는 의문이 앞선다. 이 의문은 저자의 착각일지도 모르지만 현재 우리나라 미국소설 연구풍토가 소설연구와 비평에서 예술이론보다도 오히려 심리학이나 사회학이론에 치우쳐서, 작품의 예술적 함의와 그 표현 기법의 음미를 경시하는 데서 비롯되는 것 같다. 글을 쓰면서 삶의 반려자, 차정원의 많은 격려와 조언을 받았다. 광주중앙여자고등학교장, 강의섭박사에게 논문을 읽고 다듬어 달라는 무리한 부탁을 했다. 강교장은 바쁜 일정과 업무에 쫓기면서도 "실존은 미완의 자아탐구 과정," "극한상황의 극복 그리고 자아보존과 성숙," "자유를 찾은 이야기," 그리고 "자제, 용기 그리고 공존의식"을 읽기 편하게 고쳐주었다. 또 영어사전에 없는 인명과 지명의 발음표기에 전남대학교 사범대학 영어교육과 엄철주교수의 도움을 받았다. 논문 집필에 필요한 자료들을 두 딸, 원렬과 원실이 챙겨주었다. 이렇게 이 저서는 여러 사람들의 도움을 받아 빛을 볼 수 있었으므로 그들에게 깊이 감사하는 마음으로 이 책을 헌정한다.

2018년 3월

고지문

1

폴 오스터: 실존은 미완의 자아탐구 과정

I

1940년대에 출생한 폴 오스터(Paul Auster, 1947-)는 미국의 가장 출중한 [포우스트모던] 소설가들 중 한 명일 뿐 아니라 새로운 소설 창작 기법을 활용하는 중요한 작가들 중 선구자로 1990년대 초반까지 미국 밖에서 더욱 큰 평가와 절찬을 받았다.[1] 그는 상상력에 크게 의존하는 포우스트모던이즘과 현실을 중요시하는 사실주의를 통합하는 소설을 창작한다.[2] 그의 소설은 "포우스트모던이즘과 현실세계에 대한 매우 깊은 관심 그리고 사회참여 의지의 융합체이다. [포우스트모던 소설] 창작과 그

---

[1] Dennis Barone, "Paul Auster," in *Dictionary of Literary Biography, Volume 227: American Novelists Since World War II, Sixth Series*, Ed. James R. Giles and Wanda H. Giles (Detroit: Gale, 2000), 18, 16-28.

[2] 포우스트모던이즘 소설이 생명력을 크게 상실한 후에 등장한 이런 경향의 소설이 post-postmodernism 소설이다. Josh Toth & Neil Brooks, "Introduction: A Wake and Renewal?" in *The Mourning After: Attending the Wake of Postmodernism*, Ed. Neil Brooks and Josh Toth (New York: Rodopi, 2007), 1-13. 그리고 Stephen J. Burn, *Jonathan Franzen at the End of Postmodernism* (New York: Continuum, 2008), 1-27 참조

위력에 대해 공공연히 예찬하는 반면에 전통소설 창작의 위력을 철저히 부정하기에 그의 소설은 도시생활, 서구역사, 자본주의, 금융횡포, 그리고 작가의 역할과 관련된 문제들을 결코 도외시하지 않는다. 특히 [장편 처녀작] *뉴욕 3부작*(*The New York Trilogy*, 1987)과 그후 작품들은 사실주의와 포우스트모던 소설 사이에, 다시 말하면 현실문제의 규명과 . . . 자아의 본성 탐구 사이에 절묘한 균형을 유지"한다. 그는 이런 균형을 이루기 위해 고독 속에서 자신의 소망 실현에 대한 확신(self-invention)을 전제로 본래면목, 언어의 본질, 그리고 소설 창작의 위력을 탐구한다. 그가 그렇게 하는 것은 "고독은 우리가 [다른 사람들과의] 연대의식 그리고 사회와의 복잡하고 무한정한 관계를 더욱 잘 이해할 수 있는 동력"[3]이라고 믿기 때문이다. 처녀작을 출판할 당시에 그의 소설 창작철학이나 혹은 그 주제로서 고독 예찬은 동료작가들과 미국인들의 관심과 흥미를 끌지 못했다. 그러나 오늘날 그의 작품들은 미국 내외에서 독자들의 절찬을 받을 뿐 아니라 학자들의 깊은 관심과 연구의 대상이다. 새로운 형태의 추리소설(postmodern detective story 혹은 meta-anti-detective story) 형식으로 창작한 *뉴욕 3부작*은 사건해결의 열쇠를 찾으려 하지 않으면서도 훌륭한 질문들을 제기하는 소설이다.[4] 즉 이 장편처녀작은 자아와 실존에 결정적인 역할을 하는 본래면목과 언어의 본질 탐구를 극대화하기 위해 해답과 결말을 구하려하지 않는 대신 미완의 자아탐구 과정을 중요시한다. 이 논문에서는 "실존은 미완의 자아탐구 과정"이라는 논지에서 *뉴욕 3부작*을 분석하고 고찰하고자 한다.

먼저 이 분석과 고찰을 위해서 필수적인 오스터의 소설 창작철학을 논의한다. 그는 자신의 실존에서 "유일한 소망은 문예 창작"이라고 공언한다. 특히 그에게 소설 창작은 생존을 위한 최선책이다. 한때 경제적, 정신적으로 아주 절망적이었던 자신의 삶을 선친의 유산과 소설 창작 작업

[3] Aliki Varvogli, *The World that is the Book: Paul Auster's Fiction* (Liverpool: Liverpool University Press, 2001), 2, 3.

[4] Paul Auster, *Collected Prose* (New York: Henry Holt, 2010), 557.

덕택에 극복했다. 그는 "소설 창작은 내가 생존하기 위해 필요한 . . . 활동이다. [. . .] 소설 창작이 언제나 나의 즐거움은 아니지만 나는 소설을 집필하고 있지 않으면 공포를 느낀다. [. . .] 소설 창작은 내가 [받았던] 마음의 상처로부터 야기되는 고통을 완화시키는데 큰 도움이 되는 활동이다"고 소신을 피력한다. 소설 창작을 함으로써 자기 자신, 다른 사람 그리고 사회를 더욱 심오하게 이해하면서 자신을 변화시킨다. 또한 이 활동을 통하여 다른 사람들과의 충돌과 대립 그리고 사회에 대한 반항과 부정심리를 스스로 명확하게 파악함으로써, 그들과 세계에 대해 강한 인내력, 넓은 아량 그리고 예지를 가지고 대처하는 다양한 성격을 지닌 인물이자 낙관론자로 자신을 성숙시킨다. 실례를 들면 그는 자신의 기분에 좌우되어 어떤 일로 웃다가 울기도 했고, 어떤 사람에게 분노를 표출하다가 연민의 정을 쏟았고, 무관심하고 냉정하게 대하다가 깊은 관심을 보이기도 했다. 그러나 소설을 창작하면서 이런 모든 감정과 반응들을 포용할 수 있게 되어 굳이 어느 한 쪽을 선호할 필요가 없었다. 그는 이런 변신과 성숙 덕택에 "소설 창작의 결과에는 관심이 없고 오로지 그 과정에만 다시 말하면 단어들을 종이에 나열하는 행위에만 전념"[5]한다.

그리하여 오스터는 소설과 소설가의 삶을 구별할 수 없다는 자신의 독특한 예술론을 피력한다. 그는 "무엇보다도 예술은 그것을 창조하는 예술가의 삶과 구별될 수 없다"고 말한다. 덧붙여 "이 주장은 과도한 자서전적 전기가 예술이라는 개념을 무시하고 오히려 최고의 예술성을 구현하려는 의지의 솔직한 표현이 예술이라는 정의를 옹호"하는 것이라 말한다. 이어서 그는 "[. . .] 확신은 회의만 못하고, 형식은 과정에 속수무책이다"고 덧붙인다. 이 예술론에 근거하여, 그의 모든 소설의 주인공은 "말할 것도 없이 나 자신의 일부"이다고 실토한다. 나아가 그는 "모든 소설이 한 권으로 합본된다면 지금까지의 내 삶의 압축물, 다시 말하면 내가 누구인가를 다각적으로 드러내는 그림"일 것이라고 하면서 "앞으로

---

5 앞책, 153, 539, 544, 571.

더욱 큰 그림이 그려지기를 희망한다"고 공언한다. 이처럼 그는 스스로 끊임없이 변신하고 성숙하고자 최선을 다한다. 이러한 자세가 바로 그가 살고 싶은 삶의 과정이다. 그는 이 과정에서 "과학자가 실험실에서 연구용 동물을 관찰하는 것과 똑같은 방식으로 자신을 [철두철미하게] 탐구" 한다. 그러면서 우리 모두의 실존문제를 규명하려고 자신을 활용한다. 그는 스스로 홀로 존재하지만 자기 실존은 다른 사람들과의 접촉과 관계 가운데서 창조되고 있다는 사실을 깨닫는다. 그는 인간관계에는 절대적으로 친근감이 있어야 하는데, 소설이 이런 감정을 유발하여 극대화하는데 결정적인 역할을 한다고 주장한다. 그는 소설을 정의하면서, "소설은 두 이방인이 아주 친밀하고 다정한 관계로 만날 수 있는 유일한 장소이다. 독자와 작가가 함께 소설을 창작한다. 다른 예술은 이런 작업을 {상상할 수도} 수행할 수도 없다. 어떤 예술도 인간 실존의 본질문제를 포착할 수 없다"[6]고 주장한다. 요컨대 그는 자신을 알고 성숙함으로써 다른 사람들과 친밀한 관계를 유지하면서 삶을 놀라움과 생동감으로 용솟음치게 하려고 소설 창작에 몰두한다.

오스터는 자신의 어두운 삶을 극복하고 다른 사람들에게 실존의 환희와 활력을 고취시키는 역할을 하려고 소설을 창작한다고 술회한다. 그는 "나의 소설은 개인적인 극도의 좌절감, 그리고 세상에 대한 극심한 허무감과 절망감, 우리 자신의 무상함과 죽음을 피할 수 없는 운명, 언어의 불완전성, 그리고 인간의 소외를 전제로 하여 창작되었다. 그러나 이런 전제로 소설을 창작하면서도 당신이 살아서 호흡하고 있다는 아름다움과 대단한 행복감, 더욱이 당신이 살아있음을 피부로 느끼는 환희를 표현하고 싶다"고 말한다. 이런 표현 욕구를 바탕 삼은 "이야기는 영혼의 기본양식이다"[7]고 부언한다. 나아가 그는 다른 사람과 세상에 대한 이해의 첩경은 이야기를 읽는데 있다고 확신하면서, 계속 이야기를 창작

---

[6] 앞책, 323, 547, 554, 587.

[7] Mark Irwin, "Memory's Escape: Inventing *The Music of Chance* – A Conversation with Paul Auster," *Denver Quarterly*, 28(1994): 118, 111-122.

함으로써 그 욕구를 충족시키고자한다. 그런데 그의 이야기 창작은 작은 방에 틀어박혀 종이에 단어들을 나열하는 작업이다. 이런 자발적인 자기 구속과 고독은 다른 사람들과 사회로부터 절연하려는 의도가 아니라 오히려 해방되어 본래 자아를 탐구하면서 고수하려는 강한 의지의 실천이다. 한편 이 실천은 자기를 알고, 자기 앎을 바탕으로 자신의 비극적인 삶의 굴레와 불모[8]를 극복하고 소설 창작에 전념하는 자유인으로 성숙하는 과정이다. 이 과정에서 그는 자기 뿐 아니라 다른 사람들의 의식을 개혁하여 상호이해와 배려로 삶의 기쁨, 생동감 그리고 활력이 넘치는 소설주인공을 창조하려고 최선을 다한다. 요컨대 실존에 긍정적 역할을 하는 소설 창작을 위해 최선을 다하고 있는데, 그가 소설을 창작할 때 최선을 다하여 구현하고자 하는 것은 바로 언어구사이다.

오스터는 언어구사를 통하여 실존하는 철학과 사건들을 정확하게 표현하려 하는 것이 아니고, 주관적 이해와 해석을 바탕으로 소설화하려고 단어들을 나열하고자 한다. 나열된 단어를 통해 하나의 사물이나 의미를 지시하려 하지 않고, 그 단어가 합의하는 다양하고 변화무쌍한 의미와 상징들을 표출하려고 고심한다. 요컨대 단어가 사물을 지시하거나 개념을 표현한다는 전통적 언어관을 무시할 뿐 아니라 사회가 일반화하여 강요하는 단어의 추상적이고 객관적인 고정개념을 부정한다. 그는 언어는 "주관적이고 끝없이 미묘한 의미의 차이를 노출하며 다양한 해석의 여지가 있으면서도 . . . '매개적이고 과도적'이다"는 언어관을 피력한다. 나아가 언어의 "의미는 객관적이 아니다. 의미는 개개인과의 무언의 계약에서 파생하여, 그들의 주관적인 해석의 공간에서 창출되어야 한다"[9]고

---

[8] 그는 30대 초반에 극도의 경제적 궁핍으로 인한 위기감에다 가정파탄으로 창작활동을 전혀 할 수 없었다. 이때 그는 아버지의 급서로 유산으로 많지 않은 금액을 받아 경제적 위기를 극복했을 뿐 아니라 자신의 관심을 시에서 산문으로 바꿔 일정 기간 소설 창작에 전념할 수 있었다. 더욱 다행스럽게 그는 소설가 Siri Hustvedt와 재혼하여 불모의 절망감에서 빠르게 벗어날 수 있었다.

[9] James Peacock, *Understanding Paul Auster* (Columbia: University of South Carolina Press, 2010), 8, 8-9.

말한다. 덧붙여 자신의 독창적인 언어철학을 정의하면서, "언어는 진리가 아니다. 언어는 우리가 사회에 존재하는 방식이다. 언어를 구사함은 정신이 대응하는 방식, 다시 말하면 영혼이 사회속의 미립자를 인식한 대로 표현하는 방식을 검토하는 것에 불과하다"[10]고 말한다. 이처럼 그는 언어와 의미의 본질로서 주관성, 다양성, 변화무쌍함, 애매모호성, 그리고 불완전성을 강조한다.

오스터는 이러한 본질을 바탕으로 소설을 창작한다. 소설 창작에서 객관적 진리의 표현이나 사회의 객관적 기술은 불가능하다고 믿는다. 그러므로 소설 창작은 오로지 "더욱 심리적이고 정신적이며 가장 순수한 본능의 진리를 전달하는 최고수단"[11]이라고 갈파한다. 그는 이 가장 순수한 본능의 진리를 전달하는 최고수단이야말로 독자에게 깊은 감동과 깨달음을 촉발하여 자아를 탐구하고 실현하겠다는 의지, 생명의 소중함을 알고 실존위기와 절망을 극복하겠다는 신념과 용기, 그리고 나와 타인은 결국 하나임을 절감하고 그와 친밀한 유대관계를 유지하겠다는 의식의 원천이라고 확신한다. 그러나 그가 중시하는 이런 수단은 유감스럽게도 동료작가들과 대중들로부터 공감도 환영도 받지 못했다. 중편소설, *유리도시*(*City of Glass*)는 1982년부터 1984년까지 여러 출판사들로부터 17번이나 출판을 거절당하고 나서야 비로소 전위문학작품 발간에 관심이 많은 "해와 달 출판사(Sun and Moon Press)"에서 1985년에 출판되었다. 이 소설과 그 이듬해에 발표한 두 중편소설, *유령들*(*Ghosts*)과 *문이 잠긴 방*(*The Locked Room*)을 합본하여 1987년에 장편처녀작, *뉴욕 3부작*을 발간했다. 그는 세 소설의 주인공이 모두 우리(작가와 독자)는 누구인가를 탐구하는 과정에 공통점이 있음[12]을 천명한다. 덧붙여 "이 세 이야기들은 결국은 같은 이야기이다. 그러나 각 이야기는 이야기의 주제에

---

[10] Auster, 137-38.

[11] Peacock, 9.

[12] Paul Auster, *The Art of Hunger: Essays, Prefaces, Interviews* (New York: Penguin, 1993), 262.

대한 나의 인식의 다른 차원을 대변한다"[13]고 말한다. 세 소설의 주인공은 현재의 일상적인 삶이나 혹은 상상을 넘어서서 의식을 뒤흔드는 상황에 직면하여 그것들에 대응하면서 자아를 새롭게 발견한다. 본론에서는 그들의 예기치 못한 현실상황과 그것에 대처하는 예측을 불허하는 도전을 구체적으로 논의하겠다.

II

오스터는 급서한 선친의 유산 덕으로 파멸 직전까지 치달았던 경제적 극한상황에서 벗어나게 되자, 두 번째 부인이 된 시리 허스트베트(Siri Hustvedt)와 사랑에 흠뻑 빠진 채 새로운 형태의 추리소설인 *유리도시*를 집필하기 시작했다. 이 소설 창작으로 이혼의 깊은 상처와 악몽을 치유하면서 그 자신이 획기적으로 성숙한다. 그는 이 소설을 연애편지 삼아 그녀에게 헌정하면서, 그 소설의 성격을 규정했다. 그는 말하길, "그것(소설)은 자기를 들어내지 않는 일종의 허구적인 자서전이다. 만약 그녀를 만나지 않았다면 나의 삶은 어떻게 되었을까를 상상해본 산물이다. 그러므로 나는 작품에서 실명으로 등장하지 않을 수 없었다. 동시에 오스터가 퀸(Quinn, 소설의 주인공)이다. 물론 다른 세계에서이지만." 오스터는 덧붙여, 퀸은 "진리탐구자, 문제해답자 그리고 사건들을 해결하려고 최선을 다하는 사람이다. 그러나 [그가 시도하는] 사건해결 과정에서 당신이 더욱 많은 비밀들을 밝혀낸다면 어떻게 될까? . . . 이런 [어이없는] 일이 소설에서 일어난다"[14]고 말한다. 사실상 퀸은 사건을 해결하지 못하고 계속 난관에 봉착한다. 그런데 이 같은 봉착이 그의 실존이고 이로 인해 결국 그는 자아성숙을 이룬다.

---

[13] Paul Auster, *The New York Trilogy* (New York: Penguin, 2006), 288. 앞으로 이 작품에서의 인용문은 괄호 안에 쪽수만 표시함.

[14] Auster, *Collected Prose*, *The Art of Hunger*, 260, 262.

소설주인공 대녈(Daniel) 퀸은 “부인과 아들을 잃고 크게 상심하여 금욕적인 절연과 자기부정을 도모하는 작가”[15]이다. 그의 실존과 성숙에 관한 이야기는 한밤중에 잘못 걸려온 전화로 시작된다. 과거시제로 쓰인 이 이야기는 퀸의 잘못된 삶, 미국인들의 잘못된 의식 그리고 언어에 대한 잘못된 이해를 중심으로 전개된다. 퀸은 실존에는 우연성, 불확실성, 연대의식 그리고 가능성 등이 부수되고 있다는 전제로 위와 같은 잘못과 싸우면서 자신을 새롭게 인식하게 되고 성숙하게 된다. 서른다섯 살의 퀸은 5년 전에 부인과 아들이 유명을 달리하자 문학적 창의력을 상실한다. 한때는 시와 희곡 창작이나 비평과 번역 등에 전념했으나 이제는 창조적 자아를 잃어버린 채, 해마다 윌리엄 윌선((William Wilson, 에드거 앨런 포우(Edgar Allan Poe)의 단편소설 제목의 인명))이라는 필명으로 추리소설을 5-6 개월 만에 창작하여 출판한다. 그는 자신이 쉽게 만들어 내는 추리소설에서 사건을 해결하려 하지 않고 그저 이야기를 말 할뿐이다. 한편 소설 창작기반을 현실세계보다는 다른 이야기들과의 관계에 두고 있다. 그래서 스스로 “자신을 자기가 집필한 작품의 저자로 생각하지 않기 때문에, 작품에 대한 책임을 느끼지 않을 뿐 아니라 마음속으로 작품을 변호하고 싶지도 않았다”고 고백한다. 아무튼 소설 출판 덕택에 나머지 반년 동안은 어떤 부담도 구애됨도 없이 윤택한 문화생활을 즐긴다. 고독한 생활이기는 하지만 뜻한 대로 소설 창작을 하고 있다. 그러나 다른 사람들과 돈독한 유대관계를 유지하지 못하고, 삶의 유일한 즐거움과 의미를 혼자 정처 없이 걸으면서 자아를 망각하는 데에 두고 있다. 현실에서 자아를 망각함이 “그에게 어느 정도의 평온, 즉 이로운 내적 공허감을 유발”(4-5, 4)하는 것은 사실이다. 요컨대 고독이 그의 직업에는 긍정적인 역할을 하고 있지만, 생활에서의 역할은 무익하고 소극적이다. 이런 와중에 우연히 잘못 걸려온 전화로 말미암아 절연과 자기부정에서 벗어나 다른 사람들과 관계를 맺게 되어 그들을 배려하고 인간과 사회를

[15] William G. Little, “Nothing to Go On: Paul Auster's *City of Glass*,” *Contemporary Literature* 38.1(1997): 153.

새롭게 이해하는 지식인으로 변신하고 성숙하는 계기를 갖게 된다.

이처럼 홀로 외롭게 무기력한 삶을 살고 있는 퀸은 어느 날 한밤중에 사설탐정 폴 오스터를 찾는다는 전화를 받는다. 전화를 잘못 걸었다고 말했음에도 상대방은 굉장히 다급한 일이라며 다짜고짜로 대응한다. 그는 사실상 범죄도 탐정도 수사기관도 전혀 알지 못한다. 그저 독서를 통해 범죄세계를 상상적으로 이해하고 있을 뿐이다. 그에게는 "책의 세계가 가능성, 비밀 그리고 모순들로 소용돌이치면서 생명력을 발휘"하고 있다. 한편 탐정도 작가처럼 사건해결을 위해 거기에 관련된 사람, 정황 그리고 물증들을 종합하기 때문에 "작가와 탐정은 대체자일 수 있다"(8) 고 생각한다. 그래서 그 후에 또다시 같은 전화를 받게 되었을 때 자신이 오스터라고 거짓말을 하자, 상대방은 오히려 안도한다는 것을 알아차린다. 상대방에게 요구사항이 무엇인지를 묻자, 자기가 살해당할 처지에 있으니 도와달라는 부탁을 한다. 그는 상대방과 다음날 직접 만나 자세한 내용을 듣기로 약속한다.

퀸이 만난 피터 스틸먼(Peter Stillman)은 "아버지가 인류가 타락하기 전의 하나님의 언어를 발견하기 위해 시도한 편집광적인 실험의 피해자"이다. 그가 받은 피해는 "'하나님의 언어'의 초월적인 명료성과 확실한 의도성을 회복함으로써 세계를 구원"[16]할 수 있다는 아버지의 맹신에서 비롯되었다. 자신의 아들이 사람들의 일상 언어를 듣지도 말하지도 않게 되면 하나님의 언어를 습득할 거라고 오판했다. 이런 맹신과 오판 끝에 그 아들을 세 살부터 열두 살까지 9년 동안 어두운 방에 감금했다. 이렇게 아버지의 도구로 활용 당했던 그 아들은 결국 말이 어눌하고 행동이 더딜 뿐 아니라 판단력도 흐려졌다. 그는 퀸의 면전에서 혼잣말로, "나는 피터 스틸먼입니다. 내 자유의지로 이름을 말합니다. 그래요. 하지만 그건 내 진짜 이름이 아닙니다. 아니요. 물론 내 정신이 온전하지 못합니다. 그러나 그것에 대해서는 어떻게 할 도리가 없습니다. 어떻게 할 수가 없

[16] 앞글, 152, 137.

습니다"(15)고 중얼거린다. 이런 상태에 빠져있는 그는 그동안 13년이나 정신병원에 구금되었던 아버지가 곧 석방될 것이기 때문에 자신이 살해당할 거라는 공포에 사로잡혀있다. 그래서 퀸에게 자기를 보호해달라고 간청한다. 잠시 후 퀸은 자기를 현관에서 맞아주었던 스틸먼의 부인 버쥐니어(Virginia)와 이 문제를 상의한다. 그녀의 말에 따르면, 시아버지의 이름도 남편과 똑같이 피터 스틸먼인데, 그는 명문가 출신으로 하버드대학교(Harvard University)에서 신학연구로 박사학위를 받았으며, 컬럼비어대학교(Columbia University)에서 종교학과 교수를 지냈다고 한다. 그는 아들을 대상으로 했던 언어연구가 실패했음을 인지하게 되었고, 결국 자신의 비행으로 회부된 재판에서 정신이상자로 판정받아 정신병원에 수감되었다. 그런 그가 내일 석방되어 뉴욕으로 돌아온다니 그녀와 남편은 공포와 위협을 느끼지 않을 수 없다. 그녀는 퀸에게 그를 미행하고 감시하면서 매일 밤 10시 경에 그의 동태를 전화로 보고해달라고 부탁한다. 그러면서 그녀는 착수금으로 폴 오스터 명의로 발행된 500달러 수표와 함께 시아버지의 오래된 사진을 퀸에게 건넨다. 이리하여 그녀는 일단 위기에서 벗어난 느낌을 갖는다. 요컨대, 퀸은 자신을 폴 오스터라는 가명을 사용하는 사설탐정으로 변신시켜 다른 사람들과의 관계를 복원함으로써 새로운 인간으로 탄생하여 그곳에서 나온다.

퀸은 다음날 아침에 컬럼비어대학교도서관에서 피터 스틸먼교수의 저서, *정원과 탑: 신세계의 초기 설계도*(*The Garden and the Tower: Early Visions of the New World*)를 정독한다. 그 책은 "낙원의 신화(The Myth of Paradise)"와 "베이벌 탑의 신화(The Myth of Babel)"라는 2부로 구성되어 있다. 그는 "낙원의 신화"에서 미 대륙의 초기 탐험자들이 우연히 낙원, 즉 제2의 이든 동산(second Garden of Eden)을 발견했다고 주장한다. 그들이 발견한 낙원에는 두 개의 상충된 세계가 있다. 그 하나의 세계는 원주민들이 자연에 순응하는 삶의 터전으로, "신권이 통치하는 이상적인 국가, 즉 하나님의 은총이 가득한 도시"였다. 이 세계는 그들에게 "인간생활의 완전론이라는 기대감을 유발하는 섬광"이었다. 또 하나의 세계는 스페인사람들이 "자신들의 경제적 목적을 위해 무자비하게 원주민들을 착취하는"(42) 약탈장이었다. 그들은 이상적인 국가보다는 약탈장을 더 선호하여, 원주민들을 인간이 아닌 악마로 간주하여 가차 없이 학살했다. 그들의 의식에는 이익추구만 있을 뿐이고 다른 사람의 생명을 존중하려는 의지는 추호도 없었다.

또 그는 "베이벌 탑의 신화"에서 인류의 타락을 새로운 시각에서 논의했다. 그의 논의에 의하면 우리가 인식하는 선악을 구별하는 인간생활은 타락 후에 탄생했다. 그 타락 후 언어에도 큰 변화가 일어났다. 명명을 통하여 사물에 생명을 부여했던 언어의 원칙이 무용지물이 되어, "사물과 이름이 분리"되었다. 단어들은 "임의적인 기호들의 집합체로 변질되면서 언어는 하나님으로부터 분리"되었다. 그러면서 어떤 단어는 두 가지 의미를 갖게 되어 언어가 혼란스러워졌다. 예를 들면 '쪼개다(cleave)'는 경우에 따라 '결합하다(join together)'와 '뿔뿔이 흩어지다(break apart)'라는 정반대되는 의미를 표현한다. 그럼에도 불구하고 광적인 청교도교인인 스틸먼교수는 죤 밀턴(John Milton)의 *실낙원*(*Paradise Lost*)의 열렬한 지지자인 헨리 닥(Henry Dark, 가공인물임)이 했던 말, 즉 "인간이 최초의 순수한 언어를 말하고 자기 내면의 진리를 되찾는 과업이 가능할 것이다"(43, 47)라는 주장을 맹목적으로 수용했는데 그것은 아주 잘못된 일이었다. 그는 하나님의 언어가 "언어의 본질 때문에 존재할 수 없음"[17]을 인식하지 못한 채 맹목적인 수용만을 일삼았던 것이다. 더욱 불행하게도 "언어는 사물과 분리되어 오로지 그 자체를 지시하는 것 같다"[18]는 사실을 터득하지 못했다. 퀸은 그가 무지의 소치로 아들을 감금하는 행위를 자행했다고 생각한다.

퀸은 늦은 오후에 이제 풀려난 요주의 인물인 스틸먼교수가 승차한

---

[17] Alison Russell, "Deconstructing *The New York Trilogy*: Paul Auster's Anti-Detective Fiction," *Critique* 31.2(1990): 75.

[18] Ramón Espejo, "Coping with the Postmodernism: Paul Auster's *New York Trilogy*," *Journal of American Studies* 48(2014): 158.

기차의 도착예정 시간보다 2시간 30분 전에 그랜드 센트럴(Grand Central) 역으로 간다. 그는 정체성을 버리고 착수하려하는 사설탐정 폴 오스터 역이 다른 사람을 위한 선행행위라고 믿고 있다. 그래서 의식적으로 폴 오스터로 가장해서 스틸먼이 나타나기를 기다린다. 방금 도착한 기차에서 물밀듯이 나오는 각양각색의 승객들 중에서 사진으로 본 스틸먼을 찾으려고 노심초사한다. 승객들이 절반쯤 빠져나간 다음에 큰 키에 허리가 구부정한 예순이 넘어 보이는 스틸먼을 확인하고 조심스럽게 미행한다. 놀랍게도 스틸먼이 싸구려 여인숙으로 들어가는 것을 보고 밖에서 2시간이나 그가 나오길 기다렸지만 나오지 않자, 공중전화로 버쥐니어 스틸먼에게 일과를 보고하고 귀가한다.

퀸이 다음날 아침부터 계속하여 7시 경에 그 여인숙 근처에 있는 한 의자에서 신문을 읽고 있으면, 긴 외투 차림을 한 스틸먼은 8시 정각에 크고 낡은 여행 가방을 들고서 그 근처 구역을 느린 걸음으로 걸어 다닌다. 그가 13일 동안 스틸먼을 미행했던 구역 별로 지도를 그리니, 어렴풋이 영문자들이 드러난다. 이 문자들에다 상상력으로 고안한 문자를 합치니, The Tower of Babel이 만들어진다. 이를 보고 스틸먼이 아직도 헨리 닥을 망각하지 않고 있다고 단정한다. 가끔 스틸먼은 허리를 굽혀 보도에서 쓰레기들을 주워 자세히 살펴보고는 버리기도 하고 가방에 넣기도 하면서 외투주머니에서 꺼낸 공책에 뭔가를 열심히 적는다. 그의 쓰레기에 대한 탐구열은 대단하여 그칠 줄을 모른다. 퀸은 그의 일거일동을 빨간 공책에다 기록하여 매일 밤 버쥐니어에게 보고하지만, 그가 아들을 해칠 것 같은 기미는 보이지 않는다. 그래서 버쥐니어에게 스틸먼을 미행할 필요가 없겠다고 건의한다. 그녀가 그에게 재고해달라고 간청하자, 그는 스틸먼과 대면한다는 조건으로 간청에 응한다.

그는 스틸먼에게 자신을 퀸이라고 소개하고 그와 첫 대면한다. 그는 고령의 스틸먼이 스스로를 천재로 여기고서 다른 사람들의 오해를 받으면서도 이 세계를 구제할 방도를 모색하려 고심하고 있는 듯한 인상을 받는다. 스틸먼은 그 방도를 새로운 언어창조에서 찾으려고 한다. 그는 언어도 변하는데 사람들은 언어변화를 전혀 의식하지 못한다고 개탄한다. 그는 주장하기를, "우리가 사용하는 단어들이 세상과 부합하지 않는다. 사물들이 온전했을 때 우리는 단어들이 사물들을 제대로 표현할 수 있다고 자신했다. 그러나 사물들이 조금씩 쪼개지고 부서지고 무너져 혼란스러워졌다. 그런데도 단어들은 처음 그대로여서 새로운 현실에 적응하지 못했다. 그래서 우리가 목격한 사물을 말하려고 할 때마다 표현하려는 본의를 왜곡함으로써 잘못 진술한다. 그래서 모든 것이 엉망이 되었다"(76). 그는 언어는 변할 수 있다는 신념을 전제로 이 엉망을 바로잡기 위해 망가진 사물에 걸맞은 명칭을 부여하려고 최선을 다한다. 이를 위해 그는 이 세상에서 가장 비참하고 절망적인 뉴욕에 와서 쪼개지고 부서진 쓰레기들을 수집하고 있다. 수집한 쓰레기들 하나하나에 부합한 명칭을 부여하고 정리해서 책을 출판하려고하는 그는 저서 출판으로 언어 혼란을 방지할 수 있을 거라는 망상에 빠져있다.

그는 자기를 알아보지 못하는 스틸먼에게 헨리 닥이라고 소개하면서 다시 대면한다. 스틸먼은 그에게 헨리 닥은 한때 자신의 가장 위험하고 논쟁적인 사상을 대변했던 가공인물이며, 머리글자 H. D.는 험프티 덤프티(Humpty Dumpty, 동요에 나오는 커다란 계란 모양의 인물로 한번 넘어지면 일어서지 못하는 사람)를 지시한다고 말한다. 험프티 덤프티는 스틸먼에게 "인간의 미래 희망을 설계하고 우리의 구제의 실마리, 즉 우리가 구사하는 단어들의 주인이 되어 언어가 우리의 필요에 부응하도록 하는 방법을 제시"해 주었다. 또한 "험프티 덤프티는 세상이 아직 수용하려고하지 않았던 진리들을 설파하는 예언자"였다. 한편 그는 이와 대조적으로 말하길, "험프티 덤프티도 또한 타락한 피조물이다. 그가 담에서 떨어지는데 누구도 그를 다시 일으켜 세울 수 없다. 왕도, 왕의 말과 신하들도 그렇게 할 수 없다. 그러나 그를 일으켜 세우는 일이 우리 모두가 합심해서 실행해야할 지상과제이다. 계란을 다시 일으켜 세우는 것이 인간으로서 우리가 완수해야할 의무이다. 왜냐하면 우리 각자가 험프티 덤프티이기 때문이다. 따라서 그를 돕는 것은 바로 우리 자신을 돕는 일이다." 이처럼 그는 불가능의 여건에서 가능성을 실현하려는 우리 의지가 기적을 일으킬 수 있다며, 1969년에 일어났던 천지창조 이래 최대사건인 사람들이 "달 위를 걸었다"(80, 80-81, 81)를 실례로 들어 강조한다.

그가 자신을 피터 스틸먼이라고 소개한 세 번째 만남에서, 스틸먼은 그를 아들로 착각하고 "내 영혼은 절대 멈추지 않는다"(84)는 말을 남기고 2주 만에 잠적해버린다. 그가 버쥐니어에게 스틸먼을 놓쳤다고 보고하자, 그녀는 매우 불안하고 무섭다고 대꾸한다. 그는 그녀에게 이 사태에 대응할 좋은 방법들이 있으니 걱정마라고 그녀를 안심시킨다. 그러나 지금 스틸먼을 찾을 어떤 단서도 방법도 없기에, 그는 별수 없이 폴 오스터라는 실제인물을 찾아가서 사실을 있는 그대로 털어놓고 명의 도용에 대한 용서를 구하고 그의 도움을 간청해보고자 한다. 퀸은 오스터가 유능한 탐정이라면 그와 협조해서 피터 스틸먼을 보호할 수 있을 거라고 확신한다.

그런데 그가 만난 30대 중반의 폴 오스터는 탐정이 아니라 작가임을 알고 놀란다. 그는 자기가 사설탐정 폴 오스터로 가장함으로써 얽혀들게 된 스틸먼 사건의 자초지종을 그에게 털어놓는다. 그는 자기 말이 사실임을 입증하려고 그의 명의로 발행된 500달러 수표를 그에게 건네면서 그의 돈이라고 주장한다. 그러자 오스터는 이 수표는 그의 노력의 대가이니 은행에서 현금으로 교환하여 돌려주겠다고 약속한다. 오스터는 그가 자신의 명의를 도용한 것에 개의치 않으면서 오히려 그가 한때 자신이 예찬했던 시인이었음을 알고 그를 반긴다. 퀸이 최근 창작활동에 대해 물어보자 그는 *돈 키호우티*(*Don Quixote*)의 저자가 누구이고, 그 소설이 어떻게 창작되었는가에 관한 이론적인 논문을 쓰고 있으며, 거기서 논쟁적이고 이색적인 주장을 하고 있다고 대답한다. 이어서 그는, 서밴티즈(Cervantes)는 이 소설의 저자가 아니고, 시드 아메테 베넨겔리(Cid Hamete Benengeli)가 쓴 애럽어 소설을 스페인어로 번역하는 일에 활동했던 번역원고의 편집자에 불과하다는 주장이 있다고 말한다. 또한 그는, 이 주장에 따르면 서밴티즈는 서로 다른 네 사람의 통합체의 역할을 하고 있다고 덧붙인다. 우선 돈 키호우티가 겪는 모든 모험의 유일한 동반자인 샌초우 팬저(Sancho Panza)는 글을 쓸 수도 읽을 수도 없지만, 탁월한 언어적 재능이 있어 돈 키호우티의 두 친구인 이발사와 사제에게 자신의 모험담을 이야기할 수 있었다고 부언한다. 그리고 이 두 사람이 들은 이야기를 스페인어로 소설 형식으로 다듬어서, 그 원고를 샐러맹커(Salamanca)의 수습 기사인 샘선 캐러스코우(Samson Carrasco)에게 넘겼는데, 그가 애럽어로 번역한 원고를 서밴티즈가 다시 스페인어로 번역해서 *돈 키호우티의 모험*을 출간했다고 한다. 한편 또 하나의 주장은 돈 키호우티의 광기를 치료하기 위해 그의 친구들이 그 이야기들을 꾸몄다는 설에 대한 부정이다. 돈 키호우티는 미친 사람이 아니라 미친 척 했을 뿐이며, 그는 친구들을 속이기 위해 미친 척하면서 거짓말과 황당한 이야기를 늘어놓고 있다는 것이다. 친구들은 이야기가 재미가 있으니까 그의 황당한 거짓말을 열심히 경청했다는 것이라며, 요컨대 이야기에는 재미가 있어야 한다고 덧붙인다. 퀸이 *돈 키호우티*에서 오스터가 말하는 소설의 저자 부재와 소설의 재미에 관한 이론에 논평을 하려고 할 때 그의 부인과 아들이 들어온다. 오스터는 자기 아들을 대녈이라고 소개하면서, 그 아들에게 이 분도 대녈이라고 말한다. 이 말을 듣고 퀸은 무슨 공동체의식이라도 느낀 듯이, "나는 너이고 너는 나이다"(100)라고 말한다.

퀸은 오스터 집에서 막연한 공동체의식을 느끼고 나왔지만, 지금 주변의 실상에 대해서 아무것도 모르고 있는 자신의 모습만을 의식할 수 있을 뿐이다. 그는 부탁받아 착수했던 스틸먼교수를 감시하는 일이 어떻게 돌아가는지 갈피가 잡히지 않아 그에 대한 대처방법을 알 수가 없다. 비록 현재 자신이 존재하고 있는 장소와 시간을 분명히 인지하고 있지만, 자신에게 "확실한 것은 아무것도 없다"는 것을 깨닫고 있다. 그는 버쥐니어에게 전화하겠다고 약속한 시간이 이미 오래전에 지났는데도, 지금 전화해야하느냐 말아야하느냐 하는 양자택일의 진퇴양난 속에서 고민하고 있다. 그는 여러 충격적이고 놀라운 일들을 겪으면서, 과거의 폐쇄적이고 안일한 삶에서 벗어나 다른 사람을 배려하는 인간으로 성숙하였다. 그러나 마음 한 구석에는 여전히 그녀나 공동체의식 등을 무시해 버리고 다시 일상으로 돌아가 추리소설을 집필하거나 혼자 외국여행을 하고 싶은 충동이 자리 잡고 있다. 그녀에게 연락하지 않는 것은 이기적이고 비인간적 행위라는 생각이 들어, 그녀에게 전화를 걸어 보지만 계속 통화중이라는 신호만 돌아올 뿐이다. 그는 그 빨간 공책에다 스틸먼 사건에 대한 것이 아닌 자기 심중에 대해, "나는 내가 부재하는 (나를 부정하는) 경우에 언제나 행복할 것이다. . . . 나는 내가 부재하는 경우에 가장 진실한 나 자신을 보지한다"(102, 108)라고 기록한다. 그는 버쥐니어와 연락은 되지 않지만, 자기를 부정함으로써 가장 진실한 내가 되고자 하는 소신에 따라 피터 스틸먼을 보호할 책임감을 느끼고서 그 역할을 수행하기로 결심한다.

그는 스틸먼의 아파트 앞 길 건너편 좁은 골목에 자리를 잡고 밤낮으로 스틸먼교수의 출현에 대비한다. 자동 금전출납기에서 300달러를 인출하여 편의점에서 구입할 식품비용으로 준비하고 나서, 스틸먼의 생명을 보호하기 위해 안락욕구를 마다하고 고행의 삶을 시작한다. 생명유지에 필수적인 최소한의 음식과 수면을 취하고, 지독한 악취가 풍기는 거대한 쓰레기통에서 비를 피하는 등 최악 수준의 생활을 감내한다. 지금 다른 사람이 아닌 오로지 자기 자신에만 의존하는 실존, 즉 "고독의 본질을 이해하고" 자연을 관찰하면서 즐거움을 느끼고 있다. 그는 구름이 하늘을 여러 색으로 변화시키는 광경을 바라보면서 말하길, "어떤 색도 오래 가지는 않았다. 색채들은 곧 흩어져서 다른 색채와 섞이면서 움직이고, 밤이 되면 흐려졌다"(115, 115-16). 이렇게 그는 다른 사람을 위해서 금욕적인 생활을 하면서도 자연현상을 관찰하고 즐기는 인간으로 변신한다.

퀸은 자기가 이런 생활을 얼마나 오랫동안 했는지 알 수가 없다. 생활비를 아끼기 위해 최저 수준의 생활을 했지만 300달러는 이미 바닥이 났다. 그래서 은행에 돈을 찾으러가는 길에 폴 오스터에게 전화해서 저번에 맡겼던 500달러 수표를 현금으로 돌려달라고 요구한다. 오스터는 그에게 도대체 어디에 있었기에 천 번이나 전화를 걸었는데도 받지 않았느냐고 짜증을 내면서 그 수표는 부도처리 되었다고 말한다. 또 스틸먼 교수는 두 달 반전에 브루클린 다리(Brooklyn Bridge)에서 투신하여 자살했다고 일러주면서, 그동안 신문도 읽지 않았느냐며 퀸을 힐난한다. 퀸은 이 청천벽력의 소식을 듣고, 피터 스틸먼과 통화를 시도했으나 전화가 단선되었다는 안내 소리만 듣게 된다. 지금 그의 느낌은 무엇이라고 한마디로 단언할 수는 없지만 아마도 허무에 가까운 느낌이라고 할 수 있다. 그는 기분전환을 위해 오랜만에 뜨거운 물로 목욕을 하고 옷을 갈아입으려고 자신의 아파트에 갔더니 웬 젊은 여자가 살고 있다. 그녀의 말에 따르면, 건물주는 그가 몇 개월 동안 임차료를 내지 않자 그의 소유물을 전부 치우고 그녀와 임대차계약을 맺었다는 것이다. 이처럼 그의 실존에서 모든 것이 무로 귀결되었다. 요컨대 그는 다른 사람들의 일에 몰입함으로써 자신의 폐쇄적 실존을 극복하려고 했지만 이제 살 곳도 할 일도 없는 인간으로 전락했다.

퀸은 스틸먼부부가 살았던 아파트 문이 잠겨있지 않아 뒤편에 있는 작은 방으로 들어간다. 그는 몸에 걸치고 있는 신발과 옷들을 벗어 하나씩 통풍구 아래로 떨어뜨리고 알몸으로 깊은 잠에 빠져든다. 그는 깨어나서도 밤낮 없이 계속 누워만 있다. 누운 채로 여러 날 동안 왜곡된 의식으로 가득 찼던 자신의 과거를 청산하려 애쓴다. 어느 날 잠에서 깨어나니 방안에는 햇빛이 비치는데다 여러 음식물들이 쟁반에 담겨있다. 그는 식사를 마치고 순수한 마음에서 자기변신과 성숙을 도모해보고자 한다. 스틸먼 사건에 매달렸던 자신을 반성하면서 스스로 모든 사람을 사랑할 수 있는 자아를 탐구하는 글을 그 빨간 공책에다 쓴다. 지금 그에게 "부정적인 '갈 곳 없음'이 지적 활동을 위한 무한한 공간을 제공하는 적극적인 미지로 변환"된다. 왜냐하면 "글 쓰는 행위는 무한한 가능성을 실현시키는 최상의 방법이기"[19] 때문이다. 퀸은 이렇게 변신한 후에 "빨간 공책에 더 이상 쓸 자리가 없으면 어떤 일이 일어날까?"(129)라고 마

[19] Markku Salmela, "The Bliss of Being Lost: Revisiting Paul Auster's Nowhere," *Critique* 49.2(2008): 137.

지막 문장을 적은 후 그 공책을 아파트에 남겨두고 잠적한다. 애프리커(Africa) 여행에서 방금 돌아온 이 소설의 화자는, 폴 오스터로부터 퀸이 잠적했으니 빨리 오라는 연락을 받자마자 피곤한 몸을 이끌고 달려간다. 그는 그 공책을 정독하고 나니 퀸의 행운(자아탐구와 실현)을 빌고 싶은 마음이 든다. 사실 그의 소망은 우리 모두의 소망인 셈이다.

*유령들*과 *유리도시*의 화자는 삼인칭시점에서 이야기를 진행하지만, 시제는 전자가 현재이고 후자는 대조적으로 과거이다. *유령들*의 주인공 블루(Blue)는 다른 사람의 명의를 도용하여 사설탐정을 했던 대녈 퀸과는 달리 정통 탐정교육을 받은 전문가이다. 과거의 비극에 매몰된 채 개인주의자로 살았던 퀸은 요주의 인물인 스틸먼교수를 미행하고 감시하면서 오히려 다른 사람에 대한 배려와 공동체의식을 중요시하는 이타주의자로 성숙했다. 반면에 블루는 의뢰받은 인물을 감시하고 미행하면서 자신의 직업과 실존을 제약하는 유령들을 극복한다. 그 극복과정은 블루가 스승 브라운(Brown)이 연로하여 은퇴하자 혼자 사무실에서 사건의뢰인이 나타나기를 기다리고 있는 장면에서 시작된다. 때마침 화이트(White)는 그에게 일정기간 동안 블랙(Black)을 감시하고 미행하여 매주 보고해 달라는 일감을 의뢰한다. 곧 그는 감시와 미행을 하는데 있어서 자신이 배웠던 요령과 수법만으로는 흡족한 성과를 거둘 수 없음을 직감한다. 그가 성공적인 감시와 미행을 하려면 생명력과 실용성이 없는 구태의연한 교육과 의식의 유령들로부터 벗어나야 한다. 그가 그들로부터 벗어날 수 있는 길은 허위의식의 노예로 전락한 일차원적, 폐쇄적, 고정불변의 과거의 자아를 버리고, 현실과 상황에 창의적으로 대처할 수 있는 가변적, 진취적, 임기응변의 자아를 탐구하고 실현하려는 의지와 그 실천에 놓여있다. 이제 블루가 이 의지와 실천을 바탕으로 하여, 감시와 미행으로 인하여 직면하는 시련들에 적극적으로 도전하면서 자아가 성숙되는 과정을 고찰한다.

블루는 화이트에게서 블랙의 외모에 대한 설명을 듣고 난 후 그를 감시하고 미행하는 임무를 수행하려고, 블랙의 거처에서 길 건너편에 있는 한 아파트의 3층에 입주한다. 그가 창문을 통해 그 쪽을 바라보니, 자기를 마주보고 있는 블랙이 책상에 앉아서 공책에다 글을 쓰다가 저녁때가 되자 식사를 하고 다시 책을 읽다가 소등한다. 블루가 쌍안경으로 보니 그 책은 자기가 들어본 적이 없는 헨리 데이비드 소로우(Henry David Thoreau)의 *왈덴*(*Walden*)이다. 블루는 보고서를 쓸 자료를 확보하기 위해 이 같은 그의 일과를 공책에다 기록한다. 그는 블랙의 의중은 전혀 모른 채 그의 칩거생활을 기록하며, 이렇게 한 자리에만 틀어박혀 지내는 자신의 모습을 쉽게 납득할 수 없다. 이렇게 방안에 갇혀서 관찰한 모습을 기록만 하고 지내는 현재의 생활과 과거에 빠르고 바쁘게 동분서주하면서 사건을 해결했던 동적인 생활을 비교하면 스스로 너무나 대조적이라고 여겨지기 때문이다. 그렇지만 이렇게 갑자기 매우 느린 속도의 생활을 하게 되자, 지금까지 그가 실존에서 무시하고 부정했던 핵심문제에 관심을 쏟을 기회를 갖게 된다. 즉 이 유폐생활을 계기로 자기를 성찰할 기회를 포착한다. 외향적인 성향으로 오로지 외부에만 정신을 집중하면서 자아성찰을 소홀히 해왔던 그가 블랙을 감시하면서 자기 내면을 주시하게 된 것이다. 이 주시를 통해 그동안 한 번도 느껴보지 못했던 자신의 심장박동과 숨소리를 들을 수 있다. "아무리 심장박동과 숨소리를 무시하려고 기를 써도, 그것들은 다시 몇 번이고 반복되는 무의미한 구절처럼 그의 마음속에 살아남아 있다. 그는 그럴 수가 없다고 생각하지만, 그 구절은 서서히 의미를 갖는"(142) 것 같다. 요컨대 그는 자신의 의식을 외향성에서 내향성으로 전환시키고 있다.

또 그는 주말보고서를 작성하면서 자신의 한계를 절감하고서 자기변신의 기회를 갖게 된다. 그의 과거보고서는 행동위주의 서술이어서 기록된 단어들 하나하나가 사실에 부합되고 명확하기 때문에 공책에 기록된 사항들에 대해 다른 의문이 제기될 수 없었다. 그런데 이제 그는 블랙에 관한 보고서작성에서 난관에 봉착했음을 직감한다. 블랙의 경우에는 행동이 없으므로 그가 기록한 내용이 너무나 빈약하고 추상적이기 때문이다. 게다가 그 내용이 사실들을 구체화시키지 않고 오히려 희미하게 소멸시킨다. 책상에 앉아있는 블랙의 모습을 지켜보니 그는 별다른 행동을 하지 않고 그저 밖을 내다보고 있을 뿐이다. 이 장면을 옛날 방식으로 쓸 수 없음을 절감하지만 그 대안을 도저히 찾을 길이 없다. 그래서 블랙에 대해 자신이 상상한 허구세계를 쓰려고 시도하다가 곧 그만둔다. 보고서는 자신의 상상세계의 표현이 아니라 블랙에 관한 기록이어야한다고 생각하기 때문이다. 별수 없이 보고서를 옛날 방식대로 꼼꼼하고 자세하게 썼지만 매우 불만스럽다. 그는 이 불만이 지금까지 생각하지 않았던 단어들의 애매모호성에서 기인함을 인지한다. 이제야 비로소 "단어들이 반드시 의미를 정확하게 표현하지도 않으며, 그 단어들이 전달하려는 내용을 모호하게 할 수도 있다는 사실을 개득하게"(145) 된 것이다. 이렇게 그가 실존한계를 극복하게 되는 변신은 사실위주로만 서술하는 것의 불가능성과 언어 자체의 애매모호성에 대한 인정과 수용에서 시작된다.

블루는 자기변신의 순간에 블랙을 미행하게 되는데, 이때 브루클린 다리의 인도에 들어선 블랙이 투신하여 자살하지 않을까 하는 두려움에 압도된다. 이 순간에 그는 어렸을 때 선친의 손을 잡고 다리를 함께 건너며, 당시 미국에서 가장 높은 건축물이었던 이 다리의 설계자와 건설자에 대해 선친에게서 들었던 옛이야기를 생생하게 기억해 낸다. 죤 로우블링(John Roebling)이라는 사람이 이 다리의 설계를 끝낸 며칠 후에 부두의 말뚝과 나룻배 사이에 발이 끼어버린 사고를 당했는데, 그 후 발에 상처가 난 지 3주도 못되어서 괴저로 말미암아 타계했다. 그러자 남북전쟁 때 어느 목조 다리를 시공했던 경험이 전부인 서른한 살 난 그의 아들인 와싱턴(Washington) 로우블링이 상상불허의 악조건들을 극복해내면서 1867년에 착공된 그 다리를 마침내 1884년에 완공했다. 그는 그 다리가 착공된 지 얼마 뒤에 발생한 화재를 피하기 위해 몇 시간 동안 잠함(潛函)에 있다가 구조되었는데, 그 후로 그는 심한 잠수병 환자가 되어 브루클린 언덕에 있는 그의 집의 꼭대기 방을 떠날 수 없게 되었다. 그는 그 방에서 다리가 완공될 때까지 매일 망원경으로 공사 진행을 점검하면서 매일 아침 지시사항들을 하달했다. 그가 현장에는 없었지만 그의 머리와 몸 안에서 그 다리가 건설되고 있었다. 블루는 그가 초인간적인 능력을 발휘하여 불가능을 극복하고 건설한 그 다리를 건너 맨해튼(Manhattan)까지 블랙을 뒤따라간다. 그는 블랙이 들어간 그 서점에서 *왈덴*이라는 책을 산 뒤 몇 시간 후에 자신의 아파트로 돌아온다.

블랙이 다시 글을 쓰고 책을 읽는 생활을 계속하자, 블루의 마음속애서는 그에 대한 우호적인 호감과 적대적인 반감이 수시로 교차된다. 호감을 가질 때는 블랙과 일체감을 느껴 그를 자기 분신으로 여기며 신뢰한다. 이럴 때는 블랙을 감시할 필요가 없으므로 마음대로 돌아다닌다. 반면에 반감이 일어나면 고독감과 소외감으로 매우 고통스러워진다. 그는 너무 외로운 나머지 위안을 얻고자 브라운에게 편지를 썼으나, 그에게서 아주 실망스러운 답장을 받게 되고 이로 인해 삶의 새로운 진리를 깨닫게 된다. 마침내 그는 혼자 말하길, "누구에게 의존하는 삶보다는 독자적으로 존재하는 실존이 더욱더 바람직하다. [. . .] 나는 나 자신이 주인이다. 나는 오로지 나 자신에게만 책임이 있는 자립인간이다"(155). 이처럼 그는 주체적 인간으로 성숙한다.

이렇게 성숙한 블루는 블랙을 혼자 두고 더욱 대담하게 돌아다닌다. 따스한 봄날에 거리를 걸으니 몇 년 만에 느껴보는 생동감으로 하늘을 날 것 같다. 공원의자에 앉아 희열을 느끼면서 강, 항구, 맨해튼의 고층 건물들, 다리들, 그리고 바다에 떠있는 배들을 바라본다. 잠시 후 교회정원으로 가서 가장 먼저 노예제도를 저주했던 헨리 와드 비쳐(Henry Ward Beecher)목사의 동상을 살펴본다. 두 노예가 자유인이 되도록 도와달라고 애원하는 것처럼 그 목사의 두 다리를 붙잡고 있다. 또 교회 벽돌담에는 에이브러험 링컨(Abraham Lincoln) 대통령의 도자기 부조가 새겨져 있다. 그는 "이 동상과 부조로 영감을 받지 않을 수 없다. 이 정원에 올 때마다 그의 영혼은 인간의 존엄성에 대한 고귀한 사상으로 충만해진다"(156)고 느낀다. 또 야구장에 가서 메이져 리그(Major League)의 다져즈(Dodgers) 소속으로 최초 흑인선수인 재키 로빈선(Jackie Robinson)이 타석에 들어서면서, 백인들이 내뿜는 인종차별, 질투심 그리고 증오심을 의식하고서 느끼는 고독감과 소외감을 마침내 극복해내는 용기에 감탄한다. 백인들의 기대와는 달리 로빈선이 도루에 성공하고 2루타를 치자 너무 흥분해서 옆 백인의 등을 두드린다. 그는 그 백인이 로빈선을 저주하고 있을지도 모르는 상황에서 혼자 환호성을 지르고 있다. 이처럼 그는 인간의 존엄성을 절대시하고 자신의 감정에 솔직한 인간으로 변신한다.

자신의 변신과 성숙을 실감하고 있는 블루는 이제 *왈덴*을 읽고 있다. 그러나 그 책을 읽기 시작하자마자 외계에 들어선 것 같은 느낌이다. 그래서 그는 "강제 행군대열 속의 죄수가 된 것 같아 도망칠 궁리만 한다. 소로우의 글이 지루해서 정신을 집중해서 읽을 수 없다. 한 장을 다 읽었지만 아무것 하나도 기억할 수 없는" 지경이다. 왜냐하면 그의 삶은 *왈덴*과 너무나 상이하기 때문이다. 소로우는 세상을 등지고 숲속에서 혼자 검소하고 금욕적인 생활을 하면서 새들만 끝없이 묘사한다. 그는 기대하던 무슨 줄거리가 그 책에서 나올 기미가 없자, 그 책은 "허튼 말, 다시 말하면 쓸데없는 것에 대한 끝없는 장광설에 불과하다"고 단정한다. 그러나 책 읽기를 포기하지 않고 다시 읽어 보니 처음보다 읽기가 수월하다. 그는 "책들은 깊은 사색과 침묵 속에서 집필되었던 그대로 탐독되어야한다"는 문장을 찬찬히 음미해보면서 거기서 큰 암시마저 받게 된다. 올바른 독서의 "비결은 천천히 지금까지 했던 독서보다도 더 천천히 읽는데 있다"(160)는 사실을 갑자기 터득한 것이다. 이제 그는 문단들을 더욱 분명하게 이해하기 시작한다. 그는 이렇게 고통과 인내심으로 자신의 삶을 변화시키면서 실존상황을 더욱 완벽하게 파악하고, 거기에 현명하게 대처할 수 있는 방안을 모색하려고 애쓴다.

그는 화이트가 어떻게 반응하는지 보려고, 보고서에 블랙이 심하게 아픈 것 같은데 사망하지 않을까 걱정된다고 쓴다. 보고서를 우체통에 넣고 이틀 후 아침에 브루클린우체국에 가서 편지 수신인의 주소인 사서함 1001호를 살펴보니 자기가 보낸 편지가 그 안에 있다. 근처를 배회하면서 화이트나 다른 누군가가 사서함에서 편지를 가져가기를 기다린다.

정오가 지나서 우체국이 많은 사람들로 붐빌 때, 가면을 쓴 한 남자가 사서함 1001호에서 편지를 꺼내는 것을 목격한다. 그를 붙잡고 가면을 벗기려하자, 그도 용의주도하게 편지를 호주머니에 넣고 재빨리 문 쪽으로 달려가서 블루의 추적을 따돌리고 도망친다. 결국 블루는 닭 쫓던 개가 지붕 쳐다보는 꼴이 된다. 그 후에 그가 받은 편지에는 "더 이상 장난치지 마시오"(165)라는 화이트의 말과 함께 수표가 들어있다. 드디어 화이트의 침묵을 깼으니, 그는 블랙 감시의 수수께끼를 풀어낼 수 있을 거라고 믿는다.

이 믿음은 그가 *왈던*을 읽고 나서 기억하고 있는 한 구절에서 연유한다. 그것은 "우리는 우리가 당연히 있어야 할(탐구해야 할) 곳에 있지 않고 . . . 허위 속에 있다. 우리는 왜곡된 의식으로 어떤 상황을 가정하고 우리 자신을 그 속에 유폐시킨다. 따라서 우리는 동시에 두 상황(진실과 허위) 가운데 있으므로 거기에서 벗어나기가 배로 어렵다"는 구절이다. 그는 지금까지 스스로가 자유인이라고 믿고 있었지만, 이제 블랙 사건으로 말미암아 자신도 스스로 삶의 제약을 감수해야하거나 누군가에게 감시당하고 있는 존재일 수 있다고 생각한다. 블랙 사건을 맡으면서 스스로가 자아를 포기하고 피감시원으로 전락했을 수도 있다고 생각한다. 그래서 자기가 피감시원인지를 알아보기 위해 블랙의 정체를 밝혀야 한다고 다짐한다. 이를 위해 거지로 가장해서 블랙에게 구걸을 한다. 블랙은 그가 왈트 휘트먼(Walt Whitman)을 닮았다고 말하면서, 그에 관한 한 일화를 이야기한다. 사람들은 그 유명한 시인이 천재라고 생각하고 그의 뇌에 관심이 많았다. 사후에 한 의사가 그의 머리를 절개하고 뇌를 들어내어, 정확한 그 크기와 무게를 알아보기 위해 미국인체측정학회에 보냈다. 그런데 조수가 실수로 그 뇌를 바닥에 떨어뜨려 부서진 조각들이 사방으로 튀었고, 결국 그 시인의 뇌는 빗자루에 쓸려 쓰레기통에 버려졌다. 블랙은 덧붙이기를, 소로우의 절친한 친구이고 미국소설의 첫 대가인 너새니얼 호손(Nathaniel Hawthorne)은 작품을 집필하려고 12년 동안이나 두문불출했다고 한다. 한편 그는 "소설 창작은 고독한 작업이다. 창작은 당신 삶을 앗아간다. 어떤 의미에서 작가는 자기 삶을 갖지 못한다. 설령 그가 실존하고 있다고 해도 실제로 없다"(165-66, 172)라고 전혀 예상 밖의 언급을 한다. 블루는 이 말뜻을 정확하게 이해하지는 못하면서도, 그 이야기를 들으면서 그가 자신의 정체를 알고 있다는 낌새를 챈다.

이제 그는 더욱 대담하게 블랙과 대면할 수밖에 없다고 여기고, 어느 생명보험회사의 외무사원으로 가장해서 한 술집에서 그와 자리를 함께 한다. 그런데 블랙이 갑자기 자기는 사설탐정인데 지금 어떤 별 볼일 없는 사람을 감시해서 매주 보고서를 써 보내는 중인데 너무 지루하고 신이나지 않아 그만둘까 한다고 실토한다. 이 말을 듣고 경악한 블루는 그 사람도 자신이 감시당하고 있다는 사실을 아는지 혹은 모르는지를 따진다. 블랙은 "그는 자기를 바라보고 있는 내 눈을 필요로 하기"(178) 때문에 그도 물론 알고 있다고 대답하고 그 자리를 뜬다. 이제 블루는 화이트와 블랙은 동일인물이라고 단정하고, 풀러(Fuller)솔 외판원으로 가장하여 블랙의 아파트를 방문하여 그와 거래를 하면서 방안을 꼼꼼히 살펴본다. 며칠 후에 그는 밤중에 그 아파트에 침입해서 책상 위에 있는 한 원고 뭉치를 들고 나온다. 그는 그 원고가 블랙의 삶에 대한 이야기가 아니고 자기가 화이트에게 우송했던 보고서임을 알고 깜짝 놀란다. 그는 기가 막혀 신음하다가 하도 어이가 없어 시작된 작은 웃음이 점점 커지면서 숨을 헐떡인다. 그는 경악으로 실성하여 며칠 동안 면도도 하지 않고 옷도 갈아입지 않고 있다. 마침내 자기가 블랙이라는 인물과 허위의식의 노예로 전락하여 "당연히 있어야 할 곳에 있지 않고 허위 속에 있음"을 깨닫는다. 나아가 그는 "블랙이 어쨌든 자신의 자유와 자주성을 절취했다"[20]는 것을 간파한다.

이러한 깨달음에 도달한 블루는, "드디어 고독하지만 자유스러운 내 자신이 주인인 인간[이 되려고 한다]. 그는 처음부터 다시 신세계에서 망명자, 개척자, 순례자로 새로운 삶을 설계할 것이다"고 말한다. 그는 먼

---

20 Steven E. Alford, "Mirrors of Madness: Paul Auster's *The New York Trilogy*," *Critique* 37.1(1995): 24.

저 깨끗하게 자기 단장을 하고 자신의 자유를 유린했던 블랙을 그의 아파트로 찾아간다. 안으로 들어가자, 블랙은 그가 우체국에서 보았던 그 가면을 쓰고 오른손에 권총을 들고 침대에 앉아있다. 블랙은 그에게 권총을 겨누면서, 기다리고 있었다고 말하면서 의자에 앉으라고 권한다. 그는 블랙이 살의를 품고 있음에도 불구하고 이 사건의 경위를 설명하라고 다그친다. 블랙은 자기 생존을 위해 그가 필요했을 뿐이라고 말한다. 그러자 그는 블랙에게 총을 쏘라고 발악하면서 접근하여 권총을 빼앗고 멱살을 움켜잡고 그가 의식을 완전히 잃을 때까지 타격을 가한다. 그는 블랙의 생사는 개의치 않고 책상에서 자기가 쓴 원고를 챙기고 전등을 끄고 밖으로 나온다. 그는 자기 방으로 와서 원고를 새벽까지 전부 읽는다. 그러나 이 이야기는 아직 끝나지 않는다. 블루가 방 밖으로 걸어 나와야 그 이야기가 끝난다. 밖으로 나온 블루가 어디로 가느냐는 중요하지 않다. 블루가 유령의 삶에서 해방되어 자아를 탐구하려는 의지를 가지고 그것을 실천하는 일이 핵심이기 때문이다. 그런데 소설 끝에 갑자기 등장한 나라는 인물이 말하길, "블루가 그날 아침 기차를 타고 저 멀리 서부로 가서 새로운 삶을 시작했을 것이며," 또 "신비한 꿈속에서 블루가 선편을 예약하고 중국으로 갔을 거라고 생각하고 싶다." 그리고 그 소설은 "이 순간부터 우리는 아무것도 알지 못한다"(183, 192)는 문장으로 끝난다. 그런데 우리가 아무 것도 알지 못하는 이유는, 블루가 실현하려는 허위의식으로부터의 해방과 자아탐구는 지식이 아니라 강한 의지와 실천 그리고 혜안에서 구현되는 실존이기 때문이다. 해방과 자아탐구를 절대시하고 있는 블루의 실존은 우리 모두가 본받아야할 귀감이다.

*뉴욕3부작*의 마지막 작품, *문이 잠긴 방*은 일인칭시점의 이름 없는 화자가 뜻밖에 일면식도 없는 가장 절친했던 친구, 팬쇼(Fanshawe)의 부인 소우피(Sophie)의 편지를 받은 연후에 획기적으로 변화된 그의 의식과 실존에 관한 이야기이다. 이 소설에서 화자는 " [. . .] 원문 공간의 중심을 대표하는 용어, 즉 '화자'와 '저자'를 이해한다면 [오스터이다.] 다시 말하면 *유리도시*와 *유령들*의 화자이다."[21] 화자는 말하길, *뉴욕3부작*

을 이루는 세 편 소설은 "결국 같은 이야기인데, 다만 내가 [자아를 탐구하는] 이야기를 각각 달리 이해한 단계를 표현한다. 나는 어떤 문제를 해결했다고 주장하지 않는다. 그저 그동안 일어났던 일들을 돌아보아도 더 이상 두려워하지 않는 경지에 이르렀다고 시사할 뿐이다. [. . .] 지금까지 꽤 오랫동안 어떤 사실과 관념을 무시하고 부정하려고 분투했다. 이 분투노력이 정말로 중요하다. 이야기란 언어에 있지 않고, 그 성패는 오로지 이 분투노력에 달려있다"(288). 그 화자가 이야기하는 단계에서 퀸은 잠적했고, 블루는 신세계를 찾아 떠난다. 반면에 화자는 팬쇼의 영향력에서 벗어나려고 분투노력한다. 그는 이런 분투노력을 함으로써, 자의식이 강한 자아를 이유 없이 유폐하고 파괴적인 도피와 칩거생활을 고집하는 팬쇼와는 달리 자기와 다른 사람에게 책임과 의무를 다하려는 사회적 인간으로 성숙한다. *문이 잠긴 방*은 그가 이렇게 성숙하는 과정에 대한 이야기이다.

화자의 회상에 의하면, 팬쇼는 가장 절친했던 친구였지만 주관이 뚜렷하여 자기에게 모범이 되는 선배이면서도 자아유폐의 면이 강하여 그의 모든 행동이 화자에게 용납되지는 않았다. 화자는 다재다능하여 모든 학생의 선망의 대상인 팬쇼의 언행을 따라하면서도, 그의 특이한 행동은 이해할 수 없는 신비한 면이 있다고 여긴다. 예를 들면 초등학교 1학년 때 화자, 팬쇼 그리고 매우 가난한 한 친구와 함께 초대받은 어느 생일파티에 가다가, 그 친구가 생일선물을 준비하지 못해 의기소침해 있는 것을 보고 팬쇼는 선뜻 그 친구에게 자기 선물을 주고 자신은 빈손으로 파티에 갔다. 화자는 그가 자비심이 아니라 정의감으로 누구도 생각하지도 실천하지도 못할 이런 행위를 했다고 생각했다. 화자는 그의 자발적인 선행, 자기행위에 대한 확고한 신념 그리고 그 결과에 대한 무조건적 수용의 태도에 깊은 감명을 받으면서도 한편으로는 그를 납득할 수 없다는 생각도 했다. 또 화자는 열여섯 살 때, 그의 설득으로 뉴욕에 가서 지하

---

21 앞글, 17.

철역 의자에서 잠을 자고, 부랑자들과 이야기를 나누고, 과음해서 풀밭에다 토하고, 한 창녀에게 동정을 잃기도 한다. 그 후 화자는 팬쇼의 아버지가 암으로 사경을 헤맬 때, 팬쇼와 함께 아무 생각 없이 차를 몰고 간 곳이 어느 공동묘지였다. 팬쇼는 미리 파놓은 묘지를 보고, 무덤 밑바닥에 있는 기분이 어떤지 알아본다고 구덩이 속으로 내려가서 죽은 사람처럼 똑바로 누웠었다. 화자는 팬쇼가 애매한 미소를 짓고 죽은 사람 행세를 하는 것을 보고서 일찍이 죽음을 의식하는 기회를 가졌다. 그는 팬쇼의 영향력에 대해 말하기를, "지금도 내게는 팬쇼가 언제나 거기에 있었던 것 같이 보인다. 그는 나를 위한 모든 일이 시작되는 근원이어서, 나는 그가 없으면 내가 누구인지도 알지 못한다. [. . .] 이제 나는 내 어린 시절을 회상할 때마다 팬쇼를 본다. 그는 나와 함께 있었던 사람, 내 생각을 공유했던 사람, 내가 나 자신을 되돌아볼 때마다 떠올랐던 사람이었다"(195). 그러나 나중에 팬쇼의 사고와 행동을 자신이 반드시 모방할 필요가 없음을 깨닫게 되었다.

화자는 7년 전 11월에 긴히 상의해야할 중요한 문제가 있으니 만나고 싶다고 하는 소우피의 편지를 받고, 생면부지의 그녀를 아파트로 찾아간다. 그녀에게서 10년 넘게 잊고 있던 팬쇼에 대한 이야기를 듣는다. 그녀의 말에 의하면, 팬쇼는 6개월 전에 갑자기 사라졌는데, 경찰과 사설탐정 퀸이 아직도 그의 종적을 찾지 못하고 있는 걸 보면 아마도 그가 죽은 것 같다고 한다. 그녀와 팬쇼는 3년 전에 우연히 만나 바로 동거생활을 하다가 결혼했으며, 그들의 결혼생활은 매우 행복했으며, 그녀는 석 달 보름 전에 그가 손꼽아 기다렸던 아들 벤(Ben)을 혼자 출산했다고 말한다. 화자는 팬쇼가 출산을 앞둔 미모의 부인을 유기하고 잠적한 행위를 도저히 납득할 수 없다. 팬쇼는 자신의 과거를 소우피에게 잘 털어놓지 않았기 때문에, 그녀가 그에 대해 지닌 정보는 한정적이었다. 그는 하버드대학교를 2년 만에 자퇴하고, 유조선에서 선원생활을 하다가 프랑스로 가서 몇 년 지내다가 귀국하여 그녀를 만났다. 그는 결혼 후에 그녀의 수입에 의존한 생활을 하면서 문예창작에 전념하여, 상당한 작품을 탈고

했지만 출판에는 전혀 관심이 없었다. 그녀는 그의 이런 무관심이 불만스러웠다.

팬쇼는 그녀에게 만약 자기에게 무슨 일이 생기면 작품출판 여부는 화자의 결정에 따르라고 말했다. 그러면서 그녀에게 화자를 대단한 문학비평가로 높이 평가하면서 자랑스러운 친구라고 항시 칭찬했다. 그는 화자의 평론을 열심히 정독했으며, 가끔 그녀에게 읽어주기도 했다. 그러나 화자는 뜻밖에 친구의 찬사를 들었지만 스스로를 비하하였다. 그는 자기비판을 하면서, "내가 꽤 많은 논문을 발표했음은 사실이지만, 나는 이 발표로 찬사를 받을 거라고 생각하지 않았으며, 그 발표를 자랑스러워하지도 않았다. [. . .] 나는 독자들의 심금을 울려 그들의 삶을 변화시킬 소설을 창작할 수 있을 거라는 . . . 대단한 포부를 갖고 글을 쓰기 시작했었다. 그러나 세월이 흐르면서 나는 서서히 이런 기적이 일어날 수 없음을 깨달았다. 나는 그런 재능이 없으니 나 자신에게 그 꿈을 포기하라고 타일렀다"고 고백한다. 또한 전문가들이 생활비를 마련하려고 평론을 쓰는 그를 "명석한 청년, 더욱이 혜성처럼 나타난 신비평가로 치켜세우지만"(203), 그는 스스로를 이미 노쇠한 별 볼일 없는 사람으로 생각한다. 이러면서도 친구의 유저(遺著) 관리자로서 책임과 의무를 다하려고 한다. 그래서 방 안 여기저기에 흩어져있는 친구의 원고들을 챙겨 큰 여행가방 두 개에 넣으면서, 이것들을 정리하는데 며칠이 걸릴 거라고 말하고서는 그녀와 작별한다.

화자는 자신의 결정에 따라 팬쇼의 작품들이 살거나 반대로 죽을 수도 있기 때문에 너무 겁이 나서 선뜻 가방을 열지 못하다가, 며칠 후 마침내 가방을 열어 원고를 시, 소설 그리고 희곡으로 또 완성과 미완성으로 분류하고 나서, 우선 성공할 것이라는 확신이 가는 *비현실적인 공상세계*(*Neverland*)라는 장편소설의 출판을 시도한다. 그는 몇 번 만난 적이 있는 친구 형인 큰 출판사의 편집책임자를 찾아가서, 그가 팬쇼에 대한 기억을 떠올릴 수 있게 한 연후에, 그가 잠적 중이라는 이야기와 함께 그 소설원고를 넘겨준다. 그러나 화자는 3주 후에 그에게서 이 작품은 전형적인 소설이 아니어서 출판에 위험부담이 따른다는 말을 듣는다. 그러면서도 그는 "이 친구의 소설 창작능력은 대단해. 나는 소설을 2주 전에 읽었는데, 소설이 계속 내 머릿속에 남아있어. 나는 이야기를 지울 수가 없어. 이야기가 계속 떠오르는데, 그것도 이상한 순간에 . . . 내가 의식적으로 아무것도 생각하지 않으려고 할 때마다. [. . .] 소설에는 강한 호소력이 있는데, 정말로 이상한 것은 이 호소력이 무엇인지 종잡을 수 없다는 거야"라고 논평한다. 화자도 그에게 동조하여, "저도 그런 느낌을 갖습니다. 이야기가 내 머릿속 어딘가에 꼭 달라붙어 있어서, 그 누구도 뗄 수가 없습니다"(226)고 말한다. 우여곡절 끝에 그 소설은 출판되어 비평가들의 호평을 받았을 뿐 아니라 상업적으로도 크게 성공을 거두었다.

화자는 출판관계로 소우피를 자주 만나다가 사랑에 빠진다. 그는 자신의 사랑이 어떤 장벽도 녹여 무너뜨리는 용광로임을 인지한다. 이런 인지로 인하여 그는 자신에게 집착하는 혼자의 삶보다는 아집을 버리고 함께 하려는 두 사람의 삶이 더욱 활력과 인간미가 넘치는 삶이 될 수 있음을 깨닫는다. 그는 이 깨달음에서 생겨난 자기변신에 대해 말하면서, "나는 소우피와 일체감을 가짐으로써 마치 모든 사람과 공감대를 형성한 것처럼 느끼기 시작했다. 내가 이 세상에서 존재해야할 곳은 나를 넘어선 그 어디로 판명되었다. 만약 그곳이 내 안에 있다 해도 그 장소를 알아낼 수 없었다. 그 곳은 자아와 비자아 사이에 있는 작은 공간이었다. 나는 평생 처음으로 이미지의 공간을 세계의 정확한 중심으로 이해했다"(228). 요컨대 그는 실존에서 자아가 전부는 아니고, 다른 사람의 인정과 수용 그리고 도움이 반드시 있어야 한다는 진리를 터득했다. 그는 이런 터득으로 말미암아 자아와 비자아의 상호협조와 융합이 사랑의 본질[22]임을 지각하고 또 사랑을 가장 중요시한다. 따라서 화자와 팬쇼의 실존에서 가장 현격한 차이는 자아탐구와 실현에 필수적인 인생 동반자의 인정과 수용여부에 있다. 화자는 인정과 수용에서 팬쇼보다도 더욱 긍정

---

[22] Peacock, 78.

적이고 적극적이다.

화자는 사랑의 포로가 되어 소우피와 관계를 가진 뒤부터 그녀의 아파트를 밤의 본거지로 삼는다. 그는 스스로가 그녀에게 소속되고자 하는 욕망을 가지고 있음을 알고서 말하기를, "나와 소우피는 공존하려고 태어났고, 나는 점차 강해지고 있으며, 더욱이 그녀가 나를 과거의 나보다도 더욱 탁월한 존재로 변신하게 하고 있음을 느꼈다." 또 그는 두 사람의 성적 욕구는 무한정하여, "욕구가 충족되면 충족될수록 더욱더 커지면서 강렬해졌다"고 술회한다. 화자는 이렇게 지극히 행복한 나날을 보내고 있을 때 뜻밖의 편지를 받는다. 그 편지에서 팬쇼는 화자에게 자기가 살아있음을 소우피에게 절대로 말하지 말 것, 그녀와 결혼하여 벤을 보살펴줄 것, 그리고 자기 소설을 출판해주어 고마운데, 그 인세는 그녀와 화자의 공동소유로 할 것이며, 덧붙여 자기는 잠적한 날부터 7년 후에 죽을 것이니 절대로 자기를 찾으려하지 말 것을 부탁한다. 팬쇼는 그 편지를 "너는 나의 좋은 친구이고, 나의 유일한 희망은 네가 항시 있는 그대로 존재하는데 있다"(230, 239, 234)는 말로 끝맺는다. 화자는 처음에는 그 편지를 누군가의 장난으로 생각하다가 결국은 팬쇼의 뜻으로 받아들여서, 침묵하는 것이 소우피를 보호하는 최선책이라고 믿는다. 따라서 소우피에게 팬쇼의 생존을 발설하지 않고서, 자기들이 서로 만난 지도 거의 1년이 다 된다고 말하면서 서둘러 결혼할 것을 간청한다. 그녀는 당신이 저 문으로 들어온 1976년 11월 25일이 내 생애에서 가장 중요한 날이고 이제 8일 후면 꼭 1년이 된다고 대꾸한다. 그러자 화자는 결혼해서 그녀와 벤과 함께 한 집에서 평화스럽게 공존하는 삶이 자기 소망의 전부라고 부언한다.

그러나 불행하게도 그의 소망과 소우피의 욕망을 좌절시키는 비극적인 사건이 일어난다. *비현실적 공상 세계*가 좋은 평가를 받고 판매에서 호조를 보이던 중, 팬쇼는 가공인물이고 실제 저자는 화자라는 소문이 아주 커지더니 진정될 기미가 없다. 화자는 할 수 없이 팬쇼가 저자임을 밝히기 위해 한 출판사와 그의 전기를 집필하기로 계약하고 선수금을 받는다. 화자는 소우피가 전기 집필에 찬성하자 바로 작업을 시작하려고한다. 그런데 그가 막상 시작하려 하자, 사실위주의 이야기는 쓰기가 불가능하다는 사실에 봉착한다. 그는 집필을 시작하면서, 일상적인 삶을 사는 우리는 "독자적으로 존재하면서 가끔 우리가 누구인가를 어렴풋이 이해한다"는 것을 깨달았다. 그러나 또 한편 그는 "우리는 [그런 이해를] 결코 확신할 수 없는데다 [무딘] 삶이 계속되면 점점 더 자신을 알지 못해 모순에 깊이 빠진다. 누구도 본래면목에 다다를 수 없다는 단순한 이유 때문에, 경계를 넘어 다른 사람의 내면세계로 들어갈 수 없다"(243)는 사실도 깨달았기 때문이다. 이제 화자는 팬쇼에 대한 아무리 많은 사실과 일화들을 수집하더라도, 전기에서 그의 영혼을 밝힐 수 없음을 지각한다. 그는 무의미하고 무가치한 사실위주의 전기집필을 마음속으로는 포기하면서도 밖으로는 쓰기를 고집한다. 이렇게 고집하는 저의는 팬쇼를 찾아내서 말을 걸어 그와 대결하려는 데에 있다. 그렇지만 그의 저의가 소우피의 욕망과 갈등을 일으키면서 그들은 언쟁을 벌이게 되고 공존을 서로 위협하는 경지로 치닫는다.

사실 그가 이런 비극에 빠져들지 않을 첩경은 바로 그 저의를 버리고, 팬쇼를 소우피와 자기의 삶과 의식 속으로 끌어들이지 않는데 있다. 그러나 그는 팬쇼를 찾기 위해 방안에 들어앉아 그의 행적에 대한 자료들을 수집하고 정리하여 이 자료들을 토대로 팬쇼가 있을 것 같은 장소를 알아내려는데 여념이 없다. 이렇게 그는 소우피가 실존과 의식에서 배제하려는 팬쇼의 존재에 대한 집착 때문에, 그와 아들과 함께 행복하게 공존하고 싶어 하는 소우피의 욕망을 좌절시키고 있음을 알지 못한다. 더욱이 그는 그녀가 다시 혼자되지 않을까 두려워하며 불안감에 사로잡혀 있는 것을 전혀 눈치 채지 못한다. 마침내 두 사람은 소통불능의 상태가 되어 서로 대립한다. 그가 자신은 가정을 위해 최선을 다하고 있다고 말하자, 그녀는 "나는 당신을 이해할 수 없어요. 당신은 내 말을 들으려고 하지 않소. [. . .] 우리 두 사람이 계속 [행복하게] 살려면, 그 사람(팬쇼)은 죽어야 합니다. 당신은 이 사실을 모르고 있소. 설령 그가 살아있을지라도 죽은 사람이 되어야합니다"고 대꾸한다. 화자가 "그는 죽었다"고 대응하자, 그녀는 "당신이 전기를 쓰고 있는 한 그는 죽지 않았다"고 항의한다. 그녀는 "우리는 끝장에 이르고 있소. 당신은 그걸 모르고 있어요. 당신은 사라질 거고, 나는 당신을 다시 보지 못할 거요" (279-80)라고 덧붙인다. 이처럼 화자는 그녀의 공존 욕망과 자기가 유발한 그녀의 불안감을 무시하고 부정한다. 반면에 그녀는 팬쇼의 독선적, 냉소적 부정과 반항 심리에서 벗어나려는 강박관념에 시달리는 화자를 융통성 있게 대처하지 못한다. 결국 두 사람은 상호이해력 부족으로 인한 불화로 가정파탄에 이르러 1년 가까이 별거한다.

그가 별거를 하면서까지 팬쇼를 찾으려고 하면 그가 없고, 찾기를 그만두면 그는 "예전보다 자기에게 더 가까이" 있다. 마침내 그가 쓰려는 전기는 "그(팬쇼)를 몰아내려는 시도, 즉 가능한 한 그를 자기에게서 멀리 떼어놓으려는 책략에 불과했음"을 알아차린다. 이제 그는 팬쇼를 문이 잠긴 방의 문이라고 상상한다. 그는 나아가 "팬쇼는 아마 그 방에서 홀로 가짜 고독의 운명을 떠안고 살며 숨 쉬며 불가지(不可知)를 꿈꾸고 있다"고 상상해본다. 그는 "이제야 나는 그 방이 내 머릿속에도 자리 잡았음을 알았다"(286)고 실토한다. 지금 화자는 문이 잠긴 그 방에서 어떻게든 나오려고 한다. 그러기 위해 그는 전기집필을 포기하고 수령했던 선수금을 출판사에 반환한다. 드디어 그는 팬쇼의 굴레에서 해방되어 자유인으로 재생한다. 그는 소우피를 절망에 빠뜨렸던 팬쇼에 대한 집착에서 벗어난 연후에 그녀와 재결합하여 1981년 2월에는 득남을 하고 그 애를 폴이라고 작명한다. 이렇게 그는 개체성과 독립성 뿐 아니라 연대의식과 책임감이 강한 한 가장으로서 즉 온전한 한 사회적 인간으로 성숙한다.

그는 사회적 인간으로 성숙한 연후인 1982년 봄에 팬쇼로부터 보스턴(Boston)에서 만나자는 편지를 받는다. 그러나 소우피에게 하버드대학교도서관에서 찾아야 할 자료가 있다고 거짓말하고 팬쇼와 대면하려고 한다. 그는 문을 결코 열어주지 않는 팬쇼와 잠긴 문을 사이에 두고 서로 말할 수밖에 없다. 팬쇼는 그에게 자기를 증오하지 말라고 간원하면서, 오늘이 삶의 마지막 날이라고 선언한다. 팬쇼는 잠적 후에 자기를 쫓는 퀸을 따돌리고 미국서부를 돌아다녔다. 그가 잠적한 저의는 소우피에게 이상적인 새 남편을 찾아주려는데 있었다. 그는 뉴욕으로 돌아와서 화자, 소우피 그리고 벤을 감시했다. 그는 다시 선원이 되어 세계를 돌아다니다가, 배가 보스턴에 정박하자 하선하여, 2년 전에 이 집을 사서 두문불출하면서 누구와도 말한 적도 없이 살고 있다. 이제 너무 피곤하고 살고 싶은 의욕이 없어서 생각했던 것보다 1년 먼저 생을 마감하고자 한다. 지난 6개월 동안 자기 삶을 기록한 빨간 공책을 화자에게 주려고 만나자고 했던 것이다. 그는 공책은 층계 밑 옷장 바닥에 있다고 화자에게 말한다. 요컨대 팬쇼는 주체적 자아를 고수하려고 기존제도를 부정하고 반항하지만, 독선적, 자기중심적, 배타적 행동으로 자멸을 자초하고 있는 셈이다.

팬쇼는 그에게 그 공책을 가지고 가서 읽어보라고 권유한다. 화자는 그와의 말싸움으로 인해 너무 피곤하여 곧 쓰러질 것 같은 몸을 이끌고 밖으로 나왔지만, 무슨 일이 있었는지 전혀 기억할 수 없다. 그는 뉴욕행 열차를 기다리면서 의자에 앉아 그 공책을 읽는다. 내용을 이해하기가 어려워 딱히 할 말이 없다. 그렇지만 그는 느낀 바에 대해 말하길, "모든 단어들은 나에게 익숙하지만, 그 최종목표가 서로를 상쇄하려는 것처럼 이상하게 배열된 것 같았다. 나는 그것을 달리 표현할 방법을 생각할 수 없다. 각 문장은 그 앞의 문장을 지워버렸고, 각 문단은 다음 문단을 망가뜨렸다. 그런데도 그 공책에서 받은 인상이 굉장히 선명한 것이 이상하다. 팬쇼는 자신의 마지막 작품을 통하여 내가 거기에 걸었던 모든 기대를 뒤엎어야함을 알고 있었던 것 같다. [. . .] 그는 다른 질문을 함으로써 질문에 응답했다. 그러므로 모든 것이 미완으로 남아있어 다시 시작되어야 했다"(307). 화자는 지금까지 읽은 단어들의 지시를 믿으려하지 않는다. 그래서 그는 그 공책을 한 장씩 뜯어 쓰레기통에 넣는다. 마지막 장을 찢을 때 열차는 출발한다. 이제 그는 어떤 굴레, 다시 말하면 다른 사람이나 이념의 권위와 영향력 그리고 고착된 자기 앎과 확신 등에서 해방된 인간으로 변신하였다. 그는 실존에서 미완의 자아탐구를 계속하려는 의지를 절대시하는 인간으로 성숙하여, 사회 속에서 다른 사람들과 함께 존재하려고 최선을 다하는 인간 즉 우리 모두가 본받아야할 이상적인 인간으로 변신하였다.

Ⅲ

지금까지 전통 추리소설과는 전적으로 상이한 *뉴욕3부작*을 이루는 *유리도시*, *유령들* 그라고 *문이 잠긴 방*을 "실존은 미완의 자아탐구 과정"이라는 논지에서 고찰하였다. *뉴욕3부작*은 "저자, 화자 그리고 독자를 존재론적으로 구별하는 분류를 부정하는"[23] 새로운 형태의 추리소설로, 범인을 찾아내어 사건을 해결하려 하지 않고 미결로 끝나는 작품이다. 세 중편소설의 주인공들은 사건을 맡음으로써, 자아를 의식하지 않고 살아가는 일상적인 평범한 삶을 탈피할 수 있는 계기를 갖게 된다. 그들은 사건을 해결하려는 과정에서 자아를 새롭게 발견하고 실현하려는 시련과 고난을 감수한다. 시련과 고난을 극복하기 위해, *유리도시*의 퀸은 잠적하고, *유령들*의 블루는 새로운 삶을 찾아 떠나고, *문이 잠긴 방*의 화자는 뉴욕행 열차에 승차한다. 세 주인공은 위임받은 사건의 해결이나 결론의 도출에 이르지는 못하지만, 그 과정에서 이전의 삶에서는 시도하지 못했던 자유스럽고 주체적인 자아 성숙을 위해 최선을 다한다. 오스터는 *뉴욕3부작*에서 사건의 해결과정의 제시보다는 오히려 자아탐구는 끊임없이 계속되어야 할 미완의 과정이라는 철학을 강조한다. 오스터가 세 주인공을 이렇게 창조한 것은, "실존은 [어떤] 목표나 계획대로 되지 않기 때문에 강제적 인과율에 집착하지 않는다는 [그의] 신념"[24]에 따른 것

---

[23] Alford, 17.

[24] Brendan Martin, *Paul Auster's Postmodernity* (New York: Routledge, 2008), 143.

이다. 따라서 그의 세 주인공은 인위적 완성을 목표로 하지 않고, 오로지 미완의 자아탐구에 열중할 뿐이다. 오스터의 이런 주인공 창조기법은, "이야기 전개에서 유발되는 불신감, 인식론적 불확실성, 그리고 존재론적 우연성"[25]에 바탕을 두고 있다. 오스터는 이런 소설 창작철학과 기법을 바탕으로 독자들의 예상과 기대를 뒤엎으면서 그들의 "자유, 무한한 가능성 그리고 다원성"[26]을 극대화한다. 작가는 전통 추리소설에 익숙한 우리에게 매우 생소한 *뉴욕3부작*을 통하여, 실존과 자아탐구에는 "자유, 무한한 가능성 그리고 다원성"의 고취와 확장이 필수불가결함을 역설하고 있다.

---

25 Stephen Bernstein, "Auster's Sublime Closure: *The Locked Room*," in *Beyond the Red Notebook: Essays on Paul Auster*, Ed. Dennis Barone (Philadelphia: University of Pennsylvania Press, 1995), 88.

26 Alex Segal, "Secrecy and the Gift: Paul Auster's *The Locked Room*," *Critique* 39.3(1998): 240.

2

폴 오스터:
극한상황 극복 그리고 자아보존과 성숙

I

폴 오스터(Paul Auster)의 다섯 번째 소설, *월궁(月宮, Moon Palace*, 1989)의 화자 겸 주인공, 마르코우 스탠리 포그(Marco Stanley Fogg)는 "자기 삶을 탐구할 뿐 아니라 미국풍경에 대한 감상력과 미국역사에 대한 이해력의 신장"[1]을 끊임없이 도모한다. 그는 극한상황을 극복하고 자아창조자로 성숙한 연후에 유아독존적이었던 과거 삶을 회고하고 반성하면서, 인간의 가장 큰 소망 중 하나인 더불어 사는 실존에 필수적이라 할 상호이해와 배려 그리고 우연을 매우 중요시하게 된다. 사회의 방관자, 소극주의자 그리고 비관주의자에서 다른 사람들의 도움을 받아, 참여자, 적극주의자 그리고 낙관주의자로 변신함으로써 마침내 성숙한 어른이 된 주인공은 그 과정을 일인칭시점으로 이야기한다. 사생아로 태어나 어린 나이에 고아로서 겪을 수밖에 없었던 비극적인 삶을 극복하고, 자아를 보존하면서 성숙시킨 이야기를 요약하면서, "나는 예금액이 서서히

---

[1] Aliki Varvogli, *The World that is the Book: Paul Auster's Fiction* (Liverpool: Liverpool University Press, 2001), 131.

바닥이 드러나고 있음을 알았다. [. . .] 나는 휠체어에 의지하는 노인을 보살피는 일자리를 얻었고, 내 아버지가 누구인가를 알았다. 나는 유타(Utah)주에서 캘러포니어(California)주까지 사막을 가로질러 갔다"[2]고 회고한다. 그의 이야기는 동남아인들의 꿈과 인권을 유린하는 만행을 자행했던 미국정부가 두 미국인을 달에 착륙시켜 인간의 원대한 이상을 실현한 쾌거를 이룬 1969년 여름에 시작된다. 사회에 적응하지 못하는 지식인 낙오자인 그는, 한편으로는 인간의 꿈을 무산시키지만 또 한편으로는 실현시키기도 하는 이중적인 역할을 하는 미국정부에 비판적이고 반항적이다. 월세를 내지 못해 갑자기 아파트에서 쫓겨나 노숙자로 전락하여 아사하기 직전에 이르렀다가 그의 한 친구와 얼마 전에 우연히 만났던 한 여대생의 도움으로 살아난다. 그는 "이 우연 [한 일]을 생존 대비책으로, 즉 자신이 다른 사람들의 배려로 구원되는 방식으로 인식"[3]하게 된다. 건강을 회복하고 나서 한 장애노인을 보살피는 일자리를 얻게 되었는데, 나중에 이 노인이 그의 조부로 판명된다. 한편 그는 어머니 무덤 앞에서 아버지가 누구인가를 알게 된다. 그리고 전에 자신을 구해주었던 그 여대생과 동거하다가 결별하기도 한다. 또한 조부가 잠시 기거했다는 유타주의 어느 사막에 위치한 동굴을 찾으러 갔으나 실패하였고, 거기서부터 캘러포니어주의 해안까지 멀고 먼 길을 걸어간다. 그 해안에서 비로소 자기를 새롭게 앎으로써 자신의 비극적인 과거를 청산하고, 새로운 주체적, 사회적 자아창조의 도약단계에 들어선다. 그의 성숙과정에 결정적인 역할을 한 조부와 부친이 겪었던 황당무계한 실화를 상상력을 바탕으로 믿을만하게 소설화한다. 극한상황을 극복하고 자아를 보존하여 성숙하게 된 그의 이야기에 대한 고찰이 이 글의 논지이고 목적이다.

주인공이 이야기해 나아가는 자신의 성숙과정의 전제는 "모든 인간

---

[2] Andrew Addy, "Narrating the Self: Story-Telling as Personal Myth-Making in Paul Auster's *Moon Palace*," *QWERTY* 6(1996), 153.

[3] Paul Auster, *Moon Palace* (New York: Penguin, 1990), 1. 앞으로 이 작품에서의 인용문은 괄호 안에 쪽수만 표시함.

은 자기실존의 창조자"라는 데에 있다. 결손과 빈곤가정의 피해자라고 할 그는 활기차게 사는 삶의 지혜를 배우지 못한 데다 성격도 매사에 방관적이고 소극적이다. 그러나 내면적으로는 사회적 제약과 자신의 한계를 극복하고 적극적이며 낙천적인 인간이 되고 싶어 한다. 따라서 그가 이야기하는 목적은 "아름다움의 창조"가 아니고 "세상을 이해하는 방법, 다시 말하면 사회를 통찰하고 거기서 자기 위상을 찾는 탐색전"(7, 170)이다. 이야기를 쓰면서 차츰 자신의 소극적인 생활방식, 소외감, 고립감, 자기합리화 그리고 아집 등에서 벗어나, 다른 사람들을 인정하고 수용하여 그들과 더불어 살아가는 공동체의식에 눈뜬다. 요컨대 자신의 비극적인 삶을 이야기하고, 조부의 실화를 기록하면서 자신을 구원하는 계기를 마련하고 있다.[4] 그는 이야기로써 다른 사람들과의 유대관계를 강화하면서, 공유체험과 기억을 창조한다. 그와 조부가 뼈저리게 느꼈던 소외감과 절망감을 극복하게 되는 원동력은 바로 타인과의 공고한 유대관계에서 솟아나온다.[5]

그의 이야기 전개에서 우연은 매우 중요한 변수로 작용한다. 그가 우연히 만났던 중국인 여대생, 키티 우(Kitty Wu)는 그의 생명구조에 뿐 아니라 의식전환에 결정적인 역할을 한다. 또 그의 조부 토머스 에핑(Thomas Effing)은 유타주의 사막에서 우연히 발견한 한 동굴 덕택에 생명을 보존한다. 게다가 주인공은 에핑을 보살피는 일자리를 얻었다가 뜻밖에 친부를 만난다. 이렇게 여러 기적을 일으키는 우연은 폴 오스터의 소설 창작에서 "현실의 일부"이다. 오스터는 말하길, "우리는 동시에 일어나는 뚜렷한 인과관계가 없는 사건들의 영향을 받으면서 계속 형성된다. 돌발사건이 우리 모두의 실존에서 정기적으로 일어나 정신을 마비시킨다."[6] *월궁*의 주인공들은 시시각각으로 돌발 사건들과 마주친다. 이 우연한 사건들은 그들의 실존에서 행운을 가져다주기도 하고 비극을 초

---

[4] Varvogli, 123.

[5] Addy, 155-56.

[6] Paul Auster, *Collected Prose* (New York: Henry Holt, 2010), 539.

래하기도 한다. 이 비극은 그들의 이기적인 판단과 결정 때문에 일어난다. 그들은 이 우연을 자아탐구나 타인과의 유대관계를 이끌어 가는데 계속 좋은 기회로 활용해야 하는데, 안타깝게도 그렇게 하지 못할 때도 있다. 그러나 궁극적으로 그들은 이전 불행을 극복하고 독자적인 삶을 개척한다. 이처럼 우연은 폴 오스터의 *월궁*의 이야기 전개에서 핵심역할을 한다. 이제 본론으로 들어가, "모든 인간은 자기실존의 창조자"라는 철학과 우연의 기적적인 역할이라는 관점에서 포그의 성숙과정을 구체적으로 논의한다.

Ⅱ

포그는 컬럼비아대학교(Columbia University)를 졸업한 1969년 여름에 인생에 대한 어떤 대책도 희망도 없이 노숙자생활을 하면서 파멸 일보직전까지 간다. 앞 달 관리비를 내지 못해 자신과 외숙부의 영혼과의 연결고리인 클래러네트(clarinet)와 옷가지만 챙기고 다른 물건들을 그대로 놔둔 채 세든 아파트에서 쫓겨난다. 센트럴공원(Central Park)에서 노숙하면서 굶주림과 질병으로 인해 생사의 갈림길에서 허덕이지만, 다행스럽게 친구 지머(Zimmer)와 키티 우에 의해 구조된다. 먼저 그는 자신이 이런 지경에 이르게 된 것은 사생아로 태어나 고아로 성장한 환경에도 원인이 있지만 또 한편 그의 잘못된 의식에도 원인이 있음을 살피며 기술한다. 그 다음에 자신이 다른 사람의 도움으로 극한상황을 극복한 연후에 복잡한 여건과 마주치면서 스스로 어떻게 변신하였는가를 고찰한다. 이 기술과 고찰이 그가 성숙한 어른이 된 연후에 어리석었던 청년기 삶을 반성하면서 집필한 한 자아탐구소설의 줄거리를 이룬다.

포그는 미혼모의 아들로 태어나 어머니 에멀리(Emily) 포그의 성을 쓰면서, 아버지가 누구인가를 전혀 모른 채 성장한다. 어머니에게 아버지에 대해 끈질기게 물어보아도 그녀가 결코 말하지 않았기 때문이다. 그는 사진 한 장 없는 아버지를 "4차원 세계로 들어갔다가 나오는 길을 찾을 수 없었던 우주여행인"으로 상상한다. 어머니가 교통사고로 타계할 때까지 11년 동안 보스턴(Boston)의 작은 아파트에서 슬프고 우울한 그녀와 단 둘이서 단조롭고도 여유 없는 삶을 산다. 스물아홉 살에 작고한 어머니를 젊고 아름다운 여인으로 기억하는 그는 외숙부 빅터(Victor) 포그와 쉬카고(Chicago)에서 함께 살면서 매일 밤 울다가 잠이 든다. 그런데 독신인 외숙부는 성격적으로 아버지 역할을 할 수 없기 때문에 그를 보살펴야 할 어린이가 아니라 우정을 나눌 친구로 대한다. 게다가 그 외숙부는 포그 가문의 기질 즉 "목적의식이 없고 몽상적이며 어떤 현장에서 갑작스럽게 사라져버리거나 오랫동안 무감각한 상태가 되어버리는 성향"(4, 5)을 지닌 인물이다. 그는 클리브런드관현악단(Cleveland Orchestra)의 전도유망한 한 단원으로서 사회에 진출했지만, 연습 중에 졸기도 하고 정장을 하지 않고 연주회에 나오기도 하다가 마침내 해고당한다. 별 수 없이 쉬카고에 와서 클래러네트 개인교습을 하면서, 어느 작은 악단의 단원이 되어 결혼식장이나 졸업식장 등에서 연주도 하며 살아간다. 즉흥적이고 변덕스러운 성격의 소유자인 외숙부는 자신이 음악에만 몰입하여 세상을 살아갈 수 없다는 사실을 알지 못하고 있다. 이처럼 포그는 유감스럽게도 어머니나 외숙부로부터 다른 사람들과 함께 현실에 현명하게 대처하면서 사는 삶의 지혜를 배우지 못한다.

외숙부는 어머니의 사고로 인해 어느 버스회사에서 받은 보상금이 간신히 포그의 4년 동안의 대학등록금과 생활비를 충당할 정도의 금액이나 될 것 같다는 생각이 들자 조카에게 무료숙식을 제공하려고 한다. 그러나 그가 갑자기 충동적으로 결혼한 아내가 포그에게 어머니 역할을 할 수 없음을 간파하고, 그를 기숙사가 있는 사립학교에 등록시킨다. 결국 외숙부는 그녀와 이혼하게 되며, 이 사건으로 큰 충격과 고통을 받아 의기소침해지고 무기력증에 빠진다. 포그가 고등학교를 졸업하고 쉬카고로 돌아왔을 때, 외숙부는 기존 악단을 해체하고 새 악단을 창단하여, 언제 돌아온다는 기약도 없이 서부로 연주하러 떠날 채비를 하고 있다. 다정

다감한 성격의 외숙부는 포그와 작별하면서 줄 돈이 없다며, 그가 30년 동안 수집한 책 1,492권이 들어 있는 상자들과 함께 최고급 양털양복 한 벌을 선물로 받으라고 강요한다. 그러면서 책들이 포그의 대학공부에 큰 도움이 될 것이며, 그에게 맞게 고친 양복은 그를 아주 멋있게 보이게 할 것이라고 말한다. 포그와 작별 전에 마지막으로 언급하기를, "내가 어디에 있든 너는 항시 나와 함께 있을 것이다. 당분간 우리는 정반대 방향으로 떠난다. 그러나 우리는 조만간 다시 만날 것이라고 확신한다. 네가 알다시피 모든 일은 결국에는 잘 풀린다. 모든 일은 연결되어 있다"(14). 포그에게 이 말을 마치 유언처럼 남기고 서부의 한 작은 도시에서 객사한다.

1965년 가을학기에 컬럼비아대학교 신입생이 된 포그는 유행이 지난 그 구식 양복을 입고 뉴욕(New York) 생활을 시작한다. 그는 1주나 2주에 한 번 꼴로 외숙부로부터 엽서를 받지만, 그 양복을 입고 있어야 그와 영적 교감이 되는 것 같아 열여덟 살 먹은 대학생에게는 어울리지 않는 그 양복을 입고 매일 등교한다. 특히 그가 불안과 고통에 시달릴 때 그 양복을 입고 있지 않으면 살갗이 떨어져 나가는 것처럼 느껴진다. 요컨대 그 양복은 그에게 안정과 위안을 가져다주는 수호신이다. 이처럼 학교 분위기와 걸맞지 않는 특이한 옷차림으로 시작된 대학생활 동안 그는 다른 학생들과의 불협화음에 시달린다. 그러나 친구들이 그를 괴짜라고 비난하면 수줍어하면서도 고고한 지식인인 체하면서 태연하게 대응한다. 스스로 자신의 양극적인 성격에 대해, "나는 소심함과 오만함의 이상한 혼합체로 어색한 오랜 침묵과 거침없는 장광설의 발작에 번갈아 빠진다"(15)고 실토한다. 마음이 내키면 친구들과 술집에서 철야하면서 기진맥진할 때까지 술을 마시면서 그들에게 자신의 해박한 지식을 과시하며 자신이 그들보다 더 어른스럽고 우월하다고 뽐내기도 한다.

그는 봄 학기가 끝나 의무적인 기숙사생활에서 해방되었을 때, 9개월 동안 절친하게 지낸 한방 친구인 지머가 함께 아파트를 구해 입주하자는 제의를 거절한다. 혼자 있고 싶어 6월 중순에 가구가 없는 아파트를 구하고 나서, 외숙부가 물려준 1,492권의 책들이 들어있는 상자들로 침대, 식탁, 그리고 의자를 만든다. 평생 처음 혼자만의 삶을 시작하자 고통스럽고 두려운 기분에 억눌린다. 더욱이 대낮에도 환하지 않고 퀴퀴한 냄새를 풍기는 그의 방이 마음을 무겁게 한다. 그러던 중 이삼일 정도 지난 후의 밤에 두 창문 사이에 서서 브로드웨이(Broadway)거리를 내려다보다가 월궁이라는 한 중국식당의 네온 간판에 매혹된다. 그에게 "월궁은 마법의 글자들이었다. 그 글자들은 하늘에서 내린 계시처럼 어둠 속에 매달려 있는" 것 같았다. 갑자기 순간적으로 외숙부와 그의 악단, 달 사람들(Moon Men)을 생각하자 그를 짓눌렀던 불안과 공포가 사라진다. 그는 회상하기를 "오래 되어 낡고 누추한 방이 영성이 넘치는 장소, 즉 이상한 예감과 예측불허의 신비한 사건들의 교차점으로 변형되었다. 나는 계속 월궁 간판을 응시했다 . . . "(17). 여기서 월궁은 앞으로 달이 그의 자아의식과 실존에 중요한 역할을 할 것임을 암시하고 있다.

그가 스무 살 난 대학교 3학년생이 되자 살고 있는 아파트가 점점 마음에 들게 된다. 지머와 다른 친구들과 함께 밤늦게까지 술을 마시면서도 열심히 공부하고 있던 어느 날 외숙부로부터 마음 아픈 편지를 받는다. 그 편지에서 외숙부는 그의 악단은 해체되었고, 아이더호우(Idaho)주의 보이지(Boise)라는 주도에서 가가호호 방문하는 어느 백과사전 판매원 노릇을 하고 있으며, 클래러네트는 전당포에 잡혔다고 실토한다. 그의 송금을 받은 외숙부가 도착 예정 일자에 뉴욕에 도착하지 않자, 외숙부의 행방조회를 경찰에 신청해 두었다. 이 때 외숙부가 여행 가방을 챙기다가 심장마비로 급사했다는 비보를 듣게 된다. 그는 비통한 심정을 토로하기를, "외숙부 빅터는 내가 이 세상에서 가장 사랑하는 사람이었을 뿐 아니라 나의 유일한 혈육이고, 나를 더 광대한 세계에 연결시켜주는 고리였다. 그가 타계하자 나는 모든 것을 잃고 파멸 지경에 이르렀다. [. . .] 나의 삶은 최악의 소용돌이에 휩싸였으므로, 나는 다른 세계로 사라지기 시작했다"(3). 그는 너무 큰 충격과 비통함으로 인해 매사에 있어서 방관적, 소외적, 자폐적이고 무기력한 자세에 깊이 빠져있다.

외숙부를 쉬카고에 있는 어머니 무덤 옆에 안장한 후 그는 차츰 슬픔보다도 금전문제로 고통당한다. 장례비로 수천달러를 지불했기 때문에 졸업할 때까지 필요한 등록금과 생활비가 부족하다. 그래서 대학을 중퇴하고 싶지만, 그러면 바로 월남의 전쟁터로 가야할 뿐 아니라 외숙부와 대학을 졸업하기로 했던 약속을 어기는 결과가 된다. 학업을 계속하려면 학업우수 장학금을 받거나 아니면 학자금 융자나 근로 장학금을 신청해야 하지만 마음이 내키지 않아 신청하지 않는다. 절망에 빠져 어떤 행동도 취하지 않고 오로지 독서와 사색에만 몰입하여 사회를 조롱하고 현실을 무시하려는 젊은이의 오기에 찬 행동을 보여준다. 이러다간 자신의 삶이 끝날 수 있음을 알면서도 오기에 빠져 가만히 그 때가 오기를 기다릴 뿐이다. 그는 "달이 태양을 가릴 것이고, 그때 나도 사라질 것"이라고 기다리는 심정을 밝히고 있다. 이처럼 그는 희망과 생존의욕을 완전히 포기하고, 오로지 소멸의 순간을 맞이하려는 허무주의적인 태도를 지닌 대학생이다. 이런 순간을 기다리면서 책 상자에 있는 책들을 정독한 후에 헌책방에 팔아치운다. 책 상자들은 서서히 없어진다. 이 책 상자의 없어짐은 그가 소멸하고 있음을 상징한다. 자신과 책 상자들이 있는 방과의 상관관계에 대해, "방은 나의 상태, 즉 얼마나 많은 내가 남아있으며 얼마나 많은 내가 더 이상 거기에 없는가를 측정하는 기계였다. 나는 1인 극장에서 범인이고 증인이며, 배우이고 관객이었다. 나는 내 자신이 잘려나가는 과정을 추적할 수 있었다. 내 자신이 조각조각 사라지는 것을 관찰할 수 있었다"(21, 24)고 설명한다. 이처럼 그는 자신의 실존욕망이 외부사정으로 위축되어 서서히 소멸하고 있음을 실감한다.

그는 더 이상 입을 수 없는 그 양복 대신에 값싼 옷들을 걸치고 다님으로써 친구들을 놀라게 했을 뿐 아니라 요금을 아끼려고 집 전화를 끊었을 때 그들이 불편하다고 항의하자, 기계소리가 싫기 때문이라고 응대한다. 마침내 집의 전기도 요금미납으로 단전된다. 이런 경제적 궁핍을 호도하기 위해 변명이나 애매한 이야기 그리고 괴팍한 논리를 활용한다. 그러면서 실생활에서 지출을 줄이려고 안간힘을 다하지만 1969년 여름에 최대 고비를 맞게 된다. 식비를 줄이려고 최소량의 식사를 하면서 자신과 육체를 분리하려 해보지만, 정신은 굶주린 육체를 극복할 수 없어 착란을 일으킨다. 그는 있지도 않은 음식을 씹고 있으며 있지도 않은 담배를 피우고 있다. 정신착란이 일단 일어나기 시작하면 그것을 멈추게 할 수 있는 능력이 없는 그는 큰 고통과 시련을 겪는다. 이런 여건에서도 그에게는 신탁의 신비와 매혹으로 자리 잡고 있는 월궁이라는 두 글자가 마음에 떠오른다.

이제 그는 더 이상 자력으로 궁핍으로 인한 위기를 돌파할 수 없음을 깨닫고, 위선과 오만을 버리고 친구들에게 도움을 요청하려고 한다. 지머가 이사한 것도 모르고 쪽지를 몇 번 남겨 두었던 그 아파트에 갔다가 뜻밖에 새 주인의 환대를 받는다. 그 주인은 그가 쪽지들의 주인공임을 알아챘으며, 메츠(Metz, 뉴욕야구팀) 셔츠를 입고 있는 포그를 보고서 이 셔츠를 각별히 좋아하는 키티 우를 생각하게 된다. 마침내 그는 포그를 아침식사를 하고 있는 쥴리아드학교(Juilliard School) 친구들에게 그녀의 쌍둥이 오빠라고 소개한다. 포그는 몇 개월 동안 보지 못했던 진수성찬이 식탁 위에 차려진 것을 보자, 마치 자기가 동화 속에 있다고 착각할 지경이다. 여분의 의자가 없어 키티와 옆 사람 사이에 끼어 앉아 숲속에서 길을 잃고 며칠을 굶은 게걸든 사람처럼 모든 그릇을 비운다. 그 자리에 있는 무용을 전공하는 한 중국여대생이 미인이면서도 방자하지 않고 소탈하고 조심스러운 태도를 지닌 것에 마음이 끌리게 되고, 그녀가 비정상적인 자기에게 관심을 갖는다는 느낌이 들어 고무된다. 그가 떠나려고 하자 그녀가 문까지 따라와서, "나는 당신 누이동생이에요. 작별키스 없이 당신을 보내지 않을 거요"(40)라고 겸손하면서도 도전적으로 말한다. 그러면서 그녀는 목을 껴안고 키스한다. 그녀가 처음 만난 그에게 키스하는 이유는 너무나 비참하고 가엾은 젊은이라고 여겨지기 때문이다. 또 그녀가 보기에 그가 위독한 것 같아서 본능적으로 보호하고 싶기 때문이다.

그가 8월 중순에 두 번째로 퇴거통보를 받았을 때 수중에 37달러 밖에 없다. 아무리 기를 써도 어떤 대책도 강구할 수 없을 뿐 아니라 탈출구도 찾을 수 없어서 앞이 캄캄하다. 자신의 이런 절망적인 심정에 대해 토로하기를, "나는 미래를 상상할 수 없었다. 어떤 계획도 세울 수 없었다. 유일한 미래는 지금 처해 있는 현재였다. 현재 상태로 존재하려는 고투가 서서히 실존의식을 마비시켰다. 더 이상 사고할 수도 없었다. 나에게 시간은 연속되고 있지만, 미래는 내 앞에 공백, 즉 불확실성의 백지로 나타났다"(41). 마침내 머리가 몸에서 떨어져 나가면서 신체가 조각조각으로 절단되는 것 같은 느낌까지 받는다. 이처럼 신체를 온전히 보존하지 못할 뿐 아니라 자아조차도 완전히 상실한 지경에 있다. 그는 이런 악조건 가운데서 살고 있던 아파트에서 쫓겨난다.

그는 8월 하순 아침에 아파트에서 나와 목적지도 없이 모든 것을 우연에 맡긴 채 발길이 닿는 대로 걷는다. 다만 아직은 자존심과 수치심이 남아 있어서 아는 사람들을 피해 남쪽으로 내려간다. 그러나 아직은 파멸하지 않고 생존하고 있다. 우연히 길에서 10달러짜리 지폐 한 장을 주워서 너무 기쁘고 떨리는 마음으로 식사를 하러 간이식당으로 들어간다. 식사를 하고나자 일시적으로나마 억제하기 어려운 행복감과 세상에 대한 따뜻한 감정에 새로이 휩싸여서는 재생하려는 사람, 어쩌면 신대륙을 발견하기 직전의 탐험가처럼 황홀경에 도취된다. 그러다가 갑자기 불안정, 혼란 그리고 변덕에 휩싸이더니 곧 절망감에 빠진다. 마음의 평정을 되찾으려고 최선을 다해보지만 아무런 효과가 없다. 이런 와중에 밤이 되자 싸구려 여인숙이나 지하철역에서는 잘 수 없어 센트럴공원 안에다 잠자리를 정한다. 이렇게 하여 다른 사람들의 언행을 의식할 필요가 없는 자유로운 노숙자생활이 시작된다. 이런 생활을 하면서 비로소 자기실존이 현학적이었음을 깨닫고 앞으로 실천적 삶을 살겠다고 포부를 밝히면서, "나는 언어에 의존한 삶을 살면서 내 인생의 대부분을 이미 허송했음을 이해했다. 이 순간이 나에게 어떤 의미가 있다면, 가능한 한 전적으로 이 순간에 충실한 삶을 살아야 할 것이다. 그러기 위해 지금 여기, 현실 그리고 내 피부에 느낌을 주는 광대한 감각 중추 이외의 모든 것을 무시해야한다”(63)고 말한다. 이 포부를 실현하고자 그는 인과관계가 우주를 지배하는 조물주라는 기존 진리를 부정하고, 위가 아래이고, 시작이 끝이라는 새로운 진리를 수용한다.

비록 그가 삶의 지혜를 터득했지만 10여 일 동안 하루 1달러로 생명을 지탱하다 보니 체중이 112 파운드(약 50 kg)까지 줄어 목숨이 위험한 수위에 이른다. 설상가상으로 한밤중에 쏟아지는 폭우를 맞아 독감에 걸려서, 먹은 것을 토하게 되고 더 이상 혼자 힘만으로는 공원에서 버틸 수가 없어 사경을 헤맨다. 이 지경 속에서 독백하기를, “두려워하지 마라. 누구도 한번 이상 죽지 않는다. 희극은 곧 끝날 것이다. 너는 결코 이런 고난을 다시 겪지 않을 것이다.” 이런 독백과 함께 비몽사몽간에 월궁이라는 간판을 쳐다보더니, 350년 전처럼 몸 절반을 노출한 원주민들을 따라 맨해튼(Manhattan) 숲속으로 들어가 숲의 영기를 들이마신다. 다행하게도 이런 극한적인 상황에서 지머와 키티에 의해 구조된다. 정신을 차리고 보니 키티의 눈에는 눈물이 고였고, 지머는 그가 불쌍한 바보 같은 놈이라고 욕설을 퍼붓고 있다. 포그는 절벽에서 떨어진 자기를 구조한 그들의 배려와 성의를 사랑이라고 정의하며, 사랑은 “사람이 추락하는 것을 방지할 수 있는, 다시 말하면 중력의 법칙을 부정하는 강한 동력이다”(67, 50)고 언급한다. 이 사랑의 정의는 인간은 혼자 존립할 수 없으므로 다른 사람들을 인정하고 배려하여 그들과 더불어 실존해야 한다는 삶의 철학으로 포그에게 다가온다.

지머의 선심으로 그의 아파트에서 1개월여 동안 편안하고 풍족한 가운데 정양하면서 점차 건강을 회복하게 된 포그는 깊이 자성하면서 새로운 삶을 시작하려고 한다. 그러기 위해 철저한 현실주의자가 되어, 세상을 자기 마음대로 과소평가하거나 무시하지 않고, 세상사와 주위 사람들의 행위를 사심 없이 직시하여 있는 그대로 수용할 채비를 한다. 이 채비를 위한 자신의 실천의지를 밝히면서, “나의 잘못을 속죄하고, 여전히 나를 보살펴주는 사람들에게 보상하고 싶었다. 내 자신, 내 사고 그리고 내 운명에 대한 생각을 증오했다. 무엇보다도 먼저 나 자신을 정화하고 나의 무절제한 자기 열중을 회개해야 한다고 생각했다. [. . .] 나 자신보다도 먼저 다른 사람들을 배려하면서 . . . 어떤 성과를 가시화할 것이다. 성과를 거두기가 불가능하다 할지라도, 거의 종교적 광신으로 그 성과 거두기에 집착할 것이다"(73)고 자신에게 약속한다. 이처럼 그는 설령 가시적 성과를 거두지 못할지라도 다른 사람들을 위해 선행을 시도하려한다. 요컨대 이기적인 자기몰입에서 벗어나 이타적인 타인 배려자로 변신하려고 한다.

한편 포그는 키티가 그를 몹시 연모하여 지난 3주 동안 미친 사람처럼 찾으러 주위를 돌아다녔다는 말을 지머로부터 듣는다. 지머는 그녀를 평가하면서, "그녀는 일찍이 만났던 사람들 중 가장 개방적이고 자발적인 여인이다. [. . .] 그녀는 자신의 본능적 욕구를 충족하고자하는 여인이지만, 이 욕구는 [즉흥적, 감정적이 아니고] 지식의 일종이다. [. . .] 그녀는 다른 사람들을 매우 존중하기 때문에, 그들이 자신들의 의사에 반하는 행위를 하도록 허용하지 않는다." 지머는 그에게 그녀가 굉장히 자제하면서 기다리고 있으니 적극적인 행동을 취하라고 조언한다. 그는 조언을 들은 지 몇 주 후에 만나게 된 키티에게 사랑을 고백하고 나서 그녀와 성관계를 갖는다. 그녀와의 성관계로 인하여 자기에게 일어난 돌연한 변화에 대해 설명하길, "나는 성관계를 하고 본질적으로 일변되었다고 믿는다. 나는 . . . 정신적 성벽의 극적 붕괴, 즉 나의 고독을 무너뜨린 지진에 대해 언급하고 있다. 홀로 있음에 너무 익숙해 있어서 이런 지진이 일어날 수 있을 거라고 믿지 않았었다"(83, 84, 94). 이처럼 그는 경색될 대로 경색된 자아유폐에서 해방되어 사회적 인간으로 변신한다. 요컨대 극단적인 자기중심에서 벗어나 비로소 다른 사람들과 소통할 수 있는 인간으로 재생한다.

포그는 이렇게 자기중심에서 벗어나 다른 사람과 의사소통할 수 있는 인간으로 변신한 후에 장애노인인 토머스 에핑을 보살피는 일자리를 11월 초에 얻게 된다. 에핑에 대한 첫 인상에 대해 회고하길, "그가 나에게는 [이 세상에서] 가장 허약한 사람으로 보였다. 뼈만 남은 몸을 격자

무늬 담요로 덮고도 떨면서 휠체어에 앉아 있었는데, 몸이 날개가 부러진 아주 작은 새처럼 한쪽으로 기울어져 있었다"(99). 에핑은 여든여섯 살이지만 나이보다 더 늙게 보인다. 그러나 그 노인은 이런 외모와는 달리 말할 때는 목소리에 강한 힘이 있고, 밖에 나가면 새소리, 바람소리 같은 자연현상이나 자동차 소음 등에 깊은 관심을 쏟으며, 자신과 다른 사람에게 정직하면서도 진취적인 생각을 지닌 사회적 약자를 도와주려고 진력한다. 포그는 그 노인이 실존에서 나름대로의 인생의 목적의식과 그것의 실천의지가 놀라울 만큼 강하다고 느낀다. 포그는 그 노인을 보살핌과 동시에 그의 지도와 편달을 받으면서, 그가 구술하는 파란만장하고 비극적이었던 삶을 받아써서 짧고 간결한 자서전 원고를 완성한다. 그 노인이 타계한 후에야 이렇게 자서전을 구술하도록 한 저의를 이해하게 된다. 그 노인은 출생사실을 전혀 몰라서 보살피지도 못했던 아들이 하나 있다. 그는 몇 년 전에 자기 아들인 솔러먼 바버(Solomon Barber)가 중서부에 소재한 대학들에서 미국사를 강의하는 교수로서 탁월한 학문적 업적을 거두고 있음에도 불구하고 안정된 학자적 지위를 갖지 못하고 있음을 알고서 항시 마음이 무겁다. 그 아들을 보고 싶은 심정은 간절하지만 웬일인지 결코 상봉하려 하지 않고 큰 유산만 남겨준다. 포그는 그 노인의 유언에 따라 원고를 바버교수에게 우송한다. 포그는 이런 인연으로 만난 바버교수가 자기 친부임을 인지했을 때 처음에는 경악하여 거부하지만 결국 그것을 수용한다. 그 노인과 바버교수의 이러한 자포자기적인 비극적 삶의 이야기가 *월궁*의 큰 축을 이룬다. 한편 포그는 그 노인이 유명을 달리하면서 고마움의 표시로 남겨준 7천 달러를 가지고, 키티 우와 동거를 시작할 수 있었지만 결국 결별한다. 자신의 아집으로 인하여 크나큰 시련과 고통의 한 가운데로 내동댕이쳐진 실존을 절감하였을 뿐만 아니라, 우연히 숙명적으로 직면하였다가 마침내 극복하게 된 조부와 친부의 비극적인 삶을 절감하기도 한다. 이러한 체험으로 인하여 그는 사회와 인간관계를 창의적으로 이해할 수 있는 새로운 주체적 인간으로 성숙한다.

이제 이런 성숙과정을 구체적으로 고찰해본다. 포그는 에핑을 그의 요구에 맞게 보살피는 동안 자기 삶과 의식이 획기적으로 변화된다. 먼저 삶과 의식변화는 새로운 사물인식과 그 표현, 즉 언어구사에서 일어난다. 휠체어를 밀며 산책을 나가면 맹인인 에핑이 멋대로 사물을 가리키면서 무엇이냐고 묻는다. 일상습관에 따라 무의식적으로 가로등, 쓰레기통, 상점진열장 그리고 출입구 등이라고 대답하면, 에핑은 벼락같이 화를 내면서 주위에 많은 사람들이 있음에도 그를 바보라고 매도하면서 눈을 활용하라고 일갈한다. 에핑의 호통을 받고나서야, 사물을 세밀하게 관찰하지 않기 때문에 그에게 흡족한 대답과 설명을 하지 못했음을 깨닫는다. 이 깨달음으로 인하여 우선 사물을 정확하고 소상하게 인식하여 간결하게 표현하려고 최선을 다한다. 이렇게 하는 것은, 마치 미지의 세계를 처음 발견한 사람처럼 세계를 경이와 신비의 시각으로 볼 수 있는 안목을 높이려는 그의 부단한 자기훈련이며 그 굳은 결의의 다짐인 셈이다. 이런 다짐과 훈련 끝에 마침내 맹인 에핑을 만족시킬 수 있는 설명방법을 터득한 포그는 천명하기를, "내 임무는 긴 목록들로(장황한 설명으로) 그를 맥 빠지게 하지 않고 스스로 독자적으로 사물을 인식할 수 있도록 돕는 일이었다. 결국 말들은 중요하지 않았다. 말들의 기능은 사물들을 가능한 한 빨리 이해할 수 있도록 돕는 역할이었다. 말들이 이런 역할을 [가장 효과적으로] 수행할 수 있도록 하려고, 말을 꺼내자마자 말이 사라지게 했다. [. . .] 사물 주위(설명)에 더욱 많은 여백을 남겨두면 남겨둘수록 그 효과는 더욱더 좋다는 사실을 알았다. 왜냐하면 여백은 에핑이 스스로 하는 결정적인 작업, 즉 몇 가지 암시를 바탕으로 심상을 창조하여 자기마음을 내가 서술하고 있는 사물에 더 가깝게 접근시키기 때문이다"(123). 이처럼 그는 에핑의 채찍을 맞아 사물을 새롭게 인식하여, 외부를 무시하고 본질만을 간결하게 표현하는 언어구사의 방식에 심혈을 쏟는다. 이러한 자세를 발판으로 에핑의 호통과 비난을 긍정적으로 수용하여 삶과 의식변화의 동력으로 활용할 수 있다.

얼마 후 그는 에핑의 권유에 따라 브루클린미술관(Brooklyn Museum)

에 가서 랠프 앨버트 블레익록(Ralph Albert Blakelock, 미국낭만주의화가, 1847-1919)의 풍경화인 *월광(Moonlight)*을 본다. 전혀 알지 못했던 그림인 *월광*을 보러 가기 전에 에핑으로부터 미술관에 가면 벙어리와 귀머거리 행세를 하면서 누구와도 대화를 하지 마라는 조언을 이미 들었던 터이다. 에핑은 덧붙여 말하기를, "네 눈과 네가 가지고 있는 세상을 보는 특출한 힘을 생각하라. 네가 세상을 볼 수 없다면 너에게 일어날 불상사들을 상상해보라. 세상이 우리에게 보이게 해주는 여러 빛들, 즉 햇빛, 달빛, 전기, 촛불 그리고 네온빛 아래서 어떤 사물을 보고 있다고 가정하라. [. . .] 사물이 다른 불빛들 아래 위치할 때 그 모습이 어떻게 변하는가를 숙고하라." 이어서 충고하기를, 미술관에 들어가면 "*월광*만 보라. *월광*을 1시간 동안 보면서, 다른 그림들을 무시하라. 집중하라. 그림을 가까이서, 좀 떨어져서, 멀리서 봐라. 그림의 전체적인 구도 뿐 아니라 세부적 요소들도 살펴보지만 어떤 기록도 하지 마라. [. . .] 네 앞에 있는 풍경화를 그린 화가의 마음속으로 들어갈 수 있는지 생각해보라. 네 자신이 풍경화를 그리고 있는 블레익록이라고 상상해보라. 1시간 후에 잠시 쉬면서 다른 그림들을 보다가, 다시 15분 동안 *월광*을 보면서, 이 세상에는 *월광* 밖에 없다고 가정하고 집으로 돌아오라. 올 때도 갈 때처럼 아무 말도 하지 말고, 그림만 생각하라. 네 마음속에서 그림을 보려고 최선을 다하라"(134, 135, 135-36). 이렇게 에핑으로부터 풍경화 감상법을 배운다.

그는 에핑의 조언을 명심하려고 안간힘을 쓰면서 그 미술관에 왔으나 막상 처음 보는 *월광*에 크게 실망한다. 기대와는 달리 소품인 그 그림은 첫 눈에는 짙은 다갈색과 진초록색만 보이더니, 한참 더 보니 한쪽 귀퉁이에 아주 약한 빨간색만 보여 색조가 없는 것 같다. 그러나 잠시 후에 정신을 집중해서 다시 보니, 그 그림의 중앙에 있는 둥근 보름달이 하늘, 호수, 큰 나무 그리고 지평선에 낮게 깔려있는 산들을 비추고 있다. 더 자세히 보니 같은 색의 하늘과 땅, 낮처럼 환하게 보이는 밤 그리고 거대한 풍경으로 인해 왜소해진 인간들이 들어있는 그 그림은 풍경화가 아닌 상징적인 작품이라는 판단이 들었다. 그림 속의 "원주민들은 배경에 비해 왜소함에도 불구하고 어떤 공포감이나 불안감도 드러내지 않는다. 그들은 거대한 환경 가운데서도 그들 자신과 자연이 하나가 되어 편안하게 앉아 있다"는 느낌을 받았다. 그는 "블레익록이 이 조화를 강조하기 위해, 다시 말하면 하늘과 땅의 관련성을 역설하기 위해 하늘을 초록색으로 그리지 않았을까" 하는 생각을 했다. 계속하여 "사람들이 . . . 스스로 노력해서 자기 자신을 주위에 있는 사물들의 일부로 느낄 수 있다면, 아마 그들의 삶은 성스러운 감정으로 고양될 것이다"고 생각해본 다음, "블레익록이 미국의 목가적 풍경, 즉 백인들이 들어와서 파괴하기 전의 원주민들이 살았던 세계를 그렸다"는 생각도 해봤다. 그는 *월광*이 "풍경화가 아니라 추도사, 즉 사라져버린 세계에 대한 장송곡"(139)이라고 단정한다. 에핑도 이 같은 생각으로 *월광*을 감상했을 것이라고 생각하며 귀가한다.

서부를 그린 풍경화들 중에서 에핑이 *월광*을 가장 중요시하는 이유는 작품 안에 원주민들이 스스로를 자연의 일부로 인정하고 자연과 합일하려고 전심하는 정신이 구현되어 있기 때문이다. 그러므로 *월광*은 이 소설의 핵심주제를 예시하고 있다고 하겠다. 다시 말하면, *월광*은 "소설의 가장 중요한 금언들 중의 하나인 '당신은 주관과 객관(당신과 사회) 간의 균형을 이루지 않고는 생존할 수 없다'는 말을 시각 형식으로 구현하고 있기에 작품의 핵심주제로 간주될 수 있다"[7]. 게다가 *월광*과 에핑이 말하려는 삶의 이야기에는 상관성이 있다. *월광*에 그려진 보름달이 "그림의 중앙에 있는 것처럼 에핑의 이야기는 소설의 핵심을 이룬다. 그 핵심에는 '소설과 역사에서 과거를 다시 기술함은 두 분야 모두에서 과거를 현재에 투사하여, 과거가 결정론적이고 목적론적으로 귀결되지 않도록 고심한다'는 암시가 함축"[8]되어 있다. 이처럼 *월광*과 에핑의 이야

---

[7] James Peacock, *Understanding Paul Auster* (Columbia: University of South Carolina Press, 2010), 127.

[8] Varvogli, 121.

기에는 확실성, 일관성 그리고 고정불변함이란 없고, 오로지 자연과 자아의 천착에 필수적이라 할 주객일치철학에 대한 역설이 있을 뿐이다.

포그는 이처럼 *월광*을 제대로 감상한 연후에 에핑에 관한 황당무계한 이야기를 그에게서 직접 듣게 된다. 에핑은 열일곱 살에 거리에서 우연히 위대한 발명가인 니코울러 테슬러(Nikola Tesla, 1856-1943)와 눈이 마주쳤는데, 이 순간 그의 안광에 압도당하여 자신의 재능이란 그의 것에 비하면 죽은 거나 다름없다는 것을 알아차렸다는 것이다. 그는 정직한 자아를 고수하기로 스스로 다짐하여, 과학자보다는 자기 소질에 더 맞는다고 여겨지는 화가가 되기로 결심한다. 그러나 재계의 거물인 그의 선친은 화가가 되겠다는 아들을 방탕아로 간주하고 그의 뜻을 결코 용납하지 않는다. 그는 부친의 격렬한 반대로 이루 말할 수 없는 실의와 좌절에 빠지고 무력감에 사로잡히게 되지만 마침내 스스로 그 난관과 위기를 극복하고 화가의 길로 나아간다. 그는 부친이 급서하자 일약 백만장자 화가가 된다. 그는 당시 화가들의 유행이었던 "기계적 추상이나 그림이 곧 세계라는 독선(the canvas as the world) 그리고 지적 회화" 등을 막다름에 이른 미술이라고 믿고 수용하지 않는다. 그는 채색파 화가이고, 그의 그림 주제는 우주 혹은 순수한 우주와 빛, 그리고 빛과 눈이 마주칠 때 [발휘하는] 그 위력 등이다. 동료화가들은 자연을 그린 그의 작품을 높이 평가하면서, 그를 새로운 대가들 중의 한 사람이라고 칭찬한다. 이런 와중에 미국서부를 제일 먼저 작품소재로 소개했던 화가인 토머스 모런(Thomas Moran, 1837-1926)이 그에게, "당신이 서부에 가보지 않으면 공간이 무엇인가를 결코 이해하지 못할 것이다. 당신이 서부여행을 하지 않는다면 작품은 완숙해지지 않을 것이다. 당신이 서부 하늘을 감상한다면 그 하늘이 당신 삶을 변화시킬 것이다"(150)고 조언한다. 에핑은 그의 조언을 거듭해서 듣게 되자 서부여행을 결심한다.

에핑은 당시의 많은 화가들이 "회화수업은 유럽에 가서 해야지 . . . 미국에서는 배울 것이 없다"(151)고 하는 주장을 무시하고 "자신의 예술적 기량을 연마하려고"[9] 서부로 간다. 또한 청교도교리의 노예로 전락해

버린 아내, 일리저버스 휠러(Elizabeth Wheeler)로부터 도피하기 위해서도 서부로 간다. 결혼한 지 4년이 지났지만 그를 여체만 탐내는 악마로 간주하는 그녀 탓에 아직 초야를 치르지 못했다. 그가 가까이 다가가기만 하면 울부짖으면서 거세게 반항하는 그녀를 도저히 이해할 수 없을 뿐 아니라 사랑과 공존의 대상으로 수용할 수가 없다. 수녀원에나 있어야 할 여자와 결혼했던 걸 후회한다. 그래서 그녀와의 결혼이 그가 저지른 가장 큰 실수라고 자인한다. 이러한 그녀가 그의 서부여행을 단념시키려고 마치 순교자처럼 성관계를 허락한다. 그런데 이 성관계로 인해 태어난 아들의 불행한 삶 때문에 그는 31년이 지난 후에 전혀 상상하지 못했던 고통에 시달리게 된다. 가지마라고 애원하는 그녀를 뿌리치고 1916년 4월에 서부로 떠나는데, 이 작별은 두 사람의 영원한 이별로 귀결된다. 한편 지형학자의 꿈을 실현하려는 청년, 에드워드 번(Edward Byrne)이 그와 동행한다.

에핑과 번은 유타주로 가서 길잡이를 앞세우고 미답지를 탐험하려고 시도한다. 떠나기 전날 밤에 에핑은 번으로부터 평생 잊지 못할 교훈을 듣게 된다. 번은 주장하기를, "누구도 달이나 별에 의존하지 않는다면 지상의 자기위치를 알 수 없다. 천문학이 먼저 있고, 천문학에 따라 지도가 만들어진다. [. . .] 여기는 저기와 관련되어 존재하고, 그 반대는 성립되지 않는다. 오로지 저기가 있기 때문에 여기도 있다. [. . .] 우리는 오로지 우리가 아님을 찾음으로써 우리 자신을 발견한다. 당신은 하늘을 느낀 다음에 땅을 밟을 수 있다"(153-54). 번의 주장을 명심하면서 가파른 절벽을 올라간 다음 정상의 능선을 따라 말을 몰고 있는데, 갑자기 번의 말이 발을 헛디뎌 절벽 밑으로 떨어진다. 그와 말은 들쭉날쭉한 바위들과 부딪치면서 꼭대기부터 바닥까지 70m나 낙하한다. 에핑은 바로 말에서 내려 의료상자를 들고 급경사지를 내려가 얼굴은 피투성이가 되었고 두 다리는 부러져 있는 번을 보살핀다. 길잡이가 에핑에게 살아날 가

---

[9] Brendan Martin, *Paul Auster's Postmodernity* (New York: Routledge, 2008), 88.

망이 없는 번을 버리고 떠나자고 말하자, 그는 책임감 때문에 그 제안을 단호히 거절한다. 번이 숨을 쉬고 있으므로 그가 생존해 있다고 여기며, 번을 간호하려고 고군분투한다. 이런 고군분투 정신을 그와 가장 공고한 유대관계를 가져야 할 아내에게는 발휘해 본 적이 없다. 그것은 편견과 아집의 노예가 된 채 그를 거부하는 아내는 그와 삶의 공동목표를 가질 수 없으므로 그에게 반드시 필요한 존재라고 여기지 않았기 때문이다. 그에게 번과 아내는 매우 대조적인 존재라고 일방적으로 단정해버린다. 이 장면은 이렇게 일방적 단정으로 인해 편견과 아집에 구속된 사람들이 서로 간에 소통과 감정전이를 할 수 없고 마침내 스스로 비극을 자초하게 됨을 예시한다.

에핑은 죄의식을 느낄 겨를도 없이 번의 치료에 최선을 다했으나 무위로 끝난다. 그는 번을 매장하고 나서 비명을 지르기 시작하더니 거의 미칠 지경이 된다. 절벽, 골짜기 그리고 도저히 오를 수 없는 언덕과 산들로 이루어진 주변의 장애물들로부터 빠져나갈 엄두가 나지 않기 때문이다. 그 가망성이 엿보이지 않아 마음이 별로 내키지도 않는 탈출을 시도해보면서도, 마음 한편으로는 이제 자기 삶은 끝났다고 믿으며, 설령 살게 되더라도 혼자서만 집으로 돌아갈 수 없다고 생각한다. 이제 그의 실존은 지상에서 사라졌다고 치부하고, 본명인 줄연(Julian) 바버마저 버린다. 이때 그의 가족과 친지들도 그가 서부에서 행방불명되었음을 알게 된다. 나중에 알게 된 사실이지만, 마침내 그의 사망기사 마저 신문에 실리게 된 절박한 상황에서 미리 죽음에 대비하여 스스로 자신의 사망기사를 써 두려고 한다.

넷째 날이 되자 식량은 다 떨어지고 물도 한 컵도 남지 않게 되었는데, 근처에 있는 절벽의 정상 바로 아래에 동굴 같은 곳이 있음을 알게 된다. 그곳이 죽음을 맞이하기에 아주 좋은 장소라고 생각하고, 두 시간 동안 사력을 다해 올라가니 서 있을 기력도 없다. 놀랍게도 그 동굴에는 웬 가구들과 생필품들이 놓여 있고, 더욱 놀랍게도 거기에 있는 침대에 몇 시간 전에 살해된 듯한 한 수행자의 시신이 놓여있다. 여기서 그는 아사 직전의 극한상황을 극복할 수 있게 되고, 수행자로 가장하여 제2의 인생을 시작한다. 불과 얼마 전까지도 먹을 것이 없어 생을 마감하기로 마음먹었었는데, 뜻밖의 장소에서 생존할 수 있게 된 행운을 생각하니 전율감이 든다. 그러나 그는 몇 개월 동안 주변만 살피면서 편안하게 무위도식하다 보니, 갑자기 도저히 자제할 수 없는 고독감이 엄습해 와서 자살충동을 억제하기가 어렵다. 이미 죽었다고 알려져 있는 존재인 그 자신은 지금 악마적인 후생을 살고 있다는 망상과 공포감에 사로잡혀 발광을 할 지경이다.

그는 마음의 안정을 찾기 위해서 그리고 동굴에서 더 오래 버티기 위해서 식량을 절약하고자 어떤 일에 몰두할 심산으로 다시 그림을 그려보려고 한다. 연필로 종이쪽지에 그림을 그리면서 이전에 작품창작에서는 체험하지 못했던 강한 힘과 열정을 느끼고는 스스로 놀란다. 두 달 반 동안 아침에 동굴에서 나와 하루 종일 야외에서 그림을 그려 40여 점의 작품을 완성했는데, 돌이켜보니 이때가 그의 생애에서 가장 행복했던 시절이었다고 나중에 술회한다. 그는 두 가지 한계상황 가운데서 그림을 그리고 있는데, 그 하나는 작품을 비평해줄 사람이 없기 때문에 객관적으로 성공작이냐 실패작이냐의 경지를 떠나 오로지 자족적인 관점에서 작품창작에 몰입할 수 있다. 그리하여 창작활동에서 심미성의 부각보다는 오히려 자신의 가장 이상적인 실존탐구를 중요시한다. 그는 이런 탐구를 통하여 "자신이 거대한 자연의 무언의 힘의 일부인 것처럼 자연의 무심(무차별)을 자신의 본심으로 느낄 수 있다"(170). 50년이 지난 지금도 그때의 그림들 하나하나를 다 기억할 수 있다고 자랑한다. 또 하나의 한계상황은 그림을 그릴 재료도구가 바닥나고 있는 것이다. 재료도구가 점점 떨어져 감에 따라 눈앞에 보이는 풍경도 점점 사라지고 있는 듯이 느껴지기 때문에 더욱더 혼신의 힘을 다해 그림을 그린다. 마침내 그림판 뒷면에도 또 가구에까지도 열심히 그림을 그리면서 걸작을 창작하고 있다는 환상에 빠져 더욱더 열중한다.

겨울이 지나고 3월 하순에 찾아온 한 수행자의 원주민 친구로부터 무법자인 그레셤(Gresham)이라는 삼형제가 이 봄이 가기 전에 이 동굴로 찾아올 거라는 소식을 듣는다. 에핑이 번과 함께 뉴욕을 떠난 지 13개월이 되는 5월 중순의 어느 날 해질 무렵에 드디어 그들은 그곳에 나타난다. 에핑은 양심의 가책도 없이 그들을 밤에 사살하고 매장한다. 그 뒤로 자신의 삶이 갑작스럽게 새로운 방향으로 바뀌고 있음을 실감한다. 그들이 가져온 여섯 개의 가방에서 2만 달러의 현금과 많은 귀금속들 그리고 1만 달러 상당의 무기명 채권을 발견한다. 그러나 줄연 바버의 과거를 동굴에 묻고, 토머스 애핑으로 개명하고 샌 프런시스코(San Francisco)에서 시작한 그의 삶은 비극으로 끝난다. 처음에는 동굴에서 얻게 된 그 자금을 잘 투자하여 거부가 되어 상류층인사들의 사교계에 등장한다. 그러나 불행하게도 거기서 그의 과거 신원을 간파하고 있는 선친의 한 동업자와 맞닥뜨린다. 그 후로 더 이상 사교계에 나가지 않고 낮에는 집에서 잠을 자고, 밤에는 자신의 의지와는 반대로 중국인 거리에 가서 창녀를 찾고 도박과 마약을 즐긴다. 어느 비오는 날 새벽에 마약에 취한 채 귀가하고 있는 그를 뒤쫓는 한 괴한을 피하려다가 가파른 언덕길에서 굴러 떨어져서 전신주에 척추가 부딪쳐 더 이상 걸을 수 없는 불구자가 되고 만다. 하지만 불구 신세는 자신이 마땅히 받아야 할 천벌이라고 자위한다. 마침내 위조여권을 만들어 1920년에 미국을 떠나 프랑스(France)로 가는데, 거기서 평생 친구이고 조수인 파벨 셤(Pavel Shum)을 만난다.

에핑은 1939년 제2차 세계대전이 발발하기 전에 그 친구와 함께 귀국한다. 그 친구가 들고 온 솔러먼 바버교수의 저서인 *버클리 주교와 인디언들(Bishop Berkeley and the Indians*, 1947)을 보고, 바버교수라는 사람은 그가 서부로 떠나기 전에 부인과 가졌던 성관계에서 태어난 아들임을 인지한다. 그 아들이 탁월한 학문적 업적을 쌓았지만 아직 정년이 보장된 교수직을 얻지 못한 데다 체구가 기형이어서 마음이 아프다. 더욱이 그 아들이 아버지가 1916년에 유타주에서 사망한 걸로 믿고, 의지할 어른도 없이 외로운 삶을 살았다고 생각하니 억장이 무너지는 느낌이다. 그래서 포그에게 과거 삶을 받아쓰게 하여 만든 자서전과 상당한 유산을 그 아들에게 남겨주려고 한다고 고백한다. 이런 연후에 포그에게 자신은 어떤 생존상황과 조건에서도 "끊임없이 자신의 운명을 다스리고 있다"(217)고 믿는다는 말을 남기고 5월 12일에 영면한다. 그는 이미 포그를 시켜 신문에 게재할 자신의 사망기사를 써놓았다.

에핑이 타계하자 반 년 만에 자유인이 된 포그는 에핑이 감사의 표시로 그에게 남겨준 7천 달러로 우선 돈 문제에서 해방된다. 그러나 포그가 비록 에핑의 지도와 편달 그리고 과거 삶의 이야기에서 인생에 대해 많이 배웠다 할지라도, 여전히 편견과 아집에 물든 자아에 유폐되어 있기 때문에 다른 사람의 간절한 마음을 허심탄회하게 수용하지 못한다. 에핑이 그를 평하면서, "너는 몽상가여서 네 마음은 언제나 달에 가 있다. 사물들의 인식에서 달에만 의존한다. 야망이 없을 뿐 아니라 돈을 중요시하지 않는다. 너무 철학적이어서 예술을 느끼지 못한다. 너는 너를 보살펴줄 누군가를 필요로 한다 . . . 내가 눈을 감으면 너는 네 과거[생활방식]로 다시 돌아갈 것이다"(216)고 예언한다. 에핑의 예언대로 그는 편견과 아집 때문에 자신을 보살펴줄 사람을 버리는 가장 큰 과오를 저지르게 되고, 뼈에 사무치는 좌절과 절망의 고통과 시련을 겪는다. 그런 연후에 그는 자아를 탐구하여 주체적, 사회적 자아로 성숙한다.

그는 6월 중순에 그 7천 달러로 아파트를 얻어 아사 직전에 자기를 구해준 키티와 동거한다. 9개월 동안 그녀와 함께 평생 처음 낙원생활을 즐겼다고 술회한다. 그러나 자신의 아집 때문에 자기존재에 절대적으로 필요한 존재인 키티와 결별한다. 그녀가 임신한 사실이 밝혀졌을 때 출산문제로 두 사람의 의견은 대립된다. 그녀는 현실을 고려하여 인공유산 쪽을 염두에 두고 있는데 반해 그는 분만을 주장한다. 그는 만약 어머니가 자기를 입양기관에 보냈거나 출산을 포기했다면 오늘의 자기는 있을 수 없다는 강박관념에 사로잡혀 있다. 그녀를 설득하려고 역설하기를, "별로 유쾌한 생각은 아니지만 내 어머니가 그런 대단한 여자가 아니었다면, 나는 이 세상에 태어나지 못했을 것이다. 어머니가 현실적이었다면 나는 태어나기도 전에 죽었을 것이다. 아마 3개월이 된 태아는 뒷골목의 쓰레기통 바닥에 버려졌을 것이다"(239). 마침내 그녀는 인공유산수술을 하고나서, 그에게 예전처럼 함께 지내자고 애원한다. 그러나 그는 그녀의 간절한 염원을 뿌리치고 뛰쳐나와 극심한 고통과 절망감에 시달린다. 겨우 얼마 전에야 친아버지의 존재를 인지하고 수용하였는데, 그 아버지가 급작스럽게 사망하는 바람에 애통한 심정이 극에 달한 그에게는 그녀라는 존재가 절실히 필요하다. 그러나 이런 때 그의 아집에서 비롯된 비정한 행동 때문에 그녀의 도움을 받지 못하고 고통과 절망감 속에서 지내게 된다. 이 경험은 타인과 더불어 살지 못하는 그의 일방적 실존의식에 아주 큰 경종을 울린다.

포그는 에핑의 자서전을 받은 바버교수와 10월 초에 만났을 때, 대머리에다 기형적으로 거구인 그를 보고 놀란다. 반면에 바버는 그를 보는 순간 평생 마음속에서 사랑했던 에멀리 포그가 떠올라 상념에 잠기면서, 포그에게 1940년대에 자신이 강의한 미국사를 수강했던 신입생인 에멀리 포그를 기억한다고 말한다. 그녀가 쉬카고에서 왔고 교통사고로 타계했다는 소식을 들었다고 하면서, "그녀가 지성미가 넘치는 미인이었다"고 덧붙인다. 이렇게 그는 자신과 포그 사이에 어떤 관련이 있음을 암시하지만, 포그는 이를 묵살해버린다. 왜냐하면 그는 아버지의 부재를 당연시하며 살아왔으므로 그 수수께끼를 알아내고 싶지 않기 때문이다.[10] 그는 고집을 내세우며, "내 출생은 수수께끼였으므로 결코 내가 누구에게서 태어났는가를 알아내려고 하지 않을 것이다. 이런 마음가짐이 나를 정의해 왔고, 지금까지 이 무지에 익숙해져서, 이런 익숙함을 나의 지식과 자존심의 근원으로 고수하며 존재론적 필요성으로 믿었다"(237, 295)고 말한다. 즉 아버지의 부재에 대한 무관심이 실존의 최선책이라는 신념으로 지금까지 자신을 지탱해 왔던 것이다.

바버는 포그가 자기 아들임을 직감하지만, 이 사실에 그가 경악하고 충격을 받아 엉뚱하게도 다른 좋지 않은 결과를 초래할 수도 있기에 겉

---

[10] Kanae Uchiyama, "The Death of the Other: A Levinasian Reading of Paul Auster's *Moon Palace*," *Modern Fiction Studies* 54.1(2008): 127.

으로 표명하지는 않는다. 바버가 포그에게 이야기한 바에 의하면, 그가 여학생기숙사의 에멀리 포그의 침대에 함께 누워 있을 때, 한 여자청소부가 아무 기척도 없이 갑자기 문을 열고 들어왔다. 그는 그날로 면직되었고, 에멀리는 그의 청혼을 뿌리치고 다시는 만나지 않겠다고 욕설을 퍼부으면서 떠났는데, 그로부터 13년 후에 교통사고로 타계했다. 그는 이 불상사로 인해 너무나 부끄럽고 창피한 나머지 그리고 에멀리를 잃은 극심한 고통과 절망감에 시달린 나머지 자살을 몇 번이나 시도했지만 뜻대로 되지 않았다. 마침내 그는 사회로부터 철저히 소외되어 지내면서 "마음의 상처 — 아버지의 부재, 교수로서의 불명예 그리고 사랑한 여대생의 상실 — 를 묻어두기"[11] 위해 자기 신체를 아주 뚱뚱한 거구로 만들었다. 바버는 "그의 신체가 커지면 커질수록 자신을 그 안에 더욱더 깊이 묻었다. 바버의 목적은 자신을 사회로부터 격리시키고자 했을 뿐 아니라 거대한 체구로써 자신을 숨기려고 했던" 것이다. 드디어 그는 "자기 자신에게 솔러먼 바버라는 한 인물, 어떤 사람 그리고 스스로 창조한 세계가 되었던" 것이다. 이렇게 외부세계와 단절된 채 자신에게만 관심을 쏟으면서 연구에 몰입한 그가 마침내 주목받을 만한 저서와 논문들을 발표하자, 중서부의 작은 대학들이 그를 다시 고용했다. 이야기를 진행하면서 바버는 포그에게 자신이 아버지임을 계속 암시하지만, 포그는 이에 전혀 관심이 없다. 포그는 그와 작별할 때, "[마치] 그가 아들과 석별의 정을 나누고 있음에 반해, 나는 그저 새로 사귄 친구, 즉 이틀 전에 만났던 사람을 배웅했다"(242, 272)고 할 정도이다. 이처럼 두 사람은 포그의 아집 때문에 아직은 남과 남인 상태로 헤어진다.

바버는 이듬해 1월 중순에 뉴욕으로 다시 와서 아파트를 구하고 난 뒤, 포그에게 말하길 자신은 근무하던 대학에서 휴직을 했고 9월까지는 저서집필에 열중하고 나서, 기회가 있으면 선친이 머물렀던 그 동굴을 찾아가보려고 계획하고 있다고 말한다. 이즈음 포그는 키티와 결별하고

---

[11] Debra Shostak, "Under the Sign of *Moon Palace*: Paul Auster and the Body in the Text," *Critique* 49.2(2008): 161-62.

나와서 그의 아파트에 기거하면서 돈벌이로 화물차로 가구를 운반하는 일을 한다. 낮에 신체를 혹사시킬 대로 혹사시키면 그 피곤함으로 밤에 잠이 잘 올 것 같았지만, 키티와 헤어진 고통 때문에 술 없이는 잠을 잘 수 없다. 그는 자신의 비통한 심정에 대해, "키티의 신체는 내 몸의 일부였다. 내 옆에 그녀가 없으므로 나는 더 이상 내가 나 자신이라고 느끼지 못했다. 내[몸 전체]가 조각조각으로 절단되었다는 생각이 들었다"고 토로한다. 매일 밤 키티에게 전화해야 한다고 자신에게 말하면서도 전화하지 못한다. 그의 자아성숙에 암적 요소인 아집은 강하지만, 자아를 성찰하고 타인을 배려하려는 의지와 용기가 약하기 때문에 상실의 고통을 극복할 대책을 강구하지 못하고 있다. 이를 본 바버가 포그와 키티를 화해시키려고 무척 애를 써 보지만 그것도 무위로 끝난다. 키티는 화해를 거부하면서, "나는 인공유산을 하여 그를 비탄에 빠뜨렸다. 그가 나를 결코 만나지 않겠다고 해도 그를 비난하지 않을 것이다. 그도 내가 인공유산을 고의로 하지 않았음을 안다. 그러나 이 앎이 그가 나를 용서해야함을 의미하지는 않는다"(284, 285)고 강조한다. 두 사람의 불화로 인해 포그의 건강이 극도로 악화되자, 바버는 그에게 이런 상황에서 벗어나는 방안으로 그 동굴 탐방을 제안한다. 이제야 그는 바버의 깊은 배려와 호의를 수용한다.

두 사람은 7월 초에 그 동굴을 찾으러 가는 길에 쉬카고에 잠깐 들르기로 결정한다. 이때 포그는 어머니와 외숙부 묘소에 참배를 드리고 싶다고 말한다. 두 사람이 묻힌 공동묘지에서 포그는 어머니와 외숙부의 무덤을 보자 예상 외로 북받치는 슬픈 감정에 압도당해 순간적으로 정신을 잃는다. 이윽고 정신을 차린 후 옆에 있는 바버가 어머니 무덤 앞에서 흐느껴 울고 있는 것을 보게 된다. 바버는 포그 어머니 무덤을 계속 바라보더니 천애의 고아나 되는 것처럼, "나의 사랑하는 가엾은 에멀리 . . . 이제야 당신을 [무덤에서] 보다니 . . . 당신이 도망가지만 않았더라면 . . . 당신이 내 사랑을 받아주었다면 . . . 사랑하는 가엾은 에멀리 . . . 이제는 다 끝났어, 너무나 허무하게 끝나버렸어"(292)라고 한탄한다. 포그는 마치 살아 있는 사람인 양 무덤 속의 어머니에게 말을 건네는 그의 말을 듣고서, 갑자기 그가 누구인가를 알아차린다. 이렇게 뜻밖에 그의 가계 혈통이 밝혀진 것이 포그에게는 청천벽력이다. 이 같은 현실에서 분출되는 분노, 메스꺼움 그리고 역겨움 때문에 미친 사람처럼 바버를 두 손으로 밀친다. 바버는 뒤로 물러서다가 얼마 전에 파놓은 한 무덤 가장자리에서 중심을 잃고 그 구덩이 속으로 떨어진다. 너무나 순간적으로 발생한 일이어서 바버를 도저히 붙잡을 수가 없다.

포그는 약 2개월 동안 바버를 간병하는 동안 그에 관한 모든 사실을 알게 되었지만 아직도 그를 아버지로 받아들이고 싶지 않다. 너무나 큰 충격을 받았기 때문에 바버가 마음속에 품어왔던 이상적인 아버지의 상임에도 불구하고 그를 아버지로서 수용하지 못한다. 그러다가 그의 눈썹과 눈 사이의 간격을 중심으로 눈꺼풀 부분을 살펴보다가 순간적으로 인지하게 된 사실에 대해 말하길, "바버의 눈은 내 눈과 똑같았다. 그의 얼굴에서 살이 빠지자 그 유사성을 확인했다. 우리는 서로 닮았고, 닮아도 너무 닮았다. 일단 이 닮음을 알아차리자, 이 사실이 나를 너무나 세차게 강타했기에 이 엄연한 현실을 수용할 수밖에 없었다. 나는 바버의 아들이었고, 추호의 의심도 없이 이 사실을 수용했다"(296). 드디어 포그는 이렇게 그를 아버지로 수용한다. 바버는 포그의 아버지로 인정받고 나서 1개월 뒤에 눈을 감는다. 포그는 다시 혼자라는 고독감과 절망감에서 벗어나고자, 키티와의 사랑을 부활하고 싶어 그녀에게 전화를 해본다. 하지만 기다리는데 지쳐 희망을 포기하고 새 남자친구를 사귀고 있기 때문에 과거로 돌아갈 수 없다는 그녀의 결연한 주장을 듣게 될 뿐이다. 결국 그를 아사 직전에 구해주었을 뿐 아니라 성숙의 길로 인도해 줄 수 있었으며 실존의 이상적인 동반자가 될 수 있었던 그 여인을 그의 아집 때문에 상실한다.

그는 유대인이 아닌 아버지를 유대인공동묘지에 있는 어머니 무덤 옆에 안장한다. 그런 다음 바버와 함께 찾으러 가기로 했던 동굴이 있는 유타주로 향한다. 비록 동굴을 찾지 못한다할지라도 현재의 그에게는 이렇게 목적의식을 갖고 하는 행위가 슬프고 심란한 마음을 극복하는 최선책이라고 판단하기 때문이다. 유타주에 들어서면서 느낀 바를 표현하길, “땅의 거대함과 공허함이 나의 시간개념을 무너뜨리기 시작했다. 현재가 더 이상 같은 결과들 중 어느 하나를 의미하지 않았다. 왜냐하면 몇 분과 몇 시간은 이곳에서는 너무 짧아서 계산될 수 없었고, 일단 당신이 눈을 주위에 있는 사물들에 돌리면 [그것들을] 몇 세기로 생각해야하는데, 천년도 한 순간에 지나지 않는다고 이해해야하기 때문이었다. 평생 처음으로 지구가 하늘을 선회하는 행성이라고 느꼈다. 지구가 아주 작아 현미경으로 관찰해야 할 대상임을 알았다. 우주에 있는 모든 물체들 중에서 지구가 가장 작았다.” 조부의 탐험 출발지였던 블러프(Bluff)라는 곳에 숙소를 정하고 몇 주 동안 그 근처를 답사하다가, 그곳의 향토사에 조예가 깊다는 스미스(Smith)부부로부터 무법자 그레셤 삼형제에 대한 이야기와 함께 그 동굴 지역은 2년 전에 수몰되었다는 말을 듣는다. 동굴을 삼킨 호수를 수상 보우트로 질주하고 돌아와서야 선친으로부터 상속받았던 자동차와 트렁크에 넣어둔 1만 달러가 도난당했음을 알게 된다. 그는 이 도난은 어떤 인간에 의한 범행이 아니라고 여기며, “신들의 장난, 즉 나를 더욱 고된 시련에 빠뜨리려는 신들의 악의적인 행위”(303, 305)라고 믿으면서 경찰에 신고하지도 않는다. 다시 무의 존재로 전락한 그는 걸어가면서 아무 자동차에나 편승하려고 손을 흔들어 보지만 계속 거절당한다.

별수 없이 야생 쑥 군락 속으로 들어가 하룻밤을 보내고 다음날 아침에 깨어나니 추위에 몸이 떨린다. 다른 사람에게 의존하지 않고 독자적으로 하루 종일 이런 방식으로 지내며 3개월 동안 계속해서 걸어간다. 드디어 캘러포니어주의 어느 해안가에 도착하여 신발을 벗고 발바닥에 달라붙는 모래의 감촉을 느끼면서, “나는 더 이상 과거의 내가 아니었다. [. . .] 나는 세상 끝까지 왔고, 이 너머로는 바람과 파도 그리고 중국 해안까지 확 트인 공간만 있었다. 이곳이 내 출발점이고, 내 새로운 삶의 시발점이라고 나 자신에게 말 한다”면서 그의 깨달음을 표현한다. 언덕 뒤에서 달이 떠오르기를 기다리고 있는데, 마침내 노란 원형의 보름달이 모습을 드러낸다. 밤하늘로 솟아오르는 그 보름달이 어둠 속에서 온전히 자리를 잡을 때까지 계속 바라보면서 한 번도 거기에서 눈을 떼지 않는다. 그것은 그가 이제 "달은 미래이다"(306, 97)고 믿기 때문이다. 이처럼 주인공이 미래에 대한 확신을 표명하면서 이 소설은 끝난다. 이것은 스스로 현학적인 편견과 아집에서 벗어나 다른 사람을 이해하고 배려하고 존중하는 주체적, 사회적 자아로 성숙하려는 주인공의 굳은 의지와 실천 자세를 보여준다.

Ⅲ

지금까지 *월궁*의 화자이자 주인공, 마르코우 스탠리 포그가 자신의 편견과 아집으로 인해 실존에서 맞이하게 된 극한상황을 극복하여, 자아를 보존하고 성숙하게 된 과정의 이야기를 고찰해보았다. 그가 말하는 그의 삶의 이야기는 "모든 인간은 자기실존의 창조자이다"는 철학을 전제로 한다. 그런데 그 목적은 "아름다움의 창조"가 아니고 "세상을 이해하는 방법, 다시 말하면 사회를 통찰하고 거기서 자기위상을 찾는 탐색전"이다. 포그가 사회에서 자기위상을 찾는 최선책은 언제나 다른 사람들과 더불어 살아갈 때 주체적, 사회적 존재로 성숙할 수 있음을 깨닫는 데에 있다. 이 깨달음에 이르게 되어 타인의 존재를 인정하고 수용하는 과정을 구현하고 있는 작품, *월궁*은 포그와 그의 조부 그리고 부친의 실존에 대한 이야기들의 구성체이다.

그는 한 미혼모의 아들로 태어난 후 고아로 성장해 가는 실존에서 굳어진 편견과 아집으로 자아유폐의 상태가 되어, 사회에 적응하지 못하고 지내다 아사 직전의 극한상황에서 한 친구와 우연히 알게 된 한 여대생에 의해 겨우 목숨을 구한다. 이때는 그들의 깊은 관심과 배려로 자아유폐에서 일시적으로 벗어나 마음의 벽을 허문다. 그러나 매우 애석하게도,

그의 아집으로 인하여 의식과 생활에 획기적인 변신의 계기를 마련해줄 수도 있었던 그 여대생과 결별하게 된다. 그리하여 그를 평생 가장 깊고 따뜻하게 이해하고 배려해 줄 이상적인 여자동반자를 상실하고 시련을 겪는다. 이 소설에서 주인공인 그가 우연한 기회에 알게 된 그의 조부의 삶의 이야기를 하고 있다. 그것은 성관계를 거부하는 여자와의 불행한 결혼생활, 자기 철학에 투철한 화가의 길, 다른 사람의 생명을 보존하려는 헌신적인 봉사, 자기운명을 스스로 개척하려는 투혼, 인간과 자연은 하나이다는 예술혼을 구현하고자 하는 그림에 대한 몰입, 그리고 책임과 의무를 다하지 못한 아버지로서 아들에 대한 애통한 심정 등에 관한 이야기이다. 마침내 주인공은 그 황당무계하면서도 감동적인 이야기들을 그대로 수용하게 되고, 그것은 그의 자아가 다차원적으로 성숙하게 되는 원동력이 된다. 한편 그 이야기에는, 그의 집안 어른들의 사랑이 담겨있다. 부모의 지도와 편달을 받지 못한 채 성장한 부친이 스스로 저지른 과오로 인해 자포자기에 빠져서, 자기신체를 학대하고 훼손하는 가운데 성취한 학문적 업적에 관한 이야기와 그가 가장 사랑했던 그 이상적인 여인으로부터 버림받은 비통한 마음의 상처에 관한 이야기, 그리고 사랑이 넘치는 부정에 대한 이야기 등이 있다. 조부와 부친의 삶의 이야기는 그가 현재 직면한 실존의 제약과 한계 그리고 난관 등을 스스로 극복할 수 있도록 도와주는 원동력이자 그 철학이다. 그는 이 철학을 바탕으로 자신의 과거 삶을 회고하고 반성하면서 주체적, 사회적 인간으로 성숙하려고 최선을 다한다. 그가 이렇게 최선을 다하는 모습은 우리 모두에게 실존의 귀감이 되고 있다는 것이 이 글의 결론이다.

3

팀 오우브라이언: 상상력은 극한상황 극복의 원동력

I

팀 오우브라이언(Tim O'Brien, 1946-)은 "미국의 가장 탁월한 포우스트모던 작가들 중의 한 사람"이라는 격찬에 걸맞게, 그의 두 번째 소설, *[탈영병] 캐치토를 뒤쫓는 (Going After Cacciato*, 1978)은 그 해의 최우수미국소설상(National Book Award)을 수상했다. 그는 직접 참전했던 베트남(Vietnam, 비에트남이지만 이렇게 표기함)전 소설가로 명성이 높지만, *캐치아토를 뒤쫓는*은 반전소설이 아니고 "전쟁소설 차원을 넘어선다. 이 작품은 전쟁터를 초월하는 지성적이고 복잡하며 우스꽝스럽고 신비스러운 이야기로 예술창조, 용기, 공포, 무질서, 그리고 자기이해 등등의 보편적 문제들을 논의한다."[1] 그는 자신의 소설철학과 창작의 핵심은 "[가장] 중요한 본질적인 인간가치들의 탐구"에 있으며, 이 가치들은 절대적이지 않고 불확실하고 애매모호하다고 믿기 때문이다. 그는 이 소설로 자신이 직접 목격하고 체험했던 전쟁의 참혹과 군인들의 야만행위를 폭로하여 고발하려 하지 않고, "자기가 목격한 실체에 대한 지적 관심"

---

[1] Tobey C. Herzog, *Tim O'Brien* (New York: Twayne, 1997), 78, X.

과 자신의 "전쟁체험의 정신적, 신학적, 정치적 내포"[2]를 개진한다. 더욱이 그는 이 작품의 "핵심주제는 우리가 직면한 위기상황을 심리적 측면에서가 아니라 더욱 중요하다고 할 수 있는 철학적, 도덕적 시각에서 파악하기 위해 상상력을 어떻게 활용할 건가의 문제 규명이다"[3]고 천명한다. 요컨대 이 핵심주제는 우리가 "한계상황에서 그리고 우리의 다른 사람들에 대한 책임과 의무의 여건에서 어떻게 [안전과] 행운을 도모할 것인가"[4]의 실천철학 탐구이다. 그가 이런 개진과 천명을 구현하기 위해 창조한 소설주인공, 폴 벌린(Paul Berlin)은 상상력을 바탕으로 과거, 현재 그리고 미래를 유기적으로 연관시키면서 자신의 극한상황을 극복한다. 이러므로 *캐치아토를 뒤쫓는*은 극한상황에서 폴과 병사들 그리고 우리의 "상상력과 기억이 어떻게 상호작용하는가와 이들이 위기를 극복하는 필수적 도구로 어떻게 상상력과 기억을 활용하는가를 탐구한다." 다시 말하면 *캐치아토를 뒤쫓는*은 "기억, 상상력 그리고 전쟁에 관한 이야기하기 간의 상호작용"[5]을 규명한 소설이다. 이 논문은 "상상력은 극한상황 극복의 원동력"에 입각해서 소설주인공, 폴 벌린이 전쟁터의 죽음의 공포 그리고 한계상황을 감내하면서 성숙하는 과정을 고찰한다.

오우브라이언의 주장에 따르면, "상상력은 우리가 스스로 실존목적을 설정하는데 활용할 수 있는 창조적 도구이다. 우리는 [스스로 빠진] 몽상의 결과를 이용한다. 우리는 현실세계에서 언제나 상상력을 활용한다." 또 그는 상상력은 기억과 밀접한 관계가 있다고 강조한다. 따라서 그는

---

[2] Larry McCaffery, "Interview with Tim O'Brien," in *Anything Can Happen: Interviews with Contemporary American Novelists*, Eds. Tom LeClair and Larry McCaffery (Urbana: University of Illinois Press, 1983): 269, 268.

[3] Eric James Schroeder, "Tim O'Brien: 'Maybe So'," in *Conversations with Tim O'Brien*, Ed. Patrick A. Smith (Jackson: University Press of Mississippi, 2012), 26.

[4] Tim O'Brien, *Going After Cacciato* (New York: Broadway Books, 2014), 320. 앞으로 이 작품에서의 인용문은 괄호 안에 쪽수만 표시함.

[5] Steven Kaplan, *Understanding Tim O'Brien* (Columbia: University of South Carolina Press, 1995), 82.

*캐치아토를 뒤쫓는*의 "중요한 주제들 중 하나는 [주인공의] 기억과 상상력이 어떻게 상호침투하여 서로 연결되는가이다"[6]고 천명한다. 폴 벌린은 지금 자신의 실존목적은 오로지 생존하는 데에 있기 때문에 기억과 상상력에 의존하여 전쟁터가 유발하는 죽음의 공포와 극한상황을 극복하려고 시도한다. 그는 극복의 한 방안으로 아버지의 교훈을 기억한다. 그 교훈은 "언짢은 일을 즉시 망각하고, 즐거운 생각과 일을 찾아보라" 이다. 그는 이 교훈에 따라 매일 아침 무서웠던 전날을 잊고, 오늘도 무사하기를 기원하면서 전투에 익숙하려고 애쓰는 자기를 상상한다. 그가 극복하는 또 하나의 방안인 가장이 "전쟁을 잊는 최상의 비결이다"(209, 10)고 생각한다. 그는 전쟁터에 있으면서도 없는 척하면서 공포감을 느끼지 않는다고 가상한다. 그의 극복의 최선책은 비극적인 현실을 도피하기 위해 가상세계를 창조하는 상상력에 있다. 그는 전사한 전우들의 기억이 나면 탈영과 망명생활을 상상한다. 그는 망명생활이 자신의 실존에 행복과 안정을, 아니면 불명예와 불안을 초래할 것인가를 숙고한다. 그는 상상세계에서 이런 문제를 자문자답하면서 현실을 순간적으로 망각한다. 그는 이런 상상적 현실망각으로 극한상황을 극복한다. 이러므로 오우브라이언에게 "기억과 상상력은 가능성을 탐구하고, 문제를 해결하며, [문제해결을 위한] 독자적 결정을 하면서 이야기를 창작하는 수단과 방법이다."[7] 그가 이 수단과 방법으로 창작한 소설이 *캐치아토를 뒤쫓는*이고, 창조한 주인공이 폴 벌린이다.

그렇지만 주인공창조에서 오우브라이언의 상상력은 절대적이지도 무한정하지도 않다. 그는 상상력에도 제약과 한계가 있어야 함을 지적하여, "우리는 상상력에서도 우리의 책임과 의무를 망각해서는 안 된다. 왜냐하면 상상력에서도 책임과 의무가 도외시될 수 없기 때문이다. 상상력도 현실처럼 한계성을 갖는다"(320-21)고 주장한다. 그는 *캐치아토를 뒤쫓는*을 집필할 때 깊이 사색하고 고뇌한 문제들을 열거하면, "내가 징집을

[6] Schroeder, 26, 25.

[7] Herzog, 27.

거부했다면 어떻게 되었을까? 나는 망명생활을 하면서 행복했을까? 내가 탈영하면 행복할까? 나는 나 자신과 화해하면서 살 수 있을까? 탈영은 정당한가? 시민으로서 나의 의무는 무엇인가?" 그는 자신의 이런 생각이 상상력을 제약함을 인지하면서도, 상상력으로 문제의 판단과 해결의 돌파구를 찾으려고 최선을 다한다. 그러면서도 그는 판단과 해결책을 제시하려 하지 않고, 오히려 거기에 있기 마련인 불확실성, 복잡성 그리고 신비성을 부각시킨다. 그는 판단과 해결책은 오로지 독자의 몫이라고 생각하기 때문이다. 다만 그는 주인공이 상상 속에서 전쟁과 죽음을 피해 이상적인 평화도시로 도망치려고 시도하는데, "탈주가 최선책은 아니다"[8]고 주장한다. 그는 주인공이 동경하는 이상향에도 인간의 탐욕, 비행, 폭력, 그리고 살육이 자행되고 있음을 알기 때문이다. 오우브라이언은 실존목적과 가치는 비극적인 현실도피에 있지 않고, 그 수용, 긍정 그리고 극복의지의 상상력에 있다고 강조한다. 본론에서 주인공이 전쟁터가 유발하는 죽음의 공포와 극한상황을 극복한 체험을 회상하면서, 전쟁에서 이탈하는 환상을 즐기다가 현실로 돌아오는 과정이 구체적으로 고찰된다.

II

소설구성과 시간에는 일관성과 연속성이 없고 그 연관이 일치하지 않는 *캐치아토를 뒤쫓는은* "폴 벌린이 [전쟁터에서 살아남기 위해] 어떻게 자신의 상상력의 위력을 발휘하는가의 이야기이다."[9] 이야기는 46장으로 구성되어 있는데, 이들 중 16장은 벌린이 보병으로 비에트남에 도착한 1968년 6월 3일부터 그해 10월 하순까지 체험했던 전쟁 참화의 기술이고, 10장은 남중국해(South China Sea)연안의 콰 응아이(Quang Ngai) 해변 감시초소에서 밤 12시부터 아침 6시까지 경계근무를 하면서 과거

[8] McCaffery, 265, 276.

[9] Kaplan, 83.

를 회고하고 자아를 성찰하는 독백이고, 20장은 탈영병 캐치아토를 체포하기 위해 10월 말부터 1969년 4월까지 분대원들과 함께 파리(Paris, 패리스이지만 이렇게 표기함)까지 추적하는 상상력의 발휘이다. 모든 이야기는 "감시초소, 즉 폴 벌린의 의식 속에서 일어난다."[10] 이처럼 *캐치아토를 뒤쫓는*은 과거의 사실들, 현재의 명상 그리고 상상의 미래가 뒤엉켜 있어 매우 무질서하고 혼란스럽다. 이야기의 단초가 되는 벌린의 의식은 무지, 단편, 혼돈 그리고 피동의 소용돌이에 갇혀 있다. 그러나 그는 이 소용돌이에서 벗어나려고 군대, 전쟁터 그리고 전투의 생리를 이해하고, 자아를 전쟁터의 위기와 한계상황에 적응시키면서, 전쟁 비극들을 선별하여 기억한다. 또 그는 살아남기 위해 상상적으로 탈영을 시도하다가 포기하고, 꿈에서 깨어난다. 요컨대 그가 경계근무 중에 파도소리를 들으면서 상상력에 의존하여 되살린 기억과 환상의 요체가 *캐치아토를 뒤쫓는*이다.

먼저 1장과 2장을 요약하고 벌린의 참혹했던 전쟁 기억을 기술한다. 1장은 전사한 전우들의 거명 그리고 며칠 동안 계속 내리는 비와 밤의 안개를 감내해야 하는 병사들의 극심한 고통과 시련의 묘사로 시작된다. 이런 와중에 갑자기 10월 말에 의무병, 독 퍼레(Doc Peret)가 전사한 시드니 마튼(Sidney Martin)소대장 후임으로 부임한 코어슨(Corson)에게 벌린으로부터 들었는데, 캐치아토가 탈영했다고 보고한다. 코어슨은 사고로 대위에서 중위로 강등당한 장교로 나이가 많고 이질로 고생하며 강직하지도 않다. 그러나 그는 "작전규정을 지적 명령이나 절대적 기준으로 믿지 않았다." 그는 "작전규정은 추상개념이어서 구체적 상황에 따라 활용되어야 한다는 의견을 가지기 때문에 다른 장교들로부터 소외당했다." 그는 부하들에게 땅굴 속으로 들어가라고 명령하기 전에 땅굴을 폭파했으므로 그들의 사랑을 받는다. 코어슨은 흠뻑 젖은 옷을 말리는데 정신이 팔려 처음에는 보고를 못들은 척하다가, 퍼레가 거듭 보고하자

---

10 Dennis Vannatta, "Theme and Structure in Tim O'Brien's *Going After Cacciato*," *Modern Fiction Studies* 28.2(1982): 243.

마지못해 반응한다. 이때 벌린이 아주 우둔한 캐치아토가 평화를 찾아 파리까지 8,600마일을 걸어가겠다고 내비친 말을 들었다고 실토한다. 코어슨은 그의 탈영을 은폐할 수 있지만, 그의 분대원들 — 벌린, 퍼레, 에디 러주티(Eddie Lazzutti), 스팅크 해리스(Stink Harris), 오스커 죤선(Oscar Johnson), 그리고 해럴드 머피(Harold Murphy) — 을 대동하고 그를 체포하려고 출동한다. 그들은 비와 싸우면서 캐치아토를 추적하여 산 정상으로 올라간다. 그는 그들의 추적을 비웃듯이 두 번째 산의 정상에서 손을 흔든다. 비가 그친 밤의 안개가 그들을 추위에 떨게 하면서 더욱 괴롭힌다. 추위 때문에 잠을 못 자는 벌린은 퍼레에게 속삭이기를, "나는 그가 계속 멀리 도망가기를 원한다. [. . .] 그가 멀리 도망치므로 우리는 결코 그를 붙잡지 못할 것이다. [. . .] 이것이 나의 소망이다. [. . .] 당신은 그가 공포심 때문에 탈영했다고 말할 수 없다"(144, 13, 15). 설상가상으로 요란한 천둥소리가 나고 번개가 치더니 비가 다시 쏟아지기 시작한다. 이렇게 그들이 악전고투했지만 캐치아토 체포에 실패하자, 벌린은 그에게 "도망가라"고 중얼거리더니 결국에는 고함을 지른다.

2장은 벌린이 캐치아토가 탈영한 20여일 후인 11월 20일, 아니면 25일에 전쟁터에서 아주 멀리 떨어진 감시초소에서 경계근무를 하면서, 캐치아토의 둥근 얼굴이 달이 되었다고 생각하다가 바로 달은 달이다고 마음을 바꾸는 장면으로 시작한다. 그는 캐치아토가 자기를 포함하여 분대원들을 파리로 유인했다고 가정한다. 그는 이 유인이 캐치아토의 훌륭한 발상이라고 생각한다. 왜냐하면 그는 지금 자신의 유일한 목적도 더 오래 생존하여 먼 미래의 실존목적을 설정하는 데에 있다고 인지하고, 자신의 상상력의 위력을 알고 싶기 때문이다. 그는 이 발상이 "예술가가 자신의 상상력을 구현하는 것처럼 구체화되기를" 소망하기 때문에 하나의 가능성이라고 믿는다. 그는 밤의 평화스러움과 편안하게 잠자고 있는 전우들을 보고, 이 믿음의 실현성을 알아보기 위해 숙고하기를, "사실과 가능성은 어떻게 구별되었는가? 실제로 일어났던 사건과 단순히 일어날 수 있었을 것이라는 개연성의 [차이는] 무엇이었는가? [. . .] 물론 [차이를 아는] 비결은 심사숙고하는 데에 있었다. [. . .] 사실이 끝나고 상상력으로 이어지는 경계를 찾아라. [. . .] 왜 캐치아토는 전쟁터를 이탈했느냐? 이탈은 용기인가, 아니면 무지인가, 아니면 용기와 무지 다였는가? 용기와 무지의 결합은 가능했는가?" 이러면서도 그는 캐치아토가 공포심 때문에 탈영하지 않았을까하고 의심한다. 그는 의무병으로부터 공포심이 "실제로 있는 현실과 오로지 일어나기를 바라는 마음(소망)을 구별할 지적 능력을 마비시킨다"는 말을 들었기 때문이다. 또 그는 의무병으로부터 전쟁터의 모든 병사가 공포심을 느끼며, 이 두려움과 무서움을 극복하는 최선책은 오로지 각자의 정신집중에 있다는 조언도 듣는다. 이제 그는 캐치아토가 어떻게 되었을까하고 궁금해 한다. 2장은 그의 지대한 관심 — 캐치아토에게 "무엇이 일어났는가 그리고 무엇이 일어날 수 있었을까?"(27, 27-28, 28, 29) — 으로 끝난다.

지금부터 경계근무 중에 벌린에게 되살아난 마음 아픈 전쟁참화 기억을 고찰한다. 이 기억은 마튼소대장의 고집불통과 깊은 관련이 있다. 소대장은 육군사관학교 출신으로 자신의 해박한 전략과 전술지식 그리고 부하들의 잠재력을 최대로 발휘시키는 탁월한 능력에 자부심이 대단했다. 또 그는 전쟁을 목적을 위한 수단으로 간주했으므로 그의 지대한 관심은 승리를 위한 효과적인 작전에 있었다. 따라서 그는 부하들보다도 상부의 작전명령과 수행을 더욱 중요시했으므로 인명손실을 당연시했다. 그는 부하들에게 땅굴을 폭파하기 전에 수색하라고 강요했을 뿐 아니라 낙오자를 방기하면서 휴식 없이 그들을 산 정상까지 진격시켰다. 이처럼 그는 부하들의 희생에, 심지어 그들의 존경과 사랑의 대상이 되는 데는 관심이 없고, 오로지 일변도적으로 작전규정 준수에 집착했다. 결국 그는 인명과 위기상황을 조금도 고려하지 않는 통솔과 지휘 때문에 부하들의 배신으로 생을 마감했다.

우선 벌린이 비에트남에 도착해서 마튼소대에 배치된 과정을 살펴본다. 그는 1968년 6월 3일 일등병으로 추 라이(Chu Lai)에 주둔한 작전사령부에 도착하자 어지러워 정신을 차리지 못한다. 그는 지금까지 사단,

추 라이 그리고 전투사령부에 대해 들어본 적이 없었기 때문이다. 그는 50명의 신병과 함께 무기관리, 야영생활, 수류탄투척, 독도법, 모의 마을 수색과 파괴, 그리고 모의지뢰 매설지 통과를 배운다. 그는 교육을 받으면서 교관으로부터 바보라는 욕설을 듣지만, 자기는 깔끔하고 영리하다고 자위한다. 사실 전쟁이 그를 겁나게 하여 어리석게 보이게 하지만, 그는 공포심을 억제하려고 전력한다. 그러지만 그는 더욱 무서워 혼란스럽고 정신을 차리기 어려워, 자기가 지금 무엇을 바라고 있는지 알 수 없다. 그는 자기 신체를 의식하면서도 생각하기는 싫어, 다른 병사들과 어울리려고 노력하지 않는다. 이런 불안정한 여건에서 그는 아버지에게 지금 자기는 약간 평정심을 잃었다고 편지를 쓰면서, 세계지도에서 추 라이가 어디에 위치하는가를 한번 찾아보시라고 당부한다. 그는 아버지와 소통하면서 자신의 공포심, 혼란, 소외감, 그리고 자아상실의 극복을 도모한다.

그는 추 라이에 도착해서 7일째가 되는 날에 비로소 사단 편제를 이해한다. 그는 1968년 6월 11일 전투부대인 198여단 5연대의 앨퍼(Alpha) 대대로 배치 받아 전방으로 이송되어, 대대의 1소대 체구가 큰 흑인상사 오스커 죤선이 인솔하는 분대에 배속된다. 소대장 마튼중위는 그처럼 전쟁의 초임장교로 상당한 지능의 소유자이고 수준 높은 훈련병이지만, 그의 눈에 삶의 예지는 의심스럽게 보인다. 작전규정에는 공식과 비공식이 있는데, 마튼소대장은 공식만 고집하여 땅굴을 먼저 수색하고 폭파하는 원칙을 고수한다. 그의 원칙은 병사들의 반발을 일으킬 소지가 많은 데도, 소대장은 유연성과 융통성 없이 자기소신에 집착한다. 벌린은 그의 휘하에서 전투병생활을 시작하면서 그의 사고와 행동도 경직되고 혼란스러워진다. 그가 비에트남에 언제 왔느냐는 한 병사의 질문을 받고 7일 전에 왔다고 대답하자, 그 병사는 출전한 날이 도착일이기 때문에 내일이 그 날이라고 웃으면서 말한다. 다음날 벌린은 헬리콥터로 전쟁터로 이송되어 가면서 전사할 수 있다는 공포심 때문에 자기 손을 보면서도 자기 손이라고 믿지 못한다. 그의 무서움과 두려움은 그가 신병으로 감수해야하는 소외감과 아직 체험하지 못한 전투와 전쟁터의 무지로 더욱 증폭된다. 그러나 그는 공포심이 커지면 커질수록 용기도 더욱더 솟아나온다고 믿는다. 그는 공포심에 떨면서도 생존하여 무공훈장을 받고 싶은 심정을 토로하기를, "문제는 공포심을 없애려는 의지력이었다. [. . .] 각자의 내면에는 용기를 발휘할 생물학적 원천, 즉 자극을 받으면 고무되어 반응하는 신경조직, 다시 말하면 일단 불이 당기면 공포심이 끌 수 없는 용기의 불길을 일으키는 화학적 염색체가 있다고 그는 확신했다. 한번 발화되면 있을 수 있는 힘(용기)을 완전히 분출시킬 도화선[이 있다]. 그의 마음속에 은성훈장(Silver Star)이 반짝였다"(81). 요컨대 그는 어떤 극한상황도 극복하고 생존할 수 있을 거라는 자신감을 상상한다. 이 상상이 그의 생존활력이다.

이 활력은 그가 무지에서 벗어나면서 더욱 확장된다. 그와 전우들은 비에트남사람과 언어를 전혀 알지 못한다. 해리스만이 영어 — 비에트남어사전으로 몇 개의 비에트남 단어를 익혀 마을사람들과 겨우 소통할 수 있다. 그와 전우들은 비에트남사람의 종교, 철학, 문화 그리고 관습을 모르기 때문에 비에트남사람들과 마주치면 그들 중 누가 적이고 누가 협조자인지 구별하지 못한다. 요컨대 비에트남사람들의 "정서, 신앙, 생활태도, 동기와 목적, 그리고 희망"이 앨퍼대대원들에게는 미지였다. 쾅 능아이(전투지역)는 아무것도 말하지 않았다. 이런 여건에서 인명손실을 최소화하면서 승리하는 전투는 거의 불가능하다. 따라서 벌린은 계속 자문하기를, "이 바싹 야윈 멍청한 눈을 가진 사람들은 누구였는가? 그들은 무엇을 원했는가? [. . .] 그들은 은밀한 희망을 가졌는가?"(262). 이러면서 그는 비에트남어를 안다면 마을 사람들에게 자기는 살인자도 아니고 누구도 해치고 싶지 않고, 전우들의 만행을 증오하고, 마을이 소각되는 것을 보고 마음이 매우 아프다고 말하고 싶다. 게다가 그는 전쟁이 끝나면 통역을 대동하고 돌아와서 사람들에게 자기는 신념이 아닌 무지, 즉 누가 옳고, 무엇이 진실이고, 자결 아니면 자멸전쟁, 명백한 침략인지 아니면 민족해방전쟁인지 모르고 참전했다고 고백하고 싶다. 더욱이 그는 이론적으로 누가 언제 왜 어떤 동기로 전쟁을 시작했는지 모른다고 공언한다. 또 그는 전쟁 찬반논쟁에서 자기는 어느 편에 있는지 모른다고 부언한다.

게다가 그는 자기가 아무것도 모르고 맹목적으로 비에트남에 오게 된 사연을 부연한다. 그의 부연에 따르면 그는 법을 믿었고, 법이 자기에게 징병에 응하라고 해서 자기 의지에 반하면서 응했다. 그는 자기양심과 자유를 포기하고 시대의 요구에 따랐다. 그의 참전은 "병역기피가 [자기에게] 가해지는 혹평 그리고 아버지와 주민들에게 촉발하는 당혹감 때문에" 불가피했다. 또 그는 "조국을 사랑했고, 사랑을 넘어 조국을 믿었기 때문에" 자의가 아닌 타의에 의해 비에트남에 올 수밖에 없었던 그와 전우들은 신념을 가질 수 없어 조국 편도 적 편도 들지 못하기 때문에 서로 논쟁하지 않았다. 이러므로 그와 그들은 "단순한 사실 — 승리감, 만족감, 아니면 필요한 희생[의 대가]를 알지 못했다. 그들은 어느 지역을 점령하여 안전하게 방어하고 치안을 유지하면서 성조기를 게양하고도 승리감을 느끼지 못했다. [. . .] 그들은 공격목표와 목적도 공유하지 않았다. [. . .] 심지어 어떤 날에는 그들이 콸 능아이에 주둔하고 있다는 사실을 의식하지 못했다"(264, 270). 이처럼 그들은 자의가 아닌 타의, 강요 그리고 무지로 참전한 군인으로 자아와 실존을 의식하지 못한다. 그들과 달리 벌린은 생존을 위해 자유의지로 피동성과 무지, 더욱이 무지의 무력감과 무의식에서 깨어나려고 한다. 이 깨어남이 그의 생존활력의 원천이다.

벌린이 깨어나기 전의 피동적이고 무기력한 전쟁체험은 행군으로 시작한다. 마튼소대장의 인솔 하에 32명의 소대원이 한밤중에 일렬횡대로 산울타리를 지나 목초지를 가로질러 논에 다다른다. 소대장이 무릎을 꿇고 손짓으로 정지를 명령하자, 소대원들은 각자의 성향에 따라 쭈그리거나 앉거나 무릎을 꿇고, 조용히 오랫동안 움직이지 않는다. 이런 정적 가운데서 그들의 일부는 전쟁에 흥분되어 있고, 다른 일부는 공포에 떨고 있으며, 또 다른 일부는 오랜 행군에 녹초가 되어 있고, 나머지 소대원들은 안전한 해안가에 빨리 도착하기를 기대하고 있다. 유독 벌린은 횡대 끝에서 눈을 감고 이마를 총 개머리에 대고 누워 공포심을 잊으려고, 자기는 전쟁터에 있지 않다고 가정한다. 또 그는 와트킨즈(Watkins)가 전선에서 공포심으로 즉사하는 광경을 보지 않았다고 가정한다. 그는 다시 소년이 되어 아버지와 함께 여름밤에 강가에서 야영하고 있다고 상상하면서, 아버지의 조언 — "나쁜 일을 즉시 잊고 좋은 일을 찾아보라" — 을 기억한다. 이때 그는 소대원들이 움직이는 소리와 함께 일어나라는 말을 듣는다. 그는 캐치아토의 자고 있었느냐의 질문을 받고, 쉬면서 가정하고 상상하고 있었다고 대답한다. 그는 가정과 상상에서 벗어나 현실에 적응하려고, 일보 전진이 1달러라고 생각하고 전진할 때마다 돈이 모아져, 자기가 거부가 되고 있다고 자위하면서 공포심을 잊으려고 안간힘을 다한다. 또 그는 평정심을 찾으려고 소리를 내지 않고 노래를 부른다. 이렇게 그는 공포심에 압도당해 홀로 망설일 뿐 다른 전우들과 어울리려고 시도하지 않는다. 따라서 그는 행군이 멈추면 으레 눈을 감는다. 이런 그에게 캐치아토가 다시 자느냐고 묻고, 껌을 주면서 씹으라고 권한다. 캐치아토는 그가 공포심을 극복하도록 도와주면서 그에게 "너는 잘 이겨낼 것이다"(209, 218)고 말하면서 그를 격려한다. 이처럼 벌리는 무서움과 두려움에 벌벌 떠는 신병이다.

그러나 벌린은 2개월 후에 능동적인 군인으로 변신한다. 죤선상사는 헬리콥터가 소대원들을 산기슭으로 이송하기 전에 마튼소대장이 또 문제를 일으킨다고 불만을 토로한다. 소대장은 상사의 불만을 무시하고 소대원들을 저돌적으로 산 정상으로 진격시킨다. 벌린은 8월 하순의 더위와 싸우면서도 이제는 산, 다가올 전투 그리고 앞으로 일어날 불상사들을 생각하지 않고, 군화 밑으로 지나치는 산길만을 살피면서 빠르게 정상으로 올라간다. 그는 정상에 오른 다음 고원지대를 지나 더 높은 정상을 향해 전진한다. 그는 완전무장의 무게에도 신체균형을 유지하면서 목적의식을 갖고 중단 없이 가볍게 산을 올라간다. 소대장은 스팅크 해리스가 기관총에서 탄약을 빼내 숲속에 던지고 빠르게 전진하고, 캐치아토는 총을 지팡이로 이용하려고 총구를 땅에 대고 가는 꼴불견을 목격한 후에, 벌린의 끈질긴 오름을 보고 감탄한다. 소대장의 신념에 따르면, "산 정상에 오르는 임무수행은 그 자체도 중요하지만 병사의 용기, 인내력 그리고 의지력의 최대역량을 발휘해야하는 개인적 의무를 다한다는 표시로 더욱더 중요했기" 때문이다. 또 소대장에게 벌린은 "불굴의 정신, 훈련, 충성, 자제, 용기, 그리고 강인함"을 상징하기 때문이다. 더욱이 소대장은 벌린의 산 오름을 찬탄하면서 "하나님의 최고선물은 . . . 자유의지임"(166, 168)을 깨닫는다. 그러나 벌린은 소대장의 찬탄과는 달리 자기가 아직은 내면적으로 성숙한 군인이 되지 못했음을 인지한다. 벌린이 스스로 자기를 평가하면 자기마음은 활기가 없으며, 정신은 명석하지 못하고, 역사의식은 마비되어 있다. 그는 이제 이 인지와 평가에 의거하여 자아와 사회를 점차 의식하는 군인으로 성숙한다.

벌린은 자아와 사회를 의식한 후에 미군의 야만행위에 가담하고, 이로 인한 참혹한 현실을 목격한다. 페더슨(Pederson)이 전사하자 소대원들은 그의 시신을 헬리콥터에 실어 후송한 다음, 소대장의 지시에 따라 논에서 나와 근처 언덕으로 올라간다. 그들은 거기서 무장을 풀고 둘러 앉아, 소대장이 지도와 나침반으로 공습지점을 결정하는 동안 무기를 손질하면서 기다린다. 소대장은 공군에 백린으로 새도 가축도 없는 호이 안(Hoi An)마을을 폭격하라고 요청한다. 벌린은 공군기가 30초 간격으로 마을을 폭격하자, 마을이 전소하여 하얗게 되는 광경을 보고 있다. 호이 안은 작열하고 나무들은 가루가 된다. 소대원들도 하얀 연기 속에서 검은 연기가 치솟고, 부서진 짚과 나뭇조각들이 뿌려지고, 섬광전구가 연속적으로 폭발하는 것처럼 불빛이 마을에 강렬하게 뻔쩍이는 참상을 본다. 액체가 마을 중심으로 흐르더니 불타면서 논으로 흘러간다. 마을의 나무, 오두막 그리고 울타리들은 전부 사라지고, 하얀 재가 계속 떨어진다. 폭격 후에 마을에 하나의 큰 구멍이 생긴다. 죤선상사만 폭발이 터질 때마다 웃고, 나머지 소대원들은 멍하게 보인다. 이런 참상 속에서도 소대원들은 일렬로 서서 기진맥진할 때까지 불타는 마을에 총을 난사한다. 그들은 이런 야만행위를 자행하고 송 트라 봉(Song Tra Bong)강에서 목욕을 하고 야영하면서 전사자에 대해 이야기하기 시작한다. 그들은 전우를 잃은 후에는 언제나 이야기하기에 몰두하기 때문이다.

폭격으로 인한 큰 구멍에 비가 오면 물이 고인다. 캐치아토는 전쟁을 거부한다는 표시로 이 구멍이 거대한 호수라고 믿는다. 그는 이 가상의 호수에서 낚시하려고 종이 물리개(paper clip)로 낚시 바늘을, 빈 연무질 깡통(aerosol can)으로 낚시찌를 만든다. 그가 햄 조각을 바늘에 끼어 낚시 대를 호수에 던지자 가볍게 물을 튀기는 소리가 난다. 그는 벌린이 낚시터가 호수가 아니고 빗물로 가득 찬 폭격으로 생긴 구멍이므로 물고기가 없다고 아무리 강조해도 말을 들으려고 주의하지 않는다. 또 벌린이 그에게 비를 맞으면 감기를 앓는다고 아무리 경고해도, 그는 "나는 감기에 걸리지 않는다"고 대꾸한다. 더욱이 벌린이 물고기가 없으니 낚시를 포기하라고 권유하자, 그는 인내심을 갖고 기다린다고 응대한다. 그는 아버지가 자기에게 "너는 인내심이 없으면 고기를 잡을 수 없다"(238)고 했던 조언을 믿기 때문에 기다릴 수밖에 없다고 부언한다. 벌린이 보기에 그는 비와 추위도, 심지어 전우들의 걱정도 전혀 개의치 않는다. 결국 벌린은 그의 고집을 꺾지 못하고 혼자 전우들의 야영지로 돌아간다. 캐치아토는 이 고집을 탈영하는 저력으로 활용한다.

캐치아토의 고집과는 달리 마튼소대장의 아집은 비극을 초래한다. 소대장은 땅굴을 파괴하기 전에 먼저 수색하라는 공식 작전규정을 고수한다. 프랜치 터커(Frenchie Tucker)는 땅굴을 수색하라는 소대장의 명령을 받고, 안으로 들어가다가 입구에서 적탄을 맞고 즉사한다. 분대원들은 그의 다리를 잡아 그를 끌어올린다. 버니 린(Bernie Lynn)이 땅굴 속으로 들어가다가 적탄을 맞아 부상당한다. 전사자와 부상자가 속출하자 존선 상사가 소대장에게 땅굴을 파괴하지 않고 수색하는 작전이 이런 불상사를 초래한다고 항의한다. 소대장이 "이것이 전쟁이다"고 응답하자, 상사는 "정말 전쟁이냐"고 반문한다. 소대장은 즉각 반응하기를, "전쟁이다. 입을 다물고 듣기만 하라." 존선상사는 따지기를, "전쟁. 사람들은 우리가 우리끼리 전쟁하고 있다고 말한다. 당신은 이 말을 믿느냐?"(88-89). 이런 언쟁 후에도 소대장이 땅굴 수색을 고집하자, 죤선상사는 그에게 터커와 린을 잊었느냐고 힐문한다. 소대장은 두 병사의 비극을 기억하고 있다고 말하면서도, 공식 작전규정을 포기할 수 없다고 단언한다. 죤선상사는 소대장에게 자기는 반항할 의도는 조금도 없지만, 자기 뿐 아니라 어느 병사도 땅굴 안으로 들어가려고 하지 않는다고 진언한다. 소대장은 별수 없이 자기가 직접 땅굴 안으로 들어간다. 죤선상사는 소대장이 작전규정만 고수하지 병사들의 심리와 상황을 전혀 이해하지 못한다고 투덜거린다. 죤선상사는 소대장이 자기 뿐 아니라 분대원들의 생명에 위협적인 존재로 간주하고 그를 제거하려고 시도한다. 죤선상사는 분대원들과 공모하여 수류탄을 땅굴 안으로 던진다. 결국 소대장은 군인정신에 맹목적으로 투철하여 작전규정을 유연성과 융통성을 바탕으로 활용하려고 하지 않았기 때문에 생을 비극적으로 마감한다. 지금까지 벌린이 일등병으로 6개월 동안 전쟁터에서 감내했던 엄청난 공포와 시련 그리고 비극의 기억을 기술했다.

앞으로 벌린이 병장으로 승진하여 감시초소에서 경계근무 중에 탈영병 캐치아토에게 "도망가라"고 고함을 지르고도 그를 체포하기 위해 6개월 동안 뒤쫓는 상상세계를 고찰한다. 그의 고함과 의도는 하나의 큰 역설이다. 그도 탈영하고 싶은 마음은 간절하면서도 자신을 옭아매는 전쟁터(현실)를 부정하지도 도피하려하지 않고, 있는 그대로 수용하고 긍정하려한다. 벌린, 코어슨소대장 그리고 분대원들은 캐치아토를 체포한다는 미명 하에 부대를 이탈하여 비에트남 국경을 넘어 파리까지 간다. 그들은 캐치아토를 쫓다가 비에트남과 라오스(Laos)의 국경선을 이루는 강가에 다다르자, 코어슨소대장을 선두로 도강한다. 그들은 6일 동안 새벽부터 해질 녘까지 캐치아토를 뒤쫓아 밀림 속을 행군한다. 결국 코어슨소대장이 탈진하여 쓰러지자, 죤선상사가 부대원들을 모아 계속 추적하느냐, 아니면 부대로 복귀하느냐를 투표로 결정하자고 제안한다. 계속 추적 편의 표가 많아 그들은 서쪽으로 전진한다.

그들은 밀림을 벗어나서 야생화들이 활짝 핀 넓은 초원에서 풀을 뜯는 양을 보고 평화스러움과 성스러움을 느낀다. 그들이 개천 옆의 좁은 길을 벗어나 넓은 도로에서 서쪽으로 이동하고 있을 때, 해리스가 갑자기 멋대로 총을 난사한다. 전우들이 바보짓이라고 비난하는 그의 경거망동이 피난민 가족에게 커다란 슬픔과 탄식을 일으킨다. 그의 총알이 수레를 끄는 두 마리의 물소 중 한 마리를 즉사시키자, 두 할머니가 비통하게 통곡하기 시작하자 소녀도 동참한다. 그들의 통곡이 온 사방에 메아리친다. 두 병사가 죽은 물소를 수레에서 떼어 옮겨 매장하고, 존선상사는 산 물소를 어루만져 진정시킨다. 코어슨소대장은 세 여인에게 불상사를 진심으로 사과하고, 피난민이냐 그리고 어디로 가느냐고 묻는다. 소녀는 큰 식당주인이었던 아버지는 공산주의자들에게 처형당했고, 어머니가 슬픔으로 작고하자 두 숙모와 함께 서쪽으로, 더 먼 서쪽으로 피난가고 있다고 대답한다. 게다가 두 숙모는 새끼 때부터 키운 물소가 불의에 사살당해 상심과 슬픔이 이루 말할 수 없이 크다고 부언한다. 다음날 분대원들은 여인들과 함께 수레를 타고 여러 날 아무 저항 없이 편안하게 서쪽으로 이동한다. 벌린은 젊음을 풍기는 어여쁜 소녀, 사킨 아웅 완(Sarkin Aung Wan)에 지대한 관심을 갖는다. 앞으로 그녀는 그를 보호할 뿐 아니라 그의 성숙에 큰 역할을 한다. 그녀는 자기를 이렇게 멀리 내쫓는 전쟁이 싫다고 말하면서, 그에게 군인이냐고 묻는다. 그녀는 그가 캐치아토를 뒤쫓아 파리로 가고 있다는 말을 듣고, 자기도 그처럼 아름답고 평화스러운 도시에 가고 싶다고 실토한다. 그도 그녀가 파리까지 동행하기를 간절히 바라지만, 코어슨소대장은 전쟁 중이라 두 사람의 염원을 받아들이려 하지 않는다.

그러자 그녀는 울부짖으면서 벌린에게 동행할 수 있는 어떤 방안을 강구할 수 없느냐고 조용히 묻는다. 그가 노력하고 있다고 말하자, 그녀는 그에게 눈을 감고 자기와 함께 파리에 있는 광경을 볼 수 있느냐고 묻는다. 그가 그럴 수 있다고 대답하자, 그녀는 그가 함께 갈 수 있는 방안을 찾을 수 있을 거라고 확신하고 고무적이다. 그녀는 이렇게 그를 믿고 분대원들과 작별하고 물소를 몰고 갈려는 찰나에, 물소가 갑자기 뒷걸음치다가 도로가 파인 곳에 넘어지더니 바로 깊은 구멍 속으로 빠진다. 마치 요술쟁이의 장난인 것처럼 도로는 없어지고, 사킨 아웅 완, 분대원들, "소대장, 물소, 수레, 두 할머니, 그리고 모든 사물이 파리로 가는 길에 생긴 구멍 속으로 굴러 떨어진다"(76).

그들이 떨어진 구멍은 횃불이 설치된 정교한 땅굴이다. 분대원들은 해리스가 선두에 서서 인도하는 데로 따라가다가 비에트콩(Vietcong)소령, 리 반 학(Li Van Hgoc)을 생포한다. 그는 그들을 환영하면서 식료품이 저장된 방으로 안내하여 술로 접대한다. 벌린은 살아있는 적군과 마주친 것도 처음이고, 땅굴 안에 들어온 것도 처음이지만 공포심을 조금도 느끼지 않는다. 이로 인해 그는 무지와 일변도적 의식에서 벗어나 새로운 세계와 직면하는 계기를 갖게 된다. 그는 소령에게 궁금했던 많은 질문들 — 어떻게 숨고, 어디서 자며, 그는 누구이고, 그의 동기는 이념, 역사, 전통, 종교, 정치, 공포, 혹은 훈련이냐, 왜 밤에만 이동하느냐, 전체 마을의 얼마가 비에트콩 점령 하에 있느냐 — 을 하지만, 만족스럽고 확실한 답을 듣지 못한다. 소령은 브랜디를 홀짝이면서 엉뚱하게 "군인(비에트콩)은 땅을 대변할 뿐이고, 땅은 당신(미군)의 틀림없는 적이다"고 일갈한다. 그러면서 그는 태고의 표의문자, 재(Xā)가 있다고 말하면서, 사킨 아웅 완에게 간단히 설명하라고 부탁한다. 그녀의 설명에 의하면, "재는 공동체, 농토 그리고 가정을 의미한다." 소령은 더 부연하기를, "재는 다른 의미들 — 지구, 하늘 그리고 성스러움 — 을 가지고 있다. [. . .] 재는 본질적으로 인간의 영혼은 땅에 있으며, 땅에는 선조들이 영면하고 있으며, 벼가 자라고 있음을 의미한다"(86). 소령은 벌린에게 땅의 영혼을 부정하면서 승리하려는 미군에게 비에트남 땅은 난공불락의 성이라고 경고한다. 소령은 분대원들이 모두 잠자고 있을 때, 벌린에게 땅굴 전모를 보여준 다음에 그를 전망경(展望鏡)으로 데리고 간다. 소령은 얼떨떨하는 그에게 집중하여 전망경으로 정면을 주시하라고 타이른다.

소령은 전망경을 그의 눈에 맞게 조절하면서 말하기를, "사물들이 여러 각도에서 보인다. 아래에서 더 아래로, 또는 안에서 밖으로 [보이기 때문에] 당신은 아주 전적으로 새롭게 이해하는 방법들을 터득한다"(91). 그런 다음 소령은 그를 정원과 비슷하게 만든 불빛이 환한 방으로 안내한다. 그 방에서는 새들이 지저귀고, 나비들이 쇠로 만든 책상들 위로 날아다니고 있다. 소령은 벌린과의 이야기와 임무가 끝나자, 코어슨소대장의 군작전과 군사적 문제에 관한 질문에 대답하면서, 땅굴 안에 있는 장비들과 그 기능을 설명한다. 그의 설명을 다 듣고, 소대장은 이제 땅굴 밖으로 나가고 싶다는 뜻을 비친다. 그러자 소령은 당신들은 나의 포로, 전쟁포로들이라고 공언하면서, 포로에 대한 규정이 있다고 난색을 표한다. 벌린은 이제야 자기가 포로임을 알고 압박감과 구속감을 느낀다.

부득불 그들은 다수의 힘으로 소령을 구박하여 출구를 가리키라고 협박한다. 온갖 위협과 협박에도 소령은 출구를 가리킬 수 없다고 실토한다. 그의 실토에 의하면, 그는 쉰 살로 보이지만 실은 스물여덟 살이고, 명문가와 고위당원 출신으로 장래가 유망한 전기공학의 귀재였지만 탈영했기 때문에 10년 형을 선고받고 땅굴 안에서 복역 중이다. 그는 자기도 죄수라서 출구를 알지 못한다. 그들이 이런 궁지에 빠져 있을 때, 사킨 아웅 완이 갑자기 "입구가 있으면 출구가 있다"(97)고 자신 있게 말한다. 그러면서 그녀는 벌린을 출구 쪽으로 이끈다. 코어슨소대장은 소령의 결박을 풀어주고 함께 나가자고 권유하지만 거부당하고, 분대원들과 함께 사킨 아웅 완과 벌린의 뒤를 따라간다.

벌린과 분대원들은 그녀의 뒤를 따라 서쪽 땅굴을 지나 하수구의 악취를 풍기는 진흙을 밟으면서 위쪽으로 올라간다. 그들은 손으로 코를 막고 입으로 숨을 쉬면서 빨리 움직여, 사방 벽이 넓고 천장이 높은 공간에 다다른다. 그들은 많은 파이프들과 물을 뿜어 올리는 기계들, 고장 난 여과기들과 악취를 풍기는 점액이 가득한 방을 통과하여 돌에 고정되어 있는 강철사다리로 위로 올라가자 쇠뚜껑이 있다. 그들이 뚜껑을 열자 밤하늘이 보인다. 그들은 삶의 생동감과 환희가 넘치는 도시, 맨들레이

(Mandalay)의 거리로 나온다. 특히 벌린은 사킨 아웅 완의 뒤를 급하게 따라가면서 맨들레이라는 소리를 듣자, 도시 이름이 매우 음악적이라고 느낀다. 또 그는 도시에 있을 박물관과 황금동상들, 하얀 종마가 끄는 2륜 포장마차, 흰 제복을 입은 종업원이 가져오는 최고급 음식, 도처에 만발한 꽃들, 그리고 깨끗하고 부드러운 침대를 상상한다.

그는 상상한 침대에서 사킨 아웅 완과 관계를 가진 다음 가능성의 세계를 설계한다. 그는 그녀의 감성적이고 환상적인 감정과 세계에 동조하면서도 무조건 빠져들지는 않는다. 그는 파리에 가면 그녀의 요구 — 모든 관광명소 구경, 모든 고가상품 구입, 그리고 자유스러운 산책과 학습 — 를 들어준다고 약속한다. 그러나 그는 캐치아토의 문제에서는 그녀와 의견을 달리한다. 그도 그녀처럼 반드시 캐치아토를 체포해야할 필요성을 느끼지 않지만, 군인으로서 자기임무를 충실히 수행해야 한다고 강조한다. 그는 그녀와는 달리 자기만족과 안일보다는 본분과 임무를 더욱 중요시한다. 또 그는 그녀의 불확실한 가정 — 캐치아토를 체포하면 어떻게 할 것이냐의 문제 — 에 대해서도, 체포한 연후에 판단할 문제라고 응수한다. 그녀가 이런 그에게 파리의 아름다운 명소들을 잊었느냐고 따지자, 그는 웃으면서 반응하기를, "파리는 여전히 가능성이다. 가능성이다. 파리는 실현 가능성이다"(115). 그는 그녀에게 파리에서 캐치아토를 체포할 수 없더라도 그녀의 요구를 들어줄 수 있다고 언약한다. 요컨대 그는 그녀의 의견과 인격을 존중하려하면서도 결코 자기본분과 책임을 망각하려고 하지 않는다.

분대원들도 전쟁터에서 멀리 떨어진 큰 도시에서 좋은 잠자리에다 호의호식하는 시간을 즐기면서, 꼭 캐치아토를 찾아야하는지, 만약 찾으면 어떻게 할 것인지에 대한 확신 없이 맹목적으로 그를 쫓고 있다. 그러나 벌린은 하나의 수수께끼 — "무엇이 그를 탈영시켰고, 계속 그렇게 시키고 있으며, 어느 길로 [가서] 얼마나 오래 [버틸 것이며] 왜 [그러는가]"(119) — 를 품고 사킨 아웅 완과 함께 도시 곳곳을 돌아다니면서 그를 찾고 있다. 어느 날 그는 승복을 입은 캐치아토가 다른 승려들에게 둘려 싸여 있는 광경을 목격한다. 갑자기 캐치아토가 사라지자 그는 그녀의 손을 잡고 그를 좇아간다. 그는 캐치아토가 공원 중앙에 모여 있는 저녁 기도하는 승려들에게 합류하더니 보이지 않는다고 그녀에게 말한다. 그는 그녀의 만류에도 불구하고 염불하는 승려들 사이로 캐치아토를 찾으려고 들어간다. 그가 그들 안으로 들어가자 두 승려가 그의 허리와 무릎을 붙잡아 넘어뜨린다. 그 순간 그는 바로 앞에서 캐치아토의 둥근 얼굴을 본다. 그는 또 다른 두 승려가 그의 가슴을 쳐서 숨을 쉴 수 없고, 가슴은 답답하고 왼쪽 어깨를 펼 수도 없다. 그가 정신을 차려보니 그녀가 그의 상처를 어루만지고 있다. 이처럼 그의 수수께끼를 푸는 과정은 어렵고 험난하다. 그는 분대원들과 함께 특급열차로 델리(Delhi)로 가서 며칠 동안 캐치아토를 찾다가 실패하자, 테랜(Teheran)으로 이동한다.

벌린과 분대원들은 테랜에서 성탄절을 맞아 평온하고 즐거운 시간을 보내면서 새해를 맞는다. 그러나 호사다마로 그들은 여권을 소지하지 않은 군인들의 신분으로 경찰서로 연행당해 비밀경찰 새벅(Savak)요원, 파히 랄론(Fahyi Rhallon)대위의 심문을 받는다. 랄론대위는 그들을 여행 중인 군인들로 인정하는 선에서 조사를 마치고 그들을 주점 겸 무도장으로 초대한다. 그는 그들에게 치안문제로 야간에 통행금지법이 시행되고 있다고 강조한다. 주점에서 벌린은 랄론대위로부터 개인의 한계성과 사회의 다양성과 이질성을 배운다. 그의 전쟁 기술론에 의하면, "전쟁터, 즉 전쟁에서 한 군인은 자기가 볼 수 있는 범위의 작은 부분만을 본다. 군인은 사진을 찍는 기계가 아니다. 그는 사진기가 아니다. 말하자면 군인은 그가 기록할 수 있게 되어 있는 몇 가지만을 적는다. 즉 여러 장면을 기록하지 못한다. [. . .] 나는 당신들에게 전쟁 후에 모든 군인은 각자 아주 다른 이야기들, 굉장히 다른 이야기들을 말하기 때문에, 전쟁이 끝나면 일백만 개의 전쟁, 즉 참전군인들 숫자만큼의 전쟁이 있었던 것 같다고 말하고 싶다"(196). 벌린은 이 전쟁 기술론을 듣고 개인의 한계성을 초월하여 많은 사람들의 다양한 의견과 주장을 경청하고 수용해야 할 필요성과 당위성을 절감한다. 벌린은 스스로 자신의 무지와 의식 한계 때문에 받은 정신적 충격에다 과음까지 하여 비틀거리면서 밖으로 나온다. 이때 사킨 아웅 완이 제대로 걷지 못하는 그를 신체적으로 부축하면서 보살핀다.

설상가상으로 그들은 2월에 다시 구속당한다. 이번 구속은 매우 가혹하여 그들은 먼저 신체수색을 당한 다음 각자 분리되어 독방에 감금된다. 그들은 어떤 목소리도, 문이 여닫는 소리도 듣지 못하고, 오직 구멍으로 들어온 식기를 보고 식사만 하는 나날을 보낸다. 며칠 후에 벌린이 눈이 가린 채 불빛이 있는 방으로 끌려가 보니, 분대원들이 천장까지 치솟은 콩크리트 기둥에 결박당해 있고 자기도 그렇게 꽁꽁 묶인다. 감방을 자유스럽게 돌아다닐 수 있는 사킨 아웅 완이 결박당한 벌린에게 와서 그의 몸을 어루만지면서 그를 위로하고 격려한다.

이때 랄론대위가 급히 방으로 들어오더니 그들에게 정중하게 사과한다. 그는 오늘 아침에야 그들의 구속을 알았으며, 상부에다 그들은 여행중인 무고한 군인들이라고 보고했지만 아무런 지시도 받지 못하고 있다고 걱정스럽게 말한다. 그러면서 그는 그들이 가장 중죄인 간첩죄의 혐의를 받고 있다고 암시한다. 그의 암시에 따르면, 그들의 혐의는 "노동자들을 선동하려는 음모, 폭동을 일으키려는 음모, 폭력행위, 무허가 입국, 여권 소지 없는 여행, 무허가 권총휴대, 무기소지등록 미필, 이랜(Iran)왕국에 위해를 가하려는 음모" 등등이다. 더욱이 랄론대위의 입장에서 보면 그들의 혐의가 이렇게 엄연한 데도, 테랜 주재 미국대사관 무관실이 그들이 정부 승인을 받고 여행 중이라는 사실을 인정하지 않으며, 그들에 대해 아는 바가 없다고 공식적으로 시인한다. 그들의 혐의가 입증되지 않고, 무관실의 공식인정이 표명되지 않으면, 그들은 심각한 위기에 직면한다고 랄론대위는 시사한다. 랄론대위는 그들의 합리적인 주장과 항의에는 아랑곳하지 않는다. 그는 궁지에 몰리면 자기는 바보스런 군인일 뿐이라고 변명한다. 따라서 그들은 정상적으로 방면되기를 기대할 수 없어 절망적이다. 더욱 가관으로 그들은 비밀경찰 대령의 강요로 그의 구령에 따라, "우리는 돼지처럼 도망쳤다" 그리고 "광대들"(223, 231)이라고 큰 소리로 복창해야 하는 수모와 모욕을 당한다. 이렇게 부조리한 상황에서 벌린은 기적을 상상한다. 달이 한 밤중에 떠오르자, 캐치아토의 둥근 얼굴이 창가에 나타나더니, 캐치아토가 그에게 "도망가라"고 속삭인다. 잠시 후에 폭발음이 나고 철문이 부서지자, 벌린은 사킨 아웅 완의 손을 잡고 사력을 다해 도망친다. 그가 기적이 일어났다고 안도하고 잠시 눈을 감고 있을 때, 죤선상사가 분대원들을 태운 승용차에 그와 사킨 아웅 완을 동승시켜 테랜을 탈출한다.

우여곡절 끝에 드디어 그들은 해상과 육로를 통과하여 4월에 파리에 도착한다. 벌린은 캐치아토를 6개월 동안 뒤쫓아 파리에 와서, 봄에 도시의 생동감과 활력 그리고 자유분방한 분위기를 보고 느끼자 마음껏 환호하고 싶다. 또 그는 교회종소리를 듣고 너무 기쁘고 행복하여 방글방글 웃고 싶어 안달한다. 다른 분대원들도 그와 같은 기분과 심정에 취해 있다. 그들도 들떠 전쟁터에서 억압된 욕구를 충족시키는 안일한 시간을 최대한 즐기려한다. 그래서 그들은 죤선상사의 경고 — 그들은 전투부대 무단이탈자들이므로 캐치아토를 체포하여 이탈사유를 설명하지 않으면 탈영병의 불명예를 감수해야한다 — 를 무시하려한다. 죤선상사의 주장에 의하면, "그 괴짜를 붙잡아 묶어 미국대사관으로 끌고 가서, 협상장에 앉혀야 한다. 그래야 우리는 우리 자신을 정당화할 수 있다. 이해하겠느냐? 그러면 우리는 합리적 이탈사유를 설명하고 [인정받을 수 있다]"(293). 그러나 어느 분대원도 그의 주장을 경청하려하지 않는다.

특히 벌린은 자기본분과 임무를 망각하고 세속적인 피난민 처녀, 사킨 아웅 완의 본능적 욕구충족, 다시 말하면 파리에서의 가능성을 현실화시키려는 욕망실현에 헌신적이다. 그는 따스한 봄날에 그녀의 손을 붙잡고 연인들처럼 관광명소들을 찾아 돌아다니면서 즐거운 시간을 보낸다. 그는 나날이 환하게 바뀌는 그녀의 외모를 보고, 그녀에게 정말로 파리를 사랑하지 않을 수 없다고 감탄하여 말한다. 그녀도 파리는 굉장히 사랑스러운 도시라고 반응하면서, 그가 말로만 파리는 가능성이라고 언급하는 걸로 받아들였다고 실토하자, 그는 단호하게 여기서의 가능한 현실을 의미했다고 대응한다. 그러면서 그는 그녀의 모든 요구를 수용할 뜻을 비친다. 그러자 그녀는 감격하여 토로하기를, "나는 당신 때문에 정말로 행복하다. [내가] 파리에 있고, 당신을 사랑하고 있음이 행복의 극치이다. 얼마나 지극한 행운인지!"(295). 여기에 만족하지 않고, 그녀는 욕심을 더 부려 벌린이 분대원들과 헤어질 수 없다고 굉장한 난색을 표명하는 데도 아파트를 구해 둘이만 있자고 우긴다. 그녀는 그에게 우리 둘이 거처할 공간을 찾아 행복할 수 있는 가능성은 또 다른 가능성들을 유발할 수 있다고 억지를 부린다. 결국 그는 그녀의 억지에 굴복당해 코어슨소대장이 흔쾌하게 동의하지 않음에도 불구하고, 아파트를 구해 거처를 옮긴다. 그녀는 아파트를 구하자, 비록 중고품이지만 온갖 가구를 사서 공간을 장식한다. 두 사람은 장식이 끝나자 포도주를 마시면서 새 거처 입주를 자축한다. 그들은 자축과 함께 교회종소리를 들으면서 아름다운 일몰을 바라본다. 그는 욕구충족에 황홀해하는 그녀의 입술에 키스하면서 지금 매우 행복하다고 그녀에게 실토한다. 이러고 그가 그녀와 함께 자정에 분대원들이 투숙하고 있는 호우텔로 가보니, 그들이 일대소동을 벌이고 있다.

그가 확인한 바에 의하면, 죤선상사가 직원이 자기들의 신원을 수상히 여겨 경찰에 신고할 것 같다고 분대원들에게 말한다. 그러자 그들이 소지품들을 모두 챙겨 호우텔에서 나오자, 죤선상사는 그들이 일박할 야영지를 공원에서 찾고 있는 중이다. 그가 찾은 장소에서는 그들이 잠을 잘 수 없는 데다, 새벽에는 안개가 이슬비로 바뀌어 추위에 떤다. 코어슨소대장은 기침이 재발되어 크게 고생한다. 이제 그들은 여권을 소지하지 않은 무단이탈자로 안심하고 잘 곳도 쉴 곳도 없어 매우 난처한 처지에 있다. 그들은 미국대사관을 찾아가서 자초지종을 설명하느냐, 아니면 다른 나라로 망명하느냐의 진퇴양난에 빠져 있다. 이런 궁지에서 그들은 처음으로 돌아가 캐치아토를 찾기로 의견을 모은다. 죤선상사의 지휘 하에 "그(캐치아토)를 체포하지 않으면 우리가 파멸한다"는 위기감에 쫓긴 채 체포 작전을 전개한다. 벌린은 혼자 자신이 할당받은 관광, 상업지역을 수색하면서, 파리의 상징인 "평화, 조화 그리고 행복"이 사라졌음을 느낀다. 그러나 벌린과 불의에 헤어진 사킨 아웅 완은 그의 긴박한 위기감과 책임감을 이해하지 못하고, 한가롭게 아파트 화분에 물을 주는 재미와 여유를 즐긴다. 그러면서 그녀는 그의 캐치아토를 체포하려는 시도는 비현실적이라고 비웃는다. 그녀는 그의 시도 포기가 유망한 장래이고, 이런 장래가 더욱 밝고 행복한 미래를 보장한다고 역설한다. 그는 그녀의 역설에 반응하기를, "그는 장래를 다르게 상상하려고 최선을 다했다 . . . 욕망을 충족시키려는 욕심은 더 이상 본능을 실현시키는 동력이 아니었다. 그런 욕심은 상상력의 실패였다"(311, 312, 313).

드디어 벌린은 시장터에서 캐치아토를 발견한다. 그는 여전히 젊고 건강하고 순진하게 웃는 캐치아토가 장바구니를 들고 행상인들에서 빵, 참외, 시금치, 당근, 생선, 그리고 소시쥐를 사서, 사람들 사이로 지나가면서 행상인들과 인사하고 웃는 행복한 얼굴을 멀리서 본다. 그가 보기에 캐치아토는 어머니 심부름으로 장을 보러온 소년 같다. 그가 캐치아토를 미행해서 따라가니, 그가 바구니에서 빵을 꺼내 비둘기들에게 먹이를 주고, 빈민가 동네를 지나 막다른 골목에 있는 허름한 여인숙으로 콧노래를 부르면서 들어간다. 그는 당근을 썰다가 방안으로 들어온 벌린을 웃으면서 반긴다. 벌린이 분대원들에게 캐치아토를 찾았고, 그가 탈영한 이유에 대해서는 아무 설명도 듣지 못했다고 보고한다. 그는 이 보고로 자기책임과 임무를 완수한다.

이렇게 그가 캐치아토를 그처럼 집요하고 열성적으로 추적하는 이유는 "자신의 파리까지의 상상적 여정이 실은 진실하고 필수적인 자아탐구[과정]이기"[11] 때문이다. 그는 자신의 자아탐구 과정은 개인적인 의무와 책임을 완수하려는 최선의 노력이라고 주장한다. 따라서 그는 군인으로서 의무와 책임을 다하기 위해 사킨 아웅 완의 세속적인 본능충족의 안일하고 무책임한 행동, 즉 탈영을 하지 않고 전쟁터의 죽음 공포와 극한

[11] Kaplan, 85.

상황에 직면했다고 실토한다. 그의 실토에 의하면, 그녀는 누구나 비극적인 불행한 현실로부터 도피하여 행복과 존엄성을 추구하고 실현시켜야 한다고 역설한다. 그래서 그녀는 그에게 권고하기를, "캐치아토를 추적하는 무익한 임무를 포기하라. 그를 망각하라. 이제 당신이 꿈꿨던 이상적인 삶을 살아라. 파리를 보고 즐겨라. 행복을 추구하라. 그 추구는 가능하다. 행복추구는 독자적인 결정에 달려 있다." 그녀의 어떤 설득에도 그는 이 권고를 수용할 수 없다. 왜냐하면 그의 "의무는 원칙, 정치, 혹은 정의에 [대한 문제가 아니라] 인간에게 [한 약속이기]"(318, 320) 때문이다. 그래서 그는 자기가족, 친구, 마을, 국가, 그리고 동료군인들에게 한 묵시적인 약속을 반드시 지키려고 최선을 다한다. 그는 분대원들과 캐치아토를 체포하기로 의견일치를 보았으므로 추적을 포기할 수 없다. 비록 죽음의 공포와 극한상황을 극복할 수 있는 상상세계에서도 의무와 책임은 반드시 완수되어야 한다. 요컨대 그는 의무와 책임이 도외시되는 상상세계를 결코 수용하려고 하지 않는다.

Ⅲ

지금까지 소설주인공, 폴 벌린이 상상력에 의존하여 전쟁터가 유발하는 죽음의 공포와 극한상황을 극복하는 자기변신과 성숙 과정을 고찰해 보았다. 그는 자신의 변신과 성숙과정을 상상세계에서 기억과 상상력을 바탕으로 극복하고 싶은 상황을 이야기하면서 구현시킨다. 다시 말하면 그 과정은 기억, 상상력 그리고 극복의지 이야기하기가 삼위일체가 되어 구체화된 결정체이다. 또 그 과정은 그가 자기를 솔직하고 적나라하게 이해하고 탐구하려는 노력이다. 이 자기 이해와 탐구 노력이 그를 무지, 일차원적 의식, 세속적 욕망 그리고 개인적 한계성으로부터 해방시키는데 결정적인 역할을 한다. 그는 이 해방으로 인해 죽음의 공포와 극한상황 극복이 현실도피에 있지 않고, 현실을 있는 그대로 인정하고 수용하는데 있음을 깨닫는다. 그래서 그는 상상세계에서도 현실도피를 지양하고 군인으로서 자기의무와 책임을 다하려고 전력한다. 그는 상상세계에서도 인간의 양심과 본분을 고수해야함을 강조하기 위해 주장하기를, "우리는 상상력에서도 우리 책임과 의무를 망각해서는 안 된다. 왜냐하면 상상력에서도 책임과 의무가 도외시될 수 없기 때문이다. 상상력도 현실처럼 한계성을 갖는다." 이러므로 그는 전투부대를 탈영하려는 마음과 유혹을 뿌리치고 군인본분과 책임을 완수하려고 전력한다. 요컨대 그는 상상력, 기억, 자아탐구, 그리고 한계상황 극복의지 이야기하기를 바탕으로 자기무지와 한계 그리고 전쟁터가 유발하는 죽음의 공포와 극한상황을 극복한 현실주의자 겸 인본주의자의 전형이다. 따라서 그는 우리가 직면하는 역경과 난관극복에 하나의 큰 지표가 될 수 있다는 박수갈채를 받아야 한다. 결론적으로 우리에게 이런 이상적인 주인공을 현시하여 구현시킨 소설, *캐치아토를 뒤쫓는*은 "모든 사람이 실존에서 질서와 지향목표를 찾으려면 어떻게 기억과 상상력을 활용해야하는가의 문제를 천착한 소설의 경계를 뛰어넘는 걸작이다."[12]

[12] 앞책, 118.

4

팀 오우브라이언:
사심, 깨달음 그리고 행동

I

팀 오우브라이언의 네 번째 소설, *그들(군인들)이 짊어졌던 사물들* (*The Things They Carried*, 1990)은 비평가들의 절찬을 받았을 뿐 아니라 1991년에 비록 수상에는 탈락했지만 전국도서비평가협회상(National Book Critics Circle Award)과 퓰리처상(Pulitzer Prize)의 결선작이었다. 이런 절찬과 높은 평가는 오우브라이언이 실험적으로 창안하여 구체화시킨 새로운 소설형식에서 연유한다. 그는 이전 작품들에서 시도하지 않았던 기법으로 *그들이 짊어졌던 사물들*을 구성하는 22개의 "단편소설, 자서전, 회고록, 고백, 일화, 성격묘사, 그리고 서정시"를 합성하는 매우 기발한 형태의 "소설을 창안하여"[1] 집필했다. 그는 소감을 피력하기를, "*그들이 짊어졌던 사물들*이 내 최고작이다. 틀림없이 최고작이다. [. . .] 새로운 형식의 소설이기 [때문이다]. 우리는 소설에서 사실을 변질시킬 뿐 아니라 어느 정도까지는 우리 자신의 삶, 우리 역사, 우리 자서전을 창조한다."[2] 그는 이처럼 파격적인 형태의 소설을 "실험의 재미와 [멋]이 아니

[1] Tobey C. Herzog, *Tim O'Brien* (New York: Twayne, 1997), 105.

라 의미, 주제 그리고 극적 발견을 탐구하려고" 창작한다. 그는 "소설을 읽을 때 단순히 기교만을 [배우고 즐기려하지 않고] . . . 사물들을 직관하고 도덕적 문제들을 규명하려고"[3] 전력한다. 그는 소설 창작은 "본질적으로 마음에서 우러나온 행위, 즉 '경험적인 수단과 방법으로는 파악할 수 없는 대상'을 탐구하는 행위일 뿐 아니라 '직관적인 진리파악, 이해, 혹은 깨달음'의 경지에 이르려고 시도하는 전심전력이라고 주장한다."[4] 그는 전우들이 전쟁터에서 짊어졌던 사물들에는 생존에 필수적인 군장비와 일용품들 뿐 아니라 그들의 기분, 의식 그리고 영혼도 포함되어 있다고 강조한다. 그것은 공포심, 비겁, 슬픔, 비통, 분노, 좌절, 생존본능, 사심, 의무, 책임감, 타인 존중, 이타주의, 연민, 참회, 삶의 무의미와 허무, 그리고 사랑 등등이다. 그는 유형물보다도 그들의 행동을 좌우하는 기분, 의식 그리고 영혼을 더욱더 중요시한다. 그들이 자제하지 못하는 사심으로 행동하면 불상사를 초래하고, 반면에 깨달음에 의존한 행동은 고귀하고 감동적이다. 이 글은 단순히 전쟁소설이라는 관점에서 벗어나 자기를 절제하고 다른 사람을 존중하려는 마음과 영혼을 강조하는 "사심, 깨달음 그리고 행동"의 논지로 *그들이 짊어졌던 사물들*을 고찰한다.

오우브라이언은 *그들이 짊어졌던 사물들*이 단순히 단편들을 모은 단편집이 결코 아니고 합성소설이라고 역설한다. 그의 역설에 따르면, "이야기들 전부가 서로 관련되어 있고, 등장인물들도 거듭 재등장하며, 주제들도 반복적으로 암시되고, 어떤 이야기들은 뒤에 나오는 이야기들과 관련되어 있기도 하고, 어떤 경우에는 앞에 있는 이야기들을 다시 말하기도 한다. [. . .] 이 단편들 안에 가능한 한 최대한으로 인간성의 전체를

---

2 Martin Naparsteck, "An Interview with Tim O'Brien," in *Conversations with Tim O'Brien*, Ed. Patrick A. Smith (Jackson, University Press of Mississippi, 2012), 48.

3 Larry McCaffery, "Interview with Tim O'Brien," in *Anything Can Happen: Interviews with Contemporary American Novelists*, Ed. Tom LeClair and Larry McCaffery (Urbana: University of Illinois Press, 1983), 269, 270.

4 Farrell O'Gorman, "*The Things They Carried* as Composite Novel," *War, Literature & The Arts* 10.2(1998): 308.

담아 [표현하는] 작업이 매우 재미있고 아름다우며 교훈적이고 예술적이다."[5] 그는 이 작품에서 단편소설이 두세 명의 인물을 등장시켜 단 하나의 사건이나 철학을 탐구한다는 종전 정의를 부정하고, 자신이 비에트남(Vietnam)전쟁에 참전하기 전에 직접 체험했던 고뇌와 사랑 그리고 자기 소대원들이 전쟁터에서 직면했던 여러 사건과 위기를 기술하면서 도덕적 견지에서 실존문제들을 광범위하게 논의한다. 그러기 위해 그는 "몇 개의 공통적으로 반복적인 핵심을 이용하여 표면적으로 다르게 보이는 이야기들을 결합시킬 수 있는 합성소설의 장점들을 활용[한다]. 그는 소설에 내재한 상호관련성의 다양한 잠재적 가능성들을 최대로 구현시킨다. 다시 말하면 비에트남 뿐 아니라 미국중부까지 포함하는 장소를 배경으로 이용하고, 두 장소를 심리적으로 통합된 지역으로 연결시키며 . . . 이야기하기, 즉 소설 창작과정을 반복되는 초점으로 삼고, 자신의 마지막 전략으로 자기작품을 더욱 광범위한 문학적, 인간적 노력[결실]의 일부로 승화시키는 암시의 가능성을 극대화하는 합성소설을 활용한다."[6] 그는 이런 합성소설을 창작하기 위해, 여러 주인공들과 화자 겸 주인공으로 등장하는 팀 오우브라이언을 창조한다. 이 오우브라이언은 작가가 아니고, 비에트남전쟁에 참전했던 군인이었고 지금은 마흔세 살의 소설가로 변신하여 자신의 "삶과 비에트남전쟁 체험, 전우들이 그에게 말한 전쟁이야기들 그리고 이야기하기의 기법을 논의한다."[7] 이처럼 그는 "소설의 핵심인물로 저자와 주인공의 다양한 역할"[8]을 수행한다. 그는 "이야기진리가 때로는 실제로 일어나고 [목격했던] 사건[의 기술]보다도 더욱 진실하다"[9]고 믿기 때문이다.

---

[5] Steven Kaplan, "An Interview with Tim O'Brien," in *Conversations with Tim O'Brien*, 59, 60.

[6] O'Gorman, 294-95.

[7] Herzog, 104.

[8] Mark A. Heberle, *A Trauma Artist: Tim O'Brien and the Fiction of Vietnam* (Iowa City: University of Iowa Press, 2001), 184-85.

[9] Tom O'Brien, *The Things They Carried* (Boston: Mariner, 2009), 171. 앞으로

오우브라이언은 소설 창작에서 이야기진리 창조를 실제 사건과 인물 묘사보다도 더욱더 중요시한다. 그는 우리가 얼마동안 실제 사건을 목격하고 있으면 집중력이 떨어지기 마련이어서 정확하게 기억할 수 없다고 강조한다. 우리 실존에 아무리 중요하고 결정적인 사건이고 철학이라 할지라도 집중력이 떨어져 관심에서 멀어지면 중요하지 않고 단조로우며 시시한 일로 기억에서 사라진다. 우리가 결코 망각해서는 안 될 사건과 철학을 기억하고 보존하는 최선책은 상상력을 바탕으로 창작되는 이야기이다. 오우브라이언의 이야기정의에 의하면, "이야기는 실제로 일어났던 사건들이나 현장에서 아무것도 담을 수 없다 할지라도 우리가 살고 있는 세상, 느끼는 공포, 그리고 체험하는 희열에 가장 정확하고 [진실할] 수 있다."[10] 더욱이 그는 사건이나 철학기술보다는 소설 창작에서 자기가 터득하는 이야기진리의 위력을 천명하기를, "나는 절대주의자가 결코 아니었다. 나는 매사에서 애매모호성, 즉 도덕적, 심리적, 심지어 기억의 애매모호성을 느끼는 사람이다. 이것이 내가 학술논문이나 사건보도 대신에 소설을 창작하는 이유이다. 논문이나 보도에는 세계의 확실성에 대한 신념이 있어야 한다. 나에게 세계는 고정불변으로 보이지 않고, 매우 유동적이고 변화무쌍하다. 당신은 소설에서 어디에서도 발견할 수 없는 [이야기] 진리들을 터득할 수 있다."[11] 이처럼 오우브라이언은 이야기진리의 철저한 신봉자이다.

그는 이런 신봉자이므로 *그들이 짊어졌던 사물들*을 앨퍼(Alpha)대대의 전우들, 지미 크로스(Jimmy Cross), 노먼 보우커(Norman Bowker), 래트 카일리(Rat Kiley), 미첼 샌더즈(Mitchell Sanders), 헨리 도빈즈(Henry Dobbins), 그리고 카이어워(Kiowa)에게 헌정한다고 공언하고, 이들을 소설에 등장시키면서도, 이 작품은 사실이 아닌 허구라고 역설한다.

이 작품에서의 인용문은 괄호 안에 쪽수만 표시함.

[10] Jonathan D'Amore, "'Every question leads to the text': An Interview with Tim O'Brien," in *Conversations with Tim O'Brien*, 177.

[11] Anthony Tambakis, "Tim O'Brien: An Interview," 앞책, 147.

그의 역설에 따르면, 작품에 수록된 "이야기들의 사건, 등장인물, 그리고 장소들은 거의 전부 [상상력으로] 창조되었다. 비에트남 소재까지도. 내가 비에트남 소재를 알지 못한다 할지라도 그 소재를 창안한다. 내가 아는 세계를 왜곡시키려고 하지 않으면서 작품에 있는 소재의 90%이상이 창조되었다. 또 나는 새로운 인물, 팀 오우브라이언의 90%이상을 창안했다."[12] 이처럼 그는 소설 창작에서 사실, 사건과 그 현장, 그리고 인물의 정확한 기술과 묘사보다는 허구, 즉 상상적 창조에 더욱더 큰 비중을 둔다. 그의 소설철학에 의하면, 고정불변, 정확성 그리고 확실성보다는 변화무쌍, 애매모호성 그리고 불확실성이 실존에 더욱 결정적인 역할을 한다. 우리 모두가 항시 직면하는 어렵고 힘든 실존문제의 가장 바람직하고 틀림없는 해결책을 어디서도 찾을 수 없다. 우리는 그 해결책으로 오로지 이야기진리의 도움을 받을 수 있을 뿐이다. 그래서 오우브라이언의 소설 창작목적은 "사람들이 실존에서 옳고 그름의 맥락에서 선택과 결정들을 해야"[13]할 때 그들에게 어떤 암시와 조언을 하려는 데 있다.

지금까지의 논의를 바탕으로 본론에서 *그들이 짊어졌던 사물들*을 분석한다. 분석은 "전쟁은 실존이다"는 은유와 "사심, 깨달음 그리고 행동"의 논지를 전제로 한다. 그들이 짊어졌던 사물들 중 생존에 필수적인 군장비와 일용품인 유형물들보다는 무형물, 즉 그들의, 특히 화자 겸 주인공인 팀 오우브라이언의 사고와 의식이 고찰의 대상이다. 이 사고와 의식이 사심에서 점차 깨달음으로 확장되는 과정이 고찰된다. 그들은 깨달음으로 자신들의 가장 소중한 가치와 자산은 사랑임을 절감하고, 이 절감을 기반으로 행동한다. 그러므로 "그들의 궁극적 실존문제는 우리 모두의 지상목표인 사랑이다."[14] 요컨대 사랑이 화자 겸 주인공의 실존목표이고 탐구대상이다.

---

[12] Kaplan, 58.

[13] Robert Birnbaum, "Tim O'Brien: Author of *July, July* Talks with Robert Birnbaum," in *Conversations with Tim O'Brien*, 164.

[14] 앞글, 164.

Ⅱ

*그들이 짊어졌던 사물들*을 "사심, 깨달음 그리고 행동"의 논지로 고찰하기 위해 작품의 순서를 무시하고, 먼저 사심으로 저지른 어리석고 충동적, 일방적, 독선적 행동을 기술한다. 이 기술은 작품에서 핵심적인 역할을 하는 네 번째 이야기, "레인이강을 회상하며(On the Rainy River)"의 화자 겸 주인공, 팀 오우브라이언이 1인칭시점으로 20여 년 동안 비밀로 마음속에 간직했던 부끄럽고 창피한 사연의 고백으로 시작된다. 이 고백은 그가 도덕적, 지적으로 성숙하여 과거에 비겁하다고 잘못 생각했던 행동을 정당화할 수 있을 뿐 아니라 미래에도 긍정적으로 평가할 수 있다는 용기와 자신감이 충만하기 때문에 가능하다. 그의 고백에 의하면, 그는 대학을 졸업한 한 달 후인 1968년 6월에 비에트남전쟁에 참전하라는 징집영장을 받는다. 그는 정치적으로 순진한 스물한 살의 청년으로 철학적, 역사적, 법적 견지와 합의도출이 어려운 목적의 측면에서 비에트남전쟁을 적극 반대하고 있다가, 영장을 받자 확실한 이유를 모르면서도 피가 끓는다. 그도 그리고 다수의 대학생과 지식인들도 누가 언제 왜 비에트남전쟁을 발발시켰는지 모른다. 그들은 또 이 살육전이 비에트남사람들의 민족해방전쟁인지, 아니면 미국정부의 침략전쟁인지 판단할 수 없다. 그들은 자기들이 강요와 강제로 참전하는 전쟁목적과 그 정당성을 알 수 없으므로 정부를 불신한다. 그들의 불신으로 국론은 분열되고 대립된다. 이 분열과 대립으로 그들은 이성과 판단력을 상실하여 참전의, 아니면 병역기피의 옳고 그름을 판별할 수 없는 도덕적 혼란에 빠져 정부에 반항한다. 이렇게 혼란스럽고 무질서한 여건에서도 오우브라이언은 개인적으로 실존 위험이나 위기를 느끼지 않는다. 더욱이 그는 전쟁은 자기 권외에 있다고 생각한다.

이러다가 그는 징집영장을 받자 눈에 핏발이 선다. 그는 돼지고기 가공공장에서 일하고 있으므로 귀가해서 아무리 뜨거운 물로 목욕을 해도 몸에 스민 악취를 제거할 수 없다. 그는 이 악취 때문에 여자 친구를 만날 수 없어 자기를 짓누르는 소외감과 고독감에 속수무책이다. 게다가 그가 도살된 돼지를 처리하고 있으면, 타살당한 생명체에 대한 연민으로 온 몸이 마비된다. 그는 이런 처지와 심리상태에서 영장을 받고, 명분과 목적이 없는 비에트남전쟁에서 전사하고 싶지 않다. 더욱이 그는 자기를 엄습하는 죽음의 공포를 절감한다. 그는 자신의 전사 뿐 아니라 적의 사살을 상상할 수 없다. 그러나 그는 합법적으로 징집을 연기시킬 방법을 찾을 수 없는데다 군복무를 대체할 주 방위군(National Guard)에서 바로 근무할 수도 없다. 그는 이렇게 봉착한 실존위기를 망명으로 극복하려 하지만, 그렇게 쉽게 모험을 감행할 수 없다. 그는 이러지도 저러지도 못하는 곤경에 빠져 있다.

> 그것[진퇴양난]은 도덕적 분열이었다. 나는 마음의 준비를 할 수 없었다. 나는 전쟁을 무서워하면서도 망명을 두려워했다. 나는 나 자신의 삶, 친구들, 가족, 지금까지의 실존체험, 그리고 나에게 중요했던 모든 일로부터 이탈하기가 불안했다. 나는 부모의 애정을 버리고 싶지 않았다. 나는 법을 준수하려했고, 조소와 비난을 감수할 수 없었다. 내 거주지는 대초원에 있는 전통을 고수하는 보수적인 지역이어서 사람들이 중심가의 오래된 고블러 찻집에 모여 앉아 잔을 들고 이야기하다가 서서히 화제는 바뀌어 어떻게 해서 여자 같은 젊은 오우브라이언이 캐너더로 도망갔다는 비난으로 환담을 끝냄을 상상하기는 어렵지 않았다. (42-43)

> It was a moral split. I couldn't make up my mind. I feared the war, yes, but I also feared exile. I was afraid of walking away from my own life, my friends and my family, my whole history, everything that mattered to me. I feared losing the respect of my parents. I feared the law. I feared ridicule and censure. My hometown was a conservative little spot on the prairie, a place where tradition counted, and it was easy to imagine people sitting around a table down at the old Gobbler Café on Main Street, coffee cups poised, the conversation slowly zeroing in on the young O'Brien kid, how the damned sissy had taken off for Canada.

그는 이 비난을 생각하면 잠을 잘 수 없다. 그는 그들에게 그들의 단순하고 맹목적인 애국심을 증오한다고 고함치고 싶다. 그는 자기감정이 "격분해서 공포, 당황, 죄의식, 비애로 바뀌었다가 다시 격분으로 되돌아옴을"(43) 느낀다. 요컨대 그는 구역질에 압도당하고 있다.

드디어 그는 어떤 계획도 대책도 없이 무조건 망명길에 오른다. 왜냐하면 즉흥적이고 무모한 도피가 지금 그가 생각하고 실행할 수 있는 전부이기 때문이다. 그는 미국과 캐너더(Canada)의 국경을 이루는 레이니강을 따라 서쪽으로 차를 몰면서, 지금까지의 안정된 삶을 불확실성과 불안감의 소용돌이 속으로 내팽개치려 한다. 그가 강만 넘으면 캐너더에 이른다. 그러나 그는 하루 밤을 차 안에서 보냈으므로 너무 피곤하여 잠시 쉴 곳을 찾다가 강의 북쪽 돌출부에 위치한 휴양지로 들어간다. 뜻밖에 그는 본관사무실에서 자기를 구원해줄 여든한 살의 노인, 엘로이 벤달(Elroy Bendahl)을 만난다. 그의 회고에 의하면, "이 영감이 나를 구해주었다. 그는 내가 [절실히] 필요로 했던 현답을 한마디의 말없이 정확하고 확실하게 나에게 제시했다. 그는 나를 받아들였으며, 위기의 순간에 침묵 속에 경각심을 불러일으키는 존재였다. [. . .] 그의 눈은 면도날의 푸른빛을 띤 회색으로 빤짝였다. 그가 나를 응시했을 때, 마치 그의 응시가 나를 난도질하여 드러내는 것처럼 나는 신비스러운 예리함, 거의 고통스러운 날카로움, 잘려나가는 감각을 느꼈다. 의심 없이 이 감각의 일부분은 나의 죄의식이었다. 나는 영감이 한눈에 문제의 정곡 — 곤경에 빠진 젊은이 — 을 찔렀다고 절대적으로 확신했다"(43). 그는 영감과 함께 숙식을 하면서 며칠을 보낸다.

그가 보기에 영감은 자기가 징집영장 때문에 큰 갈등을 빚고 있음을 알고 있다. 그의 양심은 그에게 병역을 기피해서 살인을 하지 말라고 엄명하지만, 명분은 참전하라고 강요한다. 그는 갈등 때문에 밤에는 잠을 잘 수 없어 악몽에, 낮에는 현기증에 시달린다. 영감은 그의 잡념을 떨쳐버리게 하려고 그에게 장작을 패서 쌓는 법을 가르친다. 두 사람은 몇 시간 동안 한마디 말없이 작업에 열중한다. 영감은 잠시 쉬려고 도끼를 놓고, 그를 오랫동안 쳐다본다. 영감은 그에게 곤혹스런 질문을 하려는 것처럼 입술을 벌리려다가, 머리를 젓고 다시 일을 시작한다. 영감은 그에게 개인적 문제를 물어보지 않으려고 대단한 자제력을 발휘한다. 이처럼 냉정하면서도 영감은 그에게 도움을 주려고, 그가 서로 합의하여 계산한 숙식비로 260달러를 내놓자, 그의 노동대가에서 이 금액을 공제하고 비상금이라는 명목으로 200달러를 덤으로 그에게 준다.

영감은 언어의 소통 한계성을 알기 때문에 그에게 어떤 질문도 조언도 하지 않으면서, 그가 독자적으로 양심과 명분 중에서 택일하여 실존위기를 극복할 수 있도록 영향력을 행사한다. 영감은 그가 징집을 기피할 기회와 수단을 제공하면서도 자기 속마음을 드러내지 않는다. 결과적으로 영감은 그를 망명으로 유인하면서도, 붙잡음으로 귀결시킨다. 영감은 한마디 말없이 오로지 자연 속에서 생존한 삶의 지혜와 자제력에 의존한 행동으로 그가 망명의지를 접고, 자발적으로 비에트남전쟁에 참전하게 유도한다. 그도 이제 실존위기를 이성과 지적 판단으로 극복할 수 있다고 확신하지 않는다. 영감은 그를 낚시 배에 태워 레이니강의 국경선을 넘어 캐너더 강가로 데리고 가서, 그에게 배에서 뛰어내려 그 강가로 건너갈 기회를 제공한다. 그는 지금 캐너더로 망명이 백일몽이 아니고 현실임을 직감한다. 영감은 배를 정지시키고 그를 쳐다보지도 않고, 아무 말 없이 콧노래를 부르면서 낚시에 열중한다. 그는 영감의 의도를 간파하고 반응하기를, "그때 나는 영감이 일부러 계획을 세웠음을 알고 놀랐다. 나는 물론 확신할 수 없지만, 영감이 내가 독자적으로 생존방식을 선택한다면 나를 현실을 거부하는 [사람으로] 변화시켜, 강을 건너 저쪽 강가에 이르러, 하루 밤을 새우게 하려고 의도했다고 생각했다." 결국 그는 뛰어내리지 못한다. 그는 심장을 마비시키는 도덕적 판단중지로 어떤 결정도 행동도 할 수 없다. 그는 인간의 존엄성을 구실로 처신할 수 없다. 그가 할 수 있는 전부는 울부짖음이다. 이제 그는 캐너더가 "더 이상 가능성이 아님"(53, 55)을 깨닫는다.

드디어 그는 이제 고뇌와 번민 없이 양심과 명분 중에서 명분을 택일하여 비에트남전쟁터로 간다. 그는 스스로 생각하기를 전사할 지도 모르고, 적을 사살하는 경우도 있을 것이다. 다행히 그는 비에트남에서 군복무를 마치고 생존하여 귀국한다. 그는 생존귀환이 행복한 결말이 아니라고 믿는다. 왜냐하면 그는 참전을 비겁행위로 간주함으로 자기는 소심한 인간이라고 자괴하기 때문이다. 그러나 그가 도덕적, 지적으로 성숙해서 하고 있는 자괴는 역설적이다. 그는 자괴로 지금은 자기가 원만하게 성숙한 당당한 인간임을 암시한다.

이 암시는 그가 사건 기술보다는 이야기진리를 더욱 중요시하는 마흔세 살의 소설가임을 자랑한다. 이제 그는 현실을 부정하려고하기보다는 오히려 있는 그대로 수용하여 변화시키면서 창조하려고 최선을 다한다. 그는 기억과 상상력의 상호작용에 의존하여 전쟁체험의 악몽과 현재와 미래의 이상을 소재로 한 소설을 창작하여 이야기진리를 제시하려 한다. 그가 이렇게 창작한 글들을 합성한 소설이 *그들이 짊어졌던 사물들*이다. 논지에 따라 한 병사의 사심이 잘 드러난 아홉 번째 이야기, "송트라 봉강의 연인(Sweetheart of the Song Tra Bong)"을 논의한다.

이 이야기는 과장과 허풍이 많은 의무병, 래트 카일리의 황당한 말을 다른 전우들은 불신하지만, 화자 겸 주인공인 팀 오우브라이언이 믿음을 주기 위해 1인칭시점으로 개작한 소설이다. 소설은 한 병사가 사심으로 연인의 마음을 깊이 이해할 수 없어 자신의 실존의의와 활력 그리고 연인을 상실하여 초라한 인간으로 전락하는 과정을 표현한다. 래트의 말에 의하면, 앨퍼대대로 전출되기 전에 복무했던 의무부대에 열여덟 살의 의무병, 마크 포시(Mark Fossie)가 있었다. 그의 편지와 비행기표를 받고, 열일곱 살의 여자친구, 메어리 앤 벨(Mary Anne Bell)이 고등학교를 졸업하자 바로 클리브런드(Cleveland)를 출발하여 로스 앤절러스(Los Angeles)와 뱅콕(Bangkok)을 경유하여, 사이곤(Saigon)에 도착하여, 거기서 헬리콥터를 타고 추 라이(Chu Lai)에 와서 일박하고, 보급품수송 헬리콥터로 오지에 주둔한 의무부대에 온다. 그녀는 매력적인 분홍색의 스웨터와 운동용 치마바지에 가방과 핸드백만 들고 매우 피곤해 보이지만 친근하고 활발한 표정으로 나타난다. 마크와 메어리 앤은 초등학교에 입학하면서 연인이 되어, 육학년 때부터 서로 언젠가 결혼할 것이라고 믿었다. 그들은 서로 깊게 사랑하여, 꿈으로 이리호수(Lake Erie)곁의 값싼 아담한 집에서 세 명의 건강한 아이를 낳고 살다가 함께 팔을 붙잡고 눈을 감아 하나의 관 속에 묻히는 장면을 그렸다. 그들은 이 꿈이 이뤄질 거라고 믿었다. 그러나 불행하게도 그들의 꿈은 마크의 이기심으로 메어리 앤의 마음을 읽고 수용할 수 없으므로 무산되어버린다.

마크와 메어리 앤은 부대의 지하막사에 신방을 꾸며, 부대원들의 질시를 받으면서 2주 동안 행복한 시간을 보낸다. 그녀는 부대원들에게 매력적인 존재로 발랄함, 생동감 그리고 욕망을 발산한다. 그녀는 호기심이 매우 강해, 부대 주위를 돌아다니면서 군인들에게 많은 질문을 할 뿐 아니라 비에트남병사들로부터 언어와 쌀밥 짓고 먹는 법을 배운다. 그녀는 전쟁, 비에트남 땅 그리고 땅의 신비에 매혹 당한다. 드디어 그녀는 마크에게 자기를 언덕 밑의 마을로 데려가라고 조르기 시작한다. 그가 극진히 사랑하는 메어리 앤에게 그것은 매우 위험하다고 아무리 설득해도, 그녀는 비에트남사람들이 어떻게 살고 있는지 알아보려고 안달한다. 그녀는 마크가 비에트콩(Vietcong)들이 그 지역을 장악하고 있다고 경고해도, 그들도 인간이 아니냐고 막무가내로 우겨댄다. 그녀는 마크에게 부대원들 앞에서 자랑스러운 존재이지만, 겁 많고 수줍은 순종하는 평범한 애인이 아니다. 그래서 마크도 처음에 "그녀의 [탁월한] 능력에 깜짝 놀라 자랑스럽지만, 이 순간은 불쾌하고 화가 난다."[15]

이제 그녀가 엠-16 소총을 분해하고 조립하여 사용하는 법을 배우더니, 화장도 하지 않고, 반지와 팔찌도 끼지 않고 머리도 군인처럼 짧게 깎는다. 마크가 그녀에게 이제 본국으로 돌아갈 때가 되었다고 말하자, 그녀는 웃으면서 "내가 원하는 전부가 여기 있다"고 대꾸하고, 그의 팔을 쓰다듬으며 키스한다. 그들이 손을 잡고 다정하게 전쟁 후의 계획을

---

[15] Lorrie N. Smith, "'The Things Men Do': The Gendered Subtext in Tim O'Brien's *Esquire* Stories," *Critique* 36.1 (1991): 33-34.

의논할 때, 메어리 앤은 결혼은 하지만 꼭 집과 애들을 가질 필요는 없다고 주장한다. 마크는 이 주장을 듣고 불안할 뿐 아니라 그녀의 신체에서 이전에 만끽했던 감미로움과 부드러움을 느낄 수 없다. 그는 그녀의 언행의 갑작스런 변화에 당혹감을 금치 못하는데, 그녀는 그의 기분은 아랑곳하지 않고 말하기를, "진실을 말하면 나는 내 생애에서 이렇게 행복한 적은 결코 없었다. 결코 없었다"(94, 95). 이 말을 듣고, 사심에 집착하여 자기 앎과 성숙에 관심이 없는 마크는 거세당한 것 같은 무력감을 느낀다. 그는 "그녀의 획기적인 변화가 자기로부터 자신의 전통적인 18세 성인 입문식[의 활력]을 박탈하고"[16] 있다는 의식 때문이다.

어느 날 아침에 마크가 손전등을 들고 래트를 깨우면서 메어리 앤을 찾을 수 없다고 글썽이며 하소연하기를, "[앤이] 사라졌다 . . . 그녀가 다른 남자와 자고 있다. 어제 밤에 그녀는 . . . 하지 않았다. 나는 무엇을 해야 할지 모른다." 별수 없이 래트가 손전등을 들고 막사를 두 번이나 뒤졌으나 메어리 앤을 찾을 수 없고 부대원들은 깊은 잠에 빠져있다. 래트는 다른 부대원으로부터 메어리 앤이 부대근처에 있는 특수부대 숙소에서 부대원들과 함께 자고 있다는 말을 듣는다. 이제야 래트는 메어리 앤이 그들과 함께 밤에 매복근무를 하고 돌아와서 자고 있음을 인지한다. 그러나 그의 인지와는 달리, 메어리 앤은 해가 뜨자 6명의 특수부대원들과 함께 철조망 안으로 들어와서 마크를 보고 두 팔로 껴안으면서, 제발 지금 아무 말도 하지 말라고 사정한다. 메어리 앤은 얼굴이 시커먼 자기를 알아보지 못하는 마크에게 엠-16 자동소총을 건네면서 애원하기를, "나는 지금 몹시 피곤하다. 우리 나중에 이야기하자." 그러나 마크는 성급하게 결말을 지으려고 "나중이 아니라 지금 하자"(95, 98)고 고함지른다.

이런 불화 뒤에 두 사람은 병사들의 눈에 대화로 화해한 것처럼 보인다. 그들이 보기에 두 사람은 지상에서 가장 행복한 사람들이다. 두 사람

16 앞글, 34.

은 함께 일광욕을 즐기면서 많은 오후를 보내고, 거대한 야자나무 그늘에서 주사위놀이를 한다. 또 두 사람은 식사하면서 성대한 결혼식 계획을 의논한다. 그러나 두 사람의 이런 언행은 가면으로 그들의 얼굴에는 긴장감이 감돈다. 어느 날 마크가 그녀에게 귀국을 권고하자, 그녀는 그의 뜻을 받아들이더니 갑자기 생기와 넋을 잃는다. 이러더니 그녀는 갑자기 사라졌다가 3주 후에 특수부대원들과 함께 그들의 숙소로 돌아온다. 그녀는 상심할 대로 상심하여 생존 기력과 의지를 잃고 비틀거리면서 숙소로 자기를 찾아온 마크에게 말하기를,

> 너는 알지 못한다 . . . 너는 철조망과 모래주머니들 안에 있는 이 작은 요새지에 숨어있다 . . . 이따금 나는 이곳을 포식하여 [소화하고] 싶다. 이 나라 전부 — 진흙, 죽음 — 나는 이것을 삼켜서 내 몸 안에 간직하고 싶다. 이것이 내 감정이다. 또 이것이 내 갈망이다. 나는 때때로 — 아주 많이 — 무섭지만 견딜만하다. 너는 아느냐? 나는 내 자신을 안다. 내가 밤에 산 속에 있을 때 내 육체를 의식하여, 피의 흐름, 피부 그리고 손톱들, 즉 내 신체 전부를 느낄 수 있어, 마치 내 몸에 강한 전류가 흐르는 것 같다. 나는 어둠 속에서 몸이 달아올라 — 거의 불 속에 있어 — 전부 타서 아무것도 남지 않는다 — 그래도 나는 똑바로 내가 누구인가를 알기 때문에 아무 문제가 없다.(106)

> "You just don't know" . . . "You hide in this little fortress, behind wire and sandbags, and you don't know . . . Sometimes I want to eat this place. The whole country — the dirt, the death — I just want to swallow it and have it there inside me. That's how I feel. It's like this appetite. I get scared sometimes — lots of times — but it's not bad. You know? I feel close to myself. When I'm out there at night, I feel close to my own body, I can feel my blood moving, my skin and my fingernails, everything, it's like I'm full of electricity and I'm glowing in the dark — I'm on fire almost — I'm burning away into nothing — but it doesn't matter because I know exactly who I am.

메어리 앤은 자기 마음을 이해하지 못하는 마크의 귀국 요구를 수용하려고하지 않는다. 그녀에게 마크는 자기를 알려고 하지 않는 자기중심적, 이기적, 독선적인 소심하고 비열한 인간이기 때문이다. 또 마크는 실존에서 상호이해와 배려를 전제로 상호변신과 성숙 그리고 사랑을 실현하려는 의지가 없는 인간이기 때문이다. 게다가 그는 자연을 사랑하려고하지 않는 인간이기 때문이다.

호기심 그리고 성숙과 각성의지가 없는 마크에게 비에트남은 온갖 비극을 일으키는 전쟁터에 불과하다. 그러나 메어리 앤에게 비에트남은 "강력한 마약효과, 즉 명칭 없는 공포와 명칭 없는 희열의 혼성효과를 발휘했다. [. . .] 비에트남은 어둠 속에서 그녀를 달아오르게 했다. 그녀는 더 많은 것을 원했고, 자신의 신비를 더욱더 심오하게 통찰하고 싶었다. 원함은 필요가 되었고, 필요는 갈망으로 변형되었다." 따라서 메어리 앤은 비에트남의 "산들, 초라한 작은 마을들, 오솔길들, 나무들, 강들 그리고 안개가 자욱한 골짜기들"(109, 106)에 매료되어, 이들과 일심동체가 된다. 이러므로 메어리 앤과 "비에트남을 따로따로 구별함은 불가능하다."[17] 메어리 앤은 자기를 알고 초월하기 위해 비에트남 산 속으로 들어갔다가 영원히 잠든다. 반면에 마크는 이기심에서 발병한 정신질환으로 본토 병원으로 후송되어 의병제대한다. 그는 사심으로 행동해서 극진히 사랑했던 애인의 신뢰와 사랑을 상실한다. 요컨대 그는 이기심으로 비극을 자초한 대표적 인물이다.

사심과 이기심처럼 실존과 사회에 부정적인 역할을 하는 개인적인 비통, 분노 그리고 좌절이 있다. 극심한 정신적인 충격을 받아 본성과 자제력을 완전히 상실한 병사들이 애통과 격분으로 인한 충동적 행동으로 저지른 잔혹행위와 만행을 기술한다. 래트는 가장 절친했던 전우, 커트 레먼(Curt Lemon)이 전사하자, 어린 물소에 과격하고 잔인한 분풀이를

[17] Tina Chen, "'Unraveling the Deeper Meaning': Exile and the Embodied Poetics of Displacement in Tim O'Brien's *The Things They Carried*," *Contemporary Literature* 39.1 (1998): 91.

한다. 그가 오른쪽 앞무릎에 총을 쏘자, 물소는 비명을 지르지 않고 주저앉았다가 다시 일어선다. 그러자 그는 정조준하여 귀, 뒷다리 그리고 옆구리를 두 번 쏘아도 물소가 죽지 않자, 총구를 입에 대고 쏘아 입이 떨어져 나가게 한다. 소대원들은 그의 이런 광적 행동을 보고도 그를 제지시키려고 누구도 나서지 않는다. 그는 계속하여 꼬리, 코, 목, 배, 그리고 엉덩이에 총을 난사한다. 물소는 가만히 있으면서 눈동자만 껌벅거린다. 래트는 갑자기 울부짖으면서, 무슨 말을 하려다가 그만두고 총을 두 손으로 잡고 혼자 뛰쳐나간다. 한동안 누구도 할 말을 잃고 있는데, 한 병사가 "내 평생 동안 이런 [끔찍한] 장면을 본 적이 한 번도 없었다"(76)고 혼자 중얼거린다. 소대원들은 무어라고 명명할 수 없는 가장 잔혹한 장면을 목격하고, 마음이 매우 아프다. 그러나 이런 소대원들이 전우, 테드 래번더가 전사하자, 지미 크로스소대장의 지휘 하에 광기로 마을에 방화하고, 심지어 닭과 개들까지도 사살한다. 그들은 이런 만행으로 직성이 풀리지 않자, 포병부대에 폐허가 된 마을을 포격하라고 요구한다.

반면에 국가지도자들은 권력을 장악하려는 사심과 이기심으로 이런 작은 개인적 차원의 요구를 넘어 고의적, 계획적으로 많은 사람들, 특히 선량하고 큰 꿈을 갖고 장래가 촉망되는 젊은이들을 비명횡사시킨다. 인디언(미국원주민)병사, 카이어워는 용감한 군인이고, 훌륭하고 과묵한 지적인 청년이며, 독실하고 구원을 확신하는 기독교신자이다. 그의 확신은 그가 항시 짓는 미소, 사람들과 세상을 대하는 따뜻하고 온화한 마음, 그리고 어느 때 어디를 가든 반드시 가지고 다니는 신약성서 소지에 잘 드러난다. 그는 교회에 가서 지적이고 추상적인 설교를 듣는 대신에 병든 사람들을 찾아가서 보살피기를 좋아한다. 또 그는 교회를 싫어하면서도, 혼자 숲속에 있고 싶어 하는 것처럼 교회 안에 앉아 느끼는 조용함과 편안함을 갈구한다. 이처럼 그는 실존에서 항시 홀로 자신에게 진실하려는 마음가짐, 그리고 이런 마음으로 다른 사람들을 보살피려는 박애정신을 가장 중요시한다. 이러므로 화자 겸 주인공은 성자나 다름없는 이 인디언 병사를 자신의 가장 좋은 친구, 가장 큰 자랑, 그리고 스스로 존엄성과 용기를 가진 인간이라고 믿도록 해주는 근원으로 존경한다. 그러나 그는 애석하게도 군사작전 중에 송 트라 봉강에서 익사한다. 그의 마음과 박애정신은 전쟁으로 빛을 보지 못하고 무위무책으로 끝나버린다. 화자 겸 주인공은 20년 후에 그가 익사한 장소를 찾아가서 그의 넋을 달래려고 말하기를, "나는 카이어워에게 그는 위대한 친구, 가장 좋은 친구였다고 말하고 싶었다. 그러나 내가 할 수 있었던 전부는 손으로 강물에 찰싹 소리를 내는 행위뿐이었다"(178). 그런 다음 그는 20년 동안 보관했던 인디언의 뒤축 없는 신을 강물에 던져 떠내려가게 하면서 "가짜 인디언 작별의식을 거행한다."[18] 그는 이 의식으로 20년 동안 카이어워에게 졌던 마음의 빚을 갚고, 앞으로 그의 진실한 자아와 박애정신을 마음속 깊이 간직하려고 결심한다.

또 화자 겸 주인공은 20년 전에 비에트콩청년이 사살당한 현장을 보았기 때문에 매우 애통하다. 그는 청년을 직접 사살하지 않았지만, 그 현장에 있었으므로 죄의식, 책임감 그리고 슬픔을 느끼면서 자책한다. 그는 전쟁으로 청년의 꿈이 무산되어 버렸음을 알기 때문이다. 청년은 체구는 빈약하지만 학자로서의 가능성은 매우 컸다. 그는 빈곤가정 출신이지만 그의 재능을 인정한 마을사람들의 후원으로 1964년에 사이곤에 소재한 대학교에서 수학을 공부했다. 그는 정치에는 관심이 없고, 오로지 미분방정식의 아름다움에 매료되어 그 공부에 열중했다. 그는 밤에는 혼자 명상에 잠겨 서정시를 써서 잡지에 발표했다. 그는 동급생 여자와 사랑에 빠졌고, 그녀는 그의 손목이 어린이 손목 같다고 말했다. 이처럼 그는 군인이 되기에는 작은 체구였지만, 전쟁으로 강제징집당해 젊은 나이에 생을 마감하면서 자신의 가능성과 잠재력을 발휘할 기회를 놓쳤다. 화자 겸 주인공은 자기가 청년을 사살하여 그의 꿈을 무산시켜버렸다고 자책하면서 그의 죽음을 매우 안타까워한다. 그는 모든 사람, 특히 지배계층 인사들이 자신의 이런 애석한 마음을 이해하고 공감하기를 기대한다.

---

[18] Smith, 21.

더욱이 화자 겸 주인공은 전우, 노먼 보우커가 전쟁후유증으로 자살했다는 어머니의 편지를 1978년 8월에 받고 엄청난 충격에 휩싸인다. 어머니는 "노먼은 얌전한 아이였다"(154)고 썼다. 노먼은 10월 장마로 범람한 송 트라 봉강에서 비명을 지르면서 익사하는 카이어워를 구조하지 못한다. 그는 둑을 넘은 강물이 논에 쌓였던 인분과 섞이면서 내뿜는 지독한 악취와 뼛속까지 스며든 냉기 때문에 카이어워에게 재빨리 다가갈 수 없다. 그가 비명소리를 듣고 전력을 다해 게걸음치며 가까이 가자, 강물이 이미 카이어워를 삼켜버린다. 그가 할 수 있는 전부는 카이어워가 불가피하게 강물에 흡수당하는 비극적인 광경을 바라보는 무력감뿐이다. 그는 카이어워를 구조하지 못했다는 죄책감, 그리고 구조실패로 아버지가 그처럼 갈망했던 은성훈장(Silver Star)을 받지 못했다는 죄의식의 수렁에 깊이 빠진다. 그는 죄책감과 죄의식의 자아에 유폐되어, 삶의 의미, 활력 그리고 생동감을 가질 수 없으므로 다른 사람들과 친밀하고 돈독한 관계를 유지할 수 없다. 그는 스스로 낙오자라는 낙인을 찍고 세상을 비관적, 부정적 시각으로 인지하고 수용한다. 게다가 그는 단순한 노동위주의 직장을 구해도 흥미를 느끼지 못해 오래 근무하지 않고, 자주 직장을 옮긴다. 그는 전문대학에 등록하고도 현실성과 구체성이 없는 추상적인 강의내용을 이해할 수 없어 곧 중퇴한다. 그가 자기 신상문제를 상의하고 싶은 고등학교 친구들은 직장을 구해 고장을 떠났고, 기죽고 마음 아프게 고등학교 여자 친구는 결혼하여 이웃에서 행복하게 살고 있다. 그는 자기가 그렇게 말하고 싶은 전쟁이야기를 들어줄 사람이 없다는 소외감과 고독감에 빠져, 이를 극복하지 못한다. 결국 그는 자신의 존재 의의를 도저히 찾을 수 없다는 절망감으로 자살한다. 이러므로 화자 겸 주인공은 전쟁후유증이 당사자와 그 가족 그리고 사회구성원들에게 얼마나 큰 고통과 상처를 주고 있는가를 직시하고 모든 사람의 주의를 환기시킨다.

작가 팀 오우브라이언은 전쟁을 증오하면서도 정의하기를, "전쟁은 신비, 공포, 모험, 용기, 발견, 성스러움, 연민, 절망, 갈망, 그리고 사랑이다. 전쟁은 역겨우면서도 재미있다. 전쟁은 전율적이면서도 단조롭다. 전쟁은 당신을 인간다운 사람으로 변화시키기도 하고, 죽음으로 몰고 가기도 한다"(76). 필자도 앞에서 은유로 "전쟁은 실존이다"고 언급한 바 있다. 전쟁과 실존에는 양면, 즉 선과 악, 생과 사, 용기와 비겁, 그리고 이기심과 이타심이 있다. 오우브라이언은 *그들이 짊어졌던 사물들*에서 우리가 전쟁과 실존에서 반드시 있기 마련인 어두운 면과 직면하면, 두려움과 공포심 그리고 무기력과 절망감으로 이에 압도당하지 말고, 자기를 알고 깨닫는 계기로 적극 활용해야한다고 주장한다. 그의 주장에 따르면,

> 전쟁은 바로 죽음의 다른 명칭이다. 그런데도 어느 병사가 사실을 말한다면 너에게 죽음에 근접함은 근접할수록 거기에 상응하는 살아남을 수 있는 희망을 가져온다고 알려줄 것이다. 치열한 격전 후에는 언제나 살아있다는 [말로 도저히 표현할 수 없는] 무진장한 희열이 있다. [. . .] 당신 주위에 생명체들은 살아 있고, 당신도 그들 중에 하나이며, 살아있음이 당신을 전율시킨다. 당신은 살아있는 자아, 즉 당신의 가장 진실한 자아, 다시 말하면 당신이 되고 싶었고, 이 소원의 힘으로 된 인간 (당신의 가장 진실한 자아)을 무아의 경지에서 강렬하게 의식한다. 사악한 사람들 가운데서 당신은 가장 선량한 인간이 되고 싶다. 당신은 친절, 정의, 예의바름, 그리고 인간 화합, 다시 말하면 마음속으로 갈망하면서도 일찍이 의식하지 못했던 도덕심을 갈구한다. [. . .] 죽음과 위험의 현존이 당신을 완전히 각성시키는 위력을 발휘한다. 이 현존이 사물들을 선명하고 생생하게 보이게 한다. 당신은 피부로 두려움과 공포심을 느낄 때, 사물들을 아주 새로운 시각으로 바라보면서 세계를 이전과는 다르게 인식한다. (77-183)

> war is just another name for death, and yet any soldier will tell you, if he tells the truth, that proximity to death brings with it a corresponding proximity to life. After a firefight, there is always the immense pleasure of aliveness. [. . .] All around you things are purely living, and you among them, and the aliveness makes you tremble. You feel an intense, out-of-the-skin awareness of your living self — your truest self, the human being you want to be and then become by the force of wanting it. In the midst of evil you want to be a good man. You want decency. You want

> justice and courtesy and human concord, things you never knew you wanted. [. . .] the presence of death and danger has a way of bringing you fully awake. It makes things vivid. When you're afraid, really afraid, you see things you never saw before, you pay attention to the world.

요컨대 오우브라이언은 우리가 극한상황의 실존위기를 생존호기로 전환시켜야하며, 이 전환의 원동력은 우리의 깨달음과 거기에 따른 행동에 있다고 역설한다.

지금부터 지미 크로스소대장은 테드 래번더가 전사하자, 소대를 안전하게 효율적으로 지휘하려면 사적 감정과 관심으로부터 벗어나야 함을 깨닫고, 소대원 보호에 심혈을 쏟는 행동을 고찰한다. 그는 마운트 시배스쳔대학(Mount Sebastion College) 2학년 때 아무 생각 없이 친구들 따라 지원했던 학생군사교육단(Reserve Officers' Training Corps)출신의 초급장교로 비에트남전쟁에 파견된 소대장이다. 그는 스물네 살의 소대장으로 전쟁터에서 관심을 소대통제와 지휘보다는 사적인 연애감정에 두고 있다. 그는 마운트 시배스쳔대학 영문학과 3학년 여학생, 마서(Martha)의 편지들을 가장 중요한 개인소지품으로 배낭 속에 가지고 다닌다. 그는 하루의 행군이 끝나면 자기가 취침할 1인용 참호를 판 다음에 사랑, 마서라고 서명되어 있는 편지들을 읽는 것이 유일한 희열이고 안도감이다. 그는 사랑의 서명이 요식에 불과함을 알면서도 편지를 읽고 있으면 자기를 비명횡사시킬 전쟁 그리고 이것에서 유발되는 죽음의 공포를 망각하고 낭만적인 꿈을 꾸게 된다. 그는 꿈속에서 "자기가 그녀를 사랑하는 것만큼 마서가 자기를 사랑하기를 갈망하"면서, 환상세계에 빠져든다. 그는 "뉴 햄프셔(New Hampshire)주에 있는 화이트산맥(White Mountains)에서 야영했던 낭만적 여행을 상상한다." 이러다가 그는 "그녀가 혀를 봉투의 접어붙이는 부분에 대었음을 알기 때문에 때때로 거기를 혀로 핥는다"(1). 이처럼 그는 그녀를 사랑하는 포로로 전락하여 그녀의 의중을 헤아리지 않고, 자기 마음대로 그녀의 사랑을 상상하고 원한다. 그는 어두워지면 편지들을 조심스럽게 배낭 속에 넣고, 참호에서 나와 소대원들의 안전을 확인하고 주변을 점검한 후에 자기 자리로 돌아와 밤하늘을 보면서 마서를 그리워한다. 이렇게 그는 가까이 있는 부하들보다도 멀리 있는 그녀를 더 많이 사랑하고 생각한다.

그의 지갑 안에는 마서의 사진이 두 장 있는데, 하나는 사랑의 서명이 있는 벽돌건물 앞의 사진이고, 또 하나는 하얀 운동복을 입고 배구하는 사진이다. 그는 사진에서 왼쪽 무릎을 보고, 영화에서 보니(Bonnie)와 클라이드(Clyde)를 사살하는 총소리를 듣고, 손을 그녀의 트위드 치마 안으로 넣어 만졌던 기억이 떠오른다. 그는 극진히 사랑하는 마서의 반응이 시큰둥함을 느끼자, 영화를 보고 그녀를 기숙사에 바래다준 밤에 그녀의 콧대를 꺾을 약간 폭력적인 행동을 했어야했는데, 자제했음을 아쉽게 생각한다. 이러면서도 그는 그녀를 더욱 열렬하게 사랑한다고 믿는다. 그는 그녀가 편지 속에 넣어 보내준 주황색과 보라색 반점이 있는 달걀 모양의 하얀색 조약돌을 생명의 부적으로 소중하게 간직하고 있기 때문이다. 편지에 의하면 그녀는 "저지(Jersey)해안에서 조약돌을 발견했다. 해안에는 밀물 때 바닷물이 육지로 밀려오면 많은 물체들이 함께 왔다가 흩어졌다. 그녀는 조약돌이 흩어졌다가 합쳐지는 속성을 가지고 있다는 영감을 얻었으므로 그것을 주어서 며칠 동안 앞 호주머니에 가지고 다녔는데 무겁지 않아 항공우편으로 자신의 그에 대한 가장 진실한 감정의 표시로 보냈다"(7-8). 그는 그녀가 암시하는 흩어졌다가 합쳐지는 속성과 가장 진실한 감정을 개득하기가 어렵다. 그렇지만 그는 편지가 매우 낭만적이라고 생각한다. 그는 조약돌을 입 안에 넣어 혀로 돌리면서 소금기를 맛본다. 이렇게 그가 사적인 연애감정에 집착하여 소대장 임무를 소홀히 하고 있을 때, 래번더가 저격병의 총을 맞아 전사한다.

소대장은 부하의 전사에 울음을 무척 참으려하면서도, 너무 창피해서 자기를 증오한다. 그는 비가 오는데도 1인용 참호에 쭈그려 앉아 온갖 수단으로 불을 피워 마서의 편지와 사진을 불태워버린다. 그는 자기 머릿속에 편지와 사진이 각인되어 있음을 알지만, 태워 없앨 수 없는 창피

대신에 그녀의 유형물을 소각시켜 제거한다. 그런 다음 그는 그날의 행군계획을 세우면서 환상세계에서 벗어난다. 지금부터 그는 장교로 처신하면서 자기임무를 충실히 수행하려고 결심한다. 그는 행군규칙을 엄격하게 준수하여 일정 간격과 보폭을 유지하고, 척후병을 보내 정탐하여 행군의 안전과 효율성을 높이려고 진력한다. 또 그는 작전규정에 따른 철저한 소대통제와 지휘에 소대원들이 반발하려하지만 이를 무시한다. 그는 자기임무는 "[소대원들의] 사랑을 받는 데에 있지 않고 [그들을] 통제하고 지휘함에 있다"(25)고 믿기 때문이다. 그는 지휘방침을 군사적 야망을 성취하기 위해 소대원들을 집단으로 간주하지 않고, 개개인으로 존중하는 데에 두려고 한다. 그는 이런 정신으로 소대원들을 독려하여 악조건을 극복하고 강물에서 카이어워의 시신을 수습한다.

이렇게 지미 크로스는 상대방과 현실을 사심에서 바라보던 시각을 버리고, 있는 그대로 인정하고 존중하려는 인간으로 변신했다. 비에트남 전쟁이 끝난 여러 해 뒤에 그는 화자 겸 주인공을 집으로 찾아간다. 두 사람은 먼저 자기들이 짊어져 감내한 고통스럽고 참혹했던 전쟁 상처들, 그리고 극복한 갈등과 사심 그리고 얻은 깨달음과 사랑에 대한 대화를 나눈다. 그런 다음 전우들의 일화 — 헨리 도빈즈는 부적으로 여자 친구의 팬티스타킹을 목에 감았고, 카이어워는 사냥용 손도끼와 성경을 휴대했고, 래트 카일리는 만화책을 챙겼다 — 를 이야기한다. 지미는 이야기 도중에 눈을 문지르면서 래번더의 전사에 항시 양심의 가책을 느껴 자기를 용서할 수 없다고 그에게 실토한다. 그가 분위기를 바꾸려고 마서에 대해 묻자, 지미는 그에게 마서의 사진을 보여주면서, 이 사진을 다시 갖게 된 사연을 설명한다. 그들은 1979년 대학동창회 모임에서 우연히 만났다. 지미는 그녀에게 지금도 사랑하고 있다고 고백했지만, 그녀는 아무런 반응도 보이지 않았다. 그녀는 그에게 기독교 선교사와 정규간호사로 빈민국들 — 이시오우피어(Ethiopia), 과터말러(Guatemala) 그리고 멕시코(Mexico) — 에서 봉사했으며, 결혼은 하지 않았고, 앞으로 결혼할 생각도 전혀 없으며, 왜 결혼하지 않는지 자기도 모르겠다고 변명했다. 다음날 아침 함께 식사하는 자리에서 그녀는 그에게 대단히 미안하다고 말하면서, 사랑에 관한 어떤 언질도 줄 수 없다는 자기의사표시를 분명히 했다. 그가 그녀의 마음을 이해한다고 말하자, 그녀는 웃으면서 그에게 사진을 주면서 절대로 불태우지 말라고 당부했다. 그는 그녀의 뜻을 받아들여 사진만 받고 헤어졌다. 지금 그는 그녀를 사랑하면서도, 일방적으로 사랑을 강요하지 않고 그녀의 마음과 자기소망이 이뤄지지 않는 현실을 인정하고 존중한다. 이 인정과 존중이 앞으로 그가 짊어져야 할 필수품이다.

상대방과 현실의 인정과 존중이 사랑의 전제이며, 사랑은 불멸과 부활의 원동력이다. 화자 겸 주인공은 사랑을 바탕으로 망자들을 부활시켜 살아 있는 존재로 둔갑시킨다. 이 부활과 둔갑은 그가 자기 기억에 남은 사심에서 비롯된 비에트남전쟁의 비극적 일화와 참사들을 극복하려고 쓴 이야기에 구현되어 있다. 그는 이런 이야기를 서술하면서 과거의 상처와 악몽에서 벗어날 수 있었고, 이 벗어남이 그의 깨달음을 바탕으로 이룬 지적, 도덕적 성숙이다. 그의 기억은 "과거를 미래에 연결시키는" 감동적인 이야기를 쓰는 토대가 되고, 이런 이야기가 기억을 오래 보존시킨다. 그러나 "기억은 잊혀지고, 이야기만 오래 오래 남는다"(36). 그의 기억에 남은 비극적 일화와 참사들을 구체적으로 이야기하면, 먼저 그가 징집영장을 받고 병역기피냐 참전이냐의 양자택일을 해야 하는 도덕적 갈등과 혼란에 빠졌다가, 결국 참전하고 생존하여 돌아와 양심을 버린 비겁자라고 스스로 자괴한다. 그러나 이 자괴는 그가 양자택일의 철학을 극복하고 성숙한 인간임을 시사한다. 그는 마크 포시가 사심 때문에 연인의 마음을 이해할 수 없을 뿐 아니라 인정하고 존중하려고 하지 않았다가 연인을 잃고 무기력한 인간으로 전락한 비극을 듣고 소설화한다. 그는 전우들이 비통과 분노의 감정 폭발로 저지르는 잔혹행위와 만행을 목격한다. 또 그는 전우들과 이상과 꿈을 가진 비에트콩청년의 비명횡사를 통탄하면서 전쟁을 일으킨 전범들을 증오한다. 그는 이런 비극적인 상황들에 압도당해 상심하고 있을 때, 지미 크로스소대장이 사적

연애감정에 깊이 빠져 있다가 소대원이 전사하자, 양심의 가책과 자기반성으로 소대지휘를 안전하고 철저하게 하려는 임무수행과 책임의식에 많이 놀라고 큰 위로를 받는다. 더욱이 그는 소대장이 극진히 사랑하는 여자가 개인사정으로 자기를 거부하는 마음과 자기소망이 이뤄지지 않는 현실을 인정하고 존중하는 정신을 흠모한다. 그는 이 정신이 소대장의 진정한 사랑의 발로이고, 이 사랑은 망자들을 자기와 우리의 영혼에 되살아나게 하는 힘을 가지고 있다고 깨닫는다.

이 깨달음으로 화자 겸 주인공은 사랑을 소재로 창작된 이야기는 "우리를 구원할 수 있다"고 확신한다. 그는 전쟁터에서 자기 눈으로 직접 보았던 전사자들이 이야기로 되살아남을 실감한다. 그의 실감에 의하면, 테드 래번더, 카이어워 그리고 비에트콩 청년은 "모두 비명횡사한다. 그러나 일종의 꿈꾸기인 이야기에서 망자들은 때때로 웃으면서 일어나 앉아 이 세상으로 돌아온다." 더욱이 그는 이야기로 아홉 살 때 처음 사랑했던 린더(Linda)가 뇌종양으로 세상을 떠났지만, 살아있다는 꿈을 계속 꾼다. 그는 어린 나이에 처음 느낀 사랑이 자기 몸과 마음을 굉장히 벅차고 강렬하게 요동치고 있음을 느낀다. 그는 말로는 표현할 수 없지만 분명히 가장 아름답고 영원히 잊을 수 없는 감정을 그녀와 공유하고 있다고 믿는다. 그래서 그는 "그녀의 몸 안에서 살고 싶을 뿐 아니라 그녀의 뼈 안으로 녹아들기를 갈망한다." 이런 갈망이 그의 사랑이다. 그는 사랑 때문에 그녀가 뇌종양으로 곧 죽을 거라는 사실을 받아들이려고 하지 않다가, 결국 그녀의 죽음을 수용한다. 그는 그녀가 비록 이 세상에 없지만, 그녀의 영혼과 나누는 대화로 그녀가 자기 앞에 있음을 확인할 수 있다고 실토한다. 그의 실토에 따르면, "이야기에서 나는 그녀의 영혼과 조용히 대화할 수 있다. 나는 어떻든 순간적으로 절대적이고 영원한 정신(사랑)을 되살아나게 할 수 있다. 이야기에서 기적이 일어날 수 있다. 린더가 미소를 머금고 단정히 앉아 손을 뻗어 나의 손목을 잡고, '티미, 울음을 멈춰라'고 말할 수 있다"(213, 216, 224). 이처럼 화자 겸 주인공은 사랑의 기적이 일어나는 이야기를 쓰고 읽기를 좋아한다.

화자 겸 주인공은 지금 마흔세 살의 소설가로 다시 아홉 살로 되돌아가기는 불가능하다. 그는 1956년에 찍은 자기 사진들을 보면 용모와 신상은 많이 변했지만, 항시 고정불변한 감정이 있다고 말한다. 그는 어린 아이에서 스물세 살의 보병 상사를 거쳐 죄의식과 슬픔을 느끼는 소설가로 변신했다. 그러나 그는 소설가로서 용모와 신상을 떠나 "절대적이고 영원불변한 실재"(223)가 있다고 공언한다. 이 공언은 그가 린더를 사랑하는 마음은 30년 동안 조금도 변하지 않았음을 의미한다. 작가 오우브라이언은 자신의 소설철학과 창작의 기본이 되는 진리파악과 실존에서 불확실성, 애매모호성 그리고 변화무쌍을 가장 중요시하면서도, 이 주인공의 입을 통해 "절대적이고 영원불변한 실재"를 거론한다. 이 "절대적이고 영원불변한 실재"는 모든 사람의 의식과 실존에서 이론의 여지가 없는 "사랑"이며, 오우브라이언의 소설철학과 배치되지 않는다고 필자는 생각한다. 주인공은 린더가 이 세상에 없지만, 사랑으로 그녀와 대화하는 이야기를 쓰면서 그녀를 인정하고 존중하여 되살아나게 하여 잊지 않으려고 한다. 이 의식과 잊지 않음이 그가 삶을 지탱하고 현명하고 행복하게 사는 비결이다. 요컨대 그는 이야기로 실존의 극한상황과 악조건들 가운데서 자기를 구원하려고 최선을 다하고 있다고 확신한다. 이 확신이 그의 깨달음이며, 그는 깨달음을 바탕으로 행동한다.

Ⅲ

지금까지 화자 겸 주인공이 사심으로 빚었던 도덕적 갈등과 혼란, 마크 포시의 사심에서 비롯된 비극적 결말, 전우들의 비통과 분노의 감정폭발로 자행된 잔혹행위와 만행, 지미 크로스소대장의 사적 연애감정에서 상대방과 현실의 인정과 존중에 따른 획기적인 의식전환, 그리고 그의 상대방과 현실인정과 존중이 사랑이라는 깨달음을 바탕으로 쓴 이야기의 위력을 고찰했다. 주인공은 사심에서 비롯되었던 과거의 비극과 악몽의 사례들에 무기력하고 자포자기적으로 굴복하지 않는다. 그는 이 사례들을 극복하고 치유하는 최선책으로 상상력과 이야기하기를 활용한다. 그는 상상력으로 비극과 악몽의 극복방안과 과정을 구체적으로 모색하고 설계하여 이야기한다. 그의 이야기하기는 사랑의 "탐구와 발견"[19]과정으로 전개된다. 그는 기억, 상상력 그리고 이야기하기의 삼위일체로 전쟁터와 실존에서 직면하는 극한상황과 위기를 정면으로 돌파하려고 최선을 다한다. 그는 이 돌파의지와 실현에서 이야기하기의 위력을 각별히 강조한다. 이야기하기는 "궁극적으로 개인적이면서 [우리 모두의] 공유의식이며, 실존에서 전체성, 응집력 그리고 목적에 대한 열망이다."[20] 이러므로 우리는 팀 오우브라이언의 사랑을 이야기하기와 그 위력의 강조에 각별히 주목할 필요가 있다는 역설이 글의 결론이다.

---

[19] Steven Kaplan, *Understanding Tim O'Brien* (Columbia: University of South Carolina Press, 1995), 9.

[20] Smith, 18.

5

챨즈 리쳐드 죤선: 자유를 찾은 이야기

I

챨즈 리쳐드 죤선(Charles Richard Johnson, 1948-)은 가장 예측할 수 없는 기발한 상상력을 발휘하는 미국작가들 중의 한 사람[1]이라고 일컬어지고 있으며, 동시에 그는 불교를 자신의 실존과 소설 창작철학으로 활용하는 흑인소설가로 명성이 높다. 한때 흑인소설의 유행이었고 주류를 이루었던 항의소설, 정치소설 그리고 입신소설의 예술적 한계성을 지양하고자하는 철학적 관점에서 그는 소설을 창작한다. 또한 그는 "속박과 자유를 신체적, 법적 견지에서 뿐 아니라 심리적, 현상학적, 성적 그리고 정신적 측면에서 탐구하는 소설"을 집필하면서, "동양철학과 흑인체험을 비교하는 주제를 구현하려고"[2]최선을 다한다. 다수의 흑인작가들과는 달리 그는 흑인이 갈망하는 자유를 항의와 반항으로써 쟁취하려하

---

[1] Gary Storhoff, *Understanding Charles Johnson* (Columbia: University of South Carolina Press, 2004), 5.

[2] Charles Johnson, "I Call Myself an Artist," in *I Call Myself an Artist: Writings by and about Charles Johnson*, Ed. Rudolph P. Byrd (Bloominton: Indiana University Press, 1999), 24.

지 않고 돈오(頓悟)로써 향유하려고 전념한다. 그것은 그가 “미국흑인의 자유 탐구는 불교를 바탕으로 가장 심오하고 혁명적이며 진정한 목적을 실현할”[3] 수 있다고 확신하기 때문이다. 그리하여 그는 많은 흑인작가들이 중요시하는 흑인민족주의와 흑인체험을 도외시하고, 불교에 의존하여 자아와 본래면목 탐구를 절대시함을 그의 소설 창작철학의 기반으로 삼고 있다. 이처럼 불교에 심취한 그는 *심우도(尋牛圖)*[4]에서 영감을 얻어[5] 두 번째 소설, *소치는 사람 이야기(Oxherding Tale*, 1982)를 창작했다고 술회한다. 그는 이 소설을 “동양철학을 천착하는 방법과 수단으로서 매우 유익한 노예이야기”[6]이라고 말했다. 그리고 그는 “앤드루 호킨즈(Andrew Hawkins)가 고전적 정의의 돈오를 성취한 미국흑인소설의 첫 주인공”이라고 천명했다. 계속하여 그는 “이 작품에서는 한 흑인남자의 극적인 사건, 즉 여러 형태의 굴레(신체적, 심리적, 성적, 형이상학적)로부터 [시작하여] 단세포 생명체인 도마뱀에 대한 심미적 편애에서도 해방되고자 하는 필사적 노력[을 서술한] 모험담의 상상‘세계’가 구현되고 있다”[7]고 스스로 이 작품의 특징을 정의한다. 이 논문은 이 같은 특징적인 면을 토대로 흑인노예인 소설주인공이 남북전쟁 이전의 남부에서 극심한 차별과 억압을 받는 여건 속에서 어떻게 반항하지 않으면서도 자

[3] Charles Johnson, *Turning the Wheel: Essays on Buddhism and Writing* (New York: Scribner, 2003), 57.

[4] 12세기에 중국의 곽암(郭庵)선사가 돈오의 경지에 이르는 과정을 그린 10개의 그림이다. (1) 동자가 소를 찾아 집을 나가서 심우(尋牛), (2) 소 발자국을 찾다가 견적(見跡), (3) 소를 보고 견우(見牛), (4) 소를 붙잡으며 득우(得牛), (5) 소를 길들여서 목우(牧牛) (6) 소를 타고 집으로 돌아와서 기우귀가(騎牛歸家), (7) 소를 잊고 자아만 남지만 도가망우(到家忘牛), (8) 소와 자기 자신 모두를 잊고 인우구망(人牛俱忘), (9) 근원으로 되돌아가서 반본환원(返本還源) (10) 중생을 제도하려고 장터(사회)로 나간다 입전수수(入廛垂手). 여기서 소는 자아를 상징한다.

[5] Johnson, 22.

[6] 앞책, 54-55.

[7] Charles Johnson, “Introduction,” in *Oxherding Tale* (New York: Scribner, 1995), xvi. 앞으로 이 작품에서의 인용문은 괄호 안에 쪽수만 표시함.

유를 찾았는가, 다시 말하면 어떻게 그런 여건에서 마음의 안정과 명상에 열중하여 돈오의 경지에 이르렀는가를 고찰한다.

이 고찰은 자아는 변화와 발전의 과정이고, 자유는 정신적 해방이며 돈오라고 한 존선의 정의를 바탕으로 이뤄진다. 그의 정의에 의하면 자아는 "명사가 아니고 동사이고, 완성품이 아니고 과정"이다. 그는 자아는 이념, 종교 그리고 체제의 지배를 받아 고착화되어서는 안 되고, 항시 유동적이고 변화무쌍해야한다고 설파하는 철학자이자 작가이다. 그리하여 "자아의 본질과 개인의 주체성 탐구"가 그의 소설의 핵심주제가 되고 있다. 그의 탐구는 "의식이 모든 '체험'의 근원"이고, "나의 본성이 가장 불가사의한 신비이고, 모든 다른 문제들은 이 근본문제 — 나는 무엇이냐? — 로부터 시작"[8]함을 전제로 한다. 그는 이 탐구를 모든 사람과 자연은 서로 의존하여 공존한다는 연기설(緣起說)로 귀결시킨다. 요컨대 그는 우리가 변화무쌍, 평등 그리고 사랑을 바탕으로 만사를 있는 그대로 수용하면서 자아를 끊임없이 탐구하여 성숙시켜야 한다고 강조한다.

존선은 "우리의 실존과 문학 그리고 불교의 궁극적 목적은 자유의 향유에 있다"[9]고 확신한다. 그는 우리의 존재목적인 자유를 찾는 이상적인 방법과 수단은 정신적 해방과 돈오의 경지에 기어코 이르겠다는 우리의 굳은 의지와 실천에 있다고 설파한다. 이를 위해 먼저 우리는 항의와 반항을 넘어 이념, 종교 그리고 체제에서 연유한 독선과 아집의 굴레에서 벗어나, 고정관념이나 영원성을 부정하고 변화무쌍함과 유동성을 탐구해야한다고 그는 주장한다. 그리고 이 의지와 실천에 가장 큰 장애물은 지배계층인사들이 이원론을 진리로 신봉하여 스스로 가중시키는 정서적, 심리적, 성적, 지적 속박감이라고 한다. 그들은 이 속박감에서 벗어나려고 자아를 포기하고 실존목적을 왜곡하여 비이성적, 비정상적 방법과 수

[8] Michael Boccia, "An Interview with Charles Johnson," *African American Review* 30.3(1996): 617, 615.

[9] Geffrey Davis, "The Threads that Connect Us: An Interview with Charles Johnson," *Callaloo* 33.3(2010): 818.

단인 권력 장악, 경제적 이익추구 그리고 관능적 쾌락에 탐닉한다. 그들은 이런 왜곡된 목적을 달성하려고 피지배계층사람들을 무시하고 부정하며, 그들의 자유와 인권을 무자비하게 탄압하고 유린한다. 그러나 피지배계층사람들이 자신들의 빼앗긴 자유와 인권을 회복하는 첩경은 지배계층인사들에게 무조건 반항하고 도전하는 행위가 최선책이라고 맹신하지 않고, 오히려 억울함과 분노 그리고 좌절과 피해의식을 극복하려는 의지와 그 실천, 여기서 분출되는 정신적 해방감 그리고 이 감정을 증폭시켜 심화시키는 돈오에 있음을 지실해야 한다. 더욱이 그들은 돈오에 정진하면서 연기설을 바탕으로 지배계층인사들과 서로 의존하는 공존의식을 확장하려고 최선을 다해야 한다. 요컨대 그는 자유의 본질과 진의는 여러 형태의 속박으로부터 해방되어 느끼는 희열의 만끽과 그 만끽을 극대화하는 돈오에 있음을 모든 인간이 인정하고 수용해야한다고 역설한다.

그가 이런 자아와 자유의 정의를 추구하고자 창작한 *소치는 사람 이야기*는 "자아란 무엇인가"를 탐구하는 "형이상학적 노예 소설"이다. 이 소설의 주인공, 앤드루 호킨즈는 "현상학적 순례자와 같은 인물이다. 그의 탐구는 노예해방이 아니고 가장 심오한 정신 단계의 해방, 즉 돈오"[10] 이다. 그래서 그는 자기를 신체적으로 구속하는 백인농장주에게 반항하려하지 않고, 오히려 심리적, 정신적으로 그를 제약하는 주위 사람들의 특이한 이상심리와 의식을 초월하려고 전심전력한다. 다시 말하면 그는 노예제도가 조성한 억압적이고 비인간적인 외부 환경보다는 자기도 모르게 내면화된 노예적 사고와 행동 그리고 의식의 극복에 전력한다. 이 바탕에는 그가 동양철학과 랠프 왈도우 에머선(Ralph Waldo Emerson)이 말하는 초절주의를 배워 습득함으로써 얻게 된 인생에 대한 예지가 있다. 나아가 그는 모든 인간은 자연의 일부이고 평등하므로 서로 의존하고 상생하면서 서로의 본능, 염원, 주체성 그리고 독립성을 존중해야한

[10] Charles H. Rowell, "An Interview with Charles Johnson," *Callaloo* 20.3(1997): 543.

다는 진리와 함께 각자 인간의 실존의 궁극적 목적은 돈오라는 진리를 깨닫는다. 이 논문의 본론에서는 그가 깨달음에 이른 과정, 다시 말하면 자유를 찾은 이야기가 구체적으로 논의된다.

II

죤선이 *소치는 사람 이야기*를 집필한 의도는, 이원론을 부정하고 동시에 인간의 천부적인 가능성과 잠재력 계발과 확장을 가장 중요시하는 그의 소설 창작철학을 구현하는데 필수적인 독자들의 "의식의 획기적인 전환"[11]을 촉발하는 데에 있다. 이 소설은 혼혈아로 태어난 화자 겸 주인공인 앤드루의 기구한 출생에 대한 서술로 시작된다. 이 서술은 으레 흑인들의 비참한 실존을 폭로하여 고발하고 반항하는 종전의 흑인소설들과는 달리, 청교도들이 죄에서 구원받은 영적 체험을 고백하는 것처럼, 앤드루가 무식쟁이에서 현명한 지식인으로 성숙하는[12] 과정의 기술이다. 그는 남북전쟁 이전에 사우스 캐럴라이너(South Carolina)주의 동북쪽 경계선에서 좀 멀리 떨어진 혼지즈(Hodges)에서 흑인아버지와 백인어머니의 사이에서 아들로 태어난다. 망가진 문(Cripplegate)이라는 이름을 지닌 목화농장의 백인주인인 죠너선 폴킹혼(Jonathan Polkinghorne)은 어느 가을날 재산관리인인 흑인노예, 죠지(George) 호킨즈와 밤늦게까지 술을 마셔 만취가 되자, 그 노예에게 잠자리를 바꾸기를 강요한다. 그 노예는 강요를 이기지 못해 큰 저택의 이층 침실로 올라가서 주인여자, 애너(Anna)와 성관계를 갖는다. 그녀는 이때 평생 처음으로 성적 황홀감을 만끽했지만 상대자가 노예임을 알고, 오히려 극도의 수치심과 공포감 그

11 William Gleason, "The Liberation of Perception: Charles Johnson's *Oxherding Tale*," *Black American Literature Forum* 25.4(1991): 705.

12 Lorraine Quimet, "Freedom Through Contamination: Collapsed Boundaries in Charles Johnson's *Oxherding Tale* and *Middle Passage*," *Canadian Review of American Studies* 30.1(2000): 34.

리고 스스로 파멸되었다는 강박관념으로 꼼짝 못한다. 이후 그녀는 아들을 출산하지만, 그 아들에게 모성애를 느낄 수 없어 그를 노예로 내쫓는다. 앤드루는 이렇게 태어나는 순간부터 어머니의 보살핌과 사랑을 받지 못할 뿐더러, 한 종교에 미쳐있는 계모, 매티(Mattie)(그의 아버지 본부인)로부터도 관심과 애정을 받지 못한다. 더욱이 그의 아버지는 이 사건으로 백인주인의 총애를 잃고 농장으로 쫓겨나, 다른 흑인노예들의 조소와 멸시를 받는 가운데, 분노감과 좌절감의 소용돌이 속에서 외롭게 탄식하는 삶을 살 수밖에 없다. 이처럼 앤드루는 태어나는 순간부터 평온함이나 안정감과는 거리가 먼 여건과 분위기 가운데서, 외모는 백인같이 보이지만 흑인노예로서 생존하고 성장한다.

그렇지만 앤드루는 백인주인의 각별한 애정과 대우를 받고 자란다. 그는 자식이 없어 앤드루를 자기 아들로 받아들이고 싶어 하지만, 부인의 격렬한 반발로 뜻을 이루지 못한다. 앤드루가 다섯 살이 된 어느 날 그는 노예의 재산 가치를 높이려고, 앤드루를 가르칠 가정교사를 구한다는 광고를 낸다. 이 광고를 보고 찾아온 이가 바로 윌리엄 메어리대학(College of William and Mary) 졸업생인 이지키얼 윌리엄 사익스-위더즈(Ezekiel William Sykes-Withers)인데, 그는 무정부주의자이면서도 초절주의신봉자로 서양철학과 동양종교를 깊이 연구한 해박한 지식인이다. 이지키얼은 신앙심이 돈독하고 자비로웠던 그의 아버지가 갑자기 "불안한 사회상황과 빈곤에 압도당해"[13] 발작적으로 어머니와 누이동생을 사살하고 나서 자살해버린 비극적 사건으로 정신적 외상을 입은 사람이다. 한편 이성을 가까이 하지 않는 기이한 성격의 소유자인 그는 자신의 거처도 큰 저택을 사양하고 노예숙소로 정한다. 그는 정착한 후에 앤드루에게 희랍어, 서양철학, 불교, 도교, 웅변술, 발성법 그리고 악기 연주법 등을 가르친다. 앤드루는 노예에게는 실용적이지 않을지라도 자유인에게는 필요한 방대한 지식을 습득했지만, 정작 무의미하고 무기력한 자신의

[13] Storhoff, 70.

현실로 인해 암울하다. 그는 스무 살이던 1858년에 평생 처음으로 민티(Minty)라는 여성의 미모에 매료되어 연정을 품게 되지만, 자신이 노예 신분이라서 결혼할 수 없다는 참담한 현실을 실감한다. 마침내 그는 현재의 자신을 정의하기를, "나는 내 것으로 소유한 것이 하나도 없다. 나의 지식, 의복 그리고 언어까지도 창피스럽게 다른 사람들에 의해, 아마 그들을 위해 제조된 중고품이다. 나는 틀림없는 사기꾼(a living lie)이다.[14] 이 사기행위가 내 실존의 핵심이다"(17). 이처럼 그는 자신의 노예 신분을 의식하고 실의와 절망감에 빠진다.

그러나 그는 노예로서 직면하게 된 이런 무력감과 궁지를 "자기 [마음에] 자유를 고취시키는" 민티에 대한 사랑으로 극복하고자한다. 그는 이 사랑이 "자기를 구원하여 비범한 인물로 변신시킬 것"[15]이라고 확신하기 때문이다. 그는 비록 노예로 태어났지만 이 사랑의 위력으로 자유인이 되어 미래를 개척하고 싶어 한다. 그는 백인주인에게 자기는 해방되어 민티와 결혼하고 싶다는 의사를 표명한다. 그는 백인주인의 유언장에 그와 부인 사후에 노예들을 해방시킨다는 조항이 있다는 말을 듣고도 그에게 저돌적으로 대응하기를, "나는 자유인이 되기 위해 최선을 다할 것이고, 1년 안에 당신에게서 민티, 아버지(죠지) 그리고 계모(매티)를 사려고 돌아올 것이다"(18)고 말한다. 드디어 그는 돈을 벌기 위해 그 백인주인의 추천서를 갖고서, 애버빌(Abberville)에 소재한 자유농장(Leviathan)의 과부 여주인, 플로우 해트필드(Flo Hatfield)를 찾아간다. 이 출발은 그가 자유의지, 가능성과 잠재력 계발과 그 발휘가 존재하는 세계로 나아감을 시사한다. 동시에 그것은 그가 깨달음을 가로막는 일차원적, 폐쇄적인 사람들과 환경으로부터 탈출하여, 혼자만의 실존으로부터 더불어 사는 삶의 세계로 입문하게 됨을 시사한다.

---

14 그가 자기를 사기꾼이라고 일컬음은 경우에 따라 흑인으로 또는 백인으로 행세할 수 있음을 시사한다. Philip Page, *Reclaiming Community in Contemporary African American Fiction* (Jackson: University Press of Mississippi, 1999), 132.

15 Storhoff, 68, 67.

죠지는 앤드루를 플로우의 자유농장까지 마차로 태워다준다. 죠지는 플로우가 흑인청년들을 자신의 유별난 성적 욕구충족의 노리개로 가지고 놀다가 싫증나면 무자비하게 버린다는 소문을 듣고 있다. 이로 인해 그는 앤드루에게 연민의 정이 느껴져서 그동안 정성을 다해 애정을 갖고 보살펴주지 못했음을 사과한다. 한편 죠지와 매티는 상호존중과 배려를 바탕으로 화목한 가정을 이루지 못하고 아집과 편견 그리고 종교적 광신에 압도당하고 있다. 죠지가 "[우리의] 결혼은 법적으로 무효화되어야한다"고 주장하면 매티는 "남자는 필요악이다"고 대응한다. 그래서 그들의 실존은 사랑이 넘치는 공존이 아니라 서로에 대한 신경전이다. 죠지는 이런 메마르고 편협한 마음으로 인해 자신의 이불리에 따라 맹목적으로 백인에게 순종하거나 반항한다. 망가진 농장의 백인주인, 죠너선에게 무조건 순종했던 그는 재산관리인 직에서 쫓겨나 농장노예가 되자, 갑자기 흑인민족주의자로 돌변한다. 그는 아들 앤드루에게 흑인으로서 자부심을 가지라고 하면서, "네가 알다시피 애프리커(Africa)는 머지않아 다시 [. . .] 유렆(Europe)에 있는 어느 궁정보다도 더 큰 왕궁으로 부활할 것이다. [. . .] 네가 백인 행세를 하고 싶으면 그렇게 할 수 있다. 만약 네가 백인 행세를 한다면 너는 나와 내 신념에 등을 돌리는 행위를 하는 꼴이다. [. . .] 네가 내 말을 명심하지 않으면 우리 흑인들이 [자유를 얻기 위해] 투쟁했던 모든 노력이 너 때문에 수포로 돌아간다. [. . . 그러니] 흑인으로 처신하라"(144, 21)고 말한다. 아들은 이 타이름을 듣고 어떤 난관이 있어도 흑인으로 생존할 것이라고 아버지에게 약속한다.

농장노예로 전락한 죠지는 갑자기 흑인과 백인 세계를 구별하는 이원론자 겸 완고한 흑인인권 주창자로 변신하여 백인들을 악마이라고 증오하고 저주한다. 그는 이런 증오와 저주의 소용돌이에 휩싸여 지금까지의 실존상식과 논리를 뛰어넘어, 백인들이 위라고 말하면 그 정반대인 아래로 받아들인다. 앤드루는 이렇게 일방적이고 왜곡된 의식에 압도당하고 있는 아버지를 바라보며, "나의 아버지는 고통을 되살렸다. 그는 인종 간의 증오심을 재점화하고 과거의 쓰라린 아픔을 상기하여 상처를 어루만지는 병든 사람처럼 실망스러웠던 일들을 회고하고 싶어 했다. 그는 . . . 불행을 선택했다. 슬픔이 . . . 정서적 속박이었고, 이 속박을 바탕으로 죠지 호킨즈는 사건들을 정사하고 분류하여, 너무나 많은 의미들이 넘치고 자신을 능가하는 세계를 단순화하려 했다"(142)고 회상한다. 이처럼 죠지는 자신과 세계를 전체적이 아닌 자아유폐적 입장에서 보며 판단했다. 종국에 그는 농장에서 다른 흑인들과 함께 반란을 일으켰다가 살해당함으로써 비극적인 생을 마감했다. 아버지의 삶을 보며, 앤드루는 그가 보여준 차별의식, 원한, 증오심으로는 의미심장하고 다양한 실존을 직시할 수도 실현할 수도 없다[16]는 생각을 한다. 그는 편견과 사심을 버리고 모든 사람과 함께 전체적으로 실존을 이해하고, 그런 이해를 바탕으로 삶을 구가하고자한다. 이러한 삶의 구가야말로 그가 자유를 찾고 다른 사람들에게도 그것을 찾아줄 수 있는 이상적 실존의 방식이다.

앤드루의 전인적인 성숙과 실존에 또 하나의 장애물은 가정교사인 이지키얼이다. 이지키얼은 해박하지만 지성과 감성을 분리하기 때문에 가진 지식을 실생활에 활용할 수 있는 창의성, 유연성 그리고 융통성이 없다. 또 그는 일변도적인 지식을 얻는 데에만 도취되어 일상사에 관한 것들, 예를 들면 신문보도 등을 무시한다. 이 뿐만 아니라 그는 현실에서 타인과의 공존의식과 사랑, 특히 여자와의 공감과 감정전이를 할 수 없으므로 여자를 두려워한다. 그의 이런 두려움은 남자는 여자보다 더 약하다는 오판과 아집에서 연유한다. 그는 오판하여, "우리의 모든 업적, 남자들의 업적은 역사에서 사라질 것이다. 역사, 즉 남자의 시간개념은 소멸할 것이다. 그러나 여자의 문화, 다시 말하면 탄생과 사멸의 주기적 반복은 계속될 것이다"(31)고 역설한다. 이런 오판이 그의 삶에서 결정적인 역할을 하고 있기 때문에, 그는 다른 사람들과 공유의식을 가질 수 없고 자아에 유폐된다. 결국 그의 실존은 유아독존식의 지식을 바탕으로 하기에 자멸한다.

---

16 Jonathan Little, "Charles Johnson's Revolutionary *Oxherding Tale*," *Studies in American Fiction* 19.2(1991): 144.

죤선은 이지키얼의 허위의식을 개혁할 목적으로 칼 막스(Karl Marx)라는 인물을 창조하는데, 그는 우리가 그 이름에 대해 가지고 있는 인상과는 전혀 상이한 인물이며 작가는 그를 통해 매우 기발한 발상의 장면을 연출한다. 이지키얼은 런던(London)에서 매우 궁핍한 생활을 하고 있는 막스를 1850년 6월의 어느 무더운 날에 망가진 문 농장으로 초대한다. 막스는 예상했던 것과는 달리 정치적이거나 혹은 다른 학문 분야의 관념론자라기보다는 오히려 한 가정의 소박한 세대주이다. 막스는 이지키얼과 정치적, 경제적, 사회적인 문제에 대한 토론을 가능한 한 피하려 할 뿐 아니라 앤드루와는 주로 소설에 관한 이야기를 하려고 한다. 그러면서도 막스는 이지키얼이 주장한 "초월적 자아는 존재하지 않는다"는 말이나 "다른 사람의 소외가 모든 지각에 필요하다"는 말을 반박한다. 그는 계속하여, "당신은 [우리의] 존재는 다른 사람을 통해 가능하다고 역설한다. 여기까지는 좋다. 그러나 이지키얼, 당신이 역설하는 것처럼 어떤 사람이 당신 존재의 중심이 될 수 있다. 두 사람이 하나가 될 때 그들은 서로 공감하는 실존에서 공동목표를 지향하는 세계를 창조한다. 그렇[지 않]소? 이 주장과 비교하면 모든 다른 형태의 실존들은 단편적이고 부분적이어서 공허하다. 당신이 아무리 열정적으로 이런 실존들을 추구한다 할지라도, 이런 궁극적이고 존재론적 목적달성에 대한 보편적 명칭인 해방 — 동양이나 서양이나 이 해방에서 각자는 다른 사람이 있음의 중요성을 발견한다 — 은 사랑이다"(86)고 이지키얼에게 역설한다. 막스는 그의 반박을 끝내면서 이지키얼에게 애인이 있느냐고 묻는다. 요컨대 막스는 이성과의 사랑을 통하여 그가 자아유폐에서 해방되어 사회적 인간으로 재생하도록 도와주려고 고심한다.

막스는 앤드루에게 이지키얼에 대해 평하기를, 그는 "손님들에게 상냥하지 못하며 외롭고도 반사회적인 인간인데다 은둔자처럼 사람들을 만나면 어색해한다. 그는 자신이 상상하는 것처럼 사회주의자도 아니다. 결코 아니다. 사회를 부정하는 그의 급진주의는 그가 생각하는 것처럼 유례없는 예민한 정신 때문이 아니다. 그의 급진주의는 [그가] 편협하고 완고하며 사물들의 다양성을 수용할 수 없는 [반증]이다." 그렇지만 이지키얼은 막스의 반박을 통하여 오히려, "영혼은 사랑"임을 깨달을 뿐 아니라 물질을 성스러운 것으로 . . . 인식한다. 또 그는 "인간의 가장 고귀한 업적은 물질계에서 성취된다"(88, 92, 83)고 믿게 된다. 그리하여 그는 무도장에도 가고 도박판에도 끼어들더니, 사기꾼이고 호색가인 한 흑인, 솀 모우지즈(Shem Moses)를 만나게 된다. 그는 한 달 후면 열여섯 살이 되는 모우지즈의 병든 딸인 앨시어(Althea)의 사진을 보고 난 후, 그녀를 사랑하고 싶은 마음에 사로잡히게 되어 그녀를 금전적으로 도와준다. 그는 감사하다는 인사와 사랑한다는 의사 표현이 들어 있는 그녀의 편지를 읽고서 동요한다. 이 상황을 보고 모우지즈는 아버지로서 책임과 의무를 다할 수 없는 형편이라고 한탄하면서, 조심스럽게 딸을 4백 달러에 팔겠다고 말한다. 그는 그녀에 대한 사랑이 자신의 삶을 획기적으로 변화시켜 새로운 삶을 보장하는 활력소가 될 것이라고 확신하고서, 간난신고 끝에 장만한 4백 달러를 모우지즈에게 건넨다. 그는 손엔 꽃다발을 들고 마음속엔 큰 희망을 품고서 그녀가 기다리고 있다는 집으로 찾아간다. 그러나 그는 그 집이 쥐들만 우글거리는 폐가임을 보고서, 사기를 당했음을 알고 졸도하여 쓰러진다. 그는 그의 소망과 사랑을 이루지 못한 채 갑자기 생을 비극적으로 마감한다. 요컨대 그가 감성과 타인을 도외시한 일변도적인 지식탐구, 현실을 무시하는 오판 그리고 자아유폐 속에 빠져 있기 때문에, "그의 사랑 시도는 실패로 귀결"[17]된다.

앤드루는 죠지와 이지키얼이 보여준 실존한계와 극한상황을 극복하기 위해 *심우도*의 첫 단계인 잃어버린 소(자아)를 찾으려고 자유농장으로 간다. 그는 그 농장에서 번 돈으로 망가진 문 농장 주인에게 아버지, 계모 그리고 민티의 몸값을 치르고 나서 자유인이 되어 그녀와 결혼하려고 결심한다. 이제 그는 자유란 속박과 학대를 받지 않는 자유스런 신체를 가리키는 것이 아니고, 자신이 모든 굴레에서 해방되기 위해 스스로

---

17 William R. Nash, *Charles Johnson's Fiction* (Urbana: University of Illinois Press, 2003), 112.

성찰하면서 실현한 성스러운 경지, 즉 돈오임을 깨닫는다. 그가 이런 깨달음에 이르는데 결정적인 역할을 한 사람이 자유농장의 관 제작자인 렙(Reb)이다. 그는 아버지와 헤어져 농장주인의 저택으로 가다가 렙을 만난다. 렙은 그에게 "너는 흑인이냐 . . . 아니면 백인이냐"고 묻더니, "너는 흑인도 아니고 백인도 아니다"고 코를 씩씩거리며 단언하면서, "너는 풋내기이다"(36)고 말한다. 그는 이 풋내기라는 말로써 앤드루가 자기 자신이 아니고, "다른 사람들의 가치와 욕망에 따라 행동하는 객체임"[18]을 표현한다. 여기서 렙은 앤드루가 죠지와 이지키얼의 아집과 편견의 영향을 받아 전인적인 실존의식과 목적을 가지고 있지 않음을 지적하고 있다. 그러나 궁극적으로 그는 앤드루가 객체, 허위의식 그리고 모든 굴레에서 해방되어, 돈오의 경지에 이르도록 도와주는 역할을 수행한다.

자기 절제와 수련으로 *심우도*의 아홉 번째 단계인 반본환원(返本還源)의 경지에 이르게 된 렙은 앤드루가 모든 굴레에서 해방되어 자유를 만끽할 수 있도록 지원한다. 앤드루는 다양하고 정교하게 제작된 진귀한 관들을 보고 특별한 제작기술이 있느냐고 그에게 묻는다. 자신과 관 제작이 별개가 아니라 하나가 된 경지에서 관 제작을 하고 있는 그는 웃으면서, "기술이라고? 너는 내가 하는 일을 알고 싶으냐? 풋내기야, 적어도 나는 네가 이해할 수 있는 일은 아무것도 하지 않는다. 나는 내 연장 상자를 열기 전에 1주일 동안 저 숲속으로 들어간다. 나는 그동안 내가 만들었던 모든 관을 잊어버리려고 전력한다. 하루가 지나면 나는 그 전부를 기억할 수가 없다. 이틀 후에는 나는 고인의 가족들이 나에게 어떤 부탁을 했었는지 그리고 그들이 내가 제작한 관에 흡족했는지를 잊어버린다. 5일 후에는 나는 관을 만들었다는 사실도 알지 못한다. 1주일이 지나면 나는 나 자신에 대해서도 의식하지 못하는데, 그때부터 나는 관을 만들 나무를 찾아 돌아다니기 시작한다"고 대답한다. 정말 앤드루가 보기에 이해할 수 없게도, "렙의 거처에는 사람이 살고 있다는 흔적이 없다.

---

[18] 앞책, 113-14.

그는 항시 할 일이 많아 자유농장에서 가장 부지런한 사람처럼 보인다. 그러나 그의 거처나 많은 조각물들 그리고 아주 정교하게 만든 관에서 시작하여 플로우 해트필드의 내실에 있는 발판에 이르기까지의 목공 예술품들에는 이짚트(Egypt)의 문화유물처럼 그의 존재가 드러나지 않고 있는"(47, 75) 것이다. 그뿐만 아니라 그는 렙이 자기처럼 자유를 갈망하고 있는 존재라고 전혀 믿을 수가 없다.

그러나 앤드루는 렙으로부터 그에게 일어났던 비극적 사건과 이로 인한 그의 삶의 획기적 변화에 관한 이야기를 듣고 그의 불가사의한 실존에 대해 비로소 이해하고 이를 수용한다. 그는 병든 부인이 치료비가 없어 사망하자, 아픈 딸이라도 살리기 위해 자존심과 체면을 버리고 구걸을 하여 돈을 마련하여 돌아왔으나 딸이 이미 숨을 거둔 뒤였다. 이때부터 그는 "고난과 불행을 감내하면서, 현 순간에 실존하면서, 동시에 '희망을 버리고서,' 해방을 성취하고자하는 생존대책을 세웠던"[19] 것이다. 그래서 그는 아무것도 소유하려하지 않았다. 그는 철저한 금욕생활을 하면서 다른 사람들을 돕는 일에 열중했다. 그는 선행을 베푸는데 몰입함으로써 절망적인 현실에 빠진 자아를 극복해냈다. 그리하여 그는 자아를 초월하는 깨달음의 경지에 이르렀다. 요컨대 그는 자아를 초월하여 자기책임과 의무에 열중하는 "도교의 살아있는 실천가이다. [. . .] 렙은 인식론적 이원론을 초월하여, 자아의식 없이 행동할 수 있으며, 그의 예술로써 다른 사람들에게 봉사하고"[20]있다.

이제 앤드루가 렙의 도움을 받아 어떠한 시련과 고난 그리고 학습과정을 거쳐 자유를 찾게 되고 마침내 돈오의 경지에 이르게 되는가를 고찰한다. 앤드루는 민티와 자유롭게 만나서 성관계를 하고 싶어 한다. 그에게는 "민티와 갖는 성관계가 자유를 갈망하는 그의 의식의 기

---

19 Jonathan Little, *Charles Johnson's Spiritual Imagination* (Columbia: University of Missouri Press 1997), 92.

20 William R. Nash, "A Conversation with Charles Johnson," *New England Review* 19.2(1998): 56.

저"[21]를 이루기 때문에, 그는 자유인이 되기 위해 지불해야 할 돈을 벌려고 자유농장으로 간다. 그러나 그는 그 농장에서 노동을 하는 대신에 과부 여주인인 플로우의 성욕을 충족시키는 성노예 역할을 수행해야한다. 그의 첫인상에 의하면, 플로우의 애욕은 육체적 욕구만으로는 일어나지 않아 감각을 극도로 자극할 흥분제가 필요하다. 또 그녀는 성행위 시 상대방은 아랑곳하지 않고 일방적으로 자신의 성욕 충족, 즉 쾌락에만 집착하기 때문에, 성행위 시가 아니면 그 상대방과의 인간관계란 아예 없는 것이나 다름없다. 그녀는 자신의 쾌락을 극대화하려고 앤드루에게, "고통이 쾌락의 전제조건이다"고 조언한다. 그러면서 그녀는 오로지 자신의 성적 쾌락을 위해, 그에게 혼자 성적 쾌감을 만끽하려고 서둘지 말고 고통스럽더라도 [사정을] 자제하면서 성행위를 하라고 강요한다. 이처럼 그녀는 자기 욕심만 채우기에 급급한 여인이다. 그가 그녀에게 "당신은 나를 애무할 때 무엇을 느끼느냐"고 묻자, 그녀는 서슴없이, "나를, 내 자신의 맥박을 느낀다. 또 내 자신의 흥분[을 느낀다]"(45, 53)고 대답한다. 이런 여건 속에서 앤드루는 성욕의 노예로 전락한 플로우의 유별난 욕정을 충족시키려고 최선을 다할 수밖에 없다.

그의 혼신의 노력 때문에 그녀는 만족하여, "앤드루, 너는 내가 일찍이 가져본 적이 없었던 최고의 하인이다. [. . .] 너는 내 가르침을 매우 열성적으로 배우려고 노력하는 가장 유망한 노예이다"라고 그를 칭찬한다. 이제 그와 플로우는 아편을 상용하면서 서로 성적 황홀경으로 빠져든다. 앤드루는 그녀로부터 "이런 성행위가 불가사의한 힘이고, 정확하게 이해한다면 돈오에 이르는 과정임"(64-65, 64)을 배운다. 그녀는 그가 망가진 문 농장에서 습득했던 사고와 인식을 바꾸어 놓은 존재이다. 그녀는 그가 미처 인지하지 못했던 신체 부위에서 쾌감을 느끼도록 해주기 때문이다. 나아가 그녀는 그에게 상대방의 쾌감을 극대화하려면 자기절

21 Sonnet Retman, "'Nothing Was Lost in the Masquerade': The Protean Performance of Genre and Identity in Charles Johnson's *Oxherding Tale*," *African American Review* 33.3(1999): 422.

제와 수련이 필수적이라고 가르친다. 앤드루는 그녀를 위한 성행위에서 자기를 망각해야함을 비로소 깨닫는다. 요컨대 그는 이상적인 성행위의 전제조건은 자아초월에 있음을 인지한다.

앤드루는 플로우로부터 성행위를 통해 영혼과 육체의 합일의 중요성을 배우며, 서로 성적 황홀경을 만끽하고 있을 때 망가진 문 농장의 여주인이자 친모인 애너로부터 편지를 받는다. 그녀는 그 편지에서 자기농장 노예의 절반을 팔았다고 언급하면서도 민티와 그의 부모에 대해서는 일언반구도 없다. 그는 이 편지를 받고서 자기 애인과 부모의 생사가 궁금하여 매우 초조하고 불안하다. 그는 플로우에게 지금 자기가 무엇을 어떻게 해야 할지 모르겠으나, 자신이 받을 임금을 우선 지불해주면 좋겠다고 요구한다. 그러자 자신의 성적 노리개를 잃을까봐 두려운 그녀는, "나는 너를 사랑한다"(71)고 허사를 늘어놓으며 그의 요구를 거절한다. 그녀는 아편과 술로 그를 흥분시켜 놓고서, 성관계를 갖자고 강압적으로 명령한다. 그는 그녀의 명령에 응해야하지만 걱정과 불안감에서 비롯된 현기증 때문에 그녀를 만족시킬 수 없을 뿐 아니라 본의 아니게 부지불식간에 주먹으로 그녀의 코를 때리게 된다. 이 불상사로 그와 렙은 지금까지 살아서 돌아온 사람이 없다는 사지인 한 광산으로 내쫓기게 되고, 자유농장에서의 그의 삶은 막을 내린다. 그는 비록 그 농장에서 원래 목적을 달성하지 못했다할지라도, 자기주장을 일방적으로 강하게 하지 않으면서 다른 사람들과 공존하는 생활방식을 터득하게 되었다. 그는 이러한 터득을 바탕으로 아버지와 가정교사가 자아유폐로 인해 자초했던 실존한계와 극한상황을 어느 정도 극복했다고 인정할 수 있다. 요컨대, 플로우가 그를 사지로 내몰았지만, 그는 새로운 삶의 방식의 터득을 통하여, 그곳에서 탈출하여 "결국에는 그의 [삶은] 자유의 쟁취로 귀결"[22]되고 있다.

그는 플로우에게 임금지불을 요구하기 전에 마음이 심란하여, 전에

---

[22] Quimet, 40.

심장치료를 받았던 수의사 겸 흑인의사인 하이럼 그로울(Hiram Groll)을 찾아간다. 그는 그 수의사로부터, "모든 생물은 자체 안에 그들 자신의 천국, 혹은 우주의 조화와 일치하는 조화를 가지고 있다"(70)는 말을 듣게 된다. 이 말이 암시하는 철학이 "앤드루가 돈오의 경지에 다다르는"[23] 데에 일조한다. 한편 그는 거기서 도망친 흑인노예를 붙잡는 사냥꾼인 호러스 배넌(Horace Bannon)을 만난다. 앤드루가 그에게 자신이 망가진 문 농장의 여주인인 애너의 아들이라고 말하자, 그는 앤드루에게 그 농장 주인에게는 아들이 없는 것으로 알고 있다고 대꾸하면서, 그 농장에서 반란이 일어나서 몇 명은 사살당하고 많은 노예들이 팔렸다고 알려준다. 또한 그는 흑인의 피가 한 방울이라도 섞인 사람은 흑인이라고 주장하면서, 앤드루에게 자유농장에서 멀리 이탈하지 말라고 적대적으로 경고한다. 그러나 그는 실제적으로는 앤드루를 체포하여 살해하지 않으면서도, "앤드루가 잊어버리려고 고심하는 자신의 태생에 대해서 끊임없이 상기시키면서,"[24] 그가 돈오의 경지에 이르는 계기를 마련해준다.

앤드루와 렙은 다른 일행보다 먼저 광산에 도착하여 주임기사인 노우어 왈터즈(Noah Walters)를 만난다. 이때 앤드루는 기지를 발휘하여 그에게 자신이 윌리엄 해리스(William Harris)라고 말하면서 이 사람들을 애버빌에서 데려왔으며, 해트필드 여주인이 자신과 렙에게 내일 아침까지 돌아오라고 했으니 지금 귀환하는 것이 좋겠다고 말한다. 두 사람은 왈터즈가 빌려준 말을 타고 자유를 찾아 노예세계를 탈출한다. 앤드루는 승마에 익숙하지 않아 말에서 떨어지게 되고 거리와 방향감각마저 상실한다. 이러한 상태에 놓인 그는 자신의 "자유의 갈망은 민티가 자유를 향유하는 것을 보고 싶은 소망에서 비롯되었다"(101)고 확신해 왔으면서도, 이 순간 그녀를 망각한 채 오히려 과거를 은폐한다. 이처럼 그는 지

23 Philip Page, *Reclaiming Community in Contemporary African American Fiction* (Jackson: University Press of Mississippi, 1999), 153.

24 Vera Kutzinski, "Johnson Revises Johnson: *Oxherding Tale* and *The Autobiography of an Ex-Coloured Man*," in *I Call Myself an Artist*, 282.

금 자유를 찾으려고 자아를 새롭게 인식하려 애쓰면서도 과거를 은폐하려하는 큰 과오를 저지른다. 그러나 현재의 그는 렙에게 승마와 보행에서 자유롭지 못한 자기를 버리고 혼자서 빨리 도망가라고 말할 정도로 다른 사람을 깊이 배려하는 마음을 보인다. 결국 렙이 그의 말에 따르지 않게 되어, 두 사람은 발각될까봐 낮에는 자고 밤에만 숲속의 가시밭길을 헤치며, 미지의 도시인 스파튼버그(Spartanburg)를 향해 함께 걸어간다. 그들이 길을 잘못 택해 통행료징수소에 들어서자, 한 징수원이 팔을 흔들면서 렙에게 흑인은 통행증이나 자유인 확인서가 있어야 통과할 수 있다고 말한다. 이 위기의 순간에 앤드루는 백인 행세를 하면서, 오는 도중에 두 명의 도주한 흑인에게 돈과 말을 강탈당했다고 투덜거린다. 그러자 그 징수원은 흑인들을 비방하면서 앤드루에게 스파튼버그로 가느냐고 물어본다. 이윽고 그는 렙을 앤드루의 하인으로 인정하고 두 사람을 통과시켜준다. 그러면서 그는 그들에게 얼마 전에 주인 혼자 탄 4륜 짐마차가 지나갔으며, 그 주인이 근처에서 야영하겠다고 했으니 조금만 가면 그를 만날 수 있을 거라고 알려준다.

두 사람은 불을 피우고 야영하고 있는 그 주인이 배넌임을 알아차리고 질겁한다. 반면에 배넌은 이미 두 사람의 신원을 파악하고서 그들에게 자신은 현상금을 노리고, 도주한 흑인을 붙잡는 사냥꾼이라고 소개한다. 그는 그들이 도주하고 있음을 간파하면서도 웬일인지 체포하려고 시도하지 않고 오히려 일행으로 받아들여, 그들에게 술과 음식을 대접하면서 스파튼버그까지 마차로 태워다주겠다고 제안한다. 두 흑인은 납득하고 수긍하기 어려운 그의 이런 언행에 깜짝 놀란다. 앤드루는 그의 제안이 함정을 만들기 위한 일인지 아닌지를 도저히 알 수 없다고 생각하면서도, 우선 그의 호의에 고맙다고 인사한다. 두 사람이 전혀 이해할 수 없어 수용하기 어려운 그의 호의는 사실 그가 개과천선할 수 있음을 예시한다. 그의 고백에 의하면, 그는 목사의 아들로 태어나 10계명에 있는 살생금지를 잘 알고 있으면서도 실천할 수 없는 인간으로 타락했다. 어머니가 안 계신데다 아버지의 가혹한 학대를 받을 때마다 그 분노와 억울함으로 인하여 닭장에 가서 닭의 목을 비틀었다. 차츰 닭에 만족할 수 없을 정도로 더 대담해져서 개와 말 그리고 사람까지 살상을 했으며, 하나님이 자기가 온건한 사람이 되기를 원하지 않는다고 믿기 때문에 살상 행위를 그만둘 수 없었다. 밤에는 자기가 살해한 사람들의 목소리의 환청으로 깊은 잠을 잘 수 없었다. 그래서 어느 목사를 찾아가 상담했더니, 그 목사는 그에게 사우스 캐럴라이너주에 있는 모든 교회에 가서 기도하라고 조언했다. 이 조언에 따라 모든 교회, 모든 성지 그리고 모든 신전에 가서 기도했지만 아무 소용이 없었다. 이상하게도 그는 흑인들을 살해할 때는 그들의 마음을 알고 그들과 감정전이가 되고 의사소통을 했다. 다시 말하면 그는 "흑인이 본 것을 보았고, 흑인이 느낀 것을 느꼈고, 흑인이 원한 것을 원했던"(115) 것이다. 그는 이런 고백을 통하여 앤드루와 렙과 소통했다고 여기며 그들에게 자유를 주고 싶어 한다. 그런데 실상은 그는 항상 흑인과 마주치면 바로 붙잡지 않고, 도망갈 여유를 주었다가 살해했다. 다음날 오전에 스파튼버그에서 그들은 서로 헤어진다. 드디어 앤드루와 렙은 아직 자유인이 아니어서 불안감에 떨면서도, 노예생활을 하던 농장에서 탈출하여 도시에서 자유스러운 삶과 행동을 할 수 있다는 생각에 고무되어 있다.

이제 렙은 자유를 찾아 스파튼버그보다 더 북쪽으로 가고 싶어 하는 데에 반해, 앤드루는 독자적으로 생존하기 위해 아버지의 뜻을 거역하고 백인으로 행세하면서 이곳에 정착하려고 작정한다. 그런데 그가 "백인으로 살아가려 하는 결심은 단순한 육체적 생존 수준을 넘어서는 의미를 지녀, 자유와 정체성의 현상학적 문제로 확대"[25]되고 있다. 그는 앤드루 호킨즈를 영원히 사장하고 윌리엄 해리스로서 새로운 삶을 개척할 각오를 굳게 한다. 그는 새로운 삶을 시작하기에 앞서 백인의사인 제럴드 언더클맆(Gerald Undercliff)으로부터 진료를 받았더니, 그에게서 절대적 안정과 휴식을 취해야한다는 충고 뿐 아니라 진료비를 1주일 안에 납부

[25] Little, "Charles Johnson's Revolutionary *Oxherding Tale*," 144.

해야 한다는 요구를 듣게 된다. 그 의사는 자신이 혐오하는 배넌과 그가 친한 것으로 오해하고, 그의 진료비 청구금액 결정권을 딸인 페기(Peggy)에게 일임한다. 그녀는 그에게 진료비가 4달러 50센트라고 알려준다. 그는 그녀에게 자기가 가진 재산은 남자하인 렙 하나 밖에 없는데, 하인의 몸값은 얼마 되지 않을 거라고 어물거린다. 이 말을 듣고 그녀는 그에게 무직이냐고 묻는다. 그가 허먼 멜빌(Herman Melville)의 명언처럼 "돈이 나를 파멸시킨다"(124)고 대답하자, 그녀는 소설을 논의할 수 있는 지기를 만난 반가움에다 그의 해박한 지식에 감탄하여 선생 자리를 알선하겠다고 나선다. 그러자 그는 가르칠 자리만 있으면 바로 진료비를 청산할 수 있다고 호언한다. 그녀는 그를 소설가 겸 학교선생인 이블린 포머로이(Evelyn Pomeroy)에게 극찬하며 소개한다. 포머로이는 그의 해박한 지식과 뛰어난 능력을 인정하고 그에게 학교를 맡기고 자신의 두 번째 소설 집필을 끝내려고 뉴욕(New York)으로 떠난다. 앤드루는 렙과 함께 학교 건물에 기거하면서 학생들을 가르치는데, 배넌도 소작인들과 상인들과 함께 야간반에 출석한다. 앤드루는 그에게 자기는 여기서 돈을 벌어 빚을 갚고 자립하겠다고 단언한다.

반면에 렙은 장의사에 일자리를 구했으며, 노예의 기준으로는 상당히 많은 임금을 받지만 앤드루만큼 자유를 만끽하지 못한다. 그는 앤드루에게 이곳을 떠나자고 사정하지만, 앤드루는 페기에게 매혹되어 떠나고 싶은 마음이 조금도 없다. 어느 일요일 저녁에 렙은 앤드루에게 너를 두고 혼자 북쪽으로 갈 수 없다고 마지막으로 하소연하지만, 그는 이 하소연을 묵살한다. 결국 렙은 도중에 붙잡히더라도 혼자 떠나기로 결심한다. 그는 떠나기에 앞서 자기 손을 앤드루의 등에 대고, "네가 쉬카고(Chicago)에 오면 유일한 흑인의 관 판매점을 찾아라. 앤드루, 그 주인이 나일 것이다"(134)고 내뱉는다. 그는 뒤도 돌아보지 않고 집 밖으로 나간다. 앤드루는 그가 떠난 지 12시간도 되지 않아 배넌이 북쪽으로 갔다는 말을 듣고 안절부절못한다. 배넌이 2주일이 지나도 돌아오지 않자, 그는 렙이 붙잡히면 윌리엄 해리스로서의 자기 삶도 끝장이 난다고 몹시 불안해하는 한편 그가 없어서 뼈저리게 외로움을 느낀다.

그는 이 불안감과 외로움을 극복하는 길을 페기와의 결혼에서 찾는다. 비록 그는 그녀의 요구에 응해 결혼하지만 그녀를 매우 높게 평가한다. 그가 보기에 그녀는 플로우 해트필드에 비교가 되지 않을 만큼 순박한 여자이면서도 활력이 넘친다. 게다가 그녀는 온화하고 솔직하며 개방적이고 지적이며 정이 많아 상대방을 마음 편하게 해준다. 그가 결혼하면서 자아성찰을 해보니, 지금까지의 삶은 거짓말들로 가득 찬 미봉책의 삶이었으며, 그 성격은 여러 기질과 성향의 혼성체였다. 하지만 그는 그녀 아버지의 말대로 미래의 삶은 현재가 요구하는 책임과 의무를 다하려는 최선의 노력이라고 여기며 스스로를 자위한다. 그러면서도 그는 깊은 상념에 빠져, "그(아버지)는 내 결혼을 어떻게 생각하실까? 내 아내를? 나는 아버지의 마음을 확실하게 안다: '혹, 너는 백인들이 우리를 그렇게 괴롭혔는데도 백인여자 옆에서 자려고 하느냐? [. . .] 왜 너는 흑인여자와 결혼해서 그녀를 안아 올리려 하지 않느냐?' [. . .] 그는 내가 자기를 배반했다고 주장하면서 나를 포기할 것이다. [. . .] 나는 아버지를 사랑했다. 그는 나를 용서하지 않을까?"라고 자문한다. 이렇게 깊은 명상에 빠진 그에게 그 신부는 , "나는 지금보다 더 행복한 적이 없었다"고 자랑한다. 덧붙여 그녀는 "선과 미는 다른 사람을 위해 있다"(142, 143)고 주장하면서 그를 깨우친다. 이 말을 듣고 그는 지금까지 자기가 만났던 선생 이지키얼, 쾌락주의자 플로우 해트필드, 살인마 배넌 그리고 결코 돌아오지 않을 것 같은 렙 등의 삶에서 보이는 실존한계와 왜곡을 극복하고, 충실한 가장이 되는 것이 자신의 업임을 깨닫는다. 그는 자신이 충실한 가장이 된다는 것은 실존에서 "평온과 돈오를 목적으로 하고"[26] 자신 뿐 아니라 다른 사람과 사회에 대한 책임과 의무를 다하는[27] 것임을 명심한다. 이 같은 깨달음에 이른 그는 앞으로 실존에서는 흑인이기에 또는 여자이기에 당하는 차별은 없어야 한다고 아내 앞에서 생각한다.

---

[26] Nash, *Charles Johnson's Fiction*, 115.

[27] Little, *Charles Johnson's Spiritual Imagination*, 87.

어느 날 저녁에 그가 학교에서 수업을 마치고 귀가했더니, 아내가 불안감과 공포에 휩싸여 생기가 전혀 없다. 그녀는 겁에 질린 채 부엌으로 가서 그 무서운 인간, 배넌이 보낸 결혼선물 상자를 의아해하는 표정을 짓고 있는 그에게 내민다. 그가 상자를 여니 그 안에 렙의 코 반지가 들어있다. 그 코 반지를 들어 올려보던 아내는 "왜 그가 이것을 당신에게 보냈을까요?"라고 물으면서, 여기에는 어떤 저의가 있다고 단언한다. 그러면서 그녀는, "당신은 너무 야비하다! 당신이 [사람] 뼈를 삼킨 것처럼 보이는데 내가 어떻게 당신에게 무슨 말을 할 수 있어요?"(149)라고 따진다. 그는 답변을 하지 않고 렙의 코 반지를 들고 말을 몰아 스파튼버그로 가면서 렙이 붙잡힌 것이 틀림없다고 생각한다. 그는 배넌이 렙의 마음을 사로잡아 그를 체포했다고 단정한다. 그는 이제 배넌이 자기를 추적하고 있다고 생각하며 절망감에 빠진다. 그러나 앤드루의 예상과는 반대로 렙의 코 반지는 파멸을 의미하지 않고, "자유의 상징, 즉 렙의 심리적, 지적 독립의 제유법이다. [그것은] 바로 렙 자신이 전통의 일부이며, 그 자신에게서 외부적 요인들을 제거할 수 있을 때까지 전통을 구체화하려는 자의식에서 이 독립이 유래한다[고 할 수 있기 때문이다.] 반지는 연골과 금속, 유기와 무기물질, 주관과 객관, 내부와 외부, 그리고 개인과 사회의 연금술적 변화과정을 상징한다. [. . .] 그(앤드루)는 역사의식이 없기 때문에 반지의 비유적 복잡성을 알지 못한다."[28] 이런 여건에서 앤드루가 할 수 있는 유일한 선택은 배넌에게 도전하여 자신과 주위 사람들에게 편안하고 안정된 삶을 보장하려는 의무와 책임이다. 이런 마음가짐을 다지고 있을 때 그는 흑인 노예경매가 있다는 말을 듣고, 한 경매장에 갔다가 렙 대신에 민티를 만난다.

아직 자유인이 아니면서 결혼한 신분인 앤드루가 부인과 과거의 연인을 상대하면서 어느 쪽에도 마음의 상처를 주지 않으려면, 자신에게 정직하고 매사에 공평무사해야한다. 그러기 위해 그는 자아의 본질을 파

[28] Kutzinski, 283.

악해야 한다. 그가 인식하고 있는 자아는 "체험의 산물로 체험보다 먼저 [관념적으로] 존재할 수 없는 것"이다. 그는 말하길, "숨을 헐떡거리는 나의 자아는 모든 용도로 모든 사물과 뒤섞여 사색되거나 느껴질 수 있는 [너무 오래되어 희미해져서] 해독하기 어려운 원본이다." 그래서 노예 이야기의 "주인공은 . . . 언제나 자기는 없고 다른 사람과 대상들 안에 있다. 그는 기생적이어서 자기가 존재하지 않는 모든 사물들을 [묘사할] 뿐 아니라 자기가 모든 사물을 드러나게 할 수 있는 순간에서의 자기 삶을 묘사한다"고 주장할 수 있다. 요컨대, 노예이야기에는 "말을 더듬으며 세계를 설명하는 화자는 없고, 그 세계가 바로 화자이다. [. . .] 우리가 말하는 사고, 의식, 혹은 마음은 요새가 아니며 [다른 사물에] 포함되는 것을 거부하면서 모든 것을 함축하는 살아있는 용기"(152, 152-53)라고 결론지울 수 있다. 이처럼 앤드루가 자아를 보편화함은 모든 굴레로부터 해방되는 것[29]이자 자신에게 정직하고 매사에 공평무사하려는 의지이다. 그는 이 해방 그리고 정직과 공평무사로써 자아를 초월하여, 두 여인을 감동시켜 희열과 연민의 경지로 인도하게 되고, 자신의 진퇴양난의 위기를 극복한다.

이 위기의 극복을 위해서 그는 자기 체면이나 감정 그리고 처지를 아랑곳하지 않고, 페기와 민티의 간절한 소망의 실현을 위해 헌신한다. 그는 노예경매장에서 민티의 몸값 200달러 중에서 우선 계약금으로 20달러를 지불하고, 한 달 안에 잔액을 완불하기로 약속하고 그녀를 산다. 그는 그녀를 자기 말에 태우고 가다가 함께 내려 걸어가면서, 자기가 앤드루라고 실토하고 나서, 자기 아버지 죠지 호킨즈와 계모 매티는 어떻게 되었느냐고 묻는다. 그리고 그는 그녀에게 몇 년 전에 약속했던 것처럼, 자유를 찾아주기 위해 그녀를 샀지만 아직 돈 문제가 해결되지 않았다고 실토한다. 그는 자유농장을 탈출하여 이곳에서 백인 행세를 하면서 결혼했는데, 자기 부인이나 의사인 장인이 이 돈 문제를 해결해주기를 기대

29 James W. Coleman, "Charles Johnson's Quest for Black Freedom in *Oxherding Tale*," *African American Review* 29.4(1995): 632.

한다고 부언한다. 민티는 의사라는 말이 나오자, 자신이 과도한 노동, 혹독한 구타 그리고 성적 학대 등으로 니코틴산 결핍증후군(pellagra)이 발병하여 굉장히 고통에 시달리고 있으므로 그 치료를 받고 싶다고 불쑥 하소연한다. 그는 집에 도착하자 민티에게 현관에서 기다리라고 말하고, 온 힘을 다해 침착하게 집안으로 들어간다.

페기가 "당신은 [결혼선물 반지에 대해] 호러스 배넌과 이야기를 해 보았느냐?"고 질문을 하자, 엉뚱하게도 그는 노예경매장에 가서 몇 년 전부터 알고 있는 한 흑인여자를 사서 집으로 데리고 왔는데, 한 달 안에 지불해야 할 돈이 걱정이며, 그녀는 병으로 시달리고 있으며, 지금 문 밖에 와 있다고 대답한다. 그러자 그녀는 반문하기를, "당신은 그녀가 아프다고 말했느냐? 그리고 당신이 그녀를 샀다고? 윌리엄 . . ."이라고 한다. 그는 최후수단으로 자기가 흑인임을 밝히면서, "나는 당신, 당신 아버지, 렙, 그리고 아마 다시는 만나지 못할 내 아버지에게 은혜를 입은 것처럼 . . . 그녀에게도 은혜를 입었다. 내가 자유인이 되려면 이행해야 할 의무가 있다. [. . .] 우리는 비록 노예로 태어났지만 고귀한 존재이다. 내가 어떻게 해서라도 선조들 그리고 문 밖에 있는 그 여자에게 은혜를 갚을 수 없다면 나는 어떤 행복도 누릴 자격이 없다. 여기서 당신과도 혹은 어떤 곳에서라도"라며 애원한다. 그녀가 이 애원을 듣고, "윌리엄 . . . 그녀가 당신 애인이었느냐?"(160, 161)고 단도직입적으로 묻자, 그는 그렇다고 대답한다. 페기는 "과거에 앤드루와 민티가 연애했던 사실과 그가 흑인이라는 사실을 수용하면서, '지금까지와는 전혀 상이한 자비로운 인간의 화신'"[30]으로 변신한다. 그녀는 아버지에게 말해서 그 돈 문제를 해결하겠다고 약속한다. 그런 다음에 그녀는 자기가 임신했다고 실토하면서 그의 생각을 묻는다. 그러자 그는 그녀와 자기는 축복받을 것이라고 의기양양하게 고함지른다. 그녀는 미소를 머금고 그에게 다가가서 입을 맞추더니, "우리는 항시 함께 있을 것이다"(162)며 행복감에 들뜬다. 이

30 Storhoff, 83.

처럼 페기와 앤드루는 "인종적 차별보다도 그들의 [굳은] 결합으로 귀결되는 인식변화를 실감"[31]하고 있다.

이제 상호의존할 수 있을 정도로 앤드루를 신뢰하게 된 페기는 민티의 건강과 장래에 깊은 관심을 쏟는다. 그들은 여분의 방에 민티의 침대를 들여놓았는데, 지병이 악화되어 그녀가 호흡하기조차도 힘들어하자 교대로 그녀를 간병한다. 그는 깊은 애정을 갖고 민티를 쓰다듬으면서 간병한다. 페기도 이미 그의 마음을 알기 때문에 며칠 밤을 새우면서 헌신적으로 민티를 보살핀다. 그들은 민티가 흑인에게도 자유를 보장하고 있는 지역에 가서 살 수 있을 거라고 믿는다. 언더클맆이 지방 왕진에서 돌아와 민티를 진료하면서 앤드루에게 묻기를, "윌리엄, 페기가 이미 그 흑인여자에 대해 말해주었다. 너는 내가 그녀의 자유를 위해 몸값을 지불해주기를 원한다고?" 이에 앤드루가 "장인영감, 저는 언제나 신세만집니다"고 대답하자, 그는 약간 못마땅해 한다. 그러면서도 그는 페기 말대로 민티가 훌륭한 여자라면 도와줄 것이라고 약속한다. 그 의사가 민티 방으로 들어가서 조금 있으니 그녀가 비명을 지른다. 두 사람이 너무 놀라 가슴 조이고 있는 와중에, 페기는 앤드루에게 말하길, 보스턴(Boston)에 계신 오울리비어(Olivia) 아주머니에게 편지를 써서, 민티가 직장을 구하고 자유스런 여인이 되어 살 수 있게 도와달라고 부탁하겠다고 먼저 약속한다. 그는 그녀의 이런 마음에 너무 감동되어 그녀를 안아 올린다. 잠시 후에 그 의사가 밖으로 나오더니, 민티의 병이 너무 오랫동안 방치되어 악화되었기 때문에 최선을 다했으나 희망이 없다고 한탄한다. 앤드루가 방안으로 들어가니 그녀는 그의 얼굴을 응시하면서 그를 부른다. 그녀는 그에게 부탁하기를, "너는 나를 사랑한다고 말해 달라"고 요구한다. 그가 사랑한다고 대답하자, 그녀는 "매우 많이"라고 묻는다. 그가 "무척 많이"라고 하는 대답을 들으면서 그녀는 눈을 감는다. 그녀가 자유스런 여인이 되어 머리를 감고 있다는 환상에 그가 빠져 있을 때, 그의

---

31 Little, "Charles Johnson's Revolutionary *Oxherding Tale*," 146.

어깨 위로 웬 손가락들이 넘어와서 민티의 눈을 감긴다. 그는 그 손가락들의 주인공이 언더클릪이라고 생각하면서도, 그 손이 아버지가 아니면 렙의 것으로 느껴진다. 그는 그 손의 도움으로 일어섰다. 장인도 페기도 출입구에서 움직이지 않는다. 그는 그 손가락들에서 나는 소리는 다른 웅장한 소리들의 일부에 불과하다고 생각한다. 그때 배넌이 "앤드루, 우리는 할 일이 있다"(165, 167, 168)고 불쑥 말하면서 그를 데려가기 위해 나타난다.

배넌은 페기의 항의나 앤드루의 반항에 아랑곳하지 않고 그를 마차에 태운다. 앤드루는 갑자기 자기 어깨 위에 놓인 그의 손의 혈관에서 자신과 그리고 그가 지금까지 살해한 무수한 남녀노소의 흑인노예들의 심장박동을 느낀다. 이때 배넌이, "앤드루, 혼지즈에서 시작하여 오래 동안 너를 추적해 왔다"라며 푸념하는 말을 한다. 잠시 후에 그의 마차는 길을 벗어나서 자갈밭을 덜거덕거리며 지나 들판으로 간다. 앤드루는 "예고된 죽음이 해방을 찬가하는 시보다도 더 감미롭다"고 생각하니, 밤의 들판이 지금까지 본 적이 없었던 풍경으로 무한하고 끝이 없어 보인다. 그는 본의 아니게 눈물을 흘리는데, 이 눈물은 그가 다시 노예로 되돌아가기 때문에 나오는 것이 아니고, 노예근성을 탈피하지 못해 여전히 아버지의 유산인 "구별하기"를 극복하지 못한 데서 솟아나온 눈물이다. 그는 편견과 인습에서 해방되려고 온 힘을 다했지만 그 성과가 미흡함이 아쉽다. 이때 갑자기 배넌이 "나는 모든 것을 부정하지도 않지만 아무것도 인정하지도 않는다"고 공언하면서, 손에 권총을 들고 렙을 평가하기 시작하더니 그를 존경하는 말로 끝내면서, 렙이 결국 자신을 획기적으로 변신시켰다고 실토한다. 그는 계속하여, "당신 친구(렙)는 아무것도 원하지 않았다. 그런 흑인을 어떻게 잡느냐? 그는 체포될 수 없고 이미 자유인이다. [. . .] 그는 연기와 같다. [. . .] 당신 친구는 . . . 내가 자리를 잡고 들어갈 곳[허점]이 없었다. 그는 어디에도 소속되지 않았다. [. . .] 그는 거주지도 영원한 거처도 가지지 않았다. 그는 선도 악도 개의치 않았다. [. . .] 내 말의 요지는 노예 잡는 사람이 의존해야 할 것이 없으니 . . . 나는 더 이상 흑인이 될 수 없[어 그를 체포할 수 없]다"(170, 173, 173-74)고 실토한다. 이렇게 그는 자아를 노출하지 않는 렙을 붙잡을 수 없으므로 자기는 더 이상 흑인노예를 체포하는 사람이 아니라고 선언하자, 앤드루는 드디어 자유인이 된다. 그는 "배넌과의 끈질긴 투쟁 뒤에 그리고 렙의 배넌에 대한 영향력 때문에 결국 자유를 향유"[32]하게 된다. 무엇보다도 배넌의 이런 예상 밖의 변신으로 인한 앤드루의 해방은 하나의 극적 전환이며, 이로 인해 앤드루의 의식과 인생관도 획기적으로 바뀐다.

자유인이 된 앤드루가 배넌에게 아버지에 대해 묻자, 그는 망가진 문 농장에서 죠지 호킨즈가 선동한 흑인폭동이 일어났을 때 그를 사살했다고 대답한다. 그는 죠지가 자기주장과 백인 증오심이 너무 강했기 때문에 아주 쉽게 그를 처치할 수 있었다고 부언한다. 앤드루는 자기를 괴롭히고 구속했던 아버지에 대한 불신에서 또 한편으로는 배신의 죄책감과 양심의 가책에서 일어나는 번뇌를 끊으려고 하면서 그에게 묻기를, "그는 나에 대해 언급했느냐? 내가 반드시 알아야 할 핵심은 그는 내가 자기를 경멸한다고 생각하면서 눈을 감았느냐, 혹은 나를 증오하면서 눈을 감았느냐." 그는 대답 대신에 죠지는 여기에 있다고 말하면서 자기 가슴에 새겨진 문신을 내보인다. 그의 피부 표면에는 그가 살해했던 흑인들의 형상이 소인국(Lilliput) 사람들처럼 움직이고 있다. 문신을 응시하던 앤드루는 배넌에 의해 살해당한 흑인노예들의 특징을 알아보기 위해 아버지와 렙을 비교해보고서, 강한 자기주장과 욕망의 유무에 따라 그들의 생사가 결정되었음을 인지한다. 그는 생과 사의 갈림길에서 이렇게 각각의 자아의 성격이 결정적인 역할을 함을 깨닫고 자아를 초월하려고 결심한다. 그는 자아를 초월하려고 최선을 다하는 순간에 깨달은 바를 말하길, "하나와 다수의 불가사의한 신비는, 나에게 몇 번이고 내 아버지와 그의 사랑을 돌려주었고, [그 사랑은] 구더기부터 거대한 나무에 이르는

[32] Coleman, 634.

만물에 넘쳤다. 왜냐하면 만물이 또한 내 아버지였기 때문이다. 나는 배넌[의 문신]에서 보았던 마지막 얼굴로 인해 눈물을 흘렸는데 [그것은 바로] 나 자신의 얼굴이었다. [그것은] 아버지가 사냥 초기에는 내 신체의 일부와 꼭 닮았기 때문이다. 나는 내 아버지의 아버지이고, 아버지는 내 아이였다"(175, 176). 앤드루는 이렇게 표방함으로써 "아버지와 아들의 결합, 자연에 편재한 자기 아버지 사랑의 위력 그리고 우주와 역사의 비직선적이고 확장적인 순환을 강조하고" 있다. 요컨대 그는 돈오를 통해 자기중심의 심리적, 정신적 굴레로부터 해방되어[33] 진정한 자유를 얻는다. 더욱이 그의 자유에 대한 열망은 자신만이 노예 신분에서 해방되는 것에 그치지 않고, "자기 가족을 자유인으로 만들고 싶어 하는 소망으로 그리고 더 널리 [모든 흑인] 공동체의 자유[에 대한] 상상력이 함께 동시에 용솟음치는 소망"[34]으로 나아가고 있다. 그러므로 그는 *심우도*의 상징적 실현자라고 할 수 있다. 그는 남북전쟁이 끝나자 부인과 딸과 함께 남부사회 재건에 헌신한다. 이것이 그가 자유를 찾은 이야기이다.

Ⅲ

지금까지 필자는 앤드루가 자유를 사기 위해 돈을 벌려고 망가진 문 농장을 떠나 악전고투 끝에 자유를 찾은 이야기를 고찰했다. 그가 찾은 자유는 우리의 예상과 기대와는 달리 그리고 기존의 많은 흑인소설에서의 방식과는 달리 주인공이 해방증서를 얻음으로써 혹은 원래의 생활 근거지를 탈출함으로써 쟁취되지 않았다. 그의 자유는 신체적 구속으로부터 혹은 자기를 속박하는 편견과 아집의 심리적, 정신적 굴레로부터의 해방을 넘어, 자아를 성찰하여 초월하는 경지에 이르는 돈오일 뿐 아니

33 Little, *Charles Johnson's Spiritual Imagination*, 104, 103.

34 Aida Ahmed Hussen, "'Manumission and Marriage?': Freedom, Family, and Identity in Charles Johnson's *Oxherding Tale*," *African American Review* 42.2 (2008): 241.

라, 이런 깨달음에 이른 그가 다른 사람들을 깨우치려는 의무감과 책임감을 느끼는 경지에 달함을 말한다. 요컨대 그의 자유는 일상생활에서 *심우도*를 실현하려는 강한 의지와 실천이다. 죤선이 천명한 것처럼 앤드루는 "고전적으로 정의하는 돈오를 성취한 미국흑인소설의 첫 주인공"이다. 죤선은 앤드루라는 주인공의 창조를 통하여 미국흑인소설의 새로운 지평을 열었다. 그는 "미국흑인소설의 논쟁적이고 관념적인 관심사나 정치적 실리의 요구에 민감하게 반응하기보다는 오히려 예술적 다양성과 모험적인 실험정신에 기초한 심미적 이상을 추구"[35]하려고 최선을 다했다. 부연하면 그는 모든 사람이 무상하게도 권력 장악, 경제적 이익의 극대화, 관능적 쾌락추구 그리고 자기만족적인 주장과 고집에 집착하려하지 말고, 자아성찰, 깨달음, 돈오 그리고 다른 사람들과 상생과 공존의 실현을 위해 정진하기를 역설한다. 필자는 죤선이 앤드루라는 인물을 창조함으로써 소설 창작과 실존에 있어서 하나의 획기적 전환점을 이룩한 소설가로 높은 평가를 받을 것이라고 확신한다. 이 확신이 바로 이 글의 요체이고 결론이다.

[35] Little, "Charles Johnson's Revolutionary *Oxherding Tale*," 147.

6

챨즈 리쳐드 죤선: 자유를 찾는 이야기

I

챨즈 리쳐드 죤선은 자신의 세 번째 소설, *중앙항로(Middle Passage*[1], 1990)로 1990년에 최우수미국소설상(National Book Award)을 수상하는 쾌거를 이루었다. 그는 1952년에 랠프 엘러선(Ralph Ellison)이 *보이지 않는 인간(Invisible Man)*으로 이 상을 받은 지 38년 만에 수상대에 올라 흑인남자소설가로서 탁월한 역량을 과시했다. 이 과시는 그가 온갖 고통, 시련 그리고 위험과 직면하면서 무지, 이기심 그리고 비정을 극복하고 변신하여 무사(無私)와 연기설을 구현시킨 소설주인공, 러더퍼드 캘훈(Rutherford Calhoun)을 창조한 데서 드러났다. 러더퍼드는 자기를 억압했던 공간과 흑인의 인권을 유린했던 시간(역사)을 뛰어넘어, 지금은 자아를 초월하여 다른 사람을 배려하고 사랑하는 이상적인 흑인소설주인공이다. 그러나 그는 철학교육을 상당히 받았지만 흑인노예로부터 해방되어 자유인이 되었을 때, 자유의 진의를 전혀 모르고 자기 마음대로 방종한 생활을 즐기려고 날뛰었다. 그는 이런 사실 — "자신을 자유롭게

[1] 노예무역에 이용되었던 Africa 서해안과 West Indies를 잇는 항로

하는 것, 그리고 이렇게 자유로워진 자아의 소유권을 주장하는 것은 전혀 별개의 문제였다"[2] — 을 대변하는 전형적인 인물이었다. 다시 말하면, 그는 비록 타의에 의해 자유인이 되었지만 자유인으로서 마땅히 실천해야 할 생활철학을 무시했다. 또 그는 자신과 다른 사람들의 어두운 실존에 상상불허의 위력을 발휘하여 활력을 불어넣을 수 있는 이런 자유의 정의 — "자유는 가능성이다"[3] — 와 가능성(창조적인 변화)은 오로지 의식개혁과 확장으로 실현될 수 있음을 인지하지 못했다. 더욱이 그는 "자유의 목적은 다른 사람들을 위해 자유를 신장하려는 의지와 실천이다"[4]는 진리를 깨닫지 못했다. 이 논문은 러더퍼드가 깨달음을 바탕으로 어떻게 자기 무지와 이기심의 굴레에서 벗어나 자유를 찾는가를 고찰한다.

*중앙항로*는 주인공이고 화자인 러더퍼드가 1830년 6월 14일부터 8월 20일까지 쓴 9편의 일기로 구성된 소설이다. 그는 이 일기로 자신의 변신과 성숙과정을 이야기한다. 그는 주인이었던 펠렉 챈들러(Peleg Chandler) 목사가 영면하면서 그를 노예로부터 해방시킨다. 목사는 그가 흑인성직자로 사회에 봉사하기를 바란다. 그러나 그는 성직에는 전혀 관심이 없으며, 목사의 재산분배 문제로 여덟 살 연상의 형, 잭선(Jackson)과 언쟁을 벌이고, 어른들의 따뜻한 보살핌과 사랑을 받지 못해 극심한 소외감과 욕구불만의 실존터전이었던 일리노이(Illinois)주의 마칸다(Makanda)를 떠나 뉴 올리언즈(New Orleans)로 이주한다. 그는 스물두 살에 목화를 따던 궁핍한 농장을 탈출하여 부족함이라고는 하나도 없는 향락의 도시에 와서 좀도둑질로 연명하면서도 마음껏 도박, 음주 그리고 여색에 탐닉한다. 또 그는 부두에서 배를 타고 미지의 세계로 돌아다니는 선원들을 부러워한다. 이러면서 그는 보스턴(Boston) 출신의 여교사, 이저도러 베일리(Isadora Bailey)를 좋아하면서도 그녀의 청혼을 끈질기게 거절

[2] Tony Morrison, *Beloved* (New York: Knopf, 1987), 95.
[3] Rollo May, *Freedom and Destiny* (New York: Norton, 1981), 10.
[4] Bernard Malamud, *The Fixer* (New York: Dell, 1971), 259.

한다. 그는 그녀의 재기발랄, 지성 그리고 순수한 영혼에 감탄하면서도, 사랑은 구속이라는 허위의식 때문에 자기를 헌신적으로 사랑하는 그녀를 삶의 동반자로 수용하려고하지 않는다. 특히 그는 사랑은 현명한 남자의 기피대상이라고 착각한다. 그녀는 이런 그가 도박 빚 때문에 채권자들로부터 협박당하고 있음을 인지하고, 그의 채권자이고 암흑가의 흑인두목인 파퍼 제링(Papa Zeringue)를 찾아간다. 그녀는 두목이 빚 문제로 러더퍼드를 강요하여 그와 자기와의 결혼을 성사시켜주면, 자기가 그의 부채를 청산하겠다고 제안한다. 러더퍼드는 이 사실을 알고 매우 분노하여 그녀와 채권자들로부터 도망치려고, 결혼식 날 아침에 애프리커(Africa)로 출항하는 노예선, *공화국호*(*Republic*)에 몰래 승선한다. 이렇게 그는 자기 무지와 이기심의 자아에 유폐되어 작은 굴레로부터 벗어나려다가, 배에서 더욱 큰 굴레에 얽매여 온갖 시련과 위험을 겪은 연후에 진정한 자유인이 된다. 드디어 그는 자유는 굴레로부터 도피가 아니라 해방이며, 자아를 탐구하고 다른 사람을 존중하고 사랑해야한다는 깨달음, 다시 말하면 돈오임을 자각한다. 요컨대 *중앙항로*의 핵심주제는 러더퍼드가 자기 무지를 극복하고 자아를 초월하여 돈오의 경지에 이르려는 과정이고 그 성과이다. 본론에서 이 과정과 성과가 구체적으로 논의된다.

II

러더퍼드는 임박한 결혼식의 압박감을 잊으려고 선원들이 많이 드나드는 술집에 가서 우연히 *공화국호*의 주방장, 죠우시어 스큅(Josiah Squibb) 앞에 자리를 잡는다. 주방장은 그가 만취하려고 술을 많이 마시는 것을 보고 무슨 문제가 있느냐고 그에게 묻는다. 그가 내일 오전에 마음이 내키지 않는 결혼식을 치러야한다고 대답하자, 주방장은 그에게 술을 한잔 사면서 자기는 상면하고 싶지 않은 부인을 피하려고 배를 타고 바다로 나간다고 자랑한다. 그러면서 그는 내일 출항하는 *공화국호*는 기니(Guinea)해안에 있는 방갈랑(Bangalang)항구에 가서 노예들과 화물을 싣고 3개월 후에 돌아온다고 부언한다. 주방장은 술집 창문을 통해 부두에 정박해 있는 *공화국호*를 그에게 가리킨다. 그는 내일 있을 결혼식이 갑자기 떠오르자 비열한 행위인 줄 알면서도 주방장이 서명한 고용증명서를 훔친다. 그는 부정행위를 하지 말라는 양심의 소리를 묵살한다. 그는 곤히 잠든 주방장을 나둔 채 새벽에 부두로 나와 작은 배를 타고 가서 아직 선원이 한명도 승선하지 않은 *공화국호* 갑판으로 올라간다. 그는 *공화국호*가 "배가 아니고 일종의 환상적이고 떠돌아다니는 영구차, 즉 구세계에서 신세계로 흑인들을 기십 번 운반했다는 기억으로 목재들이 신음하는 나무 무덤에 승선했다"[5]는 설명하기 어려운 이상한 감정에 휩싸인다. 그는 배가 큰 파도에 부딪쳐 좌우로 심하게 흔들리자 물고기처럼, 아니면 무거운 돌처럼 바다 속으로 깊숙하게 빠지더니, 깊은 잠에 빠진다. 이렇게 그가 자기를 망각하는 깊은 잠이 첫 일기의 끝이다.

러더퍼드는 자기도 모르게 빠진 깊은 잠, 즉 자기무지와 이기심의 늪에서 깨어나서 구사일생과 깨달음으로 귀결되는 새로운 세계와 직면한다. 이 직면이 그가 "자유와 자아발견을 탐구하는 단초"[6]가 된다. 그는 방수포가 제자리로 올라가면서, 일등항해사 피터 크링걸(Peter Cringle)과 다섯 명의 선원들에게 발각된다. 선원들이 크링걸에게 몰래 승선한 이 흑인을 바다 속으로 던져 수장시키자고 건의한다. 싸움질과 질병으로 제 얼굴들이 아닌 선원들에 비해 매우 준수하고 용모가 단정한 신사, 크링걸이 그의 위기를 모면해준다. 그는 상류계급 백인 출신으로 부, 특권 그리고 혜택이 미국사회의 흑인 인권유린에서 파생되었음을 알고, 죄책감으로 흑인에게 우호적이며, 특히 러더퍼드를 상냥하게 대한다.[7] 크링걸

[5] Charles Johnson, *Middle Passage* (New York: Scribner, 1990), 21. 앞으로 이 작품에서의 인용문은 괄호 안에 쪽수만 표시함.

[6] Lorraine Ouimet, "Freedom through Contamination: Collapsed Boundaries in Charles Johnson's *Oxherding Tale and Middle Passage*," *Canadian Review of American Studies* 30.1(2000): 41.

[7] Gary Storhoff, *Understanding Charles Johnson* (Columbia: University of South

이 승선한 이유를 묻자, 그는 스킵의 고용증명서를 제시하면서 업무에 종사한다고 보고할 참이었다고 거짓말을 하지만 들통이 난다. 별수 없이 그는 러더퍼드 캘훈이라고 자백하고, 서류를 돌려주려고 승선했다고 어물거린다. 이번에도 그는 크링걸의 너그러운 관용과 이해심으로 위기를 모면한다. 그는 솔직하게 크링걸에게 여자, 채권자들 그리고 감옥을 피하려고 승선했다고 고백한다. 일등항해사는 이 고백을 듣고 웃으면서 반응하기를, "선원들 중 절반은 도피자들이고, 나머지 절반은 삶의 실패자들이다. 그러나 나는 너에게 확실하게 말한다: 감옥이 더 좋은 곳이다. 승선은 익사할 위험에 처해 있는 감옥이다." 이 반응을 듣고 러더퍼드가 "자기는 육지로 돌아갈 수 없다"고 하소연하자, 크링걸도 "우리 중 누구도 귀환할 수 없다"(25)고 대꾸하면서 그를 승선시키기 위해 선장실로 데리고 간다.

크링걸은 선장실로 가면서 선장은 선원 한명을 더 고용할 수 있을 거라고 자신하면서 그에게 요리할 수 있느냐고 묻는다. 크링걸은 별로 좋아하지도 신뢰하지도 않는 난쟁이 선장, 에버니저 폴컨(Ebenezer Falcon)에게 몰래 승선한 그를 갑판에서 발견했으며, 스킵의 친구라고 소개한다. 선장은 일곱 흑인부족의 언어를 알고 있으며, 2주면 새 방언을 익힐 수 있는 재주꾼이고, 흑인을 증오하여 흑인종교를 부정한다. 또 그는 전 세계를 미국화해야한다고 주장하는 미국 우월주의자이다. 러더퍼드는 이런 선장에게 인종차별이 심해 흑인이라 직장을 구할 수 없으므로 배에서 일하고 싶다고 하소연한다. 게다가 그는 선장에게 어머니는 과로로 자기가 세살 때 돌아가셨고, 매주 일요일 아침에 챈들러목사의 피마자기름 복용 강요에 이루 말할 수 없이 시달렸다고 감정적으로 호소한다. 더욱이 그는 선장에게 만신창이었던 삶에서 해방시켜 달라고 애원한다. 선장은 그의 감정을 전혀 고려하지 않고, 이번 항해로 방갈랑에서 40명의 알무제리(Allmuseri)족 흑인[8], 동물 가죽들, 최고급 상아, 금 그리고 거세한 수

Carolina Press, 2004), 169.

[8] The Allmuseri, unfortunately, do not exist in this world. [. . .] they exist only as a fictional product of Charles Johnson's fertile imagination. They are also

소들을 싣고 와서, 고위 선원들과 이익금을 나눈 다음 은퇴한다고 자랑한다. 그러더니 선장은 그를 일단 무보수 조건으로 고용하여 스컵의 주방으로 보내면서, 열심히 일하면 뉴 올리언즈에 돌아가서 노동대가를 지불하겠다고 약속한다.

그는 선장실에서 나와 크링걸을 따라 물에 잠긴 배 밑바닥까지 내려간다. 그는 부식되어 가는 목재들이 내뿜는 악취에다 오랫동안 공기 중에 떠돈 소변 냄새에 질겁한다. 크링걸은 그에게 이 악취를 풍기는 젖은 부분이 최하 갑판이고, 25cm 두께의 판자가 우리 신발과 바다 속을 갈라놓고 있다고 말한다. 그는 부언하기를, "한 달 후면 배의 이 부분이 썩기 때문에 우리가 입항할 수 있기 전에 방갈랑의 기술자들이 우리가 썩은 부분을 수리하게 도와준다." 그는 자기무지에서 벗어나 *공화국호*가 실제로 불안정하며, 항해 중에 파손되고 있으므로 항시 수리해야한다는 사실을 깨닫는다. 그가 보기에 *공화국호*는 "한마디로 말하면 배 전체가 수리 중이다." 이럼에도 크링걸은 그가 전혀 의식하지 못하는 실존에 으레 있어야 하는 변화의 불가피성과 중요성을 강조할 목적으로 그에게 경고하기를, "*공화국호*는 뉴 올리언즈를 출항했을 때와 똑같은 배가 아니다. *공화국호*는 대서양이라는 거대한 바다를 항해하면 배의 특성 때문에 원형을 유지하지 못한다. [. . .] 선원의 첫 임무는 어떤 희생을 치르더라도 배가 침몰하지 않도록 혼신의 노력을 다함이다"(35, 36). 그는 이 경고를 듣고 크링걸의 언행에 더욱 지대한 관심을 갖는다.

그는 크링걸이 앞으로 일어날 참사를 예감하고 있다고 믿는다. 크링걸이 그에게 말하기를, "캘훈, 우리는 배에 알무제리부족을 태우려고 한

---

a continuing presence in his fictional universe that . . . represents a philosophical solution Johnson has developed for an aesthetic problem he encountered when he first began his career as a writer. Ashraf H. A. Rushdy, "The Phenomenology of the Allmuseri: Charlse Johnson and the Subject of the Narrative of Slavery," *African American Review* 26.3(1992): 373. The Allmuseri accept the Buddhist doctrine of the no-self . . . celebrate rather than resist elemental change . . . embrace the Buddihist concept of emptiness. Storhoff, 174-75.

다. 아샨티(Ashanti)부족이 아니다. 크루(Kru)나 하우서(Hausa)부족도 아니다. 적어도 나는 알무제리부족을 이해할 수 있다." 크링걸이 들은 바에 의하면 애럽(Arab)상인들이 이 부족을 오지에서 데려온 적은 있지만, 서구사람들 중에 누구도 그들의 마을에 가본 적이 없다. 이러므로 그들에 관해 이야기한 사람도 없다. 그들은 우주가 불과 수증기 덩어리였을 때 태생했으므로 흑인이지만 보통 흑인 같지는 않다. 오직 스페인(Spain)탐험가가 그들에 대해 남긴 기록이 하나 있다. 러더퍼드가 갑판에서 바람과 싸우면서 어렵게 들은 크링걸의 말에 의하면, 그들은 "마술사들이다. 그들은 남자, 여자 그리고 어린이가 하나로 합쳐진 종족으로 악마를 숭배하고 마법을 거는 명수들이다"(43). 크링걸의 이 말이 두 번째 일기의 끝이며, *공화국호*의 선원들이 직면할 비극을 예시한다.

러더퍼드는 41일 만에 방갈랑에 입항하여 땅을 밟는다. 그는 정박 중인 선상에서 회색의 어둠 속에서 하늘과 바다가 완전히 하나로 융합되었음을 목격한다. 또 그는 짙은 안개로 수평선을 볼 수 없을 때, 좌우와 상하의 방향 감각을 상실하여 자기가 함정에 빠져 있다는 현기증을 느낀다. 이렇게 그는 변화무쌍한 자연현상을 실감한다. 그는 자신이 실감한 자연의 변화 뿐 아니라 마음의 변화에 놀란다. 그는 불편하고 어려운 여건에 처할 때는 전형적인 흑인의 검정 피부를 가졌다고 청혼을 거부했던 이저도러를 생각하고 그리워한다. 게다가 그는 크링걸이 노예무역을 혐오하여 무역상의 호의를 거절함을 보고 놀란다. 이 뿐만 아니라 그는 크링걸이 선장과는 달리 선원들과 동고동락하려는 마음가짐에 감탄한다. 그가 보기에 크링걸은 자기 욕심, 과시, 명예, 이익 그리고 안위에는 별로 관심이 없는 것 같다.

그는 어느 날 밤에 선장실에 몰래 들어가서 폴컨의 일기와 서류들을 읽는다. 그가 확인한 바에 의하면, 선장은 목사와 교양 있는 여자의 외아들이었다. 그의 어머니는 목사와 서적, 연극, 정치 그리고 사회문제에 대한 대화를 나눌 수 없으므로 아들에게 온갖 지식과 애정을 쏟았다. 그녀는 아들에게 지리와 음악을 가리켰으며, 자기가 직접 가보지 않았던 지역들의 진귀한 물건들을 구해 보여주었다. 그가 열다섯 살 때 어머니가 작고하자, 가출하여 선실 종업원으로 일했다. 그는 매우 대담했고 다른 사람을 협박하여 자기 목적을 달성했다. 그는 여러 가명을 쓰면서 많은 범죄행위를 감행했다. 따라서 그는 노예무역이 불법으로 금지되자, 암거래 시장에 뛰어들어 노예무역을 잠행하면서 부정하게 골동품을 수집했으며, 경제적 이익을 극대화하기 위해 온갖 수단과 방법을 총동원했다. 그는 위험세계에서 살아남는 귀재였다. 또한 그는 단신인 자기를 보호하기 위해 신발 앞에 누구도 간파할 수 없는 날카로운 쇠붙이를 장착했다. 요컨대 그는 "강한 사랑, 열정 그리고 증오심이 과격한 괴물, 즉 변덕스럽고 상식에 벗어난 모순된 행위의 화신이었다"(49). 그는 귀재로서 완벽주의자이므로 언제나 외롭고 자학하면서 자신의 초인적인 기준에 미달하는 사람들을 경멸했다. 이러면서 그는 선원들을 불신했을 뿐 아니라 박대했다.

러더퍼드는 이런 자료를 읽는데 열중하여 선장이 문을 열고 들어오는 것을 몰랐다. 그는 선장이 무엇을 훔치려고 하느냐고 호통 치자, 엉겁결에 호롱 등을 찾고 있다고 둘러댄다. 선장이 그에게 촛불을 켜고 차 주전자와 찻잔을 가져오라고 명령한다. 그가 명령에 복종한 후에 이제 호롱 등을 찾았으니 물러가겠다고 말하자, 선장은 그에게 자기를 암살하려고 왔느냐고 힐문한다. 그가 그렇지 않다고 대답하자, 선장은 그에게 갑자기 권총을 가지고 있느냐고 묻는다. 그가 없다고 실토하자 선장은 소지하고 있던 권총들 중에서 하나를 그에게 주면서 부탁하기를, "매주 나는 [선원들의 동향에 관한] 자세한 보고서를 필요로 한다. [그들이] 밀담을 나누는 것을 [들으면] 나에게 보고하라. [. . .] 나는 경계심을 갖고 [그들의] 소란 징후를 포착하면 나에게 알려줄 사람이 필요하다"(57). 그는 선장이 자기에게 밀고자가 되어 달라는 말을 듣고 질겁한다. 선장은 그가 듣고 싶어 하지 않는 데도 선원들 각자에 대한 내밀한 이야기들을 털어놓는다. 그는 선장의 의도를 알 수 없어 불쾌하고 불안하여 잠을 잘 수 없다.

그가 크링걸에게 선장의 밀고 요청을 받았다고 고백하자, 일등항해사는 즉각 반응하기를, "러더퍼드, 그를 멀리하라. 그는 미친 사람이다 . . . 네가 살아서 뉴 올리언즈로 돌아가고 싶으면, 네 최선책은 그에게 접근하지 않는 데에 있다. 그는 배를 침몰시켜 자기와 함께 우리를 수장시킬 것이다. 그는 돌아가고 싶어 하지 않는다. [. . .] 너는 나와 선장에게 반발하는 몇 명의 선원 편에 들겠느냐? [. . .] 빨리 결단을 내려라. 폴컨에게도 지지자들이 있다. 우리는 출항하면 바로 반란을 일으킬 것이다." 크링걸은 선장을 상대하여 싸우려고 자기 지지자들을 규합한다. 그러나 그는 본질적으로 분열을 혐오한다. 그는 실존철학으로 만물의 조화를 주창한다. 그래서 그는 이런 철학 — "어디서나 존재의 전체성을 체험하지 못함은 알무제리부족이 상상하는 지옥이다"(62, 63, 65) — 을 신봉한다. 요컨대 그는 스스로 우리가 지옥에서 살고 있다고 개탄하면서, 이를 극복하려는 이상주의자이다. 이러므로 그는 생과 사를 구별하지 않으므로 배에서 사고사를 당한 하급 선원의 시신을 자기 침대로 옮겨, 항해가 끝날 때까지 거기에 모시려고 한다. 그의 이런 숭고한 행위가 세 번째 일기의 끝이다.

*공화국호*가 방갈랑을 출항하여 대서양에 진입하자, 선장은 알무제리부족을 뉴 올리언즈로 무사히 데려갈 대책을 세운다. 알무제리부족은 다른 흑인들보다 몸값이 배나 비싸기 때문이다. 그들은 매우 부지런하고, 고기를 먹지 않으며, 소유욕이 강하지 않고, 서로 싸우지도 훔치지도 않고, 병이 들면 다른 사람에게 해를 끼쳤기 때문이라고 생각하고 스스로 치료한다. 이러므로 그들은 주인에게 큰 부담을 주지 않는다. 선장의 대책은 흑인 10명당 한명의 통솔자를 선정하여, 그에게 10명 흑인의 감독과 통제권한을 부여하려는 계획이다. 게다가 선장은 그에게 제한적이지만 배에서 자유스럽게 돌아다니는 기회와 좋은 음식을 줄 뿐 아니라 허드렛일을 맡긴다. 선장은 "반항하는 흑인을 통제하는 최선의 방법은 그에게 책임을 일임하는 데에 있다"고 확신한다. 엥고냐마(Ngonyama)는 통솔자로 선정되자 선원들 중 유일한 흑인인 러더퍼드와 친해진다. 러더

퍼드가 침착하고 재치 있고 신비스러우며 호기심이 강한 그에게 영어와 조타술을 가리켜주자, 그는 답례로 자기 부족의 언어를 설명한다. 그의 설명에 의하면, "술어, 어떤 것에 존재를 인정했던 '이다'는 무수한 시대가 지나면서 단순히 신념의 의미로 축소되었다. '침대'는 '쉬는 곳'으로, '의복'은 '따뜻함'으로 통용되었다. 더욱이 동사는 적용되는 대상이 식물, 광물, 포유동물, 직사각형, 혹은 원형이냐의 성질에 따라 달라졌다. 엥고냐마가 자기 부족과 이야기할 때 그가 지시하는 대상들과 다른 사물들은 마치 물처럼 흐르면서 다른 모습을 드러내는데, 바다가 어느 때는 유동적이다가 어느 순간 단단한 얼음으로 변하더니 바로 뒤 돛대에서 소용돌이 치는 수증기로 바뀌었다. [. . .] 그들의 문어는 상형문자였다. [. . .] 상형문자는 분석 작업을 하는 데는 유용한 언어가 아니었다 . . . 알무제리 부족은 경험과학에는 관심이 없었다"(74, 77-78). 선장은 그들을 야만인이라고 매도할 뿐 아니라 오로지 상품으로 간주하지만, 러더퍼드는 그들의 언어를 수용하려고 전념한다. 그는 이 언어에서 실존에 필수적인 유동성, 임기응변 그리고 유연성을 발견했기 때문이다. 더욱이 그는 "알무제리부족의 [실존목적인] 전체성을 찬양하여 부족의 일원이 되고 싶어한다." 이처럼 그는 "이 부족으로부터 [사물을] 보는 새로운 방법을 배워,"[9] 의식변화를 시도한다.

그는 이런 찰나에 흑인여자와 그녀의 여덟 살 난 딸, 벌리커(Baleka)를 본다. 그가 벌리커에게 과자를 던져주니까, 어머니가 먼저 과자 맛을 보고 딸이 먹어도 되는가를 결정한다. 흑인여자는 과자를 바다로 버리면서 그에게 변질되지 않은 과자를 요구할 뿐 아니라 딸을 살리려면 선원에게 매달려야함을 알고 흑인선원인 그에게 의지하려고 안달한다. 그는 지금까지 한 번도 상상하지 못했던 어머니의 따뜻한 마음, 즉 딸을 보살피려는 모성애에 깊은 감명을 받는다. 또 그는 벌리커가 자기를 믿고 계속 따라다니면서 붙잡고, 자기에게 의존하려는 행위에 놀란다. 그가 이렇

[9] William R. Nash, *Charles Johnson's Fiction* (Urbana: University of Illinois Press, 2003), 137, 136.

게 조용하고 평온한 분위기에 취해 있는데, 갑자기 기절초풍할 천둥과 번개를 동반한 폭풍이 불기 시작하여 높은 파도가 배를 덮친다. 선장은 졸지에 무시무시하게 강력한 폭풍과 배를 삼킬 파도에 완전히 압도당해 선장실에서 버둥거리면서, 선원들에게 모든 장치를 점검하라고 고함지른다. 그러자 크링걸은 조타장치가 작동하지 않는다고, 또 다른 선원은 밧줄들이 엉클어져 있다고 응답한다. 선장은 이런 극한상황에서 겁에 질려 자제력과 통제력을 완전히 상실하고 비틀거리면서, 일등항해사에게 자기를 부축하라고 간청한다. 위력적인 파도가 갑판에서 벌리커 어머니를 포함해서 알무제리부족의 여자와 어린이들 절반, 선장의 다섯 마리 양과 많은 돼지들을 바다로 휩쓴 뒤에 폭풍이 멈춘다. 구사일생으로 살아남은 선원들은 상처투성이의 배를 정리하고 수선하는 데에 여념이 없다. 벌리커만 이런 와중에도 러더퍼드의 흠뻑 젖은 셔츠 자락을 필사적으로 움켜잡고 있다. 그녀의 이런 행위는 그를 자기중심에서 벗어나 다른 사람에게 관심과 애정을 갖는 인간으로 변신시키는 계기가 된다.

밤이 되어 벌리커는 잠들었고, 러더퍼드와 스큅이 무릎을 꿇고 바닥의 물기를 닦고 있을 때, 크링걸과 다른 선원들이 주방으로 들어온다. 러더퍼드는 그들이 칼과 몽둥이로 무장하고 있음을 알아차린다. 선상 반란을 모의하려고 모인 그들 중 한 선원이 러더퍼드에게 밖으로 나가라고 말하자, 크링걸이 "우리에게는 여기 있는 모든 사람이 필요하다"고 주장하면서 그를 제지한다. 그러나 선원들은 러더퍼드가 가족도 사랑하는 여자도 없다는 그의 거짓말 대답을 듣고, 가정과 미래를 걱정하는 자기들만큼 반란의 절박감과 절실함을 느끼고 있을까를 회의하는 눈초리로 그를 주시한다. 더구나 그들은 그를 첩자로 의심하는 기색이 역력하다. 그는 그들의 이런 회의와 의심을 해소시킬 언어와 방법을 찾을 수 없어, 침묵이 더욱 큰 죄임을 알면서도 부동의 자세로 서 있을 수밖에 없다. 이때 크링걸이 러더퍼드는 우리 편이라고 선원들을 설득하자, 드디어 그는 "내가 [당신들을] 도울 수 있느냐?"고 말문을 연다. 결국 러더퍼드와 선원들은 반란에 동참하기로 서로 굳게 맹세한다. 그러나 그들은 그를 믿을 수 없는 인간이라는 암시로 정의하기를, "캘훈은 그가 언제나 그렇게 했던 것처럼 자기 길을 가면서 아무것도 믿지 않고, 누구에게도 소속되지 않고 여기저기를 떠돌아다니다가 이 세상에 아무 흔적도 남기지 않고 객사할 것이다 . . ."(86, 87, 88). 그들의 암시는 그가 그들을 배반하여 자기를 구속하는 무지와 이기심의 굴레에서 해방될 것임을 예시한다.

러더퍼드가 선장실로 저녁식사를 가지고 가자, 선장은 자기를 독살하려는 음모가 있을 거라고 의심하고 그에게 먼저 모든 음식을 조금씩 시식하라고 명령한다. 선장은 그가 조금도 거리낌 없이 음식을 먹는 것을 보고, 매우 안심하고 만족하여 식탁에 앉는다. 선장은 그에게 다른 사람을 신뢰하느냐고 물으면서 자기심정을 털어 놓기를, "나는 사람들이 나에게 결코 친절하지도 진실하지도 않았다고 생각한다. 나는 나만 믿는다. 캘훈, 나는 너를 불신한다. 그러나 나는 네가 나를 조금 좋아한다고 생각하고, 나도 너를 약간 좋아한다." 선장이 이렇게 운을 떼고 그에게 보고할 것이 없느냐고 묻는다. 그러자 그는 자기 간(肝)이 있음을 의식할 뿐 아니라 선원들이 자기를 미치광이로 간주할 거라고 알면서도 갑자기 돌변하여 반란 모의를 소상하게 설명하고, 선원들 각자의 역할, 심지어 자기가 맡은 임무까지 보고한다. 선장은 이 첩보를 듣고, 자기는 쉽게 파멸되지 않는다고 그에게 호언한다. 선장은 인간은 자신의 신념에 따라 행동하는데, 자기는 이런 철학 — "사회적 분쟁과 전쟁은 인간의 정신구조이다" — 을 확신한다고 공언한다. 그는 더 부언하기를, "이원론은 정신의 파괴적 구조이다. 주관과 객관, 이해하는 사람과 이해되는 대상, 자아와 타자 — 이 유구한 쌍둥이는 상선의 회전축처럼 영혼 속에 박혀 있다. 우리는 이 쌍둥이가 없으면 사고할 수 없다"(95, 50, 98). 요컨대 선장은 "대립, 이원론, 억압 그리고 분쟁의 화신"[10]으로 항시 자기 우위와 승리를 과신한다. 선장은 러더퍼드가 반란파를 떠나 자기 지지로 돌아선 것을 확인하고 특급비밀을 누설하려고 그에게 앉으라고 권한다. 선장의 이

---

[10] Daniel M. Scott III, "Interrogating Identity: Appropriation and Transformation in *Middle Passage*," *African American Review* 29.4(1995): 649.

누설 의도가 네 번째 일기의 끝이다. 러더퍼드는 이 누설을 듣고 마음의 동요가 일어나 획기적으로 변신한다.

선장은 그에게 아무도 모르게 알무제리부족의 신을 선적했다고 실토한다. 선장은 야만인의 신을 믿지 않지만, 자기가 선적한 신은 지금까지 미국에서 보았던 어떤 대상과도 비교될 수 없다고 자랑한다. 그가 들은 바에 의하면, "신은 만물의 생명력이고, 결코 쉬지 않으면서 은하계를 움직이게 하고, 눈동자보다 작은 입자들이 중단 없이 회전하도록 유도하기 위해 . . . 우주에 활력을 불어넣는다. [. . .] 신이 우주를 창조하고 파괴하는 작업을 계속하고 있다." 갑자기 선장은 그에게 신은 자기와 이야기하기 좋아하는 재치 있는 존재이라고 주장한다. 그는 이런 주장의 근거를 밝히기를, "신은 이따금 . . . 나와 너처럼 유형적이다. 그러나 신은 거의 무형적이다. [. . .] 신이 무형적이라는 이유는 신은 기하학처럼 물질에 바탕을 둔 어떤 과학도 이해할 수 없기 때문이다. 신은 신이기 때문에 기하학을 활용할 수 없다." 선장은 신이 그 자체에 모순원리가 있기 때문에 과학을 이해할 수 없다는 증거를 제시하기를, "신은 자기 본질을 이해할 수 없다. 신은 스스로 지식의 대상이 될 수 없다. [. . .] 알무제리부족의 신은 전지전능하다. 우리가 의존하는 인지 입장, 즉 인지자와 인지 대상의 구별이 신에게는 없다. 너는 경험지식이 신에게는 없고 오직 인간에게만 있다고 주장할 수 있다. 경험지식은 우리의 영광이면서 비극, 즉 내가 얼마 전에 언급했던 정신의 이중 구조의 기능이다"(100, 101, 101-2). 선장은 어리둥절한 그에게 이제 일어서라고 말하면서, 자기가 한 말을 비밀로 하고, 내일 아침에 자기가 시키는 대로 행동하라고 당부한다. 러더퍼드는 어리둥절한 의식 덕택에 반항이냐, 아니면 순종이냐의 이원론에서 연유한 자기 무지와 이기심의 경색을 차츰 완화시킬 계기를 갖는다.

러더퍼드는 선장실에서 주방으로 돌아와 스큅에게 자신의 불만스러웠던 과거 삶을 실토한다. 그의 실토에 의하면, 그가 세 살이었을 때 어머니가 영면하자, 아버지는 자신만의 개인적인 자유를 향유하기 위해 여덟 살 위인 형, 잭선에게 동생을 보살피라고 맡기고 도망갔다. 그는 아버지가 먼저 대담하게 자기가 살고 싶은 자유분방한 삶을 선택하는 모험을 감행했지만, 아버지를 저주했다. 그 당시 노예에게는 오로지 양자택일 — 투철한 반항이냐, 아니면 집요한 개혁이냐 — 만 있을 뿐이었다. 그와 아버지는 이기적 목적을 위해 반항을, 형은 모든 사람의 권익을 도모하려고 개혁을 선호했다. 잭선은 농장주인, 챈들러목사가 사망하자, 동생의 완강한 반대에도 불구하고 목사의 재산을 그 형성에 기여한 모든 사람에게 균등하게 분배했다. 그는 형을 증오하면서 자기 몫 40달러를 챙겨 농장을 떠나 뉴 올리언즈로 거처를 옮겨 지내다가 사정이 여의치 않아 *공화국호*에 몰래 승선했다. 그는 형을 도저히 이해하지 못했을 뿐 아니라 비난하고 미워했다.

그러나 지금은 그의 형에 대한 생각이 전혀 다르다. 그는 형이 엥고냐마나 벌리커처럼 사심이 없는 사람이라고 존경한다. 그의 이런 변신은 알무제리부족의 상면과 이해에서 촉발된다. 그가 보기에 "알무제리부족은 생물학적 종족이기보다는 오히려 [실존목적과] 가치에 의해 굳게 결합된 집단처럼 보였다. [그들이 타고난] 어떤 통찰력과 직관력. 잭선은 그들의 성직자들 중의 한명이었을 것이다." 요컨대 그의 "실존적 성숙은 그가 경건하고 정직한 형을 인정하고 수용하려는 의식이다."[11] 이제 그는 자기가 이해하지 못했던 형의 언행을 수용할 수 있다. 형은 자기와 동생을 버리고 도망간 아버지를 용서할 수 없다 할지라도, 애정을 갖고 아버지가 잘 지내시기를 빈다. 또 형은 노예이면서도 "백인들이 사악하지만 않다면, 그들이 그를 필요로 하면 자기가 거기 있다는 이유로 그들에게 봉사할 수 있다고 생각했으며, 어떤 경우에도 자기 마음을 닫지 않았다." 게다가 형은 노쇠하여 거동이 불편한 챈들러목사를 지극정성으로 간병하고 보살폈다. 그래서 목사는 러더퍼드에게 "네 형은 나에게 언제

---

11 Tuire Valkeakari, "The Politics of Perception in Herman Melville's *Benito Cereno* and Charles Johnson's *Middle Passage*," *Studies in American Fiction* 33.2(2005): 245.

나 큰 영감이다"고 말한다. 그가 오해해서 미워했던 형의 현실긍정과 개혁의지 그리고 투철한 봉사정신을 수용하려고 하자, 스스로 무시하고 망각했던 챈들러 목사의 교훈이 느닷없이 마음에 떠오른다. 그 교훈은 "사랑은 절대적이며 잘못을 저지르지 않는다. 모든 비행은 사랑의 결핍에서 야기된다. [. . .] 부는 사람이 소유한 것이 아니고 [베푸는] 인격이다." 이처럼 러더퍼드는 알무제리부족의 인간의 상호연대와 상호의존 사상의 영향을 받아, 형의 이타적인 생활철학을 수용하여 자기 무지와 이기심으로 경색되었던 자아유폐에서 해방된다.

그는 형의 타인배려 의식을 수용한 다음날 아침에 갑판에서 안개 속에서도 방갈랑 쪽을 응시하고 있는 엥고냐마를 만난다. 엥고냐마는 그에게 "러더퍼드, 당신은 잠을 잘 수 없었느냐?"고 묻자, 그는 머리를 좌우로 움직이면서 상대방에게 질문이 하나 있다고 하면서 "만약 당신이 이 배의 선장이 된다면 무엇을 하고 싶냐?"고 반문한다. 그는 상대방이 어리둥절하여 뜻을 간파하지 못하자, 더 구체적으로 "만약 당신 종족이 배를 조타하여 항해한다면" 선원들을 어떻게 할 것이냐고 질문한다. 엥고냐마는 서슴없이 고향으로 돌아갈 것이고, 거기서 배를 선원들에게 돌려줄 것이라고 대답한다. 이러면서도 엥고냐마는 "분노는 칼의 날과 같아서 상처 없이 오랫동안 폭발하지 않기는 매우 어렵다"(109, 113, 118, 111, 119)고 부언한다. 그는 이 부언을 듣고도 자기가 선장실에서 훔친 열쇠 뭉치를 엥고냐마에게 건넨다. 알무제리부족의 족쇄를 풀 열쇠 양도가 다섯 번째 일기의 끝이다. 러더퍼드는 이 부족의 해방과 무사귀환을 기원한다.

러더퍼드는 엥고냐마에게 건네준 열쇠가 맞지 않아 그 역할을 다할 수 없어 무용지물이 되는 탓에 선원들과 흑인들이 따로따로 선장을 축출하려고 동시에 일으킨 선상 반란에 휩싸이지 않는다. 그는 엥고냐마가 다른 흑인과 함께 배 밑 선실에서 시신들을 들고 올라와서 바다로 던지다가 힘이 벅차 도움을 요청하자 흔쾌히 응한다. 그는 두 사람이 시신을 흔들어 바다로 던지도록 도와주려고 평생 처음 시신 다리를 붙잡는다.

그가 붙잡는 순간 너무 부패된 다리의 피부가 그의 손에서 갑판 위로 떨어진다. 그는 손에 묻은 시신의 피부를 칼로 떼어내려고 하지만 결코 떨어질 것 같지 않다는 느낌을 갖는다. 그는 너무나 메슥거려 억지로 토하려고 해도 할 수 없다. 그는 매사를 자기 뜻과 의도대로 할 수 없음을 실감한다. 이때 엥고냐마는 그가 몹시 비틀거리는 모습을 보고, 그를 안정시키려고 배 난간 쪽으로 데려간다. 그는 순간적으로 엥고냐마의 언제나 한결같은 안정된 표정이 사라졌음을 간파한다. 그는 알무제리부족의 실존과 문화는 언제나 "과정이고 헤러클리티언(Heraclitean)[12] 변화이며 . . . 고정적이지 않고 유동적이"라고 믿었다. 그런데 지금 그의 직감에 의하면, "엥고냐마를 포함한 모든 흑인들은 더 이상 [처음 승선했을 때의] 정신이 아니다"(124). 그들은 선장의 정신적, 육체적 탄압에 반항하여 자유를 쟁취하고 싶어 한다. 그러므로 엥고냐마는 러더퍼드에게 쓸모없는 열쇠를 반환하면서, 다른 열쇠가 필요하다고 암시한다.

이 암시는 러더퍼드에게 명령하기를, "빨리 가라! 네가 20분 안에 열쇠를 가져와야 우리는 그걸 갖고 배 밑 선실로 내려간다. 신속히 행동하라." 그는 명령에 따라 선장실로 가서 열쇠가 없으므로 철사로 문을 열고 들어갔더니, 방안이 매우 어지럽다. 그는 갑자기 자기가 감금당해 있다는 착각으로 숨도 쉴 수 없다. 그는 일등항해사, 아니면 선장 편에 섰다면 큰 실수였을까 하고 자문한다. 그는 서로 자기 앎도 의지도 없이 맹목적으로 상대방과 난투전을 벌이고 있다고 생각하자, 자기 홀로 딴 나라에 있어 어디에도 소속될 수 없다는 극도의 절망감에 빠진다. 그는 이런 절망상태에서 자기를 구원해줄 자비는 없다는 자포자기에서도 생명력으로 싹트는 마음의 평정을 느낀다. 그는 평정상태에서 자신의 과거 실수, 비행 그리고 허욕을 회개하면서 하염없이 눈물을 흘린다. 그는 참회로 자기가 지금 살아있는지, 아니면 죽었는지도 의식하지 못하면서, 무지와 이기심의 화염에서 벗어나고 있음을 느낀다. 이때 한 선원이 선장

12 만물의 부단한 변화를 주장했던 그리스 철학자, Heraclitus와 관계되는 의미의 형용사임.

실로 난입하더니 흑인인 그를 공격하려하자, 그는 주방의 흑인이라고 신원을 밝혀 위기를 모면한다. 그는 선원에게 일등항해사가 선박을 장악했느냐고 묻자, 그렇지 않으며, 선장 편도 승리하지 못했다는 말만 듣는다. 그는 조금 후에 공포와 겁에 질린 선장으로부터 듣기를, "캘훈, 그들(흑인들)이 대포를 발포했다. 그들이 우리에게 총을 난사했다. 너는 내 말을 들을 수 있느냐?(125, 128). 드디어 알무제리부족이 백인들을 무찌르고 선박을 장악했다는 사실을 인지한다.

그는 이런 와중에서도 벌리커와 스킵을 찾아야한다고 생각한다. 그는 주방으로 가다가 선장 폴컨의 모자를 쓰고 있는 엥고냐마로부터 "앞 갑판 밑 선실로 오라"는 말을 듣는다. 그는 "네가 살아 있는 선원들의 생명을 보호해 달라고 간청하고 싶으면 지금이 적기이다"는 말을 엥고냐마로부터 듣고, 흑인에게 "너는 그들을 살해하려고 하느냐?"고 묻는다. 엥고냐마는 "러더퍼드, 그 결정은 나의 소관이 아니다"고 대답하자, 그는 "오늘 아침 너는 그들을 자유인으로 석방한다"고 약속하지 않았느냐고 따진다. 그러나 왼손에 부상을 당해 붕대를 감은 엥고냐마는 거듭 "그 결정은 나의 소관이 아니다"고 강조한다. 그는 엥고냐마가 약속을 지킬 수 없을 정도로 사태가 급변했음을 직감하고, 이런 사태에 대응하기가 결코 쉽지 않을 것임을 예감한다. 그는 선실에 들어가서 난장판이 되어버린 내부와 얼굴에서는 피가 흐르고 손이 밧줄로 묶인 크링걸 뿐 아니라 흑인들이 조성하고 있는 험악한 분위기를 목격한다. 엥고냐마는 그를 위로하려고 말하기를, "러더퍼드, 여기서 누구도 너를 해치지 않을 것이다. 이 사람들은 네 형제들이다." 그러나 그는 혹독한 억압과 시련에서 갑자기 해방되어 살기등등하게 난동을 부리는 흑인들의 횡포에 엥고냐마도 어떻게 대응해야 할지를 전혀 모르고 있음을 간파한다. 그들이 크링걸을 처형하자는 결정을 내리려고 하자 그는 호소하기를, "당신들은 그를 필요로 한다. 당신들이 원하면 선장을 처형하라. 만약 당신들이 일등항해사를 살해하면, 결코 육지에 상륙하지 못할 것이다. 당신들 중 누구도 영어 지도를 읽을 수 없다. [. . .] 크링걸만이 너희들이 [배를] 수리하는 것을 도울 수 있다. 그가 유일하게 생존한 항해사이다." 그의 호소에도 불구하고, 한 흑인이 엥고냐마에게 이 사람은 누구 편이냐고 묻고, 자기는 이 사람을 믿을 수 없다고 말하면서 러더퍼드에게 자귀를 쥐어주면서 크링걸의 머리를 치라고 명령한다. 그는 명령에 따라 조용히 앉아 있는 크링걸에게 다가가서 자귀를 머리 위에 올렸다가 바닥으로 떨어뜨린다. 그는 다시 자귀를 들라는 명령을 받고 항변하기를, "나는 못한다. 당신들은 그를 죽이고 나를 죽일 수 있다. 그러나 그와 나의 도움 없이는 당신들은 대서양 가운데서 [속수무책으로] 떠돌아다닐 것이다"(130, 131, 134, 136). 결국 그들은 크링걸이 자기들의 무사귀환에 도움을 줄 거라고 믿고, 그의 결박을 풀어준다.

그러자 이번에는 크링걸이 러더퍼드에게 크게 화를 내면서 따지기를, "너는 그들(흑인들)의 소행을 보고도 엥그냐마 편을 들 수 있느냐? 러더퍼드, 그들은 너를 살해하려고 했다 . . . " 그는 크링걸의 화풀이에 대응하기를, "나는 누구 편도 들지 않는다. 나는 우리 모두의 생명을 보존하려고 할 뿐이다. 나는 지금 이 배에서 누가 옳고 그른가를 알지 못한다. 나는 거기에는 관심이 없다. 나의 소원은 오로지 귀향이다." 이렇게 러더퍼드는 위기상황에서 시비를 가리려고 골몰하기보다는 생명의 안전을 가장 중요시한다. 결국 크링걸은 그의 마음을 이해하고 그에게 자기 생명의 은인이라고 감사의 뜻을 전한다. 두 사람은 서로 위기의 순간에 상대방의 생명의 은인이었음을 인정하고, 배 밑으로 내려가 작은 선실에서 벌리커와 스컵을 발견한다. 벌리커는 러더퍼드의 허리를 꼭 껴안으면서 반가움과 안도감을 표시한다. 크링걸은 스컵에게 여기 네 사람만 생존자이고, "우리를 흑인들로부터 보호해줄 사람은 . . . 캘훈이다"(137, 138)고 말한다. 러더퍼드는 지금 자기 뿐 아니라 세 사람의 생명을 지켜야 할 책임자가 될 수밖에 없다. 드디어 그는 자기책임을 지는 인간으로 성숙한다.

크링걸도 배의 키를 잡고 자기 뿐 아니라 세 사람의 운명을 결정할 자격자로서 그들에게 위로와 용기를 주려고 말하기를, "나는 우리를 미국에 상륙시키려고 하니 나를 도와달라. 우리는 낮에는 흑인들이 원하는 대로 애프리커 쪽으로 가게 하다가, 그들이 잠자는 밤에는 미국 쪽으로 움직이게 한다. 우리는 흑인들이 낌새를 알기 전에 롱 아일런드(Long Island)에 정박할 것이다." 그의 말에 반응하여 스컵은 가능하냐고 묻지만, 러더퍼드는 침묵한다. 세 사람이 이러고 있을 때, 알무제리부족은 승리를 자축할 수 없다. 승리는 그들에게 그들의 실존철학과 문화에 반하는 "'적'의 개념과 거기에 따른 이원론적 세계관을 수용하도록 강요했고, 다시 말하면 모든 존재의 상호의존에 대한 그들의 전체론적 신념을 포기하고 '나와 너를 대립시키는 다양성'의 부도덕한 상태로 유도했기 때문이다."[13] 그들은 살인행위를 참회한 후에 바다를 건너 고향으로 돌아가기로 결정한다. 그들이 이렇게 결정하자 엥고냐마가 세 사람에게 와서 말하기를, "당신들은 선장을 설득시켜 우리가 돌아갈 항로를 확정해야 한다. [. . .] 선장이 항로를 잡지 않는다면 당신들 모두 죽을 거라고 단언할 수 있소"(139, 141). 따라서 러더퍼드가 선장실에 감금되어 있는 폴컨을 면담하러 가는 것이 여섯 번째 일기의 끝이다.

러더퍼드가 포로로 두 발이 결박당한 초라한 모습의 선장을 연민의 정으로 바라보는 것은 하나의 큰 반어이다. 선장은 어리석다고 생각한 흑인들을 마음대로 통제할 수 있다는 자신감과 패기를 상실하고, "그들은 내가 예상한 것보다 훨씬 더 영리하다"고 그에게 실토한다. 또 선장은 자신의 존재철학과 의의는 전적으로 부정당하므로 스스로 말세라는 종말론에 꼼짝 못하는 처지에 있다. 선장은 러더퍼드의 배신으로 이렇게 되었다고 그를 비난한다. 그러나 그가 선장과 선원들의 계획이 차질을 빚었기 때문에 흑인들이 선박을 장악할 수 있었다는 설명을 듣고, 선장은 오해를 푼다. 그래서 선장은 그에게 간곡히 부탁하기를, "한 가지 변하지 않는 것은 내가 아직도 너를 내 눈과 귀로 필요로 한다는 사실이다. 내가 기록할 수 없으니 네가 항해일지를 써야 한다. 내가 어떻게 되더라도 나는 다른 사람들이 이 항해에서 일어난 사건의 진실을 알기를 원한

[13] Valkeakari, 245.

다. 너는 항해일지를 써줄 거지?"(146). 그는 글재주가 없다고 사양하지만, 선장의 요구를 완강하게 거절할 수 없다. 결국 그는 승선한 후에 목격한 모든 사실들을 자기위주로 기록하려고 결심한다.

선장은 러더퍼드로부터 듣기를, "흑인들이 배를 장악하고 있다. 우리는 지금 목적지 없이 항해하고 있다. 그들은 우리가 방갈랑으로 가는 항로를 고정해주기를 원한다. 당신이 우리를 그 곳까지 안내할 수 있다면 생존한 선원들은 거기서 석방될 것이다." 선장은 그의 말을 경청한 후에 그들은 이 배를 자기들 마음대로 운항할 수 없다고 말한다. 이 배는 세 명의 뉴 올리언즈 지하경제의 폭력배 겸 범죄자의 재산이므로 선장과 선원들이 임의로 항로를 변경해서는 안 되기 때문이다. 이 배에 선적된 흑인들과 화물은 모두 그들의 소유이다. 선장은 그들의 임금을 받는 하수인으로 자기도 흑인들처럼 자유가 없다고 그에게 실토한다. 그래서 선장은 알무제리부족과 화물을 방갈랑에다 내려놓고, 빈손으로 뉴 올리언즈로 돌아가 자기가 이번 출항을 위해 온갖 아부와 감언이설로 설득하여 거금을 투자하게 꾄 세 명 자본가를 만날 수 없다고 부언한다. 선장은 이 자본가들의 신상이 잘 노출되지 않는데, 그들 중 한명은 혼혈흑인이고 투기꾼인 파퍼 제링이라고 밝힌다. 더구나 선장은 반란을 일으킨 알무제리부족은 제링의 소유라고 은밀히 암시한다. 러더퍼드는 이 암시를 듣고 너무 경악하여 반응하기를, "갑자기 배가 실체가 없는 것처럼 느껴졌다. 대규모 경제계의 승부에서 저당물이 너무나 절대적이기 때문에 우리의 현재 선상 싸움을 하찮게 했다. 내가 *공화국호*에서 일했던 몇 개월은 흔적도 없이 사라지는 것 같더니, 파퍼 제링의 . . . 연기 자욱한 식당으로 압송되었다. 내 앞에서 폴컨이 아닌 제링이 세계가 어떻게 돌아가는지 전혀 모르는 일리노이 촌뜨기를 비웃으면서, 나에게 자기가 뉴 올리언즈에 엮어 놓은 그물망에서 바다를 건너 애프리커의 오지로 도망갈 수 없다고 말한다. 그러나 나는 어떻게 *그*가 이런 비도덕적 행위를 할 수 있는가를 의아해한다. 노예들을 . . . 사고 판다. 이것은 가장 큰 배신이 아닌가?"(146, 150). *그*가 정신이 너무 어지러워 몸을 지탱할 수 없어 선장실을 나가자, 선장은 스스로 자기 머리에 권총을 쏘아 자살로 생을 마감한다.

러더퍼드는 크링걸로부터 배를 해도에 따라 운항했지만 우리는 지금 어디에 있는지 모르고 표류하고 있다는 말을 듣고, 그에게 별에 의존한 항해를 권유한다. 그러니까 크링걸은 별의 위치도 알 수 없다고 절망적으로 울부짖는다. 설상가상으로 이런 위기상황에서 크링걸을 포함해서 탑승자들 대부분이 환자로 돌변한다. 러더퍼드는 환자들을 돌보기 전에 먼저 자기 근심, 고통 그리고 희망을 버리고, 형이 언제나 그랬던 것처럼 모든 일이 순조롭게 잘 되기를 기원한다. 지금 그는 자기만을 위해 존재했던 아집과 편견을 버리고 다른 사람을 배려하고 사랑하는 공존의식을 가장 중요시한다. 그래서 그는 "'[실존]체험'은 '한 개인'의 전유물이 아니고 오히려 모든 사람이 생존하면서 성숙하는 계기를 마련해주는 서로 연대하고 [의존하는] 과정이다"[14]고 깨닫는다. 그는 이렇게 깨달은 후에 자기를 성찰하고 반성하기를, "나는 내 자신 안에서 러더퍼드 캘훈이라고 일컬을 수 있는 것은 아무 것도 없고, 나와 접촉했던 사람들, 내가 보았던 모든 장소 그리고 내가 머물었던 모든 집의 무수한 조각들과 파편들만 발견했다. 나였다는 '나'는 많은 나라들의 쪽매붙임일 뿐 아니라 태고로부터 존재한 사람들과 사물들의 잡동사니였다. [. . .] 나는 그저 내 '체험'의 약탈품과 전리품이 통과한 도관이거나 창문이었다"(162-63). 이처럼 그는 지금까지 자아와 타인 그리고 세계를 오로지 자기중심적, 일방적, 편향적으로 인지했음을 깊이 반성하면서, 앞으로는 만물의 상호연대와 상호의존을 바탕으로 전체적으로 인식하려고 진력한다. 따라서 그는 무지와 이기심의 자아를 초월하여 다른 사람을 포용하고 그와 하나가 되는 인간으로 변신한다.

그는 어렸을 때부터 불신하고 증오했던 아버지를 포용하는 결정적인 계기를 갖는다. 그는 척추가 견고하지 않는 것 같고 아플 것도 같은 조짐

---

14 Ashraf H. A. Rushdy, "The Phenomenology of the Allmuseri: Charles Johnson and the Subject of the Narrative of Slavery," *African American Review* 26.3 (1992): 377.

이 있어 촛불을 들고 허리를 밧줄로 묶어 배 밑 화물칸으로 내려간다. 그는 통풍이 전혀 되지 않는 화물칸의 공기가 매우 탁해 가슴이 굉장히 답답하여 앉을 수도 서 있을 수도 없어 눕는다. 그가 누워 있는 근처에 상자가 하나 있다. 그러나 그는 상자의 일부가 떨어져 나가서 그런지 처음에 아무 것도 보지 못한다. 눈 망막에 순간적으로 비치는데 상자가 열리고 거기에 사람이 있다. 그의 용모는 정교하게 조각되어 있다. 그는 이 조각품이 "알무제리부족의 자기 모습을 [수시로] 바꾸는 신"임을 직감한다. 그의 직감에 따르면, "사람들에게서 그들의 악몽을 제거하기를 좋아하는 신은 내가 지금까지 풀지 못한 분노와 저주의 한을 품고 있는 사람 — 나의 아버지인 도주한 라일리(Riley) 캘훈의 모습으로 나에게 자기를 드러냈다"(167). 이 문장이 일곱 번째 일기의 끝이다. 이처럼 그는 "신이 아버지이고 자기가 신이 되어 [하나로] 재통합이 [이뤄지는] 순간"[15]에 저주했던 아버지를 포용하고 용서할 수 있다.

그는 실신할 것 같은 순간에 느끼기를, "신이 아버지 옷을 입고 있었다. [. . .] 나는 아무리 해도 파도와 바다를 구분할 수 없는 것처럼 도주한 아버지와 신을 따로 따로 분리할 수 없다"(168-69). 그가 이런 분리가 불가능함을 인지하자, 아버지는 "더 이상 가정을 버린 악한이 아니다. 그의 [도주한] 삶의 이야기는 세상 이야기의 바탕, 즉 '인간 삶을 말하는 무수한 세련되지 않은 목소리들' 중의 일부이다. 그가 아버지에 대한 생각을 이렇게 바꾸자, 아버지를 볼 수 없음에도 불구하고 아버지는 도처에 자기 존재를 드러낸다. 그의 존재는 나 뿐 아니라 무수한 사람들의 영혼에 나타난다. 갑자기 그에게 신의 이름, 러더퍼드가 현시한다. 아버지는 "잠시 신으로 사라진 다음에 바로 '우리'의 상호연대와 [상호의존]의 열린 통찰력으로 빛을 발한다. 러더퍼드는 개인 라일리 대신에 '파도들이 바로 물로 바뀌는 것처럼' 아버지 그리고 모든 사람과 신비적 통합을 상상하고"[16] 실현하려고 최선을 다한다. 그는 이런 결심을 하면서 졸도한다.

---

[15] Nash, 144.

[16] Storhoff, 178-79.

그는 졸도하여 3일 동안 혼수상태에 빠졌다가 깨어나지만, 기력이 없어 몸을 마음대로 움직일 수 없으므로 선실에 누워만 있다. 그는 자기에게 죽음이 다가오고 있음을 의식하면서도 자기보다는 다른 선원들이 생존하기를 기도한다. 이러고 있는데 그는 다리에서 시작된 마비가 점점 위로 올라와서 샅까지 왔음을 느낀다. 더욱이 그는 온 몸에 전율이 일어나고 있음을 알아차릴 때, 높은 파도가 선실 문을 벽 쪽으로 날려버린다. 그는 갑자기 밖에서 부는 폭풍으로 숨을 쉬기가 힘들다. 이때 스퀍이 그에게 와서 일어날 수 있느냐고 물으면서 폭풍을 피해 대형 보우트로 옮겨가자고 그를 부축한다. 그들이 갑판에 오자마자 한 지도자급 흑인이 대포를 잘못 만져 터진 폭발이 배를 풍비박산해버린다. 그는 배가 침몰하는 아비규환의 와중에서 스퀍이 자기를 미리 세 어린이를 태운 보우트 쪽으로 밀어 승선하도록 도와주어서 생명을 보전한다. 그런 다음에 그는 술회하기를, "누가 살았는지 나는 말할 수 없었다. 내가 누워 있는 해먹(hammock)은 무거워졌고, 드디어 바닷물로 가득 채워지자 그 무게와 내 체중을 대서양의 흔들리는 담황색의 빛깔 속으로 빠뜨렸다"(184). 이 문장이 여덟 번째 일기의 끝이다. 그의 졸도와 바다에 빠짐은 망각으로 인한 과거청산과 재생을 상징한다. 그는 무지와 이기심을 버리고 새로운 인간으로 다시 태어나서 "세례를 받는다."[17]

그와 스퀍 그리고 세 어린이는 서인도 제도에서 뉴 올리언즈로 돌아가는 유람선, *쥬노우호*(*Juno*, 결혼의 여신)의 선원들에 의해 구조된다. 이 구조는 러더퍼드가 자유를 찾는 이야기에서 가장 중요한 역할을 한다. 그는 구조된 후에 자유는 타인과 세계와의 상호연대와 상호의존임을 알고, 학행 일치하는 삶을 살려고 결심하기 때문이다. 그가 자유를 찾는 이야기는 *공화국호*에 몰래 승선하면서 시작되어 *쥬노우호* 선원들에 의해 구조되어 거기서 항해일지를 다 쓰면서 끝난다. 그가 노예에서 해방되어 인식한 자유는 무지와 이기심으로 자기책임과 의무의 부정, 자신의

---

[17] 앞책, 180.

관능적 본능과 세속적 욕구 충족 그리고 이 충족을 위해 저지른 범죄와 사회로부터 도피였다. 그러나 그는 *공화국호*에서 체험했던 온갖 시련, 선상 반란과 생사의 갈림길, 선원들의 죽음, 배의 침몰과 아비규환 그리고 구사일생에서 받을 수밖에 없었던 엄청난 마음의 충격과 상처를 잊으려고, 자기가 그동안 터득한 새로운 지식과 철학 그리고 거기에 따른 깨달음을 바탕으로 항해일지를 쓴다. 그는 "우리가 체험했던 전부를 문자화해서 형상화할 필요성"을 절실히 느껴 일지를 쓴다. 그는 "전부를 말로 표현함으로써 [비극적인] 과거와 [대화하고] 화해하는 방법을" 찾는다. 그가 일지에서 자기 생각을 밝힌 "항해는 내 인생관과 세계관을 도저히 역전할 수 없게 변화시켰고, 나를 문화적 혼혈아로 탈바꿈시켰으며, 세계를 내가 소유하거나 지배하고 싶은 필요성을 느끼지 않는 무상한 그림자놀이로 변형시켰으므로, 나는 오로지 무진장한 현재를 있는 그대로 수용하려한다"(190, 187). 이처럼 그는 항해하면서 무지와 이기심이 충만했던 자기를 버리고 만사를 상호연대와 상호의존의 시각에서 공평무사하고 흔쾌하게 수용하는 인간으로 성숙했다. 따라서 그는 이런 변신으로 말미암아 이저도러가 싫어 뉴 올리언즈를 떠났다가 이제는 그녀와 굳게 결합하여 하나가 되려고 결심한다. 이 하나 됨이 그의 자유개념을 무지와 이기심에서 비롯된 자기만족과 방종에서 자기와 상대방에 대한 책임으로 급변시킨 과정이다. 요컨대 이 과정이 그가 자유를 찾는 이야기의 요체이다.

그가 일지를 쓰려고 선실에만 있으니까 벌리커가 잘 걷지 못하는 그를 위해 지팡이를 가지고 와서 밖으로 나가자고 하면서, 자기에게 좋은 옷과 신발을 준 사람이 제링이라고 말한다. 그는 제링이라는 이름을 듣는 순간 그녀와 두 어린이가 노예로 그의 재산이 된다는 생각을 도저히 용납할 수 없다. 즉시 그는 그녀에게 자기를 제링이 있는 방으로 데려가 달라고 부탁한다. 그가 그녀를 따라 큰 돛대 뒤에 있는 넓은 식당으로 가자, 결혼행진곡이 들리고 성경이 놓인 임시연단에 선장이 주례로 서 있다. 그 아래에 신랑인 제링이 신부 입장을 기다리는 결혼예행연습을 하고 있다. 그는 입장하는 신부가 이저도러임을 확인하고 경악한다. 그는 그녀가 신랑 가까이 다가가자 도저히 참을 수 없어 방 안으로 돌진하여 두 사람을 갈라놓는다. 경호원이 그를 붙잡더니 바로 그가 뉴 올리언즈의 좀도둑이었음을 알아차린다. 두 사람 사이에 소동이 벌어지자 제링이 이 사람이 누구냐고 묻자, 경호원은 이저도러가 찾고 기다렸던 일리노이 촌놈이라고 대답한다. 그러자 그녀가 러더퍼드냐고 확인한다.

그는 스컵의 도움을 받아 다른 사람들을 따돌리고 이저도러를 조용한 곳으로 데리고 간다. 그녀는 그에게 "러더퍼드, 당신은 지금까지 어디 있었느냐?"고 울부짖는다. 그는 그녀가 뿌리치지 않기를 바라면서 그녀의 왼쪽 팔을 잡고 먼저 사과하고 자기심정을 밝히기를, "그녀(벌리커)는 항해 중에 고아가 된 어린이들 중 한명이다. 나는 그녀의 아버지는 아니지만 . . . 그러고 싶다. 벌리커가 내 눈에 보이지 않으면 나는 걱정한다. 그녀가 상처를 입으면 내가 다친 것처럼 마음이 아프다. 밤낮 나는 내가 눈을 감은 다음에도 모든 사람이 그녀를 도와주기를 기도한다. [. . .] 나는 그녀가 먼저 식사했다는 것을 . . . 확인하기 전에는 식사할 수 없다." 그녀는 그가 벌리커(다른 사람)를 극진히 사랑하는 마음을 알고 "러더퍼드, 당신은 정말 많이 변했다"고 칭찬하자, 그는 "그녀의 도움이 필요하다"고 고백한다. 그녀가 그에게 "청혼하는 거냐?"고 묻자 그는 "그렇다"(194, 195)고 대답한다.

그러나 그녀는 그의 청혼을 받아들일 수 없다고 단호하게 말한다. 그 이유로 그녀는 그에게 자기가 제링에게 대항할 수 없는 무기력하고 무능한 여자이기 때문이라고 자백한다. 그녀는 사교모임에서 어느 누구도 자기에게 관심을 갖지 않아 창피해서 죽고 싶을 때, 그는 자기에게 매우 친절하고 집까지 바래다주고, 다음 날에는 자기가 가장 좋아하는 꽃도 보내주었다. 게다가 그녀는 그가 지하세계의 두목이고 살인도 마다하지 않는 폭력배라 무서운데, 자기를 위협하면 식사도 할 수 없었다. 그는 그녀가 자기 청혼을 거부하지 못하도록 하려고 그녀를 유람선에 강제로 승선시켰다. 이런 상황에서 그녀는 러더퍼드에게 자기가 어떻게 처신해야하느냐고 묻는다. 러더퍼드는 그녀에게 방에 가서 기다리라고 말하고, 폴컨 선장의 항해일지를 들고 제링을 찾아간다. 러더퍼드는 일지를 증거로 그가 불법노예무역의 주모자라고 질책하면서, 사실을 세상에 알리겠다고 그를 협박한다. 러더퍼드는 이 협박으로 그가 이저도러와 자기를 내버려 두게 한다.

그는 승리의 쾌재를 부르면서 식당에 있는 장미꽃다발을 들고 이저도러 방으로 간다. 그는 자기 미래는 무절제했던 과거와 이저도러와 함께 새로운 삶을 시작하려는 현재와의 불확실한 조화에 달려있다고 생각하니 손이 떨린다. 이저도러는 그가 무사히 돌아와서 앞으로 제링의 청혼은 없을 거라는 말을 듣고 무척 기뻐한다. 그녀는 극도로 흥분하여 선언하기를, "나는 당신과 결혼하여 당신이 벌리커와 가정을 이루는 것을 도울 것이다." 그런 다음 그녀는 꽃다발을 받고 좋아하더니 그의 옷을 벗기고, 과거의 그를 기억하여 연극에서 보았던 여배우를 흉내 내어 자기성격과 기질에 맞지 않는 성을 자극하는 자세를 취한다. 그러더니 그녀는 과감하게 그를 공격하여 비틀거리게 한다. 이러면서 그녀는 말하기를, "나는 당신이 이런 격정적인 행위를 원했다고 생각한다." 그녀의 말에 그는 "이저도러, 나는 . . . 그렇게 생각하지 않고 있다"고 대응한다. 그녀는 아무 말도 하지 않고 그의 얼굴을 응시하더니 그에게 변화가 일어났음을 알아차린다. 이제 그는 실존에서 관능적 쾌락추구를 넘어선 경지에서 천명하기를, "그녀와 내가 그 많은 사건과 시련들을 극복한 후에 실현하려는 염원은 대서양의 뼈를 떨게 하는 추위를 오래오래 견디게 해주는 포옹의 정결한 고온 발광이다." 그의 염원에 따라 아홉 번째 일기의 끝은 "우리는 자아를 의식하지 않고 함께 대서양과 무수한 시련들의 바다를 건넜다"(206, 208, 209)이다. 드디어 러더퍼드는 자기중심의 자아를 버리고, 이저도러 그리고 벌리커와 함께 가정을 이룬 사실의 상징성, 즉 타인과 사회와의 상호연대와 상호의존의 절대적 중요성을 깨닫고 어렸을 때 살았던 일리노이로 돌아간다.[18]

Ⅲ

지금까지 러더퍼드가 자유를 찾는 이야기(과정)을 고찰했다. 그는 노예에서 해방되자, 그 생활에서 억압되었던 술, 여자 그리고 도박에 탐닉한다. 그는 신분과 억압에서 해방되어 자유인이 되자, 자기를 알고 성찰하려고 하지 않으면서 쾌락에 탐닉하는 행위를 자유라고 잘못 인식한다. 또 그는 이원론에 입각해서 자기관능충족에 방해가 되면 무시하고 증오하는 행위도 자유라고 생각한다. 더욱이 그는 쾌락추구를 위해 저지른 범죄로부터 도피도 자유로 착각한다. 그는 이렇게 잘못 인식한 자유 뿐 아니라 범죄로 인한 구속으로부터 신체적 자유를 향유하려고 불법 노예 무역선에 몰래 승선한다. 이처럼 그는 오로지 자기만족과 쾌락을 찾아 인간과 사회로부터 도피하면서 개인적, 사회적 책임과 의무를 부정한다. 요컨대 그는 명목상 해방된 자유인이지만, 자유의 정의를 모르기 때문에 진정한 자유인이 아니다. 그는 자기 무지와 이기심으로 타의로 해방된 자아와 이로 인해 자유로워진 자아는 전적으로 다름을 인식하지 못하기 때문이다. 따라서 그는 해방된 자아는 관능적 쾌락에 탐닉하게 하지만, 이렇게 멋대로 자유로워진 자아는 자아를 탐구하고 실현할 수 없게 했을 뿐 아니라 "자유의 목적은 다른 사람들을 위해 자유를 신장하려는 의지와 실천"임을 깨달을 수 없게 했다.

그러나 그는 배에서 노예로 끌려오는 흑인들로부터 만물을 통합하는 전체적 시각에서 인간과 사물을 수용하는 철학을 배운다. 따라서 그는 이제 나와 너를 구분하여 서로 대립하고 갈등하는 존재로 보지 않고 하나로 통합한다. 더욱이 그는 타인과 사회를 상호연대와 상호의존의 철학을 바탕으로 이해하고 수용한다. 이러므로 그는 과거에 증오하고 무시했던 사람들을 존경과 사랑의 대상으로 받아들인다. 이렇게 그는 자기 무지와 이기심 그리고 이로 인한 고독과 소외에서 벗어나 사랑과 더불어

---

[18] Nash, 147.

삶의 가치와 의의를 인지한다. 드디어 그는 진정한 자유는 자기 멋대로 함에 있지 않고, 어떤 시련과 고난을 감수하더라도 자기를 알고 성찰하려고 최선을 다하면서 타인과 사회를 상호연대와 상호의존의 철학으로 수용함으로써 자기중심에서 벗어나 다른 사람과 사회에 봉사함이라고 깨닫는다. 그는 이 깨달음에 의존하여 살려고 과거에 무시했던 여자와 결혼하여 가정을 이루고 가장으로서 가족과 사회에 최선을 다해 봉사하려고 전력한다. 드디어 그는 자신의 허위의식을 획기적으로 개혁하는데 성공한다. 이렇게 의식을 개혁한 러더퍼드는 죤선 소설의 이상적인 주인공이다. 죤선은 소설 창작의 궁극적 목적은 의식개혁이라고 주장한다. 죤선은 이 목적을 *중앙항로*의 주인공, 러더퍼드를 창조하여 달성했다.[19] 결론적으로 *중앙항로*와 그 주인공, 러더퍼드는 죤선의 소설철학과 창작의 혼연일체, 즉 이론과 실기의 융합체이라는 격찬을 받아야 한다.

---

[19] Scott III, 655.

7

매럴린 로빈선: 감내, 성숙 그리고 선택

I

매럴린 로빈선(Marilynne Robinson, 1943-)은 우리 시대의 가장 탁월한 미국작가들 중의 한 사람이라는 절찬을 받는[1] 여자소설가이다. 이 절찬에 걸맞게 그녀의 처녀작, *집 가꾸기*(*Housekeeping*, 1980)는 "문체[주인공들, 소재와 내용 그리고 구성과 전개]가 당시에 출판되었던 최소한의 언어구사자(minimalist)와 포우스트모던소설과는 아주 상이하여" 출판사가 작품을 좋아하면서도 판매를 걱정했다. 그러나 "애너토울 브로우야드(Anatole Broyard)가 *뉴욕 타임즈*(*New York Times*)에 앞서 열광적인 서평을 써서, 이 소설은 '온갖 불만들로 가득 찬 일상적인 인간조건을 극복하고 하나의 커다란 변신을 이루었다고 극찬했다.'" *집 가꾸기*는 풀리쳐상(Pulitzer prize) 후보작으로 추천되었고, 최상의 처녀작에 수여하는 펜/헤밍웨이상(PEN/Hemingway prize for best first novel)을 수상했다."[2] *집 가꾸기*는 무책임한 아버지의 버림을 받은 화자 겸 여자주인공,

---

[1] Sarah Fay, "An Interview with Marilynne Robinson," *Paris Review* 186 (2008): 37.

[2] Sara Constantakis, *Novels for Students*, *Volume 39* (Detroit: Gale, 2012), 133.

루스 스토운(Ruth Stone)이 어렸을 때 어머니마저 갑자기 자살하자, 여동생 루실(Lucille)과 함께 5년 동안 외할머니의 보살핌을 받다가 그녀가 타계한 후에 이모 실비 피셔(Sylvie Fisher)의 보호를 받으면서 성장하여 사춘기에 루실과는 정반대로 떠돌이 삶을 선택하는 의지를 과거의 회상 기법으로 서술한 1인칭 성장소설이다. 루스는 자신의 상상력의 적극적인 발휘를[3] 바탕으로 역경을 극복하면서 성숙하여 사회적 안정과 인습을 거부하고, 도전과 모험정신으로 고독하고 자유스러운 실존을 선택한 유별난 여자주인공이다. 이렇게 유별난 여자주인공의 성숙과 선택을 기술한 *집 가꾸기*는 주로 두 개의 관점에서 논의되고 있다. 하나의 관점은 *집 가꾸기*가 "최근 여성작가들이 어떻게 여자들에게 억압적으로 현존하는 문화적 신화, 구조 그리고 관념들을 와해시킨 다음 [유익한 제도와 철학을] 창조할 것인가를 탐구하는 데에 지대한 관심을 갖는 여권주의 비평가들에"[4] 의해 깊이 연구되고 있다는 주장이다. 또 하나의 관점은 *집 가꾸기*가 19세기 미국작가들, 랠프 왈도우 에머선(Ralph Waldo Emerson), 헨리 데이비드 소로우(Henry David Thoreau), 에멀리 디킨선(Emily Dickinson), 그리고 허먼 멜빌(Herman Melville)의 문학적 주제를 천착하여 효과적으로 활용하고 있다[5]는 시각이다. 이 관점들과는 달리, 필자는 "감내, 성숙 그리고 선택"의 논지로 *집 가꾸기*를 고찰해보려고 작정한다. 필자는 이 논지로 루스가 자기에게 암울하고 비극적인 현실을 극복하면서 성숙하여 독자적으로 자아를 고수하려는 의지를 규명하고자한다.

이 논지는 로빈선이 앤 이. 보스(Anne E. Voss)와의 대담에서 천명한 *집 가꾸기*의 창작동기와 배경에 어느 정도 드러난다. 그녀는 많은 미국 동부사람들이 경멸하는 지성과 문화의 혜택이 없는 서북부에 위치한 아

---

[3] Martha Ravits, "Extending the American Range: Marilynne Robinson's *Housekeeping*," *American Literature* 61.4 (1989): 647.

[4] Karen Kaivola, "The Pleasures and Perils of Merging: Female Subjectivity in Marilynne Robinson's *Housekeeping*," *Contemporary Literature* 34.4 (1993): 670.

[5] Katy Ryan, "Horizons of Grace: Marilynne Robinson and Simone Weil," *Philosophy and Literature* 29.2 (2005): 349.

이더호우(Idaho)주의 벽지에서 성장하여 브라운대학교(Brown University)에 진학했다. 그녀는 대학교에서도 동료학생들이 자신의 형이상학에 대한 관심을 의아해함을 보고 놀란다. 또 그녀는 그들이 자기가 말과 등자(鐙子)를 소재로 소설을 쓸 거라고 생각함에 경악하고 실소한다. 그녀는 이런 어이없고 부조리한 현실을 체험한 후에 *집 가꾸기*를 집필하면서 출판보다는 자아를 성찰하고 고수하려는 마음을 더욱 중요시한다. 그녀는 *집 가꾸기*의 집필목적을 피력하기를, "내가 *집 가꾸기*를 창작하면서 의도했던 목적들 중의 하나는 나의 출신과 성장배경에서 터득했던 실존철학의 현실화와 객관화였다. [. . .] *집 가꾸기*에서 일어나는 많은 사건들은 나의 가족사에서 튀어나온 이상한 잡동사니들이다. [*집 가꾸기*에는] 개인적인 불만도 언급도 없다. *집 가꾸기*는 누비이불을 만드는 것과 같았다. 당신은 당신 과거의 모든 사건들 중에서 중요한 것들을 발췌하여 이상적인 형태로 배열한다. [. . .] 나는 내 아들과 오빠가 내가 무엇을 생각하고 있었는가를 인지하도록 유도하기 위해, 또 내 부모님을 기쁘게 해드리기 위해, 게다가 내 조부모님을 기억하기 위해 소설을 창작했다. 정말로 나의 이런 의도가 창작목적이었다."[6] 요컨대 로빈선은 자신의 실존한계를 극복하면서 성숙한 과정을 *집 가꾸기*에서 우회적으로 기술했을 뿐이고, 여권주의와 19세기 미국문학주제를 최우선으로 생각하지 않았다.

또 필자는 논지의 근거를 이 문장 — "내(루스)가 그날 밤 과수원에서 터득한 중요한 진리는 만약 당신이 추위에 저항하지 않고 견딜 만 하다고 그대로 받아들인다면 당신은 추위를 더 이상 불쾌감으로 느끼지 않는다는 사실이다"[7] — 에 두고 싶다. 필자는 다른 비평들과는 달리 이 문장이 핵심주제로 매우 함축적이고 작품에서 아주 중요한 역할을 하고 있

---

[6] Anne E. Voss, "Portrait of Marilynne Robinson," *Iowa Review* 22.1 (1992): 27-28.

[7] Marilynne Robinson, *Housekeeping* (New York: Picador, 1980), 204. 앞으로 이 작품에서의 인용문은 괄호 안에 쪽수만 표시함.

다고 주장한다. 이 문장을 다양하게 해석하면, 우리가 자아를 탐구하고 실현하려고 하지 않는다면, 주체적 자아를 고수하려고 하지 않는다면, 다른 사람들을 배려하고 사랑하려고 하지 않는다면, 우리는 이런 의지와 실천의 중요성을 망각할 뿐 아니라 인간의 책임과 의무를 다하지 않는 허수아비로 전락한다. 이렇게 전락한 사람들은 무의미하고 무기력한 삶을 살면서도 양심의 가책과 실존의 허무를 느끼지 못한다. 이들은 허송세월하고 있음을 조금도 의식하지 않는다. 우리가 이런 허수아비가 되지 않으려면 자아성찰과 고수 그리고 다른 사람들의 존중과 사랑에 심혈을 기울이면서, 혹시 등한하고 있지 않나 항시 경계해야한다. 필자는 이런 심혈과 경계가 이 문장의 진수이라고 믿는다. 따라서 이 문장이 "감내, 성숙 그리고 선택"의 진의를 대변하고 있다고 필자는 강조한다.

루스는 어린 나이에 고아가 되어 자기에게 반드시 있어야 하는 따뜻한 보살핌과 사랑이 결핍한 감내하기 어려운 역경을 극복하고 성숙하여, 모든 굴레에서 벗어나 타고난 자아를 고수할 수 있는 방편으로 방랑자생활을 선택한다. 그녀의 "선택은 낭만적이지도 비극적이지도 않다. 이 선택은 획득하려는 [이익]보다는 오히려 상상력을 기반으로 하는 실존으로 단호하면서도 우울한 전향이다."[8] 그녀가 생존, 성장 그리고 선택하는 장소는 외할아버지가 직접 설계하여 신축한 집과 철교가 가로지르는 거대한 호숫가의 작은 마을, 핑거보운(Fingerbone)[9]이다. 그녀는 동생과 함께 철도사고로 부군을 잃은 외할머니와 결혼했으면서도 홀로 떠도는 이모(실비)처럼 외롭고 메마른 삶을 사는 여자들의 보살핌과 보호를 받으면서 성장한다. 따라서 그녀와 동생은 실존에서 돈독한 유대, 상호이해와 존중 그리고 깊은 애정과 사랑을 강하게 의식하지도 느끼지도 못한다. 그녀는 안정과 소속을 갈망하여 자기를 버리는 동생과는 달리, 여자로서 평범한 일상적인 생활과 사회적 구속을 거부하는 실비의 영향을 받아 방

[8] Ryan, 362.

[9] 로빈선이 출생한 아이더호우주의 북부에 있는 Pend Oreille 호숫가에 위치한 Sandpoint를 소설화한 마을이다.

랑자생활을 선택하여 자유의 길로 들어선다. 그녀는 이런 생활을 하면서도 동생을 생각하고 그리워하면서 그녀의 안녕과 행운을 기원한다. 이러므로 *집 가꾸기*는 다른 포우스트모던 소설들에 비해 배경이 매우 좁고, 구성이 무질서하게 얽혀 있지 않고, 전개도 복잡다단하지 않다. 소재와 내용도 현학적, 추상적이지 않고 사실적, 구체적이다. 이런 소설의 배경, 구성 그리고 내용에도 불구하고, 주인공이 1인칭시점으로 서술한 실존한계와 제약의 극복과 성숙 그리고 방랑자생활의 선택 이야기는 다양한 논의와 해석의 대상이 되었고, 지금도 되고 있다. 이제 본론에서 루스의 암울하고 메마른 비극적인 실존, 이를 극복하고 성숙하는 의식과 상상력, 그리고 자발적인 떠돌이 삶의 선택이 구체적으로 고찰된다.

II

소설은 주인공이 "나의 이름은 루스이다"(3)는 선언으로 시작된다. 이 선언은 루스가 비록 어렸을 때 고아가 되어 온갖 고난과 시련을 감내하고, 자발적으로 떠돌이 삶을 선택한 자립인간으로 성숙했음을 상징한다. 그녀는 아버지 없이 어머니와 동생 루실과 함께 시애틀(Seattle)의 빈민층 거주지역의 허름한 고층건물의 최상층에서 살았다. 그녀가 현관에서 아래를 내려다보면 사방은 온통 루핑(roofing)지붕이었다. 그녀 집의 유일한 방문객은 아래층에 사는 버니스(Bernice)할머니였다. 할머니는 어머니가 화장품가게로 출근하면 집에 와서 루스와 루실을 사랑스럽게 돌봐주었다. 그들도 할머니를 매우 좋아했다. 할머니가 어머니에게 친정집 방문을 적극 권유하면서 자기승용차를 빌려주자, 어머니는 두 딸을 데리고 7년 반 만에 핑거보운으로 돌아갔다. 어머니는 일요일 아침이라 외할머니가 집에 안 계신 줄 알고, 두 딸을 현관 앞의 의자에서 오래 기다리게 남겨둔 채, 차를 몰고 호수로 뛰어들어 자살했다. 그녀는 일언반구도 없이 갑자기 세상을 떠났으므로 자살 동기는 영원히 미궁일 수밖에 없다. 이래서 루스와 루실은 졸지에 고아가 되었다.

루스와 루실은 외할아버지가 외할머니를 위해 설계하여 신축한 집에서 5년 동안 외할머니의 보살핌을 받았다. 그녀가 타계하자, 두 고모할머니, 릴리(Lily)와 노우너 포스터(Nona Foster)가 그들을 보호했다. 그러나 두 할머니는 독신자들이라 자상하고 따뜻하게 그들을 보살필 수 없었다. 별수 없이 그들은 신문광고로 애들의 이모, 실비 피셔를 찾고 그녀에게 도움을 호소했다. 그들은 이 호소에 응해 돌아온 실비에게 애들을 맡기고 떠났다. 이래서 루스와 루실은 이모의 보살핌과 보호를 받으면서 얼마큼이지만 자기를 알고 고수하려는 새로운 삶을 시작하여 괄목하게 성장한 후에 정반대의 삶을 선택한다. 특히 루스는 자신의 일반적인 기대와 예상을 뒤엎는 놀라움과 의아심에 직면한다. 이 직면이 그녀의 변신과 성숙에 중요한 역할을 한다. 또 그녀는 어머니를 기억하고 상상하려고 전념함을 성숙의 기반으로 하면서, 동생을 보살피고 사랑하려고 최선을 다한다.

루스는 첫 놀라움과 의아심을 자기가 태어나기 전에 타계한 외할아버지가 어렸을 때 거주했던 특이한 집에 대한 이야기를 듣고, 또 그렸다는 그림을 보고 느낀다. 이 느낌이 그녀가 대중과는 달리 주체적으로 세상을 보고 수용하는 시각을 갖는 데에 긍정적, 적극적인 역할을 한다. 외할아버지는 이상한 집을 떠나 핑거보운으로 거주지를 옮겨 자신의 자유갈구 그리고 창의력과 상상력 발휘욕구를 실현시킨다.[10] 그녀가 들은 바에 의하면, 외할아버지는 일반 주택과는 아주 다른 특이한 집에서 성장했다. 이 집은 땅을 파고 신축되었기 때문에 유리창 문들은 눈높이에 있을 뿐 아니라 바로 지면과 맞닿아 있어서, 밖에서 집을 보면 사람이 사는 주거지라기보다는 무덤 같았다. 반대로 집안에서 밖을 보면 이 집은 바깥과의 수평상태가 시야를 짧게 하여 지평선이 땅속 집 둘레를 둘러싼 것 같았다. 주거환경에서 비롯되었는지 확실하지 않지만, 외할아버지는

[10] Kaivola, 678.

구할 수 있는 여행기와 육대주의 최고봉들에 대한 탐험 잡지들을 읽기 시작했다. 게다가 그는 물감을 한 상자 사서 석판인쇄 잡지에 있는 일본 후지야마산(Fujiyama)을 모사했고, 직접 많은 산들을 그렸다. 그 산들이 실제로 어느 산이라고 확인될 수 없었다. 그는 언제나 눈이 덮여 있는 순한 한 봉우리나 여러 봉우리들을 그렸는데, 눈 색은 계절에 따라 초록색, 다갈색, 혹은 흰색이었고, 시간에 따라서는 분홍색, 흰색, 혹은 금색이었다. 그의 큰 그림에는 바로 전면에 종 모양의 산이 있고, 산은 온통 세밀하게 그린 나무들로 덮여있다. 모든 나무에는 화려한 색상의 열매가 매달려 있고, 가지들에는 현란한 새들의 보금자리가 있다. 그런데 모든 열매와 새는 땅과 수직을 이루고 있다. 여기에다 큰 짐승들이 아무런 어려움도 없이 오른쪽으로 올라가고, 급하지 않게 왼쪽으로 내려온다. 이 그림은 "전통화법에 얽매이지 않는 새로운 자연관, 즉 이 세상을 그린 부분과 존재하지 않았던 장소를 상상한 부분의 융합체를 제시한다. 외할아버지의 자연은 '거대한 짐승들'과 '나무 하나하나가 지상과 직각으로 서 있도록 세밀하게 그려진 나무들로' 뒤덮인 산들이 [바탕이 되어] 현실과 환상세계의 경계를 확장한다."[11] 루스는 전통화법을 무시한 외할아버지의 "그림의 진수가 무지인지, 아니면 환상인지 판단할 수 없다"(4). 그렇지만 그녀는 자신의 기대와 예상을 뒤엎는 사실을 보고 경이감을 느낄지라도 일단 인정하고 수용하려고 결심한다.

외할아버지는 현실을 초월하려는 상상력의 발휘자, 이러면서도 몽상가가 아니고 실제로 실존한계를 극복하려는 도전주의자, 그리고 책임의식이 강한 실용주의자였다고 그녀는 믿기 때문이다. 그는 산이 그리워 자기가 성장했던 중서부의 평원을 떠나 산들로 둘러싸인 호숫가의 마을 핑거보운에 정착했다. 그는 처음에는 정거장에서 별로 마음에 들지 않는 야간 신호원으로 출발했지만, 사명감을 갖고 열심히 근무하여 10년도 되지 않아 화물적재와 하역책임자로 승진했다. 그는 6년 후에 역장 보조원

---

[11] William M. Burke, "Border Crossings in Marilynne Robinson's *Housekeeping*," *Modern Fiction Studies* 37.4 (1991): 718.

으로 발탁되어 2년 동안 종사하다가 업무출장을 마치고 돌아오려고 탑승한 열차가 철교에서 탈선하여 호수로 추락하여 비명에 가셨다. 그러나 그는 여기서 결혼하여 슬하에 세 딸을 가졌으며, 부인을 위해 주택을 신축했다. 그는 집이 침수되지 않도록 마을 변두리의 작은 언덕에 집터를 잡았다. 그는 집 옆에 과수나무들을 식목하고, 그 안에 작은 연못을 만들었다. 연못 주변에는 흠뻑 젖은 풀, 떨어진 검은 나무 잎 그리고 부러진 나무 가지들이 열려 있었다. 맑은 연못물에는 하늘, 구름조각들, 나무들, 그리고 우리 얼굴이 반사되었다. 이런 사실들을 종합하면, 외할아버지는 비록 삶의 반려자와 하나가 되려고 최선을 다하지 않았다 할지라도 이상주의자와 현실주의자의 통합체, 다시 말하면 전인주의자였다고 그녀는 확신한다. 외할아버지의 비명은 우리의 실존이상이고 목표인 전인주의가 부정되고, 우리 의식이 이기적으로 파편화되고 있음을 상징한다고 그녀는 생각한다.

그가 타계한 후에 외할머니는 함께 참사를 당한 두 남자의 미망인들이 호숫가 마을이 싫다고 재빨리 떠났지만, 이들과는 달리 이주할 생각을 전혀 하지 않았다. 그녀는 평생 동안 여기서 살았다는 이유도 있지만, 외할아버지가 저승에서 돌아와 다시 만나 돈 걱정 없이 안락한 여건에서 새로운 삶을 시작할 수 있을 거라는 믿음을 갖기 때문이었다. 그녀는 다시 만나면 외할아버지가 좀 더 안정된 의식과 자세 그리고 상식을 갖추고 있기를 희망했다. 요컨대 그녀는 "종교적 성향이 강한 여자였다. 다시 말하면 그녀는 인생을 사람이 여행하는 길, 즉 광활한 땅을 지나가는 아주 편한 길로 생각했다. 그녀의 이런 생각에 따르면, 사람의 목적지는 바로 그 길에서 시작하여 일정 거리를 지나면 가식이 없는 집과 같은 평범한 불빛 가운데 있었다. 사람이 집 안으로 들어가면 점잖은 사람들의 환대를 받으면서, 그가 잊어버렸거나 치웠던 모든 물건이 한데 모아져 [자기를] 기다리고 있는 방으로 안내되었다"(9-10). 이처럼 그녀는 그의 죽음을 견딜 수 없는 절망으로 받아들이려하지 않고 오히려 그가 가족으로부터 일시적 이탈을 했다고 생각했다. 더욱이 그녀에게는 집, 연금 그리고 성장한 세 딸이 있었다. 이러므로 그녀는 남편이 현존하지 않음을 확인하면서도 그가 옆에서 조용히 노래를 부르고 있다고 상상했다. 따라서 그녀는 훌륭한 아내였던 것처럼 강인한 미망인으로 살려고 결심했다. 그녀의 이런 의지가 루스의 떠돌이 삶 선택에 큰 영향력을 발휘한다.

그녀의 회고담에 의하면, 외할머니는 결혼하고 얼마 지나지 않아 "사랑은 소유도 누그러뜨리지 못하는 일종의 갈망이라는 결론을 내렸다." 그녀의 사랑과 소유는 양립된다는 결론의 실례를 들어보면, 그녀는 남편이 호숫가에서 주은 고장 난 회중시계의 숫자판을 뗀 자리에 자기가 직접 두 해마(해신의 전차를 끄는 말머리·물고기 꼬리의 괴물)를 그린 종이를 둥그렇게 잘라 집어넣어 만든 목걸이를 선물로 받았다. 그런데 그녀는 줄이 너무 짧아 목에 걸면 해마를 볼 수 없어 목걸이를 걸지 않았다. 그녀가 보기에 해마는 "몹시 짓궂고 기묘하여 선구자적이면서도 곤충의 껍데기 안에서 갑옷을 입고 있다"(12). 이래서 그녀는 해마에서 눈을 떼면 바로 보고 싶고, 심지어 보고 있는 순간에도 더 보고 싶었다. 그녀의 보고 싶은 욕망은 다른 굉장히 다급한 일로 정신을 빼앗길 때까지 누그러지지 않았다. 이렇게 그녀는 해마를 극진히 사랑하므로 목걸이를 항시 몸에 지니고 다녔다. 이러다가 그녀는 목걸이에 흠집이 나서 해마에 상처가 생길까 걱정이 태산이었다. 요컨대 그녀의 목걸이 소유와 해마 사랑은 별개의 문제였다. 또 그녀와 남편이 사랑하는 대상을 소유하려고 해도 무위로 끝났다. 그들이 온 몸이 땀에 흠뻑 젖을 때까지 힘들게 산 위로 올라가 희귀한 꽃나무를 발견하고 깊은 감탄과 희열을 만끽한다. 그들은 양동이와 모종삽을 들고 가서 꽃나무와 주변을 정성스럽게 파서 담고 와 집에 심는다. 그러나 꽃나무는 시들어버린다. 이런데도 그는 온갖 수단과 방법을 다 써서 야생화를 집으로 옮기려고 고심한다. 그래서 그는 어떤 야생화가 어디서 자라고 있는지 전부 기억하고, 꽃을 보려고 가파른 바위틈까지 기어 올라간다. 그는 꽃을 보면 황홀경에 도취하여 자기도 아내도 의식하지 못한다. 그녀는 꽃을 소유하지 못할지라도 이렇게 도취한 남편을 가장 사랑한다. 왜냐하면 그녀는 남편의 순수하고 고고한 영혼이 바로 자신의 영혼이라고 믿었기 때문이다.

이런 고귀한 의식의 소유자이고 확장자인 외할머니의 "세 딸에 대한 사랑은 지극하고 공평했으며, 또 그녀의 그들 가정교육은 인자하고 절대적이었다. 그녀는 햇빛처럼 한결같았으며, 또 햇빛처럼 주목의 대상이 되지 못한 채 딸들의 표정에 드러난 고요한 내면세계를 주시했다." 그녀는 대지, 하늘 그리고 정원이 언제나 똑같지 않다는 사실을 알고, 딸들의 얼굴도 항시 한결같지 않고 언젠가는 변해 낯선 모습이 될 거라고 깨달았다. 그녀는 이런 변화에 놀라지 않고 침착하고 태연하고 용의주도하게 대응하려고 노력했다. 그래서 그녀는 자기에게 세심한 주의를 기울이라고 딸들을 결코 가르치지 않았다. 그런데 외할아버지가 타계하자 소원했던 모녀관계에 묘한 변화가 일어났다. 딸들은 아버지가 갑자기 사라진 것처럼 어머니도 자기들을 버릴까 두려워, 그녀 옆에 딱 붙어 그녀가 하는 모든 일을 지켜보면서 편안한 자세로 수다를 떨기 시작했다. 그들은 한가하게 학교에 관한 이야기도 하고, 자기들 사이에 있는 사소한 불평과 다툼들을 해결했다. 그녀는 딸들이 자기에게 몸을 기대고 자기 얼굴과 손을 응시하고 있음을 의식했다. 그녀는 이 의식으로 딸들이 큰 후로 느껴보지 못했던 그들의 머리냄새, 부드러움, 숨결, 그리고 무뚝뚝함을 오래 만에 감지했다. 이 감지가 "그녀를 기묘한 득의만면, 즉 그녀가 딸들이 젖먹이이었을 때 자기 얼굴을 쳐다보다가 [손으로] 가슴, 머리 그리고 입술을 만지고 싶어 안달하다가 일시적으로 충족되면 잠들었을 때 느꼈던 만족감과 희열로 충만했다"(12, 11).

그러나 이렇게 따뜻하고 정다운 모녀관계 그리고 순수한 영혼을 갈구하는 부모 밑에서 자랐음에도 불구하고, 딸들은 자기를 알고 고수하려고 그리고 홀로 된 어머니를 걱정하고 생각하려고하기보다는 오히려 각자의 이기적 사고와 행동을 우선시했다. 아버지가 유명을 달리 했을 때, 큰 이모는 열여섯, 어머니는 열다섯, 그리고 작은 이모는 열세 살이었다. 그들은 아버지가 안 계시자 "골치 아픈 성공, 인정 그리고 출세의 가능성 [문제]에서 해방되었다. 그들은 [자기들의 가능성과 잠재력을 계발하려고 하면서] 장래를 생각할 이유가 없으므로 후회할 일도 없었다. 그들의 삶은 물렛가락에서 벗어난 실타래처럼 엉뚱한 세계로 굴러갔다"(13). 이런 여건에서도 어머니와 딸들이 함께 한 5년 동안의 평온한 생활로 외할머니는 다행히 상실의 고통을 잊을 수 있었다. 드디어 딸들은 어머니의 안위에는 조금도 관심을 갖지 않고 각자의 이기적 행로를 택했다. 큰 이모는 기독교 광신도가 되어 선교활동을 하려고 중국으로 갔다. 작은 이모도 피셔와 결혼하여 집을 나갔다. 어머니도 큰 이모가 중국으로 떠난 6개월 후에 레저널드(Reginald) 스토운과 함께 시애틀에서 신접살이를 시작했다. 어머니는 스토운과 눈이 맞아 가출하여 너배더(Nevada)주에서 결혼했지만, 외할머니의 강요로 집에 와서 다시 결혼식을 올리고 바로 다음날 시애틀로 갔다. 그러나 그녀의 신접살이는 평탄하지 않았다. 그녀는 남편의 버림을 받고, 빈곤과 외로움과 고투하면서 루스와 루실을 키웠다. 그녀는 7년 반 동안의 고투 끝에 절망과 실의에 빠져 고향으로 돌아와 아무도 모르게 두 딸을 어머니 집 현관 앞에 있는 의자에 두고 호수에 투신하여 자살했다. 그녀는 자중자애하지 않고 어머니를 실망시킨 충동적 행동으로 비극을 자초했다.

이렇게 루스와 루실은 졸지에 고아가 되어 5년 동안 외할머니의 극진한 보살핌을 받았다. 외할머니는 못마땅해서 그런지 루스가 사진을 본 적이 있지만 전혀 기억하지 못하는 아버지와 악전고투한 어머니에 대한 어떤 질문도 그녀에게 하지 않았다. 그녀와 루실은 다른 어린이와 성인들 그리고 외부세계와 절연된 채 노령으로 체격과 기력이 쇠퇴한 외할머니와 말동무를 하면서 시간을 보냈다. 외할머니는 딸들이 모두 떠나고 홀로 남았음을 알고 외로움과 두려움에다 정신까지 흐릿해짐을 의식하고 손녀들의 보살핌에도 자신감을 잃은 것 같았다. 그녀는 몸이 작아지기 시작하면서 구부정하여 계속 앉아만 계시고, 그녀의 옷들은 너무 커서 몸에서 헐렁거렸다. 또 그녀가 정성스레 가꿨던 사과, 살구 그리고 자두나무들이 있는 과수원에는 잡초만 무성했다. 그녀는 이런 쇠퇴를 의식하면서도 자기에게 약간의 수입과 두 손녀에게 유산으로 남겨줄 과수원과 집이 있어 매우 만족스러워했다. 그녀는 비바람과 한파를 막아줄 집의 중요성과 필요성을 강조하면서 손녀들에게 당부하기를, "과수원을 팔아라. 그러나 집은 가지고 있어라. 너희들이 건강을 챙기고 머리 위에 지붕을 가지고 있으면, 다른 사람들처럼 안전할 수 있다. 하나님이 돌봐줄 거다"(27). 게다가 그녀는 자기가 눈을 감으면서 손녀들을 경제적으로 어려움을 겪고 있는 두 시누이에게 맡기려고 했다. 그녀는 그들이 가난하기 때문에, 손녀들을 돌봐주는 대가로 경제적 혜택을 누릴 수 있다고 믿기 때문이었다. 이처럼 외할머니는 두 손녀가 가족의 따뜻하고 헌신적인 보살핌과 보호를 받으면서 성장하도록 깊이 배려했다.

그러나 애석하게도 그녀의 배려는 어떤 실효도 거두지 못했다. 루스와 루실의 두 고모할머니는 노처녀로 그들을 잘 보살필 수 없을 뿐 아니라 그들의 마음을 헤아릴 수 없어 따뜻하고 흐뭇하게 할 수 없었다. 게다가 그들은 건강이 좋지 않아 애들의 보호에 정성을 다할 수 없었다. 따라서 그들은 애들을 기계적으로 상대하여 그들의 의사나 욕구는 전혀 고려하지 않고 정해진 시간에 식사를 차려주고, 잠자리로 데려갔다. 그들은 이런 보살핌에 매우 불만스러우면서도 반항하지 않고 자기들 세계에 침잠했다. 그들은 두 고모할머니가 잠자리에 들면, 침대에서 일어나 누비이불을 덮어쓰고 창가에 앉아 빠르게 지나가는 구름을 볼 뿐 아니라 밝은 달빛 덕택에 카드놀이를 하면서 밤을 새웠다. 루스는 무서운 꿈을 꾼다는 동생을 공포심에서 벗어나게 해주려고 잠을 자지 않았다. 또 그들은 수업이 끝나면 바로 호수로 가서 해가 질 때까지 스케이트를 탔다. 그들은 스케이트 타기와 적막감 그리고 감각을 마비시키는 찬 공기에 완전히 넋을 잃어 어두워짐을 몰랐다. 그들은 어둠 속에서 따뜻하게 빛나는 마을의 노란 불빛을 이 세상의 유일한 위안으로 느끼고 받아들였지만, 유감스럽게도 불빛은 많지 않았다. 게다가 그들은 집에 오는 길에 온 가족이 환한 불빛과 졸림을 가져오는 따뜻함에 도취해 있는 집을 보고 부럽고 화가 났다. 그들은 돌아오는 시간이 너무 늦었다는 고모할머니의 야단을 듣고, 앞으로 이런 일이 없도록 하겠다는 루스의 약속으로 사태를 무마시켰다. 이렇게 메마르고 각박한 실존여건에서도 루스는 소생하여 근원으로 회귀하는 꿈을 꾸면서 희망을 가졌다. 그녀의 꿈에 의하면 "나는 호수의 얼음판을 가로지르고 있었다. 그런데 얼음은 봄에 녹아 움직이면서 스스로 조각나는 것처럼 깨지고 있었다. 그러나 꿈속에서 내가 밟고 있는 얼음 표면은 발걸음을 뗄 때마다 내 무게 때문에 잠간 아래로 가라앉았다가 다시 떠오르는 손, 팔 그리고 위로 젖힌 얼굴들의 합성체였다. 꿈은 . . . 내 마음속에 외할머니가 다른 세계로 가셨는데, 그 세계에서 우리 생명은 물에 비친 그림자처럼 무중력, 무형, 혼합불능, 그리고 분리불능의 존재로 떠돌아다닌다는 확신을 심어주었다"(41). 요컨대 꿈은 루스가 불굴의 존재임을 암시한다.

이 불굴의 존재는 실비 이모와의 만남에서 구체적으로 가시화된다. 두 고모할머니는 루스와 루실을 보살피는데 익숙하지 않을 뿐 아니라 힘겨웠다. 게다가 그들은 비사교적이라 마을할머니들과 어울리지 못했다. 더욱이 그들은 평생 처음 당하는 엄청난 폭설에 질겁했다. 그들은 벽돌건물의 지하에서 안전하게 살았기 때문에 지붕에 엄청나게 많이 쌓인 눈의 무게를 견디지 못하고 이웃집이 무너지는 참사를 보고 겁에 질려 불안감을 떨칠 수 없었다. 그들은 4일 동안 엄청나게 사나운 눈보라가 몰아쳐서 과수원의 사과나무 가지가 부러져 집 모퉁이에 떨어진데다 전선이나 전신주에서 야기된 돌발사로 갑자기 암흑세계로 변한 마을 전체를 보고 경악했다. 그래서 그들은 애들을 보살피는 수고로 얻는 경제적 혜택을 포기하고, 실비를 찾으려고 백방으로 수소문했다. 드디어 그들은 실비를 찾았고, 그녀에게 애들을 맡기고 떠나기로 작정했다. 그런데 지금까지 실비는 집 가꾸기와 어린이 양육을 중요시하는 가사의 전통적 인습을 탈피하여[12] 떠돌이 삶을 즐겼다. 별수 없이 루스와 루실도 이모가 오기를 기다렸다. 그들은 기다리면서 이모의 머리 색깔이 갈색일가, 아니면 붉은 색일까 하고 입씨름했다. 루실이 이모의 머리 색깔은 엄마처럼 갈색일

[12] Kaivola, 676.

거라고 말하면, 루스는 엄마의 머리 색깔은 갈색이 아니고 붉은 색이다 고 반박했다. 이처럼 그들이 엄마의 머리 색깔을 달리 말하면서 벌어지는 입씨름은 앞으로 인생행로의 선택이 상이할 것임을 예시한다. 이 예시는 루실이 자기친구들 그리고 사회구성원들과 함께 사회 속에 있고 싶어 하는데 반해 루스는 사회로부터 이탈하려는 실존선택 그리고 그 의의의 고찰과 해설이다.

봄이 오기 전에 서른다섯 살의 키가 크고 호리호리한 이모가 비록 머리는 젖고 손은 추위로 빨갛게 곱고 뒤축이 없는 손쉽게 벗을 수 있는 신발에다 구겨지고 너무 커서 헐렁한 외투를 걸쳤지만, 우아함과 신비스러움 그리고 겸손함에서 우러나는 평온한 자태로 주방으로 들어왔다. 그러자 두 고모할머니는 애들을 이모에게 맡기고 떠날 수 있을 것 같다는 희망으로 마음이 들떴다. 그들은 이모의 외모를 보고 자기들 끼리 놀라고 못마땅해서 서로 눈짓을 하느라고 한동안 말이 없자, 이모는 머뭇거리면서 찬 손으로 루스의 머리를 만지면서 "네가 루스이고, 너는 루실이며 굉장히 예쁜 머리카락을 가졌다"고 말하면서 정적을 깨고 어색한 분위기를 바꿨다. 다음날 아침에 루스와 루실이 일찍 일어났더니, 이모가 외투를 입고 불도 켜지 않고 주방 난롯가에 앉아 봉지에 든 크래커를 먹고 있었다. 그들은 이모가 떠날 채비를 하고 있다고 생각하고 불안해서 그녀 발 곁의 깔개에 앉아 얼굴을 쳐다보았다. 그녀는 그들에게 크래커를 하나씩 주면서 16년 동안 타향살이를 하다가 11시간 기차를 타고 돌아온 감격에 벅차 "내가 있다는 사실을 믿을 수 없다"고 실토했다. 그녀는 기차여행을 예찬하면서 언젠가 그들을 기차에 태워 먼 곳으로 데리고 가겠다고 약속했다. 루스가 시애틀에 가고 싶다고 말하자, 루실이 이모에게 매우 궁금했던 엄마는 어떤 여자였느냐고 물었다. 이모는 그들에게 엄마는 매우 예쁘고 공부도 잘했고 고양이들을 각별히 좋아했다고 대답했다. 또 아빠는 미남은 아니었지만 키가 크고 조용하고 수줍어했고, 농장으로 돌아다니면서 농기구를 팔았다고 부언했다. 그들은 이 부언을 듣고 엄마가 버니스 할머니로부터 받은 두꺼운 아빠 편지를 개봉하지도 않고 찢어서 쓰레기통에 버렸던 밤을 기억했다. 엄마는 딸들이 거기 있다는 사실을 깨닫고 질문을 피하려고 "이것이 최선이다"(45, 49, 52)고 선수를 쳤다. 그들은 아빠에 대해 아는 것이 없었다. 다만 루스는 편지를 찢던 밤에 굉장히 놀라던 엄마의 얼굴을 생생히 기억했고, 아빠의 가족에 대한 무관심에 몹시 분노했다.

이모가 루스와 루실에게 아침을 챙겨주고, 동네나 한번 산책하고 돌아온다고 말하고 나갔다. 루실이 이모가 돌아오지 않을 수도 있다고 걱정하자, 둘이는 2층으로 뛰어올라가 옷을 급히 입고 달려 나와 이모를 미행했다. 이모가 역으로 들어가자 그들도 따라 들어갔다. 이모가 그들을 보고 깜짝 놀라면서 미소를 짓자, 루실이 그녀에게 물건을 챙기지 않고 왔다고 말했다. 그러자 그녀는 난로의 온기에 두 손을 비비면서 몸을 따뜻하게 녹이려고 여기 왔다고 그들을 안심시켰다. 이모는 그들에게 말하기를, "내가 당분간 여기 있어야 할 것 같다. 고모님들은 너무 연로하시다. 어쨌든 지금은 내가 있는 것이 최선이라고 생각한다"(57). 9시가 되자 세 사람은 싸구려 잡화점에 가서 이모 스카프와 장갑을 사고 집으로 돌아왔다. 고모할머니들이 짐을 싸서 떠나자, 이모가 애들의 보호자와 집 관리자가 되었다. 루스는 이모가 어머니 자리를 대신하고 있다고 어렴풋이 느꼈다.

이제 루스와 루실은 이모와 함께 생활하면서 자기를 주장하는 능동적인 사춘기 소녀로 변신하기 시작한다. 이 변신을 예고하는 전조로 이모가 도착한 다음 주에 사흘 동안은 햇빛이 따뜻하게 비치다가 나흘 동안은 비가 부드럽게 내린다. 햇빛과 비가 꽁꽁 얼어붙은 지상의 눈과 호수의 얼음을 녹이듯이 루스와 루실의 심리적 경색과 긴장을 완화시키는 역할을 한다. 그들은 단단하게 굳어졌던 눈이 녹아 말랑하게 펴지자 눈을 굴려서 커다란 덩어리를 만든 다음에 다른 덩어리를 그 위에 올려놓고 긴 치마를 입고 팔짱을 낀 여자를 조각한다. 루스가 무릎을 꿇고 치맛자락에 주름을 잡고 있을 때, 루실은 의자 위에 서서 턱과 코와 머리카락을 세운다. 이렇게 그들은 합심하여 자기들이 동경하는 하나의 여인상을 만든다. 그들은 꿈에서 그리워했던 여인을 등장시켰다고 생각하고, 자기들 외투와 모자를 벗어 눈사람을 감싸준다. 그들은 눈사람이 꽁꽁 얼어 오래 서 있기를 바라지만, 녹아 앞으로 기울더니 바닥으로 떨어져 박살난다. 비록 소원은 오래 가지 않았지만 그들은 합심하여 노력하는 재미와 중요성을 깨닫는다. 게다가 그들은 기상변화의 돌발적인 경악할 파괴력을 목격하고, 자발적으로 상대방을 배려하면서 재난에 대처한다.

그들은 위기상황에 합심하여 현명하게 대처한다. 엄청난 양의 눈이 녹은 데다 비까지 와서 불어난 물이 핑거보운을 덮친다. 마을의 집, 헛간, 외양간 그리고 창고는 완전히 물에 잠겨 무수한 침몰한 배들처럼 보인다. 닭들은 전신주 위에 올라가 있고, 개들은 길에서 헤엄치고 있다. 외할머니는 아무리 홍수가 나도 집은 절대로 안전하다고 자랑치셨지만, 이번 비에는 속수무책이다. 루스와 루실 그리고 이모는 물이 문지방을 넘어 안으로 들어와 바닥에 12cm나 고이는 바람에 장화를 신고 음식을 만들어 2층으로 가지고 와서 먹는다. 그들은 집안이 온통 물바다여서 여러 날 2층에서 생활할 수밖에 없다. 이런 와중에서도 이모가 집들을 버리고 높은 지대로 피난 간 사람들에 비해 자기들이 얼마나 다행한가를 강조하여 말하기를, "우리 집이 제일 좋다. 우리는 음식을 요리할 수 있고, 침대에서 잘 수 있다. 무엇을 더 바랄 거냐?"(66). 루스와 루실은 이 말을 듣고도 이모가 자기들 곁에 오래 있지 않을 거라고 생각한다. 왜냐하면 이모는 엄마를 닮았으며, 외투를 벗는 법이 없고, 이야기마다 기차와 버스 정류장을 말하기 때문이다. 그러나 그들의 생각이 오해였음이 곧 판명된다. 그들은 발밑에 더운 벽돌이 필요해서 주방으로 내려가다가 루스와 루실이 든 촛불이 거센 바람 때문에 꺼져버린다. 암흑 속에서 이모가 앞장서고 그들은 벽을 붙잡고 따라간다. 그들이 무서워 이모를 부르면서 빨리 2층으로 돌아가자고 말하자, 그녀는 장화를 챙기고 있다고 대답한다. 조금 뒤에 그들은 그녀가 뜨거운 벽돌을 마대에 집어넣는 소리를 듣는다. 그들이 먼저 벽을 더듬으면서 위로 올라가 문을 닫고 촛불을 켠다. 그런데 이모가 보이지 않아 문을 열자 촛불이 꺼진다. 루스가 다시 아래로 내려가 넋을 잃고 혼자 멍하니 있는 이모를 2층으로 모시고 오자 다시 촛불이 꺼진다. 루실이 불을 밝히려고 난로 속에서 석탄을 하나 가져오려고 아래로 내려간다고 나서자, 이모가 가겠다고 말한다. 그러자 루실이 재빨리 내려가 난로에서 석탄을 꺼내는 소리를 두 사람은 듣는다. 이처럼 세 사람은 상대방을 더 생각하고 배려하려고 자기 몸을 아끼지 않는다.

이렇게 세 사람은 자기들끼리는 상호배려하면서도 마을사람들과는 어울리려고 고심하지 않는다. 침수되었던 핑거보운에서 물이 다 빠지자, 마을사람 전부가 복구 작업에 참여한다. 그러나 루스와 루실 그리고 이모는 이 작업에 오불관언한다. 왜냐하면 그들은 일상적인 생활을 영위하는 마을사람들을 멀리하고 그들의 생활규범에 따르지 않으면서 자아를 고수하려고하기 때문이다. 게다가 그들은 사람들과 이야기를 나누고 싶어도, 아는 사람이 없어 그럴 수 없는 형편이라고 생각한다. 더욱이 루스와 루실은 독서에 전념한다. 이처럼 그들은 지적인 측면에서는 마을사람들에게 무관심하지만, 재난을 당했을 때는 성의를 다해 호의를 베푼다. 그들은 사람들에게 식료품을 나누어준다. 사람들은 완전히 침수당하지 않은 그들의 집을 부러워하면서, 잃어버린 고양이와 개가 혹시 집에 있는지 확인하러 온다. 외할아버지는 이번 재난으로 루스와 루실에게 실존에서 선견지명의 중요성을 깨우친다. 마을사람들은 홍수에도 이 집이 안전했음을 보고 택지 선택의 중요성을 깨닫는다.

루스와 루실은 선견지명의 중요성을 깨닫고, 침수당한 중학교 건물의 대청소가 끝난 뒤에 등교한다. 루스는 한 학년 아래인 동생과는 자습과 점심시간에만 함께 있다가 헤어져 각자 교실로 가지만 동생을 항시 걱정하고 보살핀다. 루스와 루실은 성적이 특별히 좋지도 나쁘지도 않아 그저 온순한 학생취급을 받는다. 이러지만 루스는 학교에 대한 본능적인 두려움을 느껴 무시하려 하지만, 뜻대로 되지 않아 항시 불쾌하다. 이런데다 그녀는 동생 때문에 수시로 결석한다. 루실이 금요일에 역사시험을 보면서 다른 학생 어깨 너머로 보고 쓴 답이 틀리지만 부정행위를 했다고 선생의 질책을 받는 불상사가 일어난다. 그녀는 다음 주 수요일까지 아프다는 핑계로 등교하지 않고, 의사소견서 대신에 실비의 결석사유서를 갖고 목요일에 등교한다. 그러나 그녀는 가는 도중에 사유서를 찢어 던지면서 학교에도 집에도 가지 않고 호수로 간다고 고집을 부린다. 별 수 없이 루스도 동생을 따라가면서 누군가가 자기들의 탈선행위를 제지해주기를 바라지만, 불행하게도 그런 사람을 만나지 못한다. 그들은 그 주일을 호숫가에서 보내고, 탈출방도가 없으니 붙잡힐 때까지 기다릴 수밖에 다른 도리가 없다. 결국 그들은 있고 싶지 않은 호숫가에서 추방당해 집으로 돌아가야 한다. 이 귀가는 그들의 자유의지가 아니라 강제로 조치되어야 한다. 그들은 자기들이 처한 상황이 계속 악화되어가고 있음에 꼼짝 못하다가 어느 순간에 갑자기 아찔하고 무거운 마음의 희열을 느끼기 시작한다. 추위, 지루함, 죄의식, 외로움, 그리고 두려움의 뒤엉킴이 그들의 감각을 놀라게 할 만큼 예민하게 한다. 그래서 그들은 호수의 잔잔한 물결, 냉기 그리고 물고기 냄새를 음미할 수 있다. 드디어 그들은 호숫가로 산책 나온, 아니 위험을 무릅쓰고 철교 위에 서서 얼마나 춥고 바람이 센가를 알아보려는 이모를 구세주로 만난다. 그들은 이모에게 이번 주에 등교하지 않았다고 실토하고, 함께 집으로 돌아간다.

귀가한 후에 루스는 자신의 일상적인 기대와 예상을 뒤엎는 이모의 이상행위와 동생의 반발에 큰 충격을 받는다. 그녀와 루실은 이모가 자기들 기준으로는 정서적으로 안정된 정상적인 사람이 아니라고 생각한다. 그들은 밤중에 이모가 부르는 노래 때문에 곤히 자던 잠에서 깬 적이 있는데, 이후로는 예전처럼 마음 놓고 편안하게 잠을 즐길 수 없다. 그들은 이상하다고 생각하여 잠에서 깨어나 보면 이모가 혼자 주방에서 카드놀이를 하고 있거나, 뒤쪽 현관 계단에 앉아 있기도 하고, 과수원에 서 있다. 게다가 그들이 월요일에 등교하여 학교에서 아무런 질책도 받지 않고 집에 오니, 이모가 외투를 벗고 주방에서 음악을 듣고 있다. 더욱이 이모는 문들을 열어놓고 마당 모퉁이로 모여들기 시작한 낙엽을 쓸면서 집 안으로 들어오게 한다. 낙엽이 쌓여 있는 집은 "과수원과 계절의 특징과 조화를 이룬다"(85). 이모의 이런 집 가꾸기는 "집을 외부, 자연, 그리고 무질서화하는 경향과 분리하지 않는다. 그녀는 집이 '배제하려고 의도했던 여러 요인들에 노출되기를' 선호한다."[13] 이처럼 그녀의 집 가꾸기와 집의 개념은 지금까지 당연시되었던 인습적인 사고를 부정할 뿐 아니라 전복한다.

루스는 이모의 집 가꾸기에 어느 정도 만족하고 있다가 동생의 돌변을 보고 놀란다. 루실은 다른 사람들을 일정한 목적의식이 드러난 침착하고 수평적인 시선으로 바라보기 시작한다. 그녀는 이 목적의식을 갖고 서서히 침몰하고 있는 배에서 멀리 떨어지지 않은 연안을 찾고 있다. 그녀는 이모가 사주는 싸구려를 싫어해서 일부러 망가뜨린다. 이처럼 그녀는 매사에서 비뚤어진 변화를 좋아할 소지가 있다. 그녀는 자기가 원하지 않는 물건들을 이모가 사서 가져오면 오랫동안 사용하는 법이 없다. 이런데도 이모는 "영원한 현재"(94)를 살고 있기 때문에 물건들이 망가짐을 언제나 새로운 놀라움으로 받아들인다. 반면에 루실은 "시간의 참해(慘害)로부터 보호받기를 원한다. 그녀는 견고성과 확실성을 중요시하기 때문에 자기 자신 주위를 오래 지속될 물건들로 둘러싸기를 원한다. 이에 반해 실비는 영속성에 전혀 관심이 없다."[14] 이러므로 루스는 동생이 언젠가는 이모에게, 또 자기에게 반발할 거라고 예감한다.

루스는 이 반발의 전조로 동생이 봄부터 자기와는 달리 안정과 규범에 지대한 관심을 쏟기 시작하더니 가을에는 거기에 적응하려고 안간힘을 쓴다고 눈치 챈다. 또 그녀는 동생이 사춘기 소녀의 정서불안 때문에 특이한 격정적인 반발을 할 거라고 예상한다. 동생은 매우 자주 지나치게 과민하고 몸이 쑤신다고 성질을 부리고 눈물을 많이 흘리며, 옷이 꼭 끼어 조이기 시작하자 몹시 화를 내고, 어린애 젖꼭지가 달린 작은 가슴에 큰 수치심을 느끼기 때문이다. 루스도 이 봄과 가을 사이의 여름에 능

---

13 앞글, 680.

14 Maggie Galehouse, "Their Own Private Idaho: Transience in Marilynne Robinson's *Housekeeping*," *Contemporary Literature* 41.1 (2000): 133.

동적으로 사고하는 계기를 마련한다. 루스와 루실은 날씨가 누그러진 3월 말부터 무단결석을 하고 숲속으로 간다. 그들은 두 언덕 사이에 있는 채석장을 지나, 둘이 들어가기에 안성맞춤인 야트막한 동굴에 들리고, 야생 딸기가 자라는 개간지로 간다. 그들은 깊은 숲에서 미나리아재비의 우아하고 화려하게 빤짝이는 노란 꽃을 보고, 나무 냄새를 맡는다. 그들은 다른 사람들의 이목을 피하기 위해 숲속으로 간다. 루스는 "숲이 좋아서 숲속으로 가는데 반해, 루실은 스스로 추방시킨 자기를 인내하는 것 같다"(99). 이렇게 그들은 하루를 숲속에서 보낸 다음 루스는 추위 때문에, 루실은 남의 눈에 띄지 않는 어둠 때문에 돌아온다. 그들은 캄캄한 바깥에서 현관문을 지나 어두운 집안으로 들어간다.

루실은 이모가 어둠을 좋아할 뿐 아니라 항시 그 속에서 실존하려함을 익히 알고 있다. 그러면서도 어느 날 밤에 그녀는 "온통 어두운 세계를 환하게 밝은 방으로 균형을 잡으려는 불안정(상태)을 싫어하는"(99) 이모에게 반발한다. 이모가 어두운 부엌에서 저녁 식사를 준비하고 있을 때, 루실이 갑자기 일어나 전등 줄을 잡아당겨 불을 켠다. 창문 밖은 캄캄해지고 어수선하게 어질러진 주방이 드러난다. 더욱이 불빛은 방 안의 더러움과 이모의 집 가꾸기의 태만을 노출시킨다. 식탁과 의자 그리고 찬장과 문짝의 페인트는 변색되고 벗겨져 볼썽사납다. 난로 연통과 찬장 위에는 먼지가 두껍게 쌓여 있다. 가장 큰 흉물은 루스의 생일 케익 촛불이 절반쯤 태운 커튼이다. 이모가 불길을 재빨리 잡지 *효과적인 가사 관리*의 지난 호로 잡았지만, 아직 커튼을 바꿔 달지 않고 그대로 두고 있다. 세 사람은 이렇게 추한 광경을 보고 당혹스럽고 불편하다. 특히 루실은 이런 무질서와 불결을 용납하려고 하지 않는다.

또 루실은 자기가 학교에서 만나는 단정하고 세련된 여학생들의 예의바른 행동과 생활방식에 어긋나게 사는 이모를 싫어한다. 이모는 옷장과 화장실을 활용하지 않고 옷, 머리빗과 치약을 상자에 보관하여 침대 밑에 둔다. 그녀는 덮고 잔 이불도 침대 밑으로 밀어 넣는다. 더욱이 그녀는 공원 의자에 누워 발목과 팔을 엇걸고 신문지로 얼굴을 덮고 있다가 루스와 루실에게 발각된다. 루실이 “우리는 어떻게 해야 하지?”(105) 라고 말하면서 분노로 얼굴이 하얗게 질린다. 루실은 언니에게 이모를 빨리 깨우라고 소리 지르면서, 그 자리를 떠나 집 쪽으로 달려간다. 이처럼 루실은 이모를 도저히 용서할 수 없는 분노와 수치의 대상으로 간주한다.

루스가 의자로 다가가서 신문지를 들어 올리니, 이모는 미소를 지으면서 “얼마나 기분 좋은 놀라움이냐”고 말한다. 이모는 루실이 없음을 알고 부언하기를, “그래 아주 다행이다. 너와 이야기할 기회를 가져서 기쁘다. 너는 너무 말이 없어서 도대체 무슨 생각을 하는지 종잡을 수 없다.” 루스는 이모의 말을 듣고, “저도 제가 무슨 생각을 하는지 잘 모른다”고 고백한다. 그녀는 고백을 하고 매우 당황하면서도 깊이 생각하기를, “내가 종종 보이지 않는 존재인 것 같다는 사실이, 다시 말하면 실제로는 불완전하고 미미하게 존재한다는 사실이 나에게는 공포와 위안의 근원이었다. 나는 세상에 아무런 영향력도 발휘하지 못했고, 그 대가로 불의에 세상을 주시하는 특권을 부여 받은 것 같았다. 그런데 나의 유령 같다는 느낌이 든다는 언급이 기묘하게 들리면서, 나의 육체가 무슨 죄가 되는지 온 몸에 진땀이 흐르기 시작했다.” 이모는 고백을 듣고 “아마 너는 [무슨 생각을 하는지] 알게 될 거야” (105, 105-6, 106)라고 루스를 위로한다. 그러나 루스는 이모도 자기가 무슨 생각을 하고 있는지 아는 것 같지 않다. 비로소 루스는 자신의 사고력에 문제가 있음과 그 심각성을 인지한다. 따라서 그녀는 사고를 의식하는 자아를 느끼려고 마음에 새긴다.

루스는 사고하는 독자적 자아를 고수하려하면서도 동생과 언제 어디서나 함께 있고 싶어 한다. 그녀는 동생이 자기와 이모를 멀리하고 싶어 하면서도 아직은 함께 있음을 당연시하고 있다고 생각한다. 그러나 그녀는 자기 염원과는 달리 동생과의 대립적인 사고와 행동으로 서로 다른 세계로 가고 있음을 서서히 의식하기 시작한다. 먼저 그들은 엄마에 대한 의견이 엇갈리기 시작하여 서로 언쟁을 벌인다. 동생은 엄마를 우아하고 세련된 삶을 살려는 여자처럼 "예의바르고 활기차며 분별력 있는 자동차사고로 사망한 과부"로 미화한다. 또 그녀는 엄마가 진흙 속에 빠진 차를 지나치게 가속시켰기 때문에 도저히 통제할 수 없어 호수로 돌진시키는 실수를 저질렀다고 주장한다. 이에 반해 루스는 엄마는 매우 단순하고 한정된 혼자만의 삶을 즐긴 무심하고 무책임한 보호자라고 생각한다. 게다가 그녀는 엄마를 "버림받은 여인이 아니고 [딸들을] 버린 사람"(109)으로 간주한다. 그녀는 엄마가 버릴 의사가 없었다면 왜 자기와 동생을 오랫동안 소지품과 함께 외할머니 집 현관 앞 의자에 남겨 두었으며, 또 자살할 의도가 없었다면 자기에게 도움을 준 소년들에게 약간의 돈만 주지 않고 지갑을 주었을까하고 반문한다. 더욱이 그녀는 엄마가 일찍이 핑거보운과 외할머니에 대해 언급한 적이 없었다는 사실을 의아스럽게 받아들이면서, 그녀의 귀환이 의도적인 행동이었다고 단정한다. 이러므로 그녀는 동생으로부터 엄마의 혹평자이고 이모의 옹호자 겸 예찬자라는 비난을 받는다.

루스는 비난을 받으면서도 동생과 함께 당일치기로 호수에 낚시하러 갔다가 잡은 농어를 굽고 월귤을 따서 먹는데 정신이 팔려 시간을 잊어버린다. 그들은 하늘이 흐려져 도대체 지금 몇 시인지 종잡을 수 없다. 이런데 그들이 오른쪽으로는 어두컴컴한 숲이고, 왼쪽으로는 호수를 끼고 험난한 길을 몇 마일 걸어가야 한다는 생각에 겁이 난다. 게다가 만일 구름이 바람과 파도를 몰고 온다면 그들은 숲속으로 들어가야 한다. 그래서 그들은 한밤중의 숲이 무서워 그곳에 임시 거처를 만들어 머물기로 결정한다. 그녀는 거처에서 자다가 잠이 깨어 밖으로 나와 완전한 암흑 속에서 숲속의 풀잎 스치는 소리와 호수의 물결소리만 들을 수 있다. 이때 동생이 그녀 옆에 앉아 노래를 부르면서도 언니의 바람 — "우리 사이의 모든 인간적인 경계가 완전히 허물어졌다" — 을 수용하지 않는다. 그러나 루스는 자기와 세계를 구별하지 않고 하나로 받아들인다. 그녀는 "허공의 암흑과 자기 두개골과 내장 그리고 뼛속의 어둠이 함께 있게 허용한다." 그러므로 그녀는 현상을 불신하기 때문에 자기에게는 "눈에 보이는 모든 사물은 허깨비, 즉 우주 변화에서 생긴 얇은 막이다. 신경과 뇌가 착각을 일으키기 때문에 사람들은 이 유령들이 우리 손을 자기들 손에서 풀어주고 떠난다는 환상에 빠져, 굽은 등과 펄럭이는 외투에 너무 친숙해서 이것들이 세상의 영원한 비품이라고 주장한다. 그런데 사실은 이것들이 제일 먼저 사라진다." 더욱이 그녀는 세상의 전체성을 바라는 마음으로[15] "암흑이 완벽하고 영원할 수 있다면 유물, 잔해, 판매수익, 잔여재산, 기념품, 유품, 기억, 생각, 자취, 그리고 흔적 등등은 전혀 필요할 것 같지 않다"(115, 116)고 강조한다. 요컨대 그녀는 실존에서 사람들에게 그처럼 중요시되었던 사회적 구별과 차별을 무시하려고 한다.

루스의 구별을 없애려는 의식과 의지는 동생의 지지를 받지 못한다. 따라서 두 사람 사이의 사고 차이와 간격은 더 크게 벌어진다. 그들은 음료수를 사려고 들어간 가게에서 두 나이 많은 여학생의 자기들 옷을 만들 옷본과 옷감을 본다. 루실이 그것들을 진지하게 살펴보더니, 자기와 언니도 좀 더 세련되어야 하니 옷본과 옷감을 사야겠다고 말한다. 그녀는 언니의 세련되고 싶지 않은 마음과 의사를 전적으로 무시하고 자기생각과 주장만 고집하여 기어코 언니 옷을 만들 옷본과 옷감을 산다. 그녀는 옷감을 재단하려고 먼저 옷본 설명서를 읽더니 사전이 필요하다고 언니에게 말한다. 루스가 사전을 펴니 외할아버지가 꽃 이름의 첫 글자에 맞춰 말린꽃과 꽃잎을 그 안에 넣어둔 것을 보고 깜짝 놀라 넋을 잃는다. 루실이 왜 이렇게 늦느냐는 핀잔을 들은 언니가 사전 안에 말린꽃이 잔뜩 들어 있다고 대답하자, 양쪽 모서리를 잡고 흔들어 꽃들을 전부 떨쳐 버린다. 루스는 꽃들을 다른 책에라도 보관하려고 하는 데 반해, 루실은 버리려고 하여 둘이는 싸운다. 루실은 옷 만드는 일을 도와주지 않으려고 그런다고 언니를 비난한다. 루스는 돕기를 포기하고 2층으로 올라간다. 조금 후에 루실이 화가 잔뜩 나서 올라와 자기 혼자 만들 수 있다고 악을 쓰고 내려가더니, 며칠이 지나도 언니에게 말도 하지 않는다. 루실

---

15 Tace Hedrick, "'The Perimeters of Our Wandering Are Nowhere': Breaching the Domestic in *Housekeeping*," *Critique* 40.2 (1999): 141.

이 옷을 만들려고 외할머니가 썼던 구식 재봉틀과 씨름하더니, 어느 날 갑자기 옷감을 난로 속에 넣어 태워버린다. 그러면서 그녀는 말하기를, "우리는 함께 너무 많은 시간을 보냈어. 우리는 다른 친구들이 필요해." 이 말을 듣고 루스는 지금까지 친구들이나 전통적인 오락의 필요성을 전혀 느끼지 않고 살아왔음을 실감한다. 그녀가 자신과 동생의 삶을 반추해보면, "우리는 어둠 속에서 길을 잃은 어린이들의 한결같은 예리한 주의력으로 무장해서 세상을 보고 들으면서 살아왔다. 우리는 작은 불빛만 있으면 완전히 알 수 있는 상황 속에서도 너무 당황하여 방향감각을 상실해버린 것 같았다. 다시 말하면 주변의 소리와 형태에 어떻게 대응하면서 우리 발을 어디에 디뎌야 할지를 [몰랐다]. 우리의 감각 기능은 너무나 미미했고, 그나마 그 감각마저 의심스러웠다"(130). 루스는 자신의 자신감이 없었던 비정상적인 삶을 반성하면서 동생이 절실히 필요하다고 생각할 때, 동생은 언니의 마음은 전혀 고려하지 않고 느닷없이 결별을 선언한다.

루스는 동생이 집과 핑거보운을 떠나 보스턴(Boston)으로 갈 작정이라는 말을 듣고 그녀의 결별 의지를 확인한다. 루실도 결별을 작심한 듯 예전과는 달리 자주 머리도 빗고, 손톱도 손질하며, 자기를 성숙시키려고 책도 열심히 읽고 일기를 쓰면서 전교 모범생이 되려고 다짐하는 것 같다. 이제 그녀는 학교도 혼자 가고, 언니를 피해 가사실에서 점심을 먹는 학생들과 어울린다. 그녀가 이렇게 변하더니 어느 날 밤에 자기가 학교 재봉실에서 만든 옷을 입고, 데이트 상대와 함께 춤을 추러 간다. 그녀가 밤늦게 돌아와 이모가 자기침대에 누워 있으므로 아래층에서 자겠다고 말하고 내려와 바로 로이스(Royce)가사선생 집으로 간다. 미혼인 로이스 선생은 루실을 양녀로 삼고 방을 내준다. 따라서 루스는 이제 동생이 없다. 다음 날 아침에 로이스선생이 집에 와서 동생의 교과서와 일기장만 챙겨 가지고 간다. 이제 집은 루스와 이모만의 생활공간으로 두 사람을 더욱 굳게 결합시킨다.

이 굳은 결합 덕택에 루스는 이모의 배려와 지도로 존재와 무에는 구별이 없으므로 없음(눈에 보이지 않음)에도 있음(감각으로 느낌)이 있다는 철학을 실천하면서, 자연과 실존의 변화무쌍과 시련을 극복하는 지혜를 꿈속에서 깨달아 자아를 한 차원 높게 성숙시킨다. 그녀의 깨달음에 의하면, "나는 철교가 숯으로 만든 구조물이고, 이모와 내가 거기서 살고 있는 아이들을 찾고 있었는데, 우리가 그들의 말소리를 들었지만 그들을 직접 볼 수 없었다는 꿈을 꾸었다. 또 나는 이모가 나에게 물속을 걷는 법을 가르치는 꿈도 꾸었다." 이 깨달음에 이른 과정을 추적해보면, 이모는 예고한 대로 11월 몹시 추운 날 새벽에 루스를 강제로 깨워 호숫가로 데려가, 함께 보우트를 타고 사람들이 살고 있다고 생각하는 호수 안에 있는 섬으로 간다. 이모는 오래 전에 땅 속으로 내려앉은 집의 현관계단에서 어린 아이가 나오기를 2주 동안 숨어서 기다렸지만 허사였다고 실토하고, 지금 그 곳으로 간다고 말한다. 루스가 그 장소에 도착하니 제대로 자라지 못한 과일나무, 라일럭, 현관 돌계단 그리고 무너진 집이 온통 하얀 서리로 덮여 있다. 그녀가 전경은 매우 아름답지만 너무 추워 도저히 여기 있을 수 없다고 말하자, 두 사람은 다시 기슭으로 내려가 바람을 막아주고 햇빛이 잘 비치는 바위를 찾아 앉는다. 그녀가 한참 지난 후에 다시 올라가니 햇볕으로 서리가 녹아 풀은 꽃잎 같은 색깔로 반짝반짝 빛나고, 물방울들이 모든 나무에서 무수한 꽃잎들처럼 떨어지고 있다. 그녀는 이 변화를 보고 얼마든지 필요와 사정에 따라 자기사고를 바꿀 수 있고, 거기에 따라 욕구를 충족시킬 수 있다고 느낀다. 그녀는 실감하기를, "소금만 있는 곳에서는 갈증을 풀어야 할 욕구가 더욱 클 것이다. 왜냐하면 결핍은 그 자체가 필요로 하는 보상을 자초할 수 있기 때문이다. 갈망과 소유는 마치 사물과 그 그림자 같다. [. . .] 자기 머리에 손이 닿기를 원하면 오로지 손만 생각하고 있으면 된다. 우리가 무엇을 잃을지라도 간절히 바라면 그것을 다시 찾을 수 있다. 설령 우리가 꿈꾸면서 알지 못한다고 할지라도 갈망은 천사처럼 우리에게 용기와 희망을 진작시키면서 우리 머리를 평온하게 만들어준다"(174-75, 152-53). 이러므로 루스는 동생이 떠난 뒤에 자기를 괴롭히는 상실감을 이제 극복할 수 있을 거라고 자신한다.

이모는 그녀의 자신감을 키워주려고 할 뿐 아니라 "홀로 고독의 시련과 자아회복의 의식을 체험시켜 . . . 정신적 위기를 모면시켜주려고"[16] 그녀를 혼자 두고 자리를 뜬다. 루스는 홀로 있으면서 깊이 사색하는 시간을 갖는다. 그녀는 사색으로 불이 켜진 방 안의 거울에 비친 자기가 허상임을 안 것처럼, 사람들과 함께 있으면 자신도 모르게 정신이 산만해져서 진정한 자아를 탐구할 수 없음을 인지한다. 반면에 그녀가 어둠 속에서 밝은 쪽을 보면 모든 사물을 쉽게 분간할 수 있는 것처럼, 혼자 조용히 있으면 자아를 성찰할 기회를 가질 수 있다고 이해한다. 그녀는 이 이해로 "아무것도 소유하지 않음이 최선이다"고 깨닫는다. 그녀는 이 깨달음으로 있음과 없음을 구별하지 않고, 없음에서도 있음을 느낄 수 있는 의식의 소유자로 변신한다. 그녀의 변신에 의하면, "내가 엄마를 볼 수 있다면 꼭 그녀의 눈과 머리를 보아야 할 필요는 없다. 나는 엄마의 옷소매를 못 만져도 좋다. 엄마의 구부정한 높이 솟은 어깨도 없다. 나는 호수가 엄마를 삼켜버렸음을 이미 안다. 엄마의 머리카락이 어둠 속에서 떠돌아 다닌 지 오래 되었으므로 이제 더 이상 꿈꿀 것도 없다. 그러나 엄마는 내가 곁눈질로 본 문으로 미끄러져 들어오는데 하나도 변하지 않았고 살아 계신다. 엄마는 내가 더 이상 듣지 못하는 음악이지만, 음악은 그 자체로 내 마음속에 울리고 있다. 엄마는 [내가] 오감으로 지각할 수 없을 뿐이지 생존해 계신다"(159, 159-60). 요컨대 루스는 동생이 비록 떠났지만 자기 의속 속에는 여전히 존재하고 있다고 생각한다.

루스는 생각에 깊이 빠져 이모가 풀밭에 무릎을 꿇고 앉아 있어도 전혀 알아차리지 못한다. 그녀는 이모가 자기를 가슴에 끌어안고 몸을 흔들자, 생각에서 깨어나 이모에게 아이를 보지 못했다고 말하고 몸을 기댄다. 그녀는 이모가 입혀준 외투를 입고 기슭으로 내려가 해가 질 녘에 보우트를 탄다. 그녀는 돌아오면서 "물속의 어둠과 그 어둠의 생각"으로

[16] Ravits, 658, 659.

부터 해방되고 싶어 한다. 그러면서도 그녀는 물속의 어둠과의 직면을 두려워하지 않는다. 왜냐하면 그녀는 어머니가 그 어둠에서 솟아 나옴을 상상하기 때문이다. 그녀의 상상에 의하면, "내 생각에 이 반짝이는 수면을 가르고 헤엄쳐 어둠 속으로 들어가는 것이 엄마의 계획임에 틀림없다. 그런데 엄마는 내 눈길이 닿는 곳이든 벗어난 곳이든 어디서나 신체 전부가 또는 일부가 한 몸짓의 수많은 영상으로 절대로 사라지지 않고 물에 빠진 여자처럼 언제나 반드시 솟아오른다." 이처럼 루스는 어머니로부터 도전과 불굴의 정신을 배우고 전수받는다. 또 그녀는 이 정신의 원천은 사고에 있다고 믿기 때문에, "어떤 현재 순간도 사고하기이고, 생각들은 그 크기와 무게에서 그 근원인 어둠과 어울린다"(162, 163, 166)고 주장한다. 드디어 그녀는 자신의 긍정적, 적극적인 사고가 어떤 시련과 난관도 극복하고, 있음과 없음도 구별하지 않고, 주체적 자아를 고수하는 실존을 선택한다고 인식한다. 그녀는 이 인식으로 실존의 본질은 인습, 추종, 강요 그리고 외부세계에 있지 않고, 변화, 갈망, 도전, 자유 그리고 내면세계의 총체이라는 예지를 깨닫는다.

루스는 이 예지를 깨닫고 이모와 함께 아침 출발지로 밤늦게 돌아와서도, 이모가 철교를 지나가는 기차를 본다고 그 밑에서 기다리는 바람에 내리지 못한다. 기차가 지나간 다음에는 보우트가 강한 물결 때문에 연안에 접근하지 못한다. 결국 두 사람은 표류하는 보우트에서 밤을 새우고 해가 떠서 보니 마을 건너편 철교 호숫가에 있다. 그들은 별수 없이 철교에서 아주 서행하는 화물열차에 뛰어올라 타서 핑거보운으로 돌아와 화물야적장에서 내린다. 그들의 꼴불견인 흩뜨러진 머리와 복장이 주민들의 눈길을 잡는다. 이모는 체면을 지키려고 루스에게 사람들이 빤히 쳐다봐도 신경 쓰지 말라고 타이른다. 그들이 집 가까이 오자 개들이 험상궂은 그들에게 달려든다. 그들은 무사히 집에 돌아왔지만, 이제 미성년인 루스는 주민들의 염려와 요주의 대상이 된다.

주민들이 루스를 염려와 요주의 대상으로 보는 까닭은 실비와 그녀를 자기들의 일상생활과 사회를 위협하는 존재로 간주하기[17] 때문이다.

그들은 자기들과는 전혀 다른 집 가꾸기, 납득하기 어려운 일탈행위 그리고 떠돌이 삶을 하는 실비의 보호와 영향으로부터 루스를 벗어나게 하려고 안달한다. 그들은 루스마저 사회로부터 이탈하여 떠돌이 삶을 하는 정신이상자로 방치하고 싶지 않기 때문이다. 그들은 자기들의 생각 그리고 생활태도와 방식에 반하는 사람들을 인정하고 수용하려고하지 않는다. 그래서 그들은 루스를 구조해야하며, 그 구조는 가능하다고 믿는다. 그들은 루스와 실비에게 볶음밥과 케익 그리고 양말과 털목도리를 가져다준다. 그들은 거실에서 이모가 주워 다가 아무렇게나 쌓아놓은 신문, 잡지 그리고 깡통들을 장식물로 간주하려는 눈치를 보인다.

빈번하게 방문하는 주민들과 두 번이나 집으로 찾아온 카운티(County)의 선출직 경찰책임자와 이모가 나누는 대화를 듣고, 루스는 자신의 실존과 운명에 불길한 변화가 있을 것 같다는 예감을 갖는다. 주민들은 루스를 훌륭한 가정교육과 신앙심이 깊은 가정에 맡기려는 의도 때문에 이모를 자주 방문한다. 그들은 꼴불견 한 머리를 하고 다른 사람들과 대화하려고하지 않는 루스를 걱정한다. 그들은 그녀가 평범하고 안정된 생활과 사회로부터 이탈하여 유령이 되지 않을까 염려한다. 이러면서도 그들은 실비의 주장 — "가족은 함께 있어야 합니다" — 을 수긍하려고 하지 않는다. 루스가 매우 단정한 머리와 옷차림으로 등교했다가 돌아오니, 이모가 경찰책임자와 낮은 목소리로 이야기를 나누고 있다. 이모가 그에게 말하기를, "가족을 [인위적으로] 해체한다는 만행은 가공할 사건이다. 당신이 이것을 이해한다면, 그 후에 일어날 불상사도 짐작할 것입니다. 그도 누구보다도 그런 비극을 잘 알기 때문에 그의 얼굴이 유감스런 마음으로 어둡다"(186, 190). 그는 그저 이모에게 법원에서 루스의 후견인 문제로 심리가 있을 거라고 말할 뿐이다. 이러므로 루스는 자신의 운명이 결정되는 대로 거기에 따를 수밖에 없는 처지에 있다.

이렇지만 루스는 자신의 운명을 이모와 함께 있어야 한다는 간절한

---

17 Marcia Aldrich, "The Poetics of Transience: Marilynne Robinson's *Housekeeping*," *Essays in Literature* 16 (1989): 138.

소망과 떠돌이 삶의 선택으로 타의가 아닌 자기 의지로 결정한다. 이모는 주민들의 어떤 강요나 계략에도 루스와 헤어지지 않으려고 대책을 강구한다. 그녀는 먼저 집 안에 쌓여있는 신문과 잡지 그리고 깡통들을 치우고, 주방에다 꽃병을 갖다 놓는다. 또 그녀는 창틀을 청소하고 유리창을 닦는다. 루스도 그녀를 적극적으로 도우려고 그릇들을 깨끗이 씻어서 찬장 안에 정돈하고, 신문과 잡지 그리고 빈 상자들을 전부 과수원에서 불태운다. 이모는 봄이 오면 집 주변에 꽃밭을 만들려고 우편으로 씨앗을 주문한다. 더욱이 그녀는 추수감사절에는 루실과 로이스선생을 집으로 초대하려고 칠면조도 준비한다. 이렇게 이모는 주민들의 반발을 일으키는 자기방식의 집 가꾸기를 버리고 그들의 인습에 따른다. 이모와 루스가 이 인습 추종에 최선을 다하려는 찰나에 법원으로부터 1주일 후에 루스의 후견인 문제로 심리가 있을 것이라는 통보를 받는다. 통보를 받고 이모가 루스에게 말하기를, "우리 옷을 몇 벌 사자. 우리는 너에게 멋지게 어울리는 옷을 사자. 정장 같은 거. 아무튼 너는 교회에 가려면 정장이 필요하다. 너는 파마도 하고 네가 정장을 하면 다른 사람들에게 아주 좋은 인상을 줄 거다"(201). 루스는 이 말을 듣고 심리 후에도 이모의 함께 있고 싶어 하는 마음을 읽는다. 그녀는 이모의 정장 권유는 다른 사람들을 속이려는 목적이 아니고, 가정을 지키려는 열망이라고 이해한다. 이처럼 두 사람은 어떤 일이 있어도 함께 있으려고 마음을 굳게 다진다. 이런 두 사람을 경찰책임자가 밤늦게 찾아와서, 매우 집요하게 루스를 자기 집으로 데려가려고 시도한다. 그는 실패하자 크게 실망하고 할 이야기가 있으니 루스를 내일 보자고 큰 소리로 말하고 사라진다.

두 사람은 루스의 거절이 강제 별거를 초래할 거라고 믿고, 뭉치기 위해 밤중에 집에 방화하고 도주한다. 실비와 루스는 추격당해 체포당할까 두려워 호수를 가로지르는 철교를 건너기로 작정한다. 그들은 지금까지 누구도 시도하지 않았던 모험을 감행하여 아침에 건너편에 다다른다. 주민들은 그들을 철교까지 추격하다가 체포하는데 실패하자, 그들이 호수에 추락하여 사망했을 거라고 믿고, 시신을 수습하기 시작한다. 신문에는 그들의 사망기사 — "두 사람이 호수에 익사했다"—가 실린다. 실비는 이 기사를 오려 가지고 다닌다. 이렇게 루스는 떠돌이 삶을 시작하고 결코 다른 형태의 삶을 살려고 시도하지 않는다. 그녀는 필요에 따라 가끔 식당이나 사무실에서 노무직으로 일하면서 자신의 조용히 사색하는 삶을 즐긴다. 그녀는 자신의 이런 삶에 대해 천명하기를, "나는 언제부터 이렇게 다른 사람들과 전혀 상이한 인간이 되었을까? 내가 이모를 따라 다리를 건넜을 때와 호수가 우리를 익사시켰을 때일 것이다. 아니면 엄마가 자기를 기다리라고 [말하고] 나를 남겨두고 떠나 나에게 기다림과 기대의 습관을 심어주었을 때일 것이다. 이 습관으로 [나는] 현재의 모든 순간을 . . . 가장 중요시한다"(213, 214). 이처럼 루스는 이모로부터 불가능성을 극복하여 가능성으로 전환시키는 도전정신과 자신감을, 그리고 엄마로부터 현재의 창조적 활력과 그 중요성을 배운다. 이 도전정신, 자신감, 그리고 창조적 활력과 그 중요성이 그녀를 다른 사람들과는 차원이 현격하게 상이한 인간으로 성숙시킨다.

루스는 이 성숙으로 현실인식과 상상, 즉 사실과 꿈을 구별하지 않으려고 한다. 그녀는 "사실은 아무것도 설명하지 못하면서 . . . 설명을 필요로 한다"고 믿기 때문이다. 그녀는 기차로 핑거보운을 지나면서도 결코 정거장에서 내려 외할머니 집을 찾아가지 않는다. 만약 그 집에서 다른 사람이 살고 있으면, 이 사실이 루실의 삶에 대한 어떤 설명도 하지 못하면서, 루스가 뇌리에 간직한 루실을 없애버리기 때문이다. 루스는 동생과 헤어져 살고 있지만 항시 그녀를 마음속에 담고 있다. 그래서 그녀는 동생의 삶에 기대하는 현실과 꿈을 구별하지 않는다. 하나의 현실과 꿈은 루실이 핑거보운의 외할머니 집에서 애들을 가진 주부로 집을 원형으로 복원하여 살면서, 이모와 언니가 돌아오기를 기다리고 있음이다. 또 하나의 현실과 꿈은 루실이 선망했던 도시, 보스턴으로 가서 성공한 여인이 되어 고급식당에서 결코 실비와 루스와 같은 사람을 만나려 하지 않는 매우 우아하고 세련된 친구를 기다리고 있는 장면이다. 다시 말하면 루실은 외면세계를 중요시하는 세속적인 인간이 되어 루스와 실비를

"보지도, 듣지도, 기다리지도, 또 [만남을] 기대하지도 않는다"(217, 219). 이 장면이 소설의 끝이다. 역설적으로 이 끝은 루스가 억압적이고 인습적인 사회에 도전하여 주체적 자아를 고수하면서 감내하고 성숙하여 선택한 자유스런 실존의 주인공이 되어 안정, 정체 그리고 허영의 장본인인 동생을 포용하는 삶과 사랑의 상징이다.

Ⅲ

지금까지 *집 가꾸기*를 "감내, 성숙 그리고 선택"의 논지로 고찰했다. 이 고찰에서 소설주인공, 루스가 동생 루실과 함께 아버지의 방기에다 어머니의 갑작스런 자살로 불의에 고아가 되어 온갖 고난과 시련을 감내하고 성숙하여, 안정과 전통을 선호하는 루실과는 달리 떠돌이 삶을 자발적으로 선택하는 과정이 구체적으로 논의되었다. 그녀의 떠돌이 삶 선택은 여자의 본능과 인권을 유린하는 사회인습과 규범에 반발하는 이모 실비의 영향과 지도에 따른 결과이다. 이 떠돌이 삶은 루스가 실제로 사회를 이탈하여 영위하는 실존이라고 비난하기보다는 오히려 실현하려는 자유의지이고 그 실천이다. 다시 말하면 떠돌이 삶은 "사회관습과 조직, 도시와 농촌체험의 이분법적 구별, [여자의] 가사노동 그리고 물질세계를 초월하여 [억압, 분별, 권태, 퇴폐 그리고 약육강식이 없는] 상상세계의 소원"[18]과 그 성취이다. 루스는 떠돌이 삶을 선택하기 위해 이모로부터 억압적인 사회관습과 조직을 초월하려고 불가능을 가능으로 바꿀 수 있다는 불굴의 도전정신과 자신감을 전수받는다. 또 그녀는 어머니로부터 소원과 성취 그리고 목적과 달성에는 기다림과 기대가 있어야한다는 철학을 배운다. 그녀는 이 철학과 도전정신으로 주체적, 전인적, 자유스런 자아를 실현하려는 방법과 수단으로 떠돌이 삶을 선택하여 자유를 향유한다. 그녀는 이 향유로 만족하여 결코 실존에서 도전과 모험을 포기

[18] Ravits, 666.

하는 개인주의자도 소극주의자도 아니다. 오히려 그녀는 자기 실존방식과는 반대로 사회관습과 조직에 무조건 순응하여 자아를 상실하고 이원론의 포로로 전락한 동생을 적대시하지 않고 가족으로 따뜻하게 포용하려고 전심전력한다. 이처럼 그녀는 자유 못지않게 사랑을 중요시한다. 그녀는 인간은 사회적 동물이라는 철학을 전제로 자신의 떠돌이 삶에 반발하는 동생과 주민들을 사랑하고, 더욱이 자기에게 적대적인 사회관습과 조직을 부정하려하지 않고 용인하려고 할 때 자신의 자유를 마음껏 만끽할 수 있다고 인식한다. 요컨대 그녀는 항시 주체적 자아를 실현하고 개인적인 자유를 향유하려고 심혈을 기울이면서도, 여기에 장애가 되는 요인들을 적대시하지 않고 긍정적으로 수용하면서 극복하려는 이상적인 소설주인공이다. 이러므로 루스가 우리 실존의 귀감이 되어야 한다. 이 주장이 글을 마무리하는 결론이다.

8

매럴린 로빈선:
자제, 용기 그리고 공존의식

I

매럴린 로빈선은 펜/헤밍웨이상(PEN/Hemingway prize for best first novel)을 수상한 처녀작인 *집 가꾸기*(*Housekeeping*, 1980)를 출판하고 나서, 두 권의 산문집인 *모국: 대영제국, 복지국가 그리고 핵오염*(*Mother Country: Britain, the Welfare State and Nuclear Pollution*, 1989)과 *애덤의 죽음: 현대사상론*(*The Death of Adam: Essays on Modern Thought*, 1998)을 출간한다. 이후에 그녀는 다시 소설 창작에 전념하면서도 작품을 출판하지 않다가, 마침내 거의 4 반세기만에 출판한 두 번째 소설인 *전원마을 길리어드*(*Gilead*,[1] 2004)로 퓰리처상(Pulitzer prize)과 전국도

---

[1] 가상 마을이다. The town of Gilead, an imaginary town that figures in my last two novels, is modeled on Tabor, in the southwest corner of Iowa. Tabor was founded by a group from Oberlin, including their leader, Reverend John Todd. It was intended to serve, and did serve, as a fallback for John Brown and others during the conflict in Kansas. Marilynne Robinson, *When I was a Child I Read Books*(New York: Picador, 2012), 180. 또 전원마을 길리어드는 "a symbol of what can be restored, what can be hoped for"이다. Jennie Rothenberg Gritz, "Gilead's Balm: Marilynne Robinson talks about her long-awaited second novel

서비평가협회상(National Book Critics Circle Award)을 수상한다. 이후 그녀는 세 번째 소설인 *가족*(*Home*, 2008)으로 로스 앤젤러스 타임즈 도서상(Los Angeles Times Book Prize)과 오린쥐 소설상(Orange Prize for Fiction)을 수상하고, 네 번째 소설인 *라일러*(*Lila*, 2015)로 전국도서비평가협회상을 받는다. 그녀가 선과 악에 관한 윤리문제나 생과 사와 관련된 종교관과는 거리가 먼 정신분석학이나 다윈(Darwin)의 진화론 등과 연관된 주제들, 그리고 자본주의보다는 기독교를 더욱 중요시하며 *애덤의 죽음*에서 논의했던 주제들[2]을 소재로 창작한 *전원마을 길리어드*는 *집 가꾸기*와는 전혀 상이한 소설이다. *집 가꾸기*의 10대 주인공인 루스 스토운(Ruth Stone)은 어린 나이에 갑자기 고아가 되었으나, 온갖 고난과 시련을 감내한 끝에 당당한 여중생으로 성장해서 이모인 실비(Sylvie)와 함께 떠돌이 삶을 감행하는 독자적인 선택을 한다. 작가는 이와 매우 대조적으로 *전원마을 길리어드*에서는 죽음에 임박한 일흔여섯 살 된 목사인 죤 에임즈(John Ames)를 화자 겸 주인공으로 삼고서, 변모하고 성숙해 가는 젊은이의 모습보다는 회고, 반성 그리고 자아성찰에 더 큰 비중을 두는 늙은이의 모습을 창조하고 있다. 에임즈목사는 협심증으로 어느 순간에 임종할지 모르는 여건에서도 여섯 살 난 아들이 성장한 후에 그가 써둔 편지를 읽게 되기를 바란다. 목사는 아들이 분노를 자제할 줄 알며 말을 아껴서 하고 소중한 과거를 계승하면서도 아량을 지닌 한편 용기를 갖고 모든 사람과 평화스럽게 공존하는 삶을 영위하는데 그 편지가 도움을 줄 수 있는 유산이 되게 하려고 분투한다. 이런 목적으로 1956년에 두서없이 쓴 편지들의 집합체가 서한체 소설인 *전원마을 길리어드*의

---

and the holiness of the everyday," "Gilead's Balm." *The Atlantic*. (November 17, 2004): 3398 words. LexisNexis Academic. Web. Date Accessed: 2017/ 02/ 15.

[2] Beth Widmaier Capo, "Midwestern History and Memory in Robinson's *Gilead*," *MidAmerica* 34 (2007): 79. 또 *The Death of Adam*과 *Gilead*의 관련성에 대해 언급한 논문으로 Todd Shy, "Religion and Marilynne Robinson," *Salmagundi* 155/156 (2007)이 있다.

골격이다. 편지들을 통하여 죽음과 싸우려하지 않고 직선적인 시간과 망각의 불가피한 과정과 대결하려고 기억들을 선별하여 분석하고 분류하는 이야기를 늘어놓고 있다.[3] 죽음에 직면하여 오로지 현순간과 존재에 집중하여 쓴 편지들을 통하여 목사였던 부친과 조부의 종교관이나, 절친한 친구이고 목사인 로버트 보우턴(Robert Boughton)의 삶과 신앙관을 표현한다. 또한 탕아인 잭(Jack)과 관련된 자신의 개인적이며 종교적인 체험과 사고를 표현하면서도, 19세기 말기와 20세기 초기의 미국의 역사적 사건들과 사회변화 등을 표면적으로는 도외시한다. 편지들을 쓸 때 종교와 신앙의 본질은 "교리에 있지 않고 바로 삶 자체"[4]에 있다는 나름대로의 예지를 전제로 한다. 그리고 그 편지들에서 인간이 다른 사람들을 모욕하고 시기하거나 부정하고 증오하면서 편견이나 아집 그리고 독선의 노예로 전락하게 되는 것은 천성이 아닌 후천적 성격 탓이라고 주장한다. 그리하여 아들에게 후천적 성격 탓으로 타락한 자신과 조부 그리고 증조부의 실존을 초월하라고 당부한다. 그러기 위해서는 우리 삶에 자제, 아량, 용기 그리고 공존의식이 깃들어야 한다고 역설한다. 이 글에서는 주인공이 말하는 바로 그 "자제, 용기 그리고 공존의식"이라는 논점에서 *전원마을 길리어드*를 고찰한다.

II

이 고찰은 죽음에 직면한 에임즈목사가 어떻게 현재에 가장 충실한 삶을 살 것인가를 깊이 사색하기 위해 전제로 하는 두 명제를 바탕으로 하는데, 그것은 "실존은 본질적이고 성스러운 의식이다"라는 명제와 "현실은 궁극적인 진리와 어떤 관계가 있는가"라는 명제이다. 이 탐구를 위

[3] June Hadden Hobbs, "Burial, Baptism, and Baseball: Typology and Memorialization in Marilynne Robinson's *Gilead*," *Christianity and Literature* 59. 2 (2010): 241.

[4] Marilynne Robinson, *Gilead* (New York: Picador, 2004), 179. 앞으로 이 작품에서의 인용문은 괄호 안에 쪽수만 표시함.

해 그의 삶과 의식을 약술하고, 현재 상황과 사고 그리고 과거회상과 기억이 교차하는 경계에서 그의 인생관과 종교관을 상술한다. 에임즈목사는 1880년에 캔저스(Kansas)주에서 목사의 손자이자 아들로 출생하여 두 살 때 조부모 그리고 부모와 함께 아이어워(Iowa)주의 길리어드로 이주하는데, 이곳은 흑인들을 자유인으로 대우하면서 그들을 도피시키고 수용하는데 큰 기여를 한 마을이다. 그는 신학교에 다녔던 2년을 빼고는 계속 이곳에 거주하였고, 아버지가 어머니의 요양 때문에 목사직을 사임한 후 그 직에 취임하여 45년 동안 고집스럽고 우직하게 봉직한다. 그는 독일유학을 마치고 돌아와 교수가 된 형인 에드워드(Edward)가 이 마을을 떠나라고 충고를 해도 받아들이지 않는다. 형은 그에게, "죤, 너는 이제 앞으로 무엇을 배워야할 것인가를 알아야 한다. 너는 이미 알았어야 했는데 여기는 낙후지역이다. 여기를 떠남은 마치 혼수상태에서 깨어남과 같다"고 조언한다. 그러나 여기 대초원을 너무 사랑하는 그는 도저히 떠날 수 없다. 대초원에서는 망상과 이기심을 촉발하는 요인들이 없어서 영혼을 순화할 수 있고, 거기서 지평선을 바라보면서 의식을 무한대로 확장시킬 수 있다고 믿고 있기 때문이다. 심지어 불행했던 과거 전쟁의 유적지로 남아 있는 이 길리어드를 떠나 더 큰 세계로 가서 폭 넓은 체험을 몸소 하고 그것을 활용하라고 권유하는 아버지의 조언조차도 뿌리친다. 아버지는 그에게, "이 고장을 잘 살펴보아라. 나무가 어느 정도 크게 자랄 때마다 강한 바람이 몰아쳐서 나무를 꺾어버린다. [. . .] 나는 우리가 매우 구태의연하고 한정적인 사고의 한계에 갇혀 생존했음을 깨달았다. 네가 계속 그런 사고에 매달릴 필요가 없다고 이해하기를 바란다"(189, 103, 26, 235)고 말한다. 그러나 아버지가 말하는 넓은 세계의 체험을 해보고 싶지 않고, 이 마을에 대한 비관적인 견해도 수용하려고 하지 않는다. 그는 길리어드를 마음속으로 사랑하기 때문에 떠나고 싶지 않다.

길리어드라는 마을은 아버지와 형에게는 저주의 대상이었지만, 에임즈목사에게는 긍정, 경이, 희열, 활력, 그리고 축복의 원천이다. 그는 어렸을 적에 알게 된 한 여자 친구와 일찍이 결혼했지만 그 부인은 딸을 조산하다가 눈을 감았다. 얼마 뒤에 딸마저 숨을 거두게 되어 스물다섯 살에 홀아비가 된 이래 42년 동안을 홀로 살아간다. 혼자 책을 읽고, 야구경기 중계방송을 들으며, 프라이한 계란 샌드위치를 먹고, 신생아에게 세례를 베풀면서 매일 똑같은 하루가 반복되는 단조로운 생활을 한다. 이런 외로운 삶에 익숙해지다 보니 변화를 찾아보기가 힘들다. 계절이 바뀌어 다시 돌아와도 전년과 조금도 다르지 않는 봄, 여름, 가을 그리고 겨울을 맞이한다. 그러나 이런 단조로운 실존의 상황에서도 의식변화는 있게 마련이다. 야구경기 중계방송을 들으면서, 공이 좌익수 쪽으로 날아가고 1루와 3루에 주자가 있으면, 두 주자, 포수 그리고 유격수를 머릿속에서 이동시킨다. 이렇게 한쪽에 어떤 사고와 변화가 일어나면 다른 쪽에서 거기에 대응하는 전략을 그 자신이 세우고자한다. 목사이기 때문에 신도들이 그에게 털어놓는 개인적인 고백이나 고해를 지대한 관심을 갖고 경청한다. 그와 신도들이 서로를 필요로 하는 관계라면 실존문제는 교리가 아닌 현실의 삶을 전제로 논의되고 해결되어야함을 깨닫고 있다. 신도들의 고해에서 표출되는 분노와 격정에 경악하기도 하지만, 자신이 그들에게 사랑과 관심의 대상이면서 동시에 무관심과 공포의 대상이 될 수 있음을 이해한다. 마침내 훌륭한 설교는 열정적인 대화이고, 그 대화는 세 가지 요소로 구성되어 있는데, 그것들은 설교자의 사상을 표출하는 자아, 이 자아를 인정하고 그에 반응하는 신도들의 자아, 그리고 하나님이라는 세 요소의 총체임을 깨닫는다. 이렇게 에임즈목사는 자신이 고독하고 소외된 존재로 실존해서는 안 되고 다른 사람들과 유대관계를 맺어야 함을 통감하고 있다.

이런 통감이 재혼녀인 라일러(Lila)를 만나면서 더욱 증폭되는 과정을 거쳐 현실화된다. 그녀는 1947년 오순절에 비가 내리는 데도 그의 설교를 들으려고 교회에 온다. 그녀는 진솔하게, "나는 당신의 설교를 들어야한다는 일념으로 얼마나 먼 곳인지 말할 수도 없을 만큼 먼 곳에서 그리고 도저히 상상할 수 없는 전혀 다른 세계에서 여기에 왔다. 설교를 통하여 특별한 의미를 말해주세요"(21)라고 고백한다. 목사는 오순절을 맞아 굉장히 많은 촛불들이 켜지고 화려한 꽃들로 장식된 교회에서 빛에 관한 설교를 하면서 그 낯선 여자를 보게 된다. 라일러를 본 순간 상쾌하고 숭고한 기분과 감정에 사로잡히게 되고, 교회가 비오는 바깥 날씨임에도 갑자기 환하게 밝아짐을 느낀다. 그 순간 예순일곱 살인데도 자신이 아직도 젊다고 생각한다. 그 후 그녀의 이름도, 또 그녀가 기혼녀인지, 미혼녀인지 조차도 모르면서, 그녀와의 재회를 바라면서 정신없이 1주를 보낸다. 목사는 정신착란에 빠져서, 그녀를 다시 보고 싶은 것인지 혹은 그녀의 목소리를 또 듣고 싶은 것인지 분간조차 할 수가 없다. 이런 상황에서도 목사직과 명성을 잃게 되더라도 그녀를 만나고 싶어 한다. 평생 처음으로 체험하는 이 느낌에 황홀해하면서 비록 60대 후반이지만 아내와 아이를 갖고 싶은 아주 강한 충동과 욕망에 사로잡힌다. 그러나 그녀는 너무 젊고 자신은 나이가 너무 많다는 사실이 마음에 걸린다.

목사는 자신에게 이런 충동과 욕망을 느끼게 하는 그녀가 세례를 받고 싶다고 청하자 이에 응한다. 먼저 그녀에게 가족이 있느냐고 물었을 때, 그녀가 아무도 없다고 하는 말을 듣고 하나님에게 감사하면서도, 그녀의 얼굴에서 드러나는 슬픈 표정에 마음 아파한다. 그러나 일정기간 교리를 가르친 뒤 세례를 베풀어주니 그녀가 매우 만족한 표정으로 지내는 것을 보고 행복감을 느낀다. 이제 그녀는 몇 명의 여신도들과 함께 목사관에 와서 청소도 하고 가사정리도 한다. 며칠 뒤에는 그녀 혼자 와서 정원을 정성껏 가꾼다. 그녀에게 "내가 이 노고에 어떻게 보답할 수 있느냐"고 묻자, 그녀는 즉시 "당신은 나와 결혼해야합니다"라고 대답한다. 마침내 서른다섯 살 연하인 그녀와 대담하게 결혼을 한다. 그러나 아름답고 활력이 넘치는 젊은 그녀가 왜 늙은 자신과 결혼했는가를 도저히 이해할 수 없지만 그녀에게 그 이유를 물어볼 수는 없다. 재혼 감으로 소개받은 조건이 좋은 많은 여자들을 사양하고, 외로운 삶 가운데서도 영적 교감이 이루어진 라일러를 숙명적으로 만나는 기적이 잉태되고 있었다고 믿으며, 그저 실존은 "언제나 상상될 수 있는 가장 기적적인 현실"

이라고 혼자 생각해볼 뿐이다. "당신은 나와 결혼해야합니다"라는 그녀의 말을 듣고, 평생 처음으로 다른 사람을 진심에서 우러난 사랑의 대상으로 받아들이게 된 목사에게 이 체험은 마치 "세상을 〔향해〕 눈을 뜨게 된 어린 아이가 이름도 모르는 경이적인 사물들을 바라보는"(209, 53, 57) 그 놀라운 느낌처럼 여겨진다.

이 놀라운 느낌은 그가 일흔 살에 얻은 아들로 인해 아버지가 되자 더욱 증폭된다. 늙은 나이에 아버지가 되어 맛보는 지극한 경이감과 행복감에 대해, "나는 아내가 내 아들을 지극정성으로 사랑하는 모습을 볼 거라고는 결코 믿지 못했다"고 표현한다. 전혀 기대하지 않았던 득남으로 인해 자신의 실존감각과 의식이 완전히 뒤바뀌면서, 세상을 외경, 희열 그리고 축복의 시각에서 바라보는 그에게 이 아들이라는 존재는 "하나님의 은총, 기적, 〔아니〕 기적 이상"(52)인 것이다. 이제 아들을 축으로 아들 친구 그리고 아내는 그에게 생동감, 활력 그리고 희열의 상징이자 원천이다. 아들과 아내가 안마당에서 고양이에게 비눗방울을 불면서 노는 장면을 바라보니, 고양이는 미친 듯이 공중으로 뛰어오르면서 즐거운 기분을 마음껏 드러낸다. 몇 개의 방울이 나뭇가지들 사이로 떠돌더니 나무 위로 높이 올라간다. 아들과 아내는 방울들의 광채를 보고 환호한다. 에임즈목사에게 그들의 환호야말로 실존과 세상살이의 이상으로 여겨진다. 동시에 아들과 그의 친구가 스프링클러 주위에서 껑충껑충 뛰어다니는 광경을 보고 있노라니 활력이 솟아남을 느낀다. 한편 아내는 성경교육을 받은 적이 없지만 독학으로 교리를 공부하여 아들에게 기독교교리를 가르치는 것을 보니 경탄감이 든다. 그녀는 그가 아들을 신앙인으로 키울 수 있다는 자신감을 고취시켜주는 존재이다. 이렇듯 그는 혼자가 아니라 아내와 아들 그리고 다른 사람들과 공존하면서 생동감 그리고 자신감이 충만하여 희열을 느끼는 삶의 축복을 누리고 있다.

그러나 그는 삶의 축복을 많이 받고 있다고 생각하면 생각할수록 불안감에 압도당한다. 앓고 있는 협심증으로 곧 언젠가 사망하면 축복을 더 이상 받을 수 없을 것이라는 두려움 때문이다. 하지만 저 세상에 가서

40년 전에 사별했던 전 아내와 딸을 만날 수 있다는 생각을 하면서 그 두려움을 극복해 나간다. 한편 라일러가 혼자서 읽어 나갈 수 있는 책을 선정해 달라고 요청했을 때, 자신이 최근에 많은 예지를 얻고 있는 죤 던(John Donne)의 시집을 추천한다. 좋아하는 대표적인 시구가, "한 짧은 잠을 자면, 우리는 영원히 깨어난다 / 그러면 죽음은 더 이상 없다; 죽음이여 네가 사망할 것이다"[5]와 같은 것이라며, 부인에게 던의 시를 읽으라고 적극 권유한다. 그것은 그가 먼저 죽음을 초월해야하고, 아내도 그렇게 해야만 한다고 믿기 때문이다. 삶이 있으면 죽음이 있고 반대로 죽음이 있으면 삶이 있다고 하면서 삶과 죽음은 공존한다고 확신한다. 그래서 이제 자신의 임종을 편안하게 맞이할 수 있는 태연자약함과 용기를 갖게 된다. 당연하게도 이런 용기는 그가 지닌 철학에서 솟아나오는 것인데, 그의 말을 빌면, "나는 평온과 위안을 기억하지 못하고서는 슬픔과 고독을 기억하지 못한다. 슬픔이 있으면 위안이 있고, 고독이 있으면 평온이 있다. 한쪽만 결코 있지는 않다"(71). 이렇게 모든 실존과 철학에 으레 있기 마련인 양면성을 인정하고 수용한다.

목사인 조부, 부친, 형, 그리고 한 친구의 삶과 행동에서 한쪽에만 지나치게 치우친 성향으로 인해 그들 사이에서 일어나는 극심한 갈등을 보게 되자, 그의 철학은 양면성의 인정과 수용능력을 보여주는 단계에서 벗어나 갈등을 극복하려는 의지와 그것의 실천의 단계로 진전한다. 처음에 그는 자신의 양면성 인정과 수용능력이 상당한 수준에 도달했다고 믿고 있었다. 그러나 친구의 탕아이자 자신의 대자(代子)인 잭으로부터 해결 방안도 없는 딱한 그의 사정과 고민을 듣고 나서, 자신이 머릿속에서만 혹은 말(설교)로만 양면성을 인정하고 수용하고 있다는 사실을 비로소 인지한다. 에임즈목사는 백인들의 편견과 독선으로 인하여 흑인들의 소망과 인권이 부정되는 현실을 제대로 직시하지 못했으며, 흑인들에 대한 현재 길리어드의 이런 사회적 분위기를 변화시키려는 어떤 시도도 노

---

[5] John Donne의 Holy Sonnets 10, "Death, be not proud, though some called thee"의 마지막 두 구절임.

력도 하지 않았었다. 자신은 옛날의 길리어드가 가졌던 흑인인권존중과 그것의 향상 의지를 계승하려는 용기라고는 찾아볼 길이 없는 목사임을 이제 비로소 알게 된다. 백인들이 듣기 좋아하는 설교만 앞세우면서도 흑인들이 비정하게 억압받고 있는 현실은 외면해버리는 비겁하고 일변도적인 목사로 봉직했음을 깨닫게 된다. 이 깨달음으로 말미암아 아들이 자신처럼 현실을 도외시하고 한쪽만 옹호하는 독선주의자로 살지 않도록 지원하기 위해 편지를 쓴다. 요컨대 그는 이 깨달음으로 사람들에게 백인과 흑인이 공존하는 사회를 건설해야한다는 점을 용기 내어 포효하듯이 고취하고, 그 건설 방안을 모색하기 위해 아들(모든 미국인과 독자)에게 편지를 쓴다.

그 깨달음은 조부와 부친으로부터 들었던 조부의 삶과 행동 그리고 종교 활동에서 주로 비롯된다. 조부가 얘기하길, 자신은 메인(Maine)주에서 태어나 열여섯 살도 되지 않는 나이에 매우 고된 노동으로 녹초가 되어 난로 가에서 곤히 잠을 자던 어느 날 신의 계시를 받았다고 한다. 누군가가 자기 어깨를 짓누르고 있는 느낌이 들어 눈을 뜨니, 쇠사슬에 묶인 그에게 양팔을 내밀고 있는 하나님의 모습이 보인다. 하나님에게 "쇠사슬이 자기 뼛속까지 심한 통증을 일으킨다"고 하소연하자, 하나님은 바로 캔저스주로 가서 노예폐지운동에 헌신하라고 명령한다. 이처럼 신의 계시를 받은 그는 "스스로 '새로운 영광스러운 시대를 건설할 - 죄악과 억압으로부터 해방될 새로운 미국을 건설할' 선각자로 자처하면서,"[6] 노예폐지를 실현하기 위해 목사이면서도 폭력을 이용하고 심지어는 전쟁도 불사한다. 에임즈목사는 이렇게 생각하고 행동하는 조부를 혼자 괴로움에 시달리는 "가장 불안한 말썽꾸러기"(49)라고 여긴다.

조부는 계시에 응해 캔저스주로 가서 노예제도를 반대하는 "자유지역민들(Free Soilers)의 투표권 확보를 지원하려고" 헌신한다. 그때 캔저스주는 미합중국에서 노예제도를 반대하는 주로 편입될 것인가 아니면

[6] Capo, 83.

찬성하는 주로 편입될 것인가를 결정할 주 헌법을 투표로 제정하려하였다. 반대파와 찬성파는 자기노선을 지지할 인원을 늘리려고 다른 주에서 주민들을 캔저스주로 데려와 세 대결을 벌이기까지 하였다. 반대파는 길리어드를 비롯한 중서부 마을들을 거점으로 하여 노예폐지론자들을 캔저스주로 내려 보냈다. 찬성파는 캔저스주를 남부에 편입시키려고 미주리(Missouri)주 사람들을 남하시켜 투표자 수를 늘렸다. 급기야 두 파는 목적달성을 위해 수단과 방법을 가리지 않음으로써 도저히 통제할 수 없는 유혈충돌로 치닫는다. 조부도 유혈충돌에 적극 가담했지만, 그 충돌이 언어로 표현할 수 없을 정도로 격렬하고 비참했기 때문인지 아들에게도 그 당시 상황을 일체 언급하지 않는다. 조부의 이런 태도가 두 사람 사이에 감정의 골을 깊게 한다. 후에 부친은 조부가 저질렀던 극단적인 행동을 알면서도 숨기려고 고심한다. 그러나 마침내 에임즈목사는 "조부가 남북전쟁 전에 캔저스주에서 일어났던 유혈충돌에 깊이 관여했음"(75, 85)을 인지한다.

부친의 이야기에 의하면, 조부는 하퍼즈 페리(Harpers Ferry)를 급습하기 전에 노예제도 반대파의 용사들을 지휘한 역사적 인물인 죤 브라운(John Brown)이 총격을 받아 부상당하자 그를 자신의 교회에 숨겨준다. 열 살도 채 안 되었을 때였는데, 부친은 브라운의 말이 교회에서 나와 어둠 속에서 계단 아래로 내려가는 광경을 목격한다. 뒤이어 말이 갑자기 멈춰 서는 소리와 슬프고 근심스러운 목소리가 "이제 괜찮다"(105)고 추종자들을 위안하는 말을 듣는다. 그 말 뒤로 네 마리 말이 뒤따라 나온다. 두 사람이 탄 말이 선두에 서고 나머지 말들이 뒤따른다. 부상당한 사람을 부축하기 위해 말 한필에는 두 사람이 타고 있었고, 모든 사람이 한마디 말도 하지 않은 채 도망친다. 잠시 후에 그는 헛간 문이 열리는 소리, 말이 숨 쉬는 소리, 그리고 조부가 말한테 속삭이는 소리를 듣고 있는데, 조부도 뒤따라 도망간다. 모든 사람과 말이 떠난 뒤에 그가 교회 안으로 들어가니 말, 화약 그리고 땀 냄새가 진동한다. 책걸상들을 전부 벽 쪽으로 밀어붙여 말들이 쉴 공간을 만든 흔적과 부상자가 흘린 피가 바닥에 고여 있다. 그는 물로 바닥을 닦다가 의자에 앉아있는 미 육군 군복을 입은 한 군인을 본다. 군인은 자기 말이 도망가 버렸는데 말을 구할 수 없어 곤란하다고 푸념한다. 군인은 그에게 죤 브라운에 관한 이야기를 들었느냐고 물으면서도, 교회에서 하는 거짓말을 듣고 싶지 않다고 어린 그에게 말한다. 군인은 브라운과 그 일당이 그 교회에 머물었다는 사실과 미 육군인 그가 주민들의 환대를 받지 못하는 존재라는 사실을 알기 때문에 그렇게 말한 것이다. 마침내 그 군인이 이웃마을에서 말을 구해 자기부대를 찾아 남쪽으로 내려가려 할 즈음에, 브라운과 그 일당은 다른 군인들에게 추격당하고 있음을 인지하고 우회하여 남하한다. 한편 조부는 허리에 총을 차고 팔에 피 묻은 셔츠 2개를 안고 느린 걸음으로 귀가하다가 그 군인과 마주친다. 조부는 장전된 총을 군인에게 먼저 발사하여 군인을 부상 입혔으나 그대로 방치한다. 조부는 며칠 동안 외지에 갔다가 일요일 예배시간에 맞춰 돌아와 총을 쏘아 자기가 왔음을 신도들에게 알린다.

조부는 젊은 신도들에게 남북전쟁에 북부군으로 참전하라고 적극 권유한다. 그는 흑인노예가 있는 한 평화란 있을 수 없다고 믿기 때문에 흑인노예를 해방시키려고 혼신의 노력을 다한다. 조부는, “이 전쟁이 끝나면 평화가 올 것이다. 그래서 평화의 하나님이 우리에게 전쟁을 끝내라고 요구한다”고 설교한다. 설교가 끝나면 언제나 모든 신도들이 심지어 어린이들까지도 아멘을 큰 소리로 외친다. 젊은이들에게 참전을 호소하면서, 그도 북부군에 지원하지만 고령이라는 이유로 거절당한다. 얼마 후에 아이어워주에 주둔하며 군수물자와 철도를 경비하는 흑인연대에 입대하라는 권유를 받지만 전투에 참전할 수 없음을 알고 사양한다. 대신 소지한 그리스어 신약성경을 제시하여 목사임을 인정받고 군목으로 종군한다. 북부군이 참패한 미주리주의 윌선스 크릭전투(Battle of Wilson’s Creek)에서 부상당해 그의 오른쪽 눈이 실명된다. 전쟁이 끝나자 부친은 조부를 찾아 들과 산을 헤매다가 마침내 부상당한 채 험한 꼴이 된 그를 발견했으나 너무나 큰 충격을 받아 아무 말도 하지 못한다. 그런 와중에 조부는 아들에게 "나는 이 부상에서 큰 축복을 받을 것을 확신한다"(101, 36)고 호언한다.

부친은 전쟁이 끝난 후 교회에 가서 조부가, "우리의 하나님은 정화하는 불이다"라고 열변하는 설교를 듣는다. 여신도들이 아들과 남편들을 잃었지만 세상은 어떻게든 더욱 정화되었다(흑인이 해방되었다)고 믿을 수 있다는 취지의 조부의 이 설교에 부친은 아연실색한다. 나아가 흑인들을 해방시키기 위한 전쟁을 생명과 평화보다도 우선시하며 미화하는 조부의 설교에 경악한다. 그 설교를 도저히 수긍할 수 없는 부친은 자제력을 상실한 채, 조부를 버리고 교회에서 나와 그의 신념과 원칙인 평화를 가장 중요시하는 퀘이커교도들(Quakers)의 예배에 참석한다. 부친이 조부의 설교를 듣지 않는다는 말을 듣고, 할머니는 암으로 통증이 극심하여 몇 개월 동안 교회에 가지 못한 처지임에도 불구하고 두 딸의 부축을 받으며 부군의 설교를 들으러 간다. 그들이 교회 안으로 들어가자, 조부는 다른 사람들을 위해 감수해야하는 시련의 의의에 관한 설교를 하다가 잠시 중단하고 그들을 바라본다. 잠시 후 그는 설교를 계속하고 기도를 한 다음 할머니한테 가서 그녀를 팔에 안고 이마에 키스하고 이윽고 함께 귀가한다. 이런 일이 있고 나서 부친은, "내가 느꼈던 수치심을 표현할 길이 없다"고 토로함으로써 그가 현실적으로 가족들 가운데서 외톨이가 된 기분을 표현한다. 그러나 누이동생에게서, "오빠가 우리를 다시 한 번 곤혹스럽게 한다면, 나는 죽을 때까지 오빠를 증오할 것이다"(194)라는 힐난을 들어야만 한다. 그는 이때 자제력을 상실하여 저지른 경거망동이 평생 참회하고 회개해야하는 씨앗이 되었음을 결국에는 시인한다.

전쟁 후에 조부의 교회는 신도 숫자가 전쟁 전의 절반에도 미치지 못한다. 더욱이 대부분의 신도가 과부, 고아 그리고 아들을 잃은 어머니들이다. 교회정원에 있는 묘비들의 절반은 새 것이다. 조부가 신성시하고 있고 묘비들에도 명시되어 있는 평등과 정의에 관한 그의 설교는 일요일마다 전쟁미망인들과 심지어 어린이들까지도 하염없이 눈물을 흘리게 한다. 그는 젊은이에게 북부군으로 참전할 것을 적극 권유한 설교가 결과적으로 이렇게 교회를 파국으로 치닫게 한 원인이 되었음을 인지하고 있다. 그의 설교로 빚어진 비극적 현실을 수용하고서 제대군인, 미망인 그리고 고아들을 보살피기 위한 모든 대책과 방안을 강구한다. 육군성(War Department)에다 제대군인에게는 보상금을 그리고 전쟁미망인들에게 부조금을 지급하라고 편지로 호소하지만 별 성과를 거두지는 못한다. 그의 이런 노력에도 불구하고, 길 건너편에 다른 종파의 교회가 신축되고 젊은 목사가 부임하자 그의 교회신도들 중 상당수가 예배장소를 그곳으로 옮겨간다. 특히 새로 이사 온 사람들과 많은 젊은이들이 그 교회신도의 주축을 이룬다. 점점 새 교회의 교세가 커져 강가에서 야외모임을 가질 때는 인근마을에서 수백 명의 사람이 모여든다. 조부도 그 모임에 가서 그들과 함께 즐거운 시간을 갖는다. 그는 그 종파의 신도들도 전쟁으로 인한 고난과 시련을 감수했다고 믿기 때문에 그들의 모임을 시기하거나 선망하지 않고 오히려 존중한다.

교회에 이제 다시 활력을 불어넣어 새 신도들을 끌어 모을 수는 없는 현실을 알고 있기에, 조부는 목사직을 포기하고 잡역을 마다하지 않는 막노동꾼으로 변신한다. 수선공이 되어 지붕과 현관계단을 비롯한 가정집 여기저기를 고치기도 하고 불쏘시개를 만들거나 돼지를 잡기도 하고 아이들의 개인교습 등도 하면서 자기를 필요로 하는 곳이 있으면 어디든지 가서 무슨 일이나 한다. 때론 수고비를 현금이 아닌 음식물이나 식료품으로 받기도 하지만, 결국 이렇게 해서는 도저히 생계를 유지할 수 없음을 알고 가족과 함께 한때 흑인들의 낙원이었던 길리어드로 이주한다.

그러나 그는 길리어드가 옛날처럼 개방, 개혁, 아량, 배려, 존중 그리고 부조정신으로 충만한 마을이 아님을 알아차린다. 또한 대다수의 마을주민들은 흑인을 존중하고 배려하는 마을을 건설하고자 했던 조부의 정신과 영혼을 이미 상실해버렸음도 알게 된다. 조부는 마을의 터를 잡았던 원로이자 제대군인이기 때문에 독립기념일을 경축하는 마을행사에서 축사를 해달라는 청탁을 받는다. 이 축사에서 전에 받았던 신의 계시를 천명하면서, “노예를 해방시켜라. 가난한 사람들에게 기쁜 소식을 설교하라. 전국 방방곡곡에 자유를 선언하라"고 외친다. 그 계시를 실현하려면 모든 주민의 일치단결과 노력이 있어야 하는데, 그렇지 못한 현실을 개탄하여 울분을 토로하기를, "젊은이들은 통찰력을 활용해야할 것이고, 늙은이들은 [아름다운] 환상들을 꿈꾸어야할 것이다. 젊은이들이 지금 활력을 자랑하고 있지만, 곧 늙은이가 된다. 그러면 그들의 통찰력은 환상에 불과하게 되고, 활기찼던 과거는 잊혀진다. [. . .] 대통령 그랜트 장군(General Grant)이 한때 아이어워주를 급진주의의 빛나는 별이라고 찬미했다. 그러나 아이어워주에 지금 무엇이 남아 있느냐? 여기 길리어드에 무엇이 남아 있느냐? 먼지. 먼지와 재" 뿐이라고 목소리를 높인다. 또한 앞 세대가 흑인노예의 해방을 위해 남북전쟁도 불사하고 악전고투하며 보여준 위대한 정신을 현 세대 주민들이 계승하려는 의지와 노력을 전혀 보여주지 못하고 무사안일과 개인주의에만 빠져 있음을 개탄한다. 마침내 그는 과거 역사의 계승과 보전의 중요성을 강조하기 위해 "보존은 창조이다"(175-76, 111)고 주장한다. 부친이 말하는 조부에 대한 이야기는 일단 여기서 끝난다.

조부는 대외적으로 흑인노예해방과 인권향상을 절대시하여 역설할 뿐 아니라 사적으로도 흑인의 탁월한 능력을 흠모하고 높이 평가한다. 그는 열 살이 된 손자에게 흑인야구선수인 버드 파울러(Bud Fowler)의 경기장면을 직접 보여주려고 그를 주도인 더 모인(Des Moines)으로 데려간다. 손자의 눈을 응시하면서 이 세상에 파울러보다도 더 빨리 달리고 공을 더 멀리 던지는 선수는 없다고 말하자 손자는 잔뜩 흥분한다. 그러나 불행하게도 파울러가 나오는 경기 도중 5회에 소나기가 갑자기 쏟아지는 바람에 손자는 파울러가 뛰는 모습을 보지 못하고 대신에 관중들의 야유소리만 듣는다. 조부는 경기가 중단되어 극도로 실망하고, 손자 또한 파울러가 2루에서 포수를 바라보는 장면만 보다가 돌아온 것이 너무 아쉬워 신문에서 그의 경기일정을 열심히 찾아본다. 그러나 언젠가부터 흑인의 탁월한 능력에 대한 보도는 금기시되었기 때문에 그의 행적을 더 이상 신문에서 읽을 수 없다. 한편 조부는 사적으로 흑인들의 교회 건립을 적극 후원한다. 그가 서거한 20년 후에 흑인교회에서 방화로 작은 불이 일어나 곧 꺼졌지만, 몇 가구의 흑인들은 안전하고 평화스럽게 살 수 없다고 판단하고 쉬카고(Chicago)로 이사한다. 이사하기 전에 젊은 흑인목사가 에임즈목사를 찾아와 작별인사를 하면서, 자신의 선친으로부터 그의 조부에 대한 많은 이야기를 들었다며 조부에 대한 깊은 존경과 애정을 표시한다. 젊은 목사는, "이 고장이 한때 흑인들에게 하나의 큰 상징물이었기 때문에, [이제] 흑인들이 떠날 수밖에 없는 형편이 되니 매우 서운하고 아쉽다"고 실토한다. 조부의 행적에 대해 자세히 알게 된 에임즈목사는 그의 흑인 사랑에 깊은 감동을 받는다. 조부를 평가하면서, "나의 조부는 용기를 쏟아 부을 대상을 [다른 곳에서] 찾지 못했고, 더욱이 자신의 의식에서 용기를 절감할 방도를 [달리] 강구하지 못했다. 이것은 큰 비극이었다"(37, 47)고 말한다.

부친의 또 다른 이야기에 의하면, 조부는 부친의 설교인, "백합꽃들을 보아라, 꽃들이 어떻게 피는가"를 듣다가 중간에 나가버린다. 저녁에 조부에게 "설교가 마음에 들지 않으셨습니까"하고 묻자 그렇다는 대답이 돌아온다. 조부는 흑인교회에 가서 "네 원수를 사랑하라"는 설교를 들었다고 실토한다. 부친은 누군가가 흑인교회를 방화한 뒤라 아주 시의적절한 설교라고 논평한다. 부친의 평화주의를 부정하고 전쟁과 투쟁을 선호하는 과격분자인 조부는 이 태평하고 온건한 논평에, "어떤 원한의 말들도 있을 수 없었다. 아무리해도 [이보다 더] 긴 날도 있을 수 없었다. 그러나 실망에는 끝이 없다. 나는 실망을 먹고 마신다. 나는 실망으로 자고 깬다"고 대응한다. 부친은 이런 부정적인 태도로만 현실을 수용하는 조부의 염세론을 듣고 안색이 하얗게 변한다. 그는 평화주의를 옹호하면서, "저는 아버님이 전쟁에 큰 희망을 두었음을 잘 압니다. 제 희망은 평화에 있으므로 저는 실망하지 않습니다. 평화는 그 자체가 보답이고 정당성이기 때문입니다"고 조심스럽게 의견을 개진한다. 조부는, "네 말이 내 심장을 멈추게 한다. 하나님이 너에게 오지 않았다"며 반박한다. 이 면박에 자제력을 상실하여, 조부처럼 피 묻은 셔츠를 들고 권총을 허리에 차고 젊은이들에게 참전을 권유하는 설교는 하나님이나 계시와는 아무런 관계가 없다고 언성을 높인다. 조부는 언쟁이 끝나자 쪽지 하나를 남기고 집을 나간다. 쪽지에는 "평등사회는 아직 도래하지 않았고 차별은 계속되고 있다. 이 현실이 네가 [주장하는] 평화이다. 계시(통찰력)가 없으면 사람은 멸망한다"는 말이 쓰여 있다. 조부가 귀가하지 않자 결국에 부친은 죄의식과 회한의 시련을 겪는다. 에임즈목사는 이런 아버지에 대해, "나의 아버지는 스스로 다짐했던 것처럼 원칙에 따라 행동하는 인간이었다. 신앙을 토대로 행동하면서 자기가 깨달은 진리를 실천했다" (84-85, 7)고 평가한다.

부친은 조부를 찾기 위해 무수한 편지를 캔저스주에 소재한 교회와 신문사에 보냈고, 그 결실로 1892년에 조부의 유품인 시계, 낡은 성경 그리고 편지들이 들어있는 소포를 받는다. 거친 말로 언쟁을 벌인 끝에 서로 화해도 하지 않고 집을 나간 조부이지만 한편으로 존경하는 그의 묘소를 방치할 수는 없다. 경비가 충분히 모아질 때까지 무작정 기다릴 수만은 없다. 어떤 대가를 치르더라도 죄의식과 회한의 가책에서 벗어나기 위해 참회하는 계기를 마련하려고 결심한다. 마침내 캔저스주 주민들이 극심한 가뭄으로 식량난을 견딜 수 없어 일부 주민이 마을을 버리고 떠난 사실을 알기 때문에 온갖 위험을 무릅쓸 각오를 하고 묘소를 찾기로 하는 용단을 내린다. 이제 열두 살이 된 아들을 데리고 아버지 묘소를 찾으러 캔저스주로 간다. 두 사람은 기차로 어느 한 지점까지 가서 그곳에서 마차를 빌렸으나 심한 가뭄에 말에게 먹일 물을 구하기 힘들어서 말타기를 포기하고 걸어간다. 그들은 방향을 잘못 잡아 길을 잃고 오랜 시간 동안 헤맨다. 게다가 음식을 살 수도 없었던 터에, 다행히도 한 농가에서 여자주인의 배려로 두개의 삶은 계란과 고구마를 얻게 되어 소금없이도 맛있게 먹는다. 그녀는 잡화점이 문을 닫아 소금과 설탕을 살 수 없다고 푸념한다. 그녀에게 조부에 대해 물었을 때 그가 이웃마을에 거주했었으며, 사망했다는 말은 듣지 못했지만 만약 고인이 되었다면 묘소는 여기서 멀지 않은 공동묘지에 있을 거라고 일러준다. 찾아간 공동묘지는 그들이 이미 두 번이나 지나갔던 곳이다. 드디어 잡초 속에서 목사 에임즈의 묘비를 찾게 된다. 저녁이 되자 다시 그 농가의 건초 간에서 자고, 다음날 하루 종일 묘소와 그 주변을 깨끗이 정리하여 주인이 있는 묘소로 보이게끔 하고서 기도를 올린다. 이때 에임즈목사는 자연현상에는 해와 달이 각각 하나만 있지 않고, 하나가 없으면 그것을 보완하는 다른 하나가 있어서 두개가 동시에 있을 수 있음을 깨닫게 해주는 놀라운 광경을 목격한다. 그는 목격한 바에 대해, "처음에 나는 동쪽에서 지고 있는 해를 보았다고 생각했다. 우리가 아침에 여기 왔을 때 해가 지평선 위에 있었기 때문에 나는 동쪽이 어디인가를 분간할 수 있었다. 그때서야 내가 본 것은 해가 지고 있을 때 떠오르는 만월임을 알았다. 해와 달은 서로 사이를 두고 놀라운 빛을 비추면서 각자의 가장자리에 있었다"(14) 고 말한다. 그 순간 그는 지평선의 가치와 본질에 대해 터득하게 되는데, 그것은 지평선이 두 개의 대립적인 사물을 동시에 수용할 수 있는 위대한 능력을 소유하고 있다는 사실이다. 부친의 기도가 끝나자 두 사람은 함께 지는 해와 뜨는 달을 바라본다. 부친은 묘소가 그처럼 아름다운 장소에 있음을 알고 매우 기뻐하며 묘소 찾기를 마무리한다.

그가 목격한 자연현상 즉 지평선에 지는 해와 뜨는 달이 동시에 있는 광경은 그의 실존의식과 종교관에 결정적인 역할을 한다. 이 광경을 목격한 뒤에 그는 실존과 종교에서 두개의 대립적인 견해가 서로를 적대시하면서 배격한다할지라도 한편으로는 두 견해는 서로를 보완해줄 수 있다는 원리를 깨닫는다. 그는 어떠한 견해와 사상도 완벽할 수는 없으므로 그 반대를 수용하여 상호보완해야한다고 주장한다. 마찬가지로 조부의 전쟁선호와 부친의 평화옹호에는 각각 한계가 있음을 인지한다. 이러한 인지에 도달했음에도 불구하고 그는 실존에서의 두 개의 대립적인 견해를 동시에 수용하여 보완할 의사를 보여주지 못하고 그 노력도 하지 않으면서, 무조건 안이하게 평화옹호에 더 큰 비중을 둔다. 나중에야 이 옹호가 당면한 현실문제 해결에 어떤 역할도 할 수 없음을 깨닫는다. 이 옹호가 좋은 성과를 거두려면, 전쟁불사는 아니더라도 긍정적인 역할을 할 수 있는 장치와 이를 유지하고 고수하려는 투철한 정신과 용기가 있어야 함을 비로소 지실한다. 이렇게 지실하고 있지만, 목사로서 그는 궁지에 몰린 잭(그의 대자)에게 현실적으로 아무런 도움과 희망도 줄 수 없는 처지에 있다. 결국 자신은 깊은 통찰 없이 평화라는 미명 아래 흑인을 차별하는 비정한 현실과 그런 사회를 용인한 채, 흑인인권을 보장하고 향상시키려는 어떤 노력이나 투쟁을 하지 않는 비겁한 목사임을 깨닫는다. 이제야 평화옹호와 전쟁불사를 대립과 상반의 개념으로만 인식해서는 안 되고, 상호필요와 보완의 개념으로서 수용해야함을 터득한다. 그는 이러한 깨달음과 터득을 바탕으로 자기 삶을 성찰하면서, 아들에게는 정의로운 사회에서 용감한 사람이 되라고 당부한다. 이 문제는 뒤에서 더 자세하게 논의하기로 하고, 먼저 그의 종교관을 고찰한다.

실존과 종교에서 두개의 대립적인 견해가 서로를 보완해줄 수 있다는 원리를 깨닫게 된 그에게 중요한 역할을 하는 또 다른 명제가 있는데, 그것은 "다른 사물과 관계를 맺지 않고 존재하는 사물은 존재한다고 말할 수 없다"는 진리이다. 한편 어렸을 때부터 매우 영특하여 교회가 후원하여 독일유학을 보낸 그의 형인 에드워드는 탁월한 설교자나 신학자로 대성할 것이라는 부모의 기대와 소망을 저버리고 무신론자가 되어 귀국한다. 귀국한 날 저녁 식사 때 부친은 그에게 기도하라고 요구하지만 무신론자의 양심상 기도할 수 없다며 거절한다. 그러자 부친은, "너는 이 지붕 밑에서 자랐다. 너는 가풍을 안다. 너는 가풍을 존중하는 언행을 해야 한다"고 훈계한다. 그러나 훈계를 거역하며, "제가 어린이였을 때는 어린이로서 사고했습니다. [그러나] 지금은 저도 어른이므로 유치한 사고에서 벗어났습니다"고 대꾸한다. 부친은 아들의 반발을 보고 식탁에서 벌떡 일어나 밖으로 나가면서, 그때서야 비로소 이반이란 것이 무엇인지 깨닫게 되었고, 그 옛날 자신이 선친의 전쟁미화 설교를 듣기가 싫어서 퀘이커교도들의 예배에 참석한 행위가 얼마나 큰 잘못이었는가를 절감하게 된다. 부친은 아들의 일탈로 입은 마음의 상처쯤은, 선친의 설교로 인해 논쟁할 때 자제력을 상실하여 화를 내서 그를 실망시키고 마음을 아프게 한 자신의 불효에 비하면 대단치 않다고 생각한다. 따라서 부친은 아들의 반발을 비난하려는 충동을 억제하고 오히려 자신이 회개하고 참회하는 계기로 선용하려고 최선을 다한다. 이제 부친은 분노하여 함부로 하는 말이 상대방에게 엄청난 마음의 상처를 준다는 것을 알고서, "'아주 작은 불이 얼마나 넓은 숲을 태우는가를 보아라. 말이 불이다.' 이것이 진리이다"(47, 26, 6)라고 깨달음을 표현한다. 부친이 참회하는 모습을 보이는 동안 어머니는 의자에 앉아 그저 눈물만 하염없이 흘린다. 에드워드는 이런 와중에서도 부모에게 효성이 지극하면서도 형을 사랑하고 따르는 동생 에임즈목사를 달래어 함께 식사한다.

에임즈목사는 기독교도와 무신론자는 서로를 배척해서는 안 된다고 믿기 때문에 어머니가 읽지 말라는 무신론에 관한 책들을 읽는다. 어머니는 맹목적으로 무신론을 반대하면서 그에게, "네가 아버지에게 무신론에 관한 이야기를 한다면 그를 살해하는 행위와 다르지 않을 것이다"고 경고한다. 그러나 어머니의 예상과는 달리 아버지는 무신론을 적대시하지 않고 이에 대한 책들에 오히려 관심을 갖는다. 에임즈목사는 무신론자인 러드윅 포이어바크(Ludwig Feuerbach)의 저서를 형에게서 받아 어머니 모르게 탐독한다. 포이어바크는 기독교를 부정하면서도 세례를 예찬하면서, "물은 액체 중에서 가장 맑고 깨끗하다. 이런 천연적인 특성 때문에 물은 신성한 정신의 완벽한 본래 모습이다. 요컨대 물은 물로서 그 자체의 의미를 갖는다. 물은 이런 본래적인 속성 때문에 성령의 전달 수단으로 선택되어 봉헌된다. 지금까지 세례의 본바탕에는 아름답고 심오하며 본질적인 의미가 있다"고 주장한다. 그는 무신론자이면서도 기독교의 성스럽고 기쁨이 넘치는 의식에 아주 정통하며, 기쁨의 주제와 종교적 표현에도 일가견이 있다. 그러면서도 그는 "종교와 종교적 체험은 어떤 특성의 환상이다"(27, 23-24, 145)고 비난한다. 에임즈목사의 친구인 보우턴목사는 포이어바크의 주장이 많은 신도들의 믿음에 회의를 일으킨다고 믿기 때문에 그를 무시하지만, 에임즈목사는 포이어바크의 주장에 심한 자극을 받아 자신의 맹목적인 신앙심에서 해방될 수 있었기에 그를 존경한다. 에임즈목사는 포이어바크를 비롯한 많은 사람들과 믿음에 대한 논쟁을 벌인다. 그의 생각으로는 일부 신자들이 그들의 믿음에 의문을 갖고 있다. 그러나 그는 기독교를 무신론적 견지에서 공부하고 수용하기 때문에 오히려 하나님과 믿음을 긍정하고 확신할 수 있다.

그의 믿음은 그가 절대적으로 존중하는 칼 바스(Karl Barth) 신학의 도움을 받아 더욱더 확고해진다. 바스의 신학은 많은 신자들이 당연시하며 수용하는 교리에 순종하는 삶을 살아야한다는 신앙관에서 벗어나, 삶을 하나의 가능성으로 믿고 이 가능성을 더욱 확장하고 실현하기 위해 살아야한다는 신앙관이다. 그는 실존에서 바스의 신학을 절대적으로 신뢰하며 말하길, "이 오래된 교회가 정적과 기도로 가득할 때 칼 바스가 집필할 모든 책은 심오한 경지에서 보면 책을 재는 저울에서 깃털은 결코 아닐 것이다. 나는 그가 이 사실을 알고 인정하여 존중하고 있다고 믿지 않았다면 바스의 진정성을 확신하지 않았을 것이다." 또한 신도들이 바스의 신앙에 절대적으로 의존해야한다고 주장하면서, 그것에 절대적으로 의존했을 때의 확실한 효과를 설명하기 위해 에이브러햄(Abraham)을 실례로 들며 설교한다. 에이브러햄은 늙어서 더 이상 아이를 가질 수 없기 때문에 그의 아들은 에이브러햄에게 이루 말할 수 없이 귀중한 보배이다. 그는 아들을 광야로 데리고 가서 제물로 바치라는 하나님의 말씀을 듣고서, 이 말씀에 응해 아들을 제물로 바치려는 위기의 순간에 천사들이 나타나서 그 아들을 구한다. 에이브러햄은 하나님의 섭리를 믿기 때문에 그 말씀에 따랐지만 아들을 잃지 않는다. 에임즈목사는 이 같은 설교의 요지를 전하며, "아들을 제물로 바칠 때 확고한 신앙심이 필요하다. 광야에는 천사들이 있을 거라고 확신하고, 부모의 자식 사랑을 존중하는 하나님을 믿어야한다"(173, 129)며 설교를 마무리한다.

그러나 뜻밖에 그의 신앙생활에 큰 획을 긋는 전환점에 다다른다. 그의 대자이고 친구의 탕아인 잭이 무책임한 행동을 저지르고 마을을 떠났다가 20년 만에 돌아왔는데, 그와의 만남이 현실을 직시하지 않는 에임즈목사의 실존과 신앙생활에 일대 경종을 울리게 된다. 그는 지금 영원한 진리라 할 수 있는 명제 즉 "다른 사물과 관계를 맺지 않고 존재하는 사물은 존재한다고 말할 수 없다"는 사실에 그리고 현실에 깊은 관심을 갖지 않았기 때문에, 실존위기에 처한 대자를 위로하고 지원할 적극적인 수단과 방법을 찾을 수 없는 무능한 목사이다. 먼저 이렇게 된 경위를 살펴본다. 그가 4남 4녀를 두고 부인과 해로한다고 선망했던 친구인 보우턴목사가 상처하여 의기소침해지고, 더욱이 몸도 몹시 불편하여 과거의 명성과 체력을 다 잃은 채 결혼에 실패한 딸인 글로리(Glory)의 보살핌을 받고 살고 있다. 에임즈목사는 한때 부인도 아이도 없이 혼자 살고 있었으므로 속이 착하고 깊은 친구인 보우턴목사의 연민의 대상이었다. 에임즈목사는 친구가 또 득남하자, 그 친구의 호의와 배려로 아이의 세례식을 직접 거행하여 세례명을 죤 에임즈 보우턴으로 명명하고 대부가 된다. 이제 그는 아내는 없지만 이 아이의 명목상 아버지이다. 친구와 그의 부인과 아이들이 지켜보는 세례식에서 뜻하지 않게 아버지가 된 기쁨을 표출한다. 그러나 기쁨을 겉으로 표출하는 것과는 정반대로 속으로는 부자간의 정을 느끼지 못해 냉랭한 감정에 사로잡힌다. 그의 감정을 표현하면서, "때때로 아이는 내가 얼마나 냉랭하게 자기에게 세례를 주고 있는가를 느꼈고, 또 내 생각이 자기를 축복하는 의식에서 얼마나 멀리 벗어나 있는가를 느꼈다고 생각했다. 이것은 마법에 걸린 듯한 생각이다. 이것은 미신이다. 나는 이런 말을 했던 것이 창피하다. 그러나 나는 정직하려고 고심한다. 나는 아이에게 죄의식을 느낀다. 나는 결코 아이에게 다정할 수 없었다. 결코"(188)라고 고백한다. 결국 실제로 그와 잭과의 관계는 불화의 연속으로 이어진다.

잭은 보우턴의 아들들 중에서 가족의 사랑을 가장 많이 받으면서도 망나니짓만 골라서 한다. 그러나 그의 부모는 그를 맹목적으로 사랑하기만 하지 꾸짖고 교육시켜 선량하고 반듯한 아이로 성장시키려고 하지 않는다. 형제와 누이들도 그가 어떤 말썽과 사고를 내도 무조건 그를 옹호하려고만 한다. 열 살 때 대부 집의 우체통을 나무 조각으로 가득 채우고서 불을 지르기도 하며, 서재 유리창을 깨뜨려 박살내기도 한다. 언제나 혼자 웃으면서 못된 장난을 치거나 사악한 행동을 벌일 장소를 찾아 돌아다닌다. 거리에 주차된 차를 훔쳐 마을 밖으로 멀리 몰고 나가더니 기름이 떨어지자 거기에 차를 방치하고 혼자 걸어서 돌아온다. 다른 사람들의 물건을 도둑질하기 시작하더니, 마침내 에임즈목사의 서재에서 귀중품인 독서용 안경과 조부로부터 물려받은 그리스어 성경책과 비단상자에 들어있는 전처의 사진을 후무려 도망치니 에임즈목사는 격분하게 된다. 절도행각이 신문에 대서특필되지만 아버지의 후광 덕택에 교도소에 수감되지는 않는다. 에임즈목사는 그의 이런 이상성격과 탈선행동들에 대해, "나는 그가 언제나 불가사의하다고 생각한다. 이 불가사의한 바가 내가 그를 염려하는 이유이고, 또한 다른 사람을 판단하는 방식으로 그를 판단할 수 없다고 인지하는 이유이다. 말하자면 나는 그의 행위를 도덕적으로 평가할 수가 없다. 그는 너무나 야비하다[야비하기 때문이다]"(184)고 평가한다. 이 평가에 걸맞게도 20년 전에 대학생이었을 때 뻔뻔스럽게도 한 빈곤한 가정의 처녀를 농락하여 임신시켜서 혼인도 하지 않고 애 아버지가 되어 자기부모 얼굴에 똥칠한 적이 있다. 그때 태어난 애가 자신의 핏줄이 아니라고 우기면서 무책임하게도 애기와 애 엄마를 버리고 그 고장을 떠난다.

보우턴목사는 잭이 집을 나간 뒤 아무 소식이 없자 아들 걱정으로 안절부절못한다. 그는 "불꽃들이 높이 날아오르는 것처럼 사람은 걱정하려고 태어난다"고 한탄하면서 나날을 보낸다. 그 후 다행히도 잭이 세인트루이스(St. Louis)에서 보내 온 편지를 받고서야 마음이 놓인다. 더욱이 아들이 귀가하겠다는 전화를 받게 되자 딸과 함께 극도로 흥분한다. 그는 돌아온 탕아를 기쁜 마음으로 받아들이면서 삶의 활력을 되찾은 듯했으나 그 아들이 제 정신이 아님을 알고 다시 무력감에 빠진 채, 에임즈목사를 찾아가 아들이 정상이 아니라고 고민을 털어놓는다. 에임즈목사에게 하소연하면서, "아들은 나에게 돌아온 이유를 말하지 않았다. 그는 글로리에게도 이유를 밝히지 않았다. 아들은 세인트 루이스에서 어떤 직업을 가졌던 것 같다. 나는 아들이 어떤 일을 했는지 모른다. 우리는 그가 결혼한 것 같다고 생각한다. 나는 그가 한동안 결혼했다고 믿는다. 나는 그의 결혼이 어떻게 되었는지 모른다. 아들이 약간의 돈을 가지고 있는 것 같다. 나는 그의 금전문제도 알지 못 한다"(72, 211)고 말한다. 이렇게 하소연하고 나서 보우턴목사는 아들에 대한 친구의 반응을 알고 싶어 한다.

그러나 에임즈목사도 잭이 무엇 때문에 돌아왔는지 전혀 알 수가 없다. 아무튼 잭에게서는 경건한 신앙심을 찾아볼 길이 없다. 마흔세 살에 귀향한 잭을 관찰하고서, "그는 단어들이 마치 행동들인 것처럼 그것들을 말한다. 다른 사람들과는 달리 단어들의 의미를 경청하려고 하지 않는다. 단어들이 적대적이냐 아니냐와 얼마나 적대적이냐를 따진다. 단어들이 그를 협박하느냐, 나아가 위해를 가하느냐를 알아본다. 그는 이 수준에서 반응한다"고 피력한다. 이렇게 피해의식과 망상에 사로잡힌 잭이 느닷없이 에임즈목사에게 테네시(Tennessee)주에서 만났던 어떤 사람이 자기 아버지로부터 귀동냥했다고 하는 이야기를 들려준다. 그 이야기는 이 마을과 에임즈목사 조부와 남북전쟁 전에 캔저스주에서 일어났던 유혈충돌사건과 그리고 남북전쟁 중에 아이어워주에 주둔했다는 흑인연대에 관한 것들이라고 말한다. 잭은 정말로 그 당시에 흑인연대가 있었느냐고 물어본다. 에임즈목사에게서 흑인연대가 실제로 있었다는 대답을 듣고 잭은 그 사실에 깊은 관심을 보인다. 또한 잭은 자기가 어렸을 때 마을에 흑인교회가 있었는데, 누군가가 흑인교회를 방화했던 기억이 난다고 언급한다. 그가 그때 난 불이 작아서 그 교회는 큰 피해를 입지 않았지만 그 일로 흑인들이 불안감을 느껴 모두 떠나버려 아쉽다는 감정을 토로하자, 잭도 거기에 동감을 표시한다. 한참동안 잭은 그들이 떠나버려서 서운하고 섭섭한 마음을 금할 길이 없는 것 같아 보인다. 또 한편 갑작스럽게 잭에게서 예정설에 관한 질문을 받는다. 잭이 질문하길 "당신은 어떤 사람이 계획적으로 회복할 수 없게 파멸로 치닫게 예정되어 있다고 믿느냐"라고 한다. 사실은 잭의 질문 의도는 그에게서 어떤 정답을 기대하기보다는 자신이 세운 가설에 대해 확인해보려는 것이다. 그 가설은 "나는 가정하건대, 당신이 이해하기로는 예정설은 어떤 선량한 사람이 처음부터 지옥으로 떨어지게 되어 있기 때문에 지옥으로 갈 것이라는 믿음을 의미하지 않는다"는 생각이다. 요컨대 잭은 어떤 사람이 악을 갖고 태어나 악행을 저질렀다 할지라도 지옥으로 가지 않는 길, 즉 자기 예정을 바꾸는 방법을 찾을 수 있는지를 알고 싶어 하고 있다. 잭이 에임즈 목사로부터 명확한 답을 듣지 못하고 있을 때, 목사 부인이 잭을 바라보면서, "사람은 변할 수 있다. 만물은 변화할 수 있다"고 말한다. 잭은 이에 감격하여 "이 말이 내가 알고 싶었던 전부이다"(130-31, 150, 150-51, 153)라며 환호한다.

이때 갑자기 에임즈목사는 뇌리에 깊이 박혔던 죤 캘빈(John Calvin)의 명언을 생각한다. 그 명언은 "우리 각자는 무대에 선 배우이고 하나님은 관객이다. 이 은유는 언제나 내[(에임즈목사)의 지대한 관심사였다. 은유가 우리를 행동의 예술가로 만들고, 우리에 대한 하나님의 반응은 일반적인 의미에서 도덕적이라고 주장하기보다는 오히려 심미적인 판단으로 간주되기 때문이다"는 생각이다. 이 생각은 또 선악을 따지려고 하는 에임즈목사에게 보우턴목사가 했던 말 즉 "아들이 나쁜 짓을 하고 있을 때도 '자기의 마음은 가지고 있다'"는 말을 회상케 한다. 이런 생각과 회상으로 인하여 지금까지 나쁘게만 여겼던 잭이 아무튼 자신의 대자(아들)임을 분명하게 인지한다. 그는 심경을 피력하면서, "죤 에임즈 보우턴(잭의 세례명)은 내 아들이다. 내 믿음이 사실이라면 내 아들도 틀림없는 사실이다. '내 아들'은 나에게 또 하나의 자아, 더욱 소중한 자아를 의미한다. 언어는 충분하지 않지만, 그 순간 아들이라는 단어는 내가 말할 수 있는 최선이다"고 인정한다. 이제 아들에게 그의 "실존은 본질적이고 성스러운 의식"(124, 125, 189)이라고 말할 수 있기에, 아들의 의식이 신앙심, 사랑 그리고 강인성으로 더욱 확고해지기를 기도한다. 에임즈목사는 다행히도 아들이 칼 바스를 알고 있음에 깊은 감명을 받은 터에 불굴의 정신의 소유자라는 생각이 들자 그라는 존재에 감탄한다.

잭 또한 지금까지 소원했던 대부인 에임즈목사에게 친근감과 신뢰감을 느끼게 되어 사진 한 장을 30초 동안만 보여드리더니, 대부가 난처해하거나 당혹스러워 할까봐 얼른 도로 지갑에 넣는다. 그 사진에는 양가족의 동의와 축복도 없이 결혼한 흑인여자인 델러(Della)와 다섯 살이 된 혼혈아들인 로버트 보우턴 마일즈(Robert Boughton Miles)가 들어있다. 잠시 후에 안정을 되찾은 대부에게 사진을 다시 한 번 보여드린다. 에임즈목사가 사진을 다시 보고나서 매우 행복한 가족이라고 말하자, 재빨리 응답하기를, "그녀는 훌륭하고 아들도 착하고 저도 아주 행복합니다"고 반응한다. 에임즈목사가 "너는 아버지가 이 사진을 보시면 충격을 받아 돌아가실 거라고 걱정하느냐?"고 묻자, 엉뚱하게도, "저는 그녀(델러)의 아버지와 어머니를 거의 살인할 뻔했습니다. 그들은 제가 태어났던 날을 저주했습니다. 대부께서 아시다시피 저는 사람들을 적대한 경우가 있지만, 그들에 대한 적대는 차원이 완전히 다릅니다. [. . .] 우리는 . . . 하나님이 보시면 결혼한 부부입니다. 누구도 우리에게 혼인증명서를 발급해주지 않으면서도, 흑·백인 결혼금지법을 준수하라고 강요하지 않습니다. [. . .] 우리는 8년 전에 결혼했지만, [흑·백인 결혼금지법 때문에] 이 8년 동안 실제 부부로는 17개월 2주 하고도 하루를 살 수 있었을 뿐입니다"(219, 219-20)고 대답한다. 그는 그녀의 부모가 무조건 자기를 성실하게 살아갈 인간으로 인정하지 않으면서, 델러와의 결혼에 결사반대했을 뿐 아니라 아들까지 빼앗으려고 했다고 분통을 터뜨린다. 그러면서 자신과 델러의 실존의 정수인 "본질적이고 성스러운 의식"이 흑인과 백인 모두에게 부정당하게 받아들여지고 있다고 에임즈목사에게 하소연한다.

잭이 델러와 결혼하기까지 얽힌 사건과 그 후 겪은 고충을 털어놓은 바에 의하면, 어느 날 교사인 델러가 한 아름의 책과 서류들을 안고 폭풍우 속에서 귀가하던 중 갑자기 서류들이 길바닥에 떨어져 바람에 흩어진다. 그는 그녀가 그것들을 주워 모으도록 도와주고, 마침 우산을 가지고 있어서 그녀를 집까지 바래다준다. 그녀는 친절을 베풀어준 잭을 목사로 오인하여, "목사님, 감사합니다"는 말로 사의를 표한다. 그 후 그녀는 그가 목사가 아님을 알면서도, 그를 집으로 초대하여 방을 함께 쓰는 동료 교사와 더불어 차를 마신다. 그녀는 스스로 보잘것없는 비참한 인간이라고 생각하고 있는 잭을 깊이 배려하고 격려해준다. 마침내 그녀의 배려와 격려를 받아 그 자신을 일신하고 개과천선하면서 그녀와 가까워진다. 그녀의 가족이 두 사람의 관계를 알고는 그를 그녀로부터 떼어놓으려고 온갖 수단과 방법을 다 쓴다. 학기가 끝나자 그녀는 부모님의 뜻에 따라 테네시주의 멤피스(Memphis)로 돌아간다. 그도 거기로 가서 그녀 아버지가 목사로 있는 흑인교회의 예배에 유일한 백인으로 참석한다. 예배를 마치고 잭이 그 목사에게 자신과 델러와의 관계는 정말 순수하고 진실하다고 아주 강조를 했으나, 목사는 무조건 백인들은 무신론자라는 편견을 가지고 있기 때문에 그의 말을 믿고 수용하지 못한 채 그에게 딸과 헤어지라고 강요한다. 그는 비록 목사를 설득시키지는 못했지만 델러에게 깊은 인상을 남기고서 세인트 루이스로 돌아간다. 그 후 개학하여 다시 돌아온 델러를 만난 날 바로 그들은 부부가 된다. 그녀는 임신하자 학교에서 면직 당한다. 그의 고정수입이 없는 데다 흑·백인의 결혼을 허용하지 않는 완고한 고장에서 실존해야하는 두 사람은 신상 면에서 위험하고, 생활은 궁핍하며, 주거환경은 비참하다. 다른 뾰족한 길이 없어서 델러는 분만하기 위해 멤피스로 돌아갈 수밖에 없다. 이윽고 그녀가 아들을 순산했다는 반가운 소식을 듣고 거기로 갔더니, 그의 기쁨이나 인격 따위는 전혀 고려하지 않고서, 그 흑인목사는 그를 보자마자 바로 떠나라고 강요한다. 목사는 딸을 흑인명문가의 남자와 결혼시키고, 애를 그의 아들로 입양시키려는 계획을 갖고 있기 때문이다. 그러나 아버지의 의도에 반대하는 델러는 어떤 일이 있어도 아이를 데리고 세인트 루이스로 반드시 가겠다고 잭에게 약속하면서 오히려 그를 위로하고 격려한다.

그는 그녀의 약속에 고무되어 직장도 새로 구하고, 흑·백인 혼합거주 지역에다 집도 장만한다. 비록 집이 좋지 않지만 델러와 자신에게 보물인 아들을 위해, 집에 페인트도 새로 칠하고 싼 가구나마 들여놓는다. 이 집에서 델러와 아들과 함께 약 8개월 동안 마음 편하고 행복하게 거주한다. 그러던 중 하루는 방심한 채로 가족을 데리고 공원으로 놀러갔는데, 마침 가족동반하고서 그곳에 온 직장 상사를 우연히 만난다. 다음날 상사는 그를 사무실로 불러, 자신은 지켜야할 명예가 있다고 말한다. 그는 이 말 끝에 화가 치밀어 자제력을 잃고 그 상사를 심하게 폭행한다. 그리고 난 다음에 상사에게 자신을 폭행죄로 고발하라고 도전하면서, 치료비는 지불하겠다고 큰소리친다. 그날 저녁 경찰이 그를 집으로 찾아와서 흑·백인 동거금지법에 대해 언급한다. 결국 교도소에 수감되지 않는 아버지와 남편이 되려고 가족을 멤피스로 보내고, 그는 흑·백인 결혼금지법이 없어서 '급진주의의 빛나는 별'이라 불리는 아이어워주의 길리어드로 간다.

그는 길리어드로 가는 도중에 거기서 델러와 정식으로 결혼식을 올리고, 가족이 함께 사는 방도를 강구할 수 있을 거라고 생각한다. 아들이 할아버지께 인사드리면, 아버지도 그가 자랑스러운 아들을 가졌음을 알고 기뻐하실 거라고 믿는다. 그것은 아들이 착하고 영리하여 장래에 목사가 될 인물이라고 자랑할 수 있기 때문이다. 그러나 막상 너무 허약한 아버지를 보고나자, 도저히 흑인여자와 결혼해서 혼혈아 아들을 가지고 있다고 말할 수가 없다. 병마에 시달리는 아버지에게 큰 충격과 당혹감을 드리고 싶지 않기 때문이다. 게다가 길리어드가 과거와 달리 지금은 흑인의 낙원이 아니어서 그가 쉽게 정착할 수 있는 마을이 아님을 인지하게 된다. 지금의 주민들은 무사안일과 개인주의에 빠져서, 옛날 정착민들이 이곳을 흑인들을 자유인으로 도피시키기 위한 거점으로 활용했던 때의 그 박애정신과 흑인들을 동료주민으로 수용했던 그 공존의식을 망각한 채, 그것을 실천할 의지는 전혀 없는 것 같이 보인다. 그들은 과거 마을에서 흑인과 백인들 사이에 충만했던 아량, 배려, 존중 그리고 부조정신에 관심이 없다. 더군다나 그들은 "다른 사물과 관계를 맺지 않고 존재하는 사물은 존재한다고 말할 수 없다"와 같은 진리를 무시한다. 다시 말하면 그들은 자기들과 흑인들은 불가분의 관계에 있다는 엄연한 사실을 외면하려고 안달한다. 그래서 그는 에임즈목사에게, "이 마을의 아량과 관용은요? 우리가 여기 와서 결혼하면 살 수 있을까요? 주민들은 우리를 내버려둘까요?"(231)라고 묻는다. 그는 은근히 에임즈목사의 영향력을 기대해보지만, 목사도 협심증 때문에 오래 산다는 보장을 할 수 없다는 사실을 수용할 수밖에 없다. 더욱이 에임즈목사는 주민들의 이런 의식을 개혁하려고 노심초사하는 것 같지도 않다. 결국 그는 올 때의 기대와 희망을 접고 떠나기로 마음을 정리하지만, 결코 절망하지 않고 새로운 삶과 신천지를 개척하기 위해 길리어드를 떠난다.

에임즈목사는 짐이 별로 없어 가볍게 보이는 가방만을 들고 버스정류장으로 걸어가는 잭을 불러 세우고 동행한다. 교회 앞을 지나가면서 잭이 서글픈 목소리로 다시는 이 고장에 오지 못할 것 같다고 말하자, 마을사람들이 언젠가 잭을 필요로 하는 날이 올 수도 있으니 몸조심하라며 격려한다. 그러자 잭이 말하기를, "대부님이 아시다시피 저는 또 다시 가장 못된 짓을 하고 있습니다. 지금 떠나다니. 글로리가 저를 결코 용서하지 않을 것입니다." 잭은 임종을 앞둔 아버지를 두고 떠나는 불효에 양심의 가책을 느껴 마음이 몹시 무겁다. 그는 잭이 떠나야 하는 이유를 알기 때문에 글로리에게 직설적으로 그를 비난하지 말라고 주의를 주었다고 말하면서 잭을 극진히 위로한다. 잭이 자신을 대신해서 아버지께 작별인사를 드려달라고 부탁하자, 당연히 그렇게 하겠다고 약속하면서, 잭을 축복해주고 싶다는 뜻을 비친다. 잭이 흔쾌히 동의했을 때, 축복은 자신의 손을 상대의 이마에 대고 상대를 위해 하나님의 가호를 비는 의식인데, 지금은 거리에 사람들이 있어 의식을 거행하기가 곤란하다고 난색을 표한다. 잭은 아무 문제가 없다고 우기면서, 모자를 벗어 눈을 감고 머리를 숙여 그의 손에 가만히 기댄다. 그러자 에임즈목사는, "하나님께서 너의 얼굴을 밝게 하시고 너에게 자비를 베푸신다. 하나님께서 안색을 환하게 하시고 너에게 평화를 선물하신다"고 기도한다. 기도가 끝나자 잭은 꿈에서 깨어난 것처럼 그를 바라보면서, "목사님 감사합니다"고 인사한다. 그때 버스가 오자 "네가 알다시피 우리 모두 너를 사랑한다"고 작별인사를 하자, 잭은 "당신들은 모두 성인들입니다"(240, 241, 242)고 응답하고 떠난다. 에임즈목사는 한때 흑인들의 낙원이었던 길리어드에 큰 희망을 품고 왔다가 꿈을 버리고 떠나는 잭의 슬픈 모습을 직접 목격하고서, 자신은 구원을 절실히 필요로 하는 그에게 어떤 도움도 주지 못하는 삶을 살고 있는 무능하고 비겁한 대부이고 목사임을 깨닫는다. 그는 스스로 잭의 실존의 정수인 "본질적이고 성스러운 의식"을 보장하려고하지 않았고, 백인들이 흑인과 백인의 공존을 부정하는 아집과 편견에 빠져있는 현실을 직시하거나 그것을 개혁하려고 노력하지 못한 채, 무기력과 비겁의 대명사가 되었음을 자성한다. 이런 깨달음과 자성을 바탕으로 에임즈목사는 아들에게 쓴 편지를 통해, 독선, 아집, 무사안일, 그리고 극단적인 개인주의가 난무하는 사회에서 구성원들의 의식을 개혁하여, 자유, 정의 그리고 사랑을 실현하는 용감한 사람이 되라고 당부한다. 이 당부가 그의 편지쓰기인 이 소설의 끝맺음이다.

Ⅲ

지금까지 *전원마을 길리어드*를 화자 겸 주인공, 에임즈목사가 임종을 앞두고 어린 아들에게 편지를 쓰면서 자신의 과거 삶을 회고하고 반성하는 자아성찰을 바탕으로 그에게 남기는 교훈, "자제, 용기 그리고 공존의식"을 고찰했다. 에임즈목사는 독선, 아집, 편견, 무사안일, 그리고 극단적인 개인주의가 난무하는 사회에서 인종, 이념 그리고 종교를 초월하여 모든 사람이 행복하고 평화스럽게 살고 싶으면 자신을 자제하려고, 불의와 만행에 용감하게 도전하려고, 그리고 공존의식을 확장하려고 노심초사해야한다고 역설한다. 그는 행복하고 평화스러운 삶은 두 가지 전제인 "실존은 본질적이고 성스러운 의식이다"와 "현실은 궁극적인 진리와 어떤 관계가 있는가"를 얼마나 창조적으로 수용하느냐에 달려있다고 역설한다. 모든 사람의 실존의 정수인 "본질적이고 성스러운 의식"은 개인과 집단의 독선과 편견, 이념 그리고 종교에 의해 무시되거나 부정되어서는 안 된다. 그러므로 모든 사람은 다른 사람들의 의식에 깊은 상처와 절망을 일으키는 분노, 독선 그리고 일방적인 자기주장을 자제해야하며, 그러기 위해서는 언행에 신중해야한다. 나아가 모든 사람은 다른 사람들의 실존을 억압하고 부정하는 현실에 용기와 소신을 갖고 집요하게 도전해야한다. 왜냐하면 이런 사회에서, "다른 사물과 관계를 맺지 않고 존재하는 사물은 존재한다고 말할 수 없다"라는 진리가 수용되지 않고 있는 현실은 어떤 대가를 치르더라도 개혁되어야 마땅하기 때문이다. 한편 사람들이 이 개혁과 진리추구에 동참하여 최선을 다할 때 공존의식도 확장될 수 있다. 사람들은 공존의식의 확장으로 말미암아 두개의 상이한 현상과 대립적인 이념들, 즉 현재와 과거, 나와 다른 사람, 하나님과 인간, 순간과 영원, 생과 사, 유신론과 무신론, 개인주의와 집단주의, 그리고 민주주의와 공산주의를 변증법적으로 통합할 수 있다. 궁극적으로 사람들은 이 통합으로 실존에서 평온, 안정 그리고 평화를 구가할 수 있다. 에임즈목사는 자신이 흑인들의 인권이 유린되는 현실을 직시하지 못해 사회개혁에 솔선수범하지 못한 무능력자이고 비겁자였음을 뼈저리게 반성하면서, 아들에게 삶의 실천철학으로 "자제, 용기 그리고 공존의식"을 강조한다. 요컨대 "자제, 용기 그리고 공존의식"이 분열, 대립, 반목, 그리고 적개심이 만연한 사회에서 자유, 정의, 사랑, 그리고 평화를 구현하는 데에 긍정적이고 창조적 역할을 할 수 있다는 에임즈목사의 희망과 신념의 전언이 아들에게 쓴 편지의 요체라는 결론을 내릴 수 있다. 이 결론의 수용이 이 글의 취지이고 핵심이다.

9

레슬리 마먼 실코우: 소외감과 전쟁후유증 극복 그리고 재생

I

레슬리 마먼 실코우(Leslie Marmon Silko, 1948-)는 백인남자가 미국 원주민(인디언)여자와 결혼하여 인디언 마을에 정착한 부부의 혼혈후손으로 매우 재능 있는 인디언여자소설가일 뿐 아니라 아주 중요한 미국소설가이므로 특정한 분류나 한정된 영역에 귀속시키지 말아야한다.[1] 왜냐하면 그녀는 미국소설에 탁월한 업적을 남겼을 뿐 아니라 인디언소설의 위상을 획기적으로 격상시켰기 때문이다. 그녀의 처녀작, *의식(Ceremony*, 1977)은 토우니 모러선(Tony Morrison)의 *빌러비드(Beloved,* 1987), 랠프 엘리선(Ralph Ellison)의 *보이지 않는 인간(Invisible Man*, 1952), 그리고 토머스 핀천(Thomas Pynchon)의 *중력의 무지개(Gravity's Rainbow*, 1973)와 함께 미국문학교수들이 가장 중요한 최근미국소설로 선정한 네 소설 중의 한권이다. 또 *의식*은 수백 명의 미국소설교수들이 설문조사에서 가장 탁월한 20세기 미국소설로 선정한 25권 중에 유일한 인디언소

[1] Louise K. Barnett and James L. Thorson, "Introduction," in *Leslie Marmon Silko: A Collection of Critical Essays*, Eds. Louise K. Barnett and James L. Thorson (Albuquerque: University of New Mexico Press, 1999), 1.

설가의 작품이다.[2] 더욱이 *의식*은 1960년대 후반에 시작된 미국원주민 문예부흥(Native American Renaissance)운동[3]의 이정표를 세운 작품이다.[4] 이처럼 *의식*은 "획기적인 명작으로 두각을 드러내어, 일반적으로 두세 권의 가장 유익하고 교재로 제일 많이 사용되는 20세기 미국원주민소설 중의 하나로 평가받았으며, 더욱이 학부와 대학원의 미국문학과 여성학강의의 필수교재가 되었다."[5] *의식*의 이런 탁월하고 보편적인 위력의 원천은 실코우의 특이한 소설 창작방법 그리고 원주민 신화를 긍정하면서 미국(백인)문화를 수용하는 철학에 있다. 그녀는 소설주인공, 타요(Tayo)의 소외감과 전쟁후유증 극복이야기를 원주민신화, 신토불이[6]에다가 미국문화를 혼합하여[7] 서구소설 창작기법으로 서술한다. 그녀의 서술

[2] Kenneth M. Roemer, "Silko's Arroyos as Mainstream: Process and Implications of Canonical Identity," in *Leslie Marmon Silko's Ceremony: A Casebook*, Ed. Allan Chavkin (New York: Oxford University Press, 2002), 223-24.

[3] 이 운동에 동참한 작가들은 Paula Gunn Allen, Barney Bush, Louise Erdrich, Joy Harjo, N. Scott Momaday, Duane Niatum, Nila northSun, Simon J. Ortiz, Leslie Marmon Silko, Gerald Vizenor, 그리고 James Welch이다. 이 운동의 대표적 소설은 *House Made of Dawn, Winter in the Blood, Ceremony*, 그리고 *Love Medicine*이다.

[4] William M. Clements, "Leslie Marmon Silko," in *Dictionary of Literary Biography, Volume 143: American Novelists since World War II, Third Series*, Eds. James R. Giles and Wanda H. Giles (Detroit: Gale, 1994), 199.

[5] Robert M. Nelson, *Leslie Marmon Silko's Ceremony: The Recovery of Tradition* (New York: Peter Lang, 2008), 1.

[6] Paula Gunn Allen, "The Feminine Landscape of Leslie Marmon Silko's *Ceremony*," in *Critical Perspectives on Native American Fiction*, Ed. Richard F. Fleck (Washington D. C.: Three Continents Press, 1993); 234. Tayo's illness is a result of separation from the ancient unity of person, ceremony, and land, and his healing is a result of his recognition of this unity.

[7] James Ruppert, "Dialogism and Mediation in Leslie Silko's *Ceremony*," *Explication* 51.2(1993): 130. *Ceremony* must translate contemporary Western discourse into Native discourse, and vice versa. It must overcome the otherness through an ideological translation. [. . .] The result is not only an increased appreciation of the Native worldview by non-Native audiences but also an evolution of Native worldview through that "constant interaction

목적은 자신 뿐 아니라 독자들로 하여금 "당신 자신을 성찰하는 전인적인 방법, 당신 주위의 사람들, 당신 삶, 자연과 거주지의 관점에서가 아니라 [당신이] 일전에 살았던 삶과 다른 사람들에게 일어났던 사건들의 시각에서 더 광범위한 실존상황과 여건"[8]을 천착하도록 하는 데에 있다. 또 그녀는 미국문화를 아주 비관적으로 기술하면서도 "기적과 치유의 가능성을 배제하지 않는다." 더욱이 그녀는 원주민들의 인권을 유린하는 억압과 인종주의의 정치적, 사회적 이념들을 비난하면서도, "창조를 사랑하고 존경하는 사람들이 역경을 이겨내고 행복할 수 있는 미래를 상상한다."[9] 그녀가 이런 목적과 희망으로 말하는 타요의 소외감과 전쟁후유증 극복이야기는 그가 혼혈아로 태어나 사람들의 경멸과 멸시의 대상에다가 고아로 성장하면서 느꼈던 소외감과 무기력, 그리고 제2차 세계대전 참전병사로 체험했던 참혹한 사건들로 인해 발병한 여러 질환 — 소외감, 의욕과 판단능력 상실, 무력감, 그리고 허무감 — 을 원주민 의술 그리고 "문화와 그 속에서 자기위치의 재발견"[10]으로 치유하고, 신체와 정신 건강을 회복하여 자기와 땅이 하나가 되는 인간으로 변신하여 자기 삶의 터전과 사회로 복귀하는 과정의 기술이다.

타요의 비극적인 출생, 비참한 삶 그리고 전쟁후유증은 미국정부가 원주민들이 자기 자신과 동일시하는 땅[11]을 강제로 빼앗아 생존권을 박

---

between meanings" which characterizes Bakhtinian dialogism.

[8] Kim Barnes, "A Leslie Marmon Silko Interview," in *Conversations with Leslie Marmon Silko*, Ed. Ellen L. Arnold (Jackson: University Press of Mississippi, 2000), 71.

[9] Gregory Salyer, *Leslie Marmon Silko* (New York: Twayne, 1997), 1. ix.

[10] Frank Nigro, "Traditionalizing Convention in Leslie Silko's *Ceremony*: 'Seems Like I Already Heard These Stories Before'," *North Dakota Quarterly* 70.3 (2003): 57.

[11] Paula Gunn Allen, "The Sacred Hoop: A Contemporary Perspective," in *Studies in American Indian Literature*, Ed. Paula Gunn Allen (New York: Modern Language Association of America, 1983), 16. An Indian, at the deepest level of being, assumes that the earth is alive in the same sense that human beings

탈하고, 그들의 생명과 문화를 무시하고 부정하는 데서 기인한다. 그러나 그들의 문화는 오늘날 우리가 실존에서 실현하려는 이상인 공존, 평화, 번영, 건강, 그리고 안정에 두고 있을 뿐 아니라 사고와 감정, 주관과 객관, 화자와 청자, 그리고 소리와 의미는 하나이다는 철학의 정수이다. 서구문학은 갈등과 대립, 위기, 그리고 해결과 해소의 원리로 구성된다. 이런 문학전통의 영향을 받은 서구문화는 더욱 애석하게도 기독교교리 — 이단자를 용납하지 않는 대립과 적대, 천국과 지옥을 구분하는 이원론, 하나님과 인간은 다르다는 믿음, 그리고 상하와 우열을 구별하는 위계질서 — 를 전제로 한다. 이러므로 서구문화는 우주를 두 세계, 즉 자연계와 초자연계로 구분한다. 인간은 동물세계에도 하나님의 나라에도 소속되지 못한다. 그래서 인간은 자신이 살고 있는 장소에서 소외된다. 또 서구문화는 만물을 상하와 우열로 구분하여 하등생물과 고등생물로, 더욱이 인간을 남녀 그리고 문명인과 야만인으로 구별하여 여자와 야만인을 경멸하고 무시한다. 게다가 만사를 성스러움과 사악함, 아름다움과 미움, 그리고 정신과 육체의 이원론적 관점에서 후자를 멀리하고 부정하는 성향이 강하다. 이 뿐만 아니라 서구문화는 공간을 직선으로, 시간을 연속으로, 우주를 정적, 고정적으로 간주하고, 생존수단으로 기술적, 과학적 방법들을 선호한다. 이에 반해, 원주민문화는 세계에 존재하는 만물의 조화와 평등을 가장 중요시하기 때문에 대립, 이원론 그리고 신과 인간의 분리를 부정한다. 원주민문화는 우주를 이원론적으로 재단하지 않기 때문에, 원주민들에게는 물질세계와 정신세계 그리고 자연계와 초자연계의 구별이 없다. 만물은 상호관계 속에 있으므로 모든 동물과 식물은 생명세계의 일부이다. 지상의 모든 생명체는 공존하면서 상부상조한다. 원주민문화는 공간을 원형으로, 시간을 순환으로, 우주를 동적, 창조적으로 반응하고 변화하는 실체로 수용하고, 생존방법으로 철학적, 신비적 원리들을 절대시한다.[12] 요컨대 원주민문화는 인간과 만물이 동등한 자격으

are alive.

12 앞글에서 발췌한 내용이다.

로 평등하게 서로 의존하여 이루는 조화와 통일의 극치이다.

이런 원주민문화의 시각에서 보면 타요의 전쟁후유증은 "전체적 조화가 깨져 조각난 징조이다. [. . .] 건강은 전체성이다." 그가 서구문화와 사악한 지배세력의 피해자로 전락하여 발생된 전쟁후유증으로 인한 소외감, 고립감, 죄책감, 의욕상실, 그리고 비사교성은 현대의술이 아니라 원주민문화의 한 축을 이루는 의식에 의해 치유된다. 의식은 "전체성의 복원을 강조하여" 실현시키기 때문이다. 또 의식은 그 목적이 통합에 있으므로 "개인을 그의 동료와, 지역사회를 다른 지역사회와, 민족을 다른 민족과 결합시키기"[13] 때문이다. 이러므로 소설 *의식*에 등장하는 우주 창조자인 사유의 여인, 거미는 말하기를, "내가 아는 유일한 치유법은 훌륭한 의식이다." 이렇게 타요가 의식을 통해 분열된 자아를 치유하여 전체성을 회복하는 과정을 말하는 이야기들이 *의식*의 핵심이다. 사유의 여인이 생각하고 있는 이야기를 들은 이야기꾼이 거미의 배에서 나오는 거미줄처럼 슬슬 말하는 이야기들은 "우리가 질병을 퇴치하고 죽음을 초월하기 위해 창조한 전부이다. 당신은 이야기가 없으면 아무것도 갖지 못한다. 그들(지배세력)의 사악한 권력은 강력하지만 우리 이야기들의 대적 상대가 될 수 없다. 그렇지만 그들은 우리 이야기들을 혼란스럽게 하여 망각시켜 무력화시키려고 안달한다. 그들은 우리가 일시적으로 무방비 상태에 빠질 수밖에 없으므로 행복할 것이다." 그러나 이야기꾼은 자신의 배를 문지르면서 말하기를, "나는 이야기들을 배에 간수한다. 당신이 손을 배에 대면, 배가 움직이고 있음을 안다. 사람들을 위한 상상력이 배에 있다. 그리고 이 이야기의 뱃속에서 의례와 의식이 여전히 지켜지고 있다."[14] 이 의식으로 타요가 현대의술로 완쾌할 수 없었던 전쟁후유증을 치유한 이야기는 그의 이원론적 서구문화 부정, 원주민문화의 진가 재발견, 그리고 자기정체성 정립과정의 기술이다. 또 이 의식으로 그

[13] 앞글, 8, 10.

[14] Leslie Marmon Silko, *Ceremony* (New York: Penguin, 2006), 3, 2. 앞으로 이 작품에서의 인용문은 괄호 안에 쪽수만 표시함.

는 혼혈아 출생으로 그리고 사악한 지배세력의 피해자로 겪었던 갈등과 혼란, 소외감, 고립감, 그리고 정신분열증을 극복하고, 전체성을 회복하여 모든 사람 그리고 사물과 하나가 되려는 인간으로 재생한다. 그의 재생 이야기(의식)는 일출에 시작된다. 본론에서 그의 극복과 재생과정을 고찰하기 위해, 소설구성을 세분화하는 목차의 장들이 없는 *의식*의 이야기 순서에 따르지 않고, 그의 의식 흐름 속에 드러나는 단편들을 전쟁후유증 발병 이전의 삶, 후유증의 고통과 극복, 그리고 자기정체성과 전체성을 회복한 인간으로 재생하여 사회로 복귀하는 차례로 논의한다.

II

*의식*은 타요가 사악한 지배세력의 피해자로 전락하여 제2차 세계대전이 끝난 직후에 로스 앤젤러스(Los Angeles) 보훈병원 침대에서 불면증으로 극심한 고통에 시달리는 장면으로 시작된다. 그는 "칠흑 같은 밤의 악몽과 홍수에 떠내려 온 잡동사니들처럼 자기를 엄습하는 시끄러운 목소리들" 때문에 잠을 잘 수 없다. 그는 친근한 연가, 일본 군인들의 성난 큰 목소리, 러구너(Laguna) 부족의 말, 특히 외삼촌 죠우시어(Josiah)와 어머니의 말을 듣지만, 어머니 말뜻을 이해할 수 없어 미칠 것 같다. 그는 이렇게 복잡하게 뒤엉킨 과거의 실타래를 풀어보려고 하면 더욱 꼬여 잠을 설친다. 게다가 그는 위경련으로 심하게 하는 구토 때문에 잠을 잘 수 없다. 그는 불면증, 정신착란 그리고 구토에 속수무책이다. 그는 신체적, 정신적으로 온전하지 못해 자기 존재를 인지할 수도 긍정할 수도 없다. 그는 스스로 자기는 실체가 없는 하얀 연기이고, 연기는 자의식이 없다고 생각한다. 따라서 그는 자기를 보이지 않게 흩어지는 연기, 즉 보이지 않는 인간으로 부정한다. 그는 과거에는 보이는 인간이었는가라는 백인의사의 질문을 받고, 자기 대답이 아닌 어떤 목소리에 의하면 "그는 당신에게 말할 수 없다. 그는 보이지 않는다. 그의 말들은 보이지

않는 혀에서 만들어지므로 소리가 없어요"(5, 14). 그는 "주기적으로 식별력을 상실하여 현재의 사실과 어렸을 때와 전쟁 중의 기억들을 구별할 수 없을 뿐 아니라 . . . 깊은 애정을 갖고 다른 사람들과 소통할 수 없다."[15] 요컨대 그는 지금 스스로 자기를 알고 정체성을 가진 건강한 주체적 인간이 아니고, 사악한 지배세력의 피해자로 소외감과 무력감에 빠져 있다.

먼저 그가 이렇게 판단력, 자신감 그리고 자의식을 상실하기까지의 그의 과거 삶을 고찰한다. 그의 어머니는 원주민의 땅과 생존권을 강탈한 백인들의 삶을 동경하여 그들이 건설한 도시, 갤럽(Gallup)에 정착하지만, 생각했던 꿈과 기대와는 달리 술과 매춘에 의존하여 퇴폐적, 자멸적인 삶을 살 수밖에 없다. 그녀는 뜨내기 백인손님과 가졌던 관계로 본의 아니게 혼혈아 타요를 출산한다. 부모, 친척들 그리고 주민들의 축복을 받지 못하고 태어난 타요의 삶은 비참, 비극, 혼란, 그리고 자신감 결여의 연속이다. 그는 다리 밑의 강가에 있는 판잣집에서 살면서, 어머니가 저녁이면 집을 나갔다가 밤 늦게 남자와 함께 돌아와 음식을 주면, 가지고 나가 새벽녘까지 밖에서 잘 곳을 찾는다. 그는 어머니가 혼자 돌아온 밤에는 다음날 정오에 물을 가져오라는 말을 들을 때까지 기다리다가, 집안에 음식이 없음을 알고 집 뒤의 통로에 있는 쓰레기통을 뒤지지만, 이미 다른 아이들이 챙겨 간 뒤라 아무것도 없으므로 하루 종일 굶는다. 그는 어머니가 자기를 데리고 간 도심지에 있는 술집 식탁 밑에서 손님들이 버린 담배꽁초들을 모아 가지고 놀면서, 누군가가 감자튀김 봉지나 검 한 덩이 또는 동전을 떨어뜨리기를 기다린다. 어느 날 그는 어머니가 술집에서 끼니를 사주고 남자들과 나간 다음에 돌아오지 않는 밤에 청소부에게 발견된다. 경찰이 와서 이름이 무엇이냐고 묻고 보호한 그를 찾으러 온 어머니는 그에게 좋은 냄새를 풍긴다. 이런 다음 그는 다시 여름에 남자들을 기다리는 어머니와 다른 여자들과 함께 강가의 판잣집에

---

15 Jude Todd, "Knotted Bellies and Fragile Webs: Untangling and Re-Spinning in Tayo's Healing Journey," *American Indian Quarterly* 19. 2(1995): 155.

서 살면서 다른 아이들과 어울리지 않고 혼자 생존법을 터득하려고 고심한다. 그러나 경찰이 갑자기 와서 집안의 남자들을 다 끌어내어 수갑을 채우고, 도망치는 여자와 아이들을 붙잡은 다음에 판자촌에 불을 지른다. 그는 버드나무 꼭대기 가지들 사이로 별들을 보면서, 어머니가 꼭 돌아올 거라고 믿고 기다린다. 그가 네 살 때 어머니는 그를 가슴에 안고 남자들과 함께 러구너에 와서 자기에게 악착같이 매달리는 아들을 오빠에게 맡기고 가버린다. 외삼촌의 품에서 벗어나려고 발버둥 치면서 우는 아들을 버린 어머니는 고인이 되어 돌아와 고향에 매장된다. 외삼촌은 이제 고아가 된 타요에게 사탕과자를 주면서 더 이상 울지 말라고 타이른다.

타요는 어머니의 버림을 받은 아이에다 지금은 고아로 외할머니, 외삼촌, 이모와 이모부, 그리고 사촌형과 함께 생활한다. 그는 새로운 삶으로 판잣집과 굶주림에서 벗어나지만, 혼혈아인 자기를 집안 망신으로 생각하는 이모의 따돌림을 당한다. 이모는 술과 매춘에 빠져 혼혈아를 출산한 동생과는 달리 자기는 독실한 천주교신자임을 주민들에게 과시하고 싶어 한다. 게다가 그녀는 "하나님은 오로지 개인의 영혼을 구제한다"는 교리를 핑계로 타요를 가족의 일원으로 보살피고 사랑하려고하지 않고 태어나서도 있어서도 안 될 존재로 간주한다. 특히 그녀는 어른들이 없을 때는 타요를 교묘하게 따돌리고 소외시켜 그의 마음에 깊은 상처를 준다. 그녀는 아들 로키(Rocky)와 타요만 있으면 아들만 자기 옆에 있게 하고, 둘이 함께 장난감들을 가지고 놀지 못하게 하면서 그들 사이를 갈라놓는다. 또 그녀는 아들에게 타요를 동생이라고 말하지 말라고 주의시킨다. 게다가 그녀는 다른 사람들이 로키와 타요를 형제라고 말하면, 언제나 두 애는 형제가 아니라고 우기면서 타요는 동생의 혼혈아라고 언성을 높여 그들의 잘못을 고친다. 이처럼 그녀는 타요가 스스로 가족의 구성원이 아니고 국외자임을 깨닫게 하려고 은밀하게 모든 수단과 방법을 동원한다. 더욱이 그녀는 어머니와 오빠의 상심이 너무 클 것 같아 그들에게는 도저히 말할 수 없었다는 양심을 갖고서도 일부러 타요에게 수치심, 모욕감 그리고 충격을 주려고 도저히 말해서는 안 될 이야기를 서슴없이 털어놓는다. 그녀가 이렇게 하는 이유는 타요는 아들로서 어머니가 저질렀던 보기에 민망한 행위를 알고 있어야한다는 엉뚱한 일변도적인 생각 때문이다. 그녀가 일출에 강가에 나갔다가 그때 귀가하는 동생을 본 장면을 말하는 이야기에 의하면, "그녀(동생)는 커다란 사시나무 아래로 걸어오고 있었다. 나는 동생을 똑똑히 볼 수 있었다. 그녀는 옷을 입고 있지 않았다. 아무것도 걸치고 있지 않았다. 그녀는 높은 구두 말고는 완전 나체였다. 그녀는 나무 밑에 지갑을 떨어뜨렸다. 아이들이 나중에 거기서 지갑을 찾아서 가져왔다. 지갑은 텅 비었고 오직 립스틱 하나가 있었다"(65). 타요는 이야기를 듣고 침을 꿀꺽 삼키면서 한숨을 내뿜는다. 요컨대 이모는 오로지 천주교교우들이 인정하는 체면과 명예만 중요시하고 조카의 보살핌에는 관심이 없는 "냉혹하고 질투심이 많은 여자이다."[16]

타요가 버림받은 아이로 집에 왔을 때 로키는 큰 소리로 외치기를, "꺼져. 너는 내 동생이 아니야. 나는 동생을 원치 않아." 그는 이렇게 외쳤지만 타요를 육체적, 정신적으로 괴롭히는 야비한 행위를 감행하지 않는다. 그러나 그는 백인사회에 완전히 동화하는 삶을 우선시하는데 반해, 타요는 혼혈아이면서도 인디언 전통문화와 의식을 고수하려고 전력하기 때문에 두 사람 사이에 큰 간격이 생겨 서로 대화하고 소통하기 어려워 거리감과 소외감을 느낀다. 로키는 학교에서 공부도 일등이고 미식축구와 육상의 주 대표 선수이다. 그는 언제나 우승에 대한 집념이 강하고 승리할 수 있다는 자신감을 표출한다. 그는 무조건 백인사회에서 출세하여 정상에 오르려는 일념으로 백인선생님들의 조언과 충고를 이론의 여지없이 성심성의를 다해 받아들인다. 그들도 그를 가장 우수하고 자랑스러운 모범학생으로 지도하려고 그에게 조언하기를, "이제 네 출세를 가로막는 장애물은 오직 하나 있다. 인디언 보호거주지에 사는 가족들이 네 미래 개척에 방해가 되지 않도록 주의하라"(61, 47). 그는 백인사회에서

[16] Salyer, 37.

입신양명하기 위해 선생님들의 조언에 맹종하여, 외할머니와 외삼촌이 못마땅해함을 아랑곳하지 않고 가족을 등질 뿐 아니라 러구너 문화와 전통을 미신이라고 부정한다. 인디언들이 사냥에서 사슴을 잡으면 배를 가르기 전에 사슴에게 경의를 표하기 위해 먼저 상의를 벗어 머리를 덮는다. 그들은 상의를 들어낸 다음 무릎을 꿇고 앉아 옥수수 가루를 사슴의 코에 뿌려 그의 영혼을 위로한 다음에 사슴에 대한 그들의 사랑과 경의 그리고 감사를 표시한다. 이래야 사슴은 다음 해에도 그들을 사랑함으로 자기 몸을 희생할 거라고 믿는다. 그러나 로키는 그들의 이런 의식과 믿음을 결코 수용하려고하지 않는다. 왜냐하면 그는 "사슴을 창조자의 선물이 아니라 식용동물로 간주하기"[17] 때문이다.

게다가 로키는 고등학교를 졸업하면 인디언거주지를 버리고 백인사회로 가서 살기로 이미 결심했으므로 백인들이 집필한 과학책들에 대한 믿음은 절대적이다. 죠우시어는 백인이 쓴 과학적인 소 사육법에 관한 책들을 읽고, 인디언 거주지의 환경과는 너무 동떨어진 내용들이 많아 자기가 제대로 이해했는지 알아보려고 로키와 타요에게 읽어보라고 권유한다. 그는 두 사람이 읽은 다음 자기 이해가 틀리지 않았음을 알고 책들에 대한 불만을 토로한다. 책들에는 인디언 땅에 사는 소들이 직면할 가뭄이나 겨울의 심한 눈보라 혹은 마른 엉겅퀴에 대처하는 방법이 없다. 그는 이 책들에 의존하지 않고 자신의 독자적인 소 사육법을 강구하려는 일념으로 주장하기를, "우리는 우리의 고유한 방식으로 소들을 사육해야 할 것이다. 또 우리는 우리 자신의 책, 인디언 땅에서 소 사육법, 즉 초식하지 않거나 물을 마시지 않는 소의 사육법을 집필할 것이다." 로키는 이 주장을 듣고 반박하기를, "식용 소에 관한 전문지식을 가진 과학자들이 이 책들을 썼습니다. 여기 사는 사람들의 소 키우는 방식에 문제가 있습니다. 그들은 소 키우는 법을 전혀 모른 채 키우고 있습니

---

[17] Troy J. Bassett, "'My Brother': The Recovery of Rocky in Leslie Marmon Silko's *Ceremony*," *American Indian Culture and Research Journal* 28.1 (2004): 37.

다"(69, 69-70). 그의 이런 오만하고 불손한 언행은 오로지 그의 어머니의 적극적인 지지를 받는다. 그녀는 백인사회에서 아들의 성공은 바로 자신의 승리이라고 믿기 때문이다. 죠우시어는 백인들이 집필한 소 사육법에 관한 책들을 신뢰할 수 없음으로 그들이 사육을 권장하는 하얀 소, 헤러퍼드(Hereford)를 사면 실패할 거라고 예견하고, 가족의 반대와 우려에도 불구하고 잡종 소인 멕시컨(Mexican) 얼룩소들을 구입하여 방목한다. 그가 "무한과 연속의 상징이고"[18] 생존력이 강하다고 믿는 잡종 소 선호는 지금 소외당하고 있는 혼혈아인 타요의 미래가 밝아지고 좋아질 것임을 예시한다.

타요는 혼혈아로 초등학교에서 유독 한 학생의 멸시와 증오의 대상이 되어 소외감과 수치심으로 크게 위축당한다. 게다가 그는 인디언 언어로 익힌 사물을 영어로 표현해야함으로 큰 혼란을 겪는다. 더욱이 그가 삶의 기반으로 믿었던 인디언 이야기와 문화가 학교에서 무시되고 부정당하기 때문에 자신감을 상실한다. 그는 백인선생을 만나기 전에는 하늘이 가까이 있어 하늘을 만질 수 있다고 생각했다. 그는 암석대지(mesa)의 높은 절벽 위에 서면 둥근 달에 갈 수 있다고 믿었다. 물론 그는 거리와 시간에 문제가 있지만 넘지 못할 장애물은 아니라고 판단했다. 그의 판단에 따르면 "사람이 달에 가기를 원하면 길은 있었다. 그 길은 당신이 [가는] 방법을 알고 있느냐, 즉 정확하게 어느 길로 가고 도달하려면 무엇을 해야 하느냐에 달려 있었다. 다시 말하면 당신이 당신보다 먼저 다른 사람들이 어떻게 도달했느냐의 이야기를 알고 있느냐의 여부에 의해 결정되었다. 그는 백인선생이 그에게 그런 '터무니없는 말'을 믿지 말라고 가르칠 때까지 오랫동안 이런 이야기를 확신했다." 또 그는 외할머니의 말 — "동물들이 사람에게 말할 수 있었고, 많은 마법적인 사건들이 일어났다" — 을 그대로 수용했다. 그의 수용에 의하면 외할머니의 이야기들 세계는 "살아있는, 다시 말하면 항시 변화하고 움직이는 현상

---

[18] Louis Owens, "'The Very Essence of Our Lives': Leslie Silko's Webs of Identity," in *Leslie Marmon Silko's Ceremony: A Casebook*, 106.

이었다.” 더욱이 그는 파리가 병균을 옮기는 나쁜 벌레이라는 선생님의 말을 곧이곧대로 듣고 파리를 잡았다. 그러나 그는 “우리는 파리가 우리를 위해 하는 일에 감사해야”한다는 죠우시어의 훈계를 듣는다. 그의 훈계에 의하면 “돈보다 더 가치 있는 사물들이 있다. 우리는 이 땅에서 살고 있다. 알겠냐? 이 모래, 돌, 나무들, 덩굴들, 그리고 모든 야생화들. 이것들이 우리를 살아가게 하고 있다. 몇 년 동안 극심한 가뭄으로 먼지, 바람 그리고 건조에 대한 사람들의 불평을 너는 듣고 있다. 하지만 바람과 먼지도 해와 하늘처럼 생명의 일부이다. 너는 이것들을 저주해서는 안 된다. 이것들도 사람이고 우리의 가족이다. [현명한] 노인들은 사람들이 이 사실을 잊고 잘못 행동할 때 가뭄이 든다고 늘 말해왔다”(17-18, 87, 88, 42). 이렇게 타요는 백인교육과 인디언문화 사이에서 심한 갈등을 겪으면서 혼란과 소외감 그리고 자신감 상실의 소용돌이에 빠진다.

이런 혼란과 소외감에다 자신감마저 상실한 타요는 “신비하고 강한 [혼혈 멕시코] 여인,”[19] 밤의 백조(Night Swan)로부터 위로와 격려를 받는다. 그녀는 무희로 춤을 출 때는 스스로 몰아의 경지에 이르러 관객들을 황홀경으로 이끈다. 그녀는 춤으로 강한 생동감과 활력을 분출하면서 남자들의 마음을 극도로 동요시켜 완전히 사로잡는다. 이런 그녀가 어느 날 갑자기 거리에서 홀로임을 알고, 다른 사람과의 공존에서 자신에게 반드시 있어야 하는 변화와 그 감정이 없음을 느낀다. 이러므로 그녀는 그곳을 떠나 여행하던 중에 “구름에 싸인 여인”이라고 불리는 쎄-피’나(Tse-pi’na)산[20]에 매료되어 쿠버로(Cubero)에 정착하여 술집 2층에 거처를 정한다. 그러자 주민들이 자신들의 평범하고 한결같은 삶을 뒤흔드는 신비스러운 여자의 갑작스런 정착에 경악하여 건물 주인에게 2층 임대에 거칠게 항의한다. 주인은 술꾼들의 고함과 자동전축(jukebox)의 시끄러운 음악에다 낡은 방이라 입주할 사람이 없던 차에 아내가 밤의 백조의 요구에 응해 임대했다고 변명한다. 특히 주부들은 그녀가 자기들 남편을

---

[19] Allen, “The Feminine Landscape of Leslie Marmon Silko’s *Ceremony*,” 235.

[20] 러구너 사람들은 Mount Taylor를 이렇게 명칭한다.

홀리지 않을까 전전긍긍한다. 그러나 그들은 죠우시어의 소형화물차가 매일 밤 술집 옆에 주차하고 있으므로 안도한다. 그런데 죠우시어는 주민들과는 달리 밤의 백조를 보고 심장이 강렬하게 뜀을 도저히 멈출 수 없어 그녀의 연인이 된다. 그녀는 그에게 말하기를, "나는 산을 보았고, 여기서 바라보는 산세가 무척 마음에 들었어요"(80). 그는 그녀의 말을 그대로 수용하고 그녀와의 만남을 가장 즐기면서 중요시한다.

죠우시어는 가뭄 끝에 갑자기 비가 내려 밭 일이 바빠질 것 같아 밤의 백조에게 만남 약속을 취소하는 쪽지를 보내는 심부름을 타요에게 시킨다. 타요는 외삼촌의 부탁으로 쪽지를 갖고 우중에 차를 몰고 그녀의 거처로 간다. 그는 거기로 가면서 심장 박동과 호흡이 빨라짐과 뱃속에서 무언가가 요동침을 느낀다. 그는 자기에게 일어난 이런 변화 때문에 운전대를 잡은 손이 미끄러지고 주위가 뚜렷하게 보이지 않는다. 그가 목적지에 도착하자 빗방울은 양철 지붕을 세차게 때리고, 홈통에서는 빗물이 쏟아져 나온다. 그가 문을 두드리는 소리를 듣고 나온 젊지도 늙지도 않은 여자의 몸에서는 짙은 향수 냄새가 난다. 그는 몸에 착 달라붙은 옷 위로 드러난 그녀의 복부와 엉덩이를 보고 얼굴이 화끈거림을 느끼면서 그녀에게 쪽지를 전한다. 그는 그녀의 들어오라는 말을 듣고 문 안에서는 순간 요란한 천둥소리가 마치 거대한 바위들이 높은 절벽에서 좁은 협곡으로 떨어져 부딪히는 굉음을 느끼는데, 창문 유리들이 덜거덕거린다. 더욱이 그는 방안에 흐르는 음악, 푸른색의 벽 그리고 청색 침대보가 분출하는 미묘한 분위기에 압도당한다. 그녀는 쪽지를 읽고 양철 지붕을 세차게 두드리는 비 소리를 들으면서 그를 침대로 데리고 간다. 그녀는 스페인(Spain)말로 속삭이며 그의 등과 목을 애무한 다음 입술로 귀와 목을 가볍게 스친다. 그녀가 자기 몸을 그의 가슴과 배에 밀착시키자, 그는 그녀의 부드러운 다리와 배를 느낄 때까지 몸을 단단하게 유지한다. 그는 입술로 그녀의 얼굴을 애무하면서 눈을 떠 그녀가 미소를 짓고 있음을 본다. 또 그는 떨고 있는 그녀를 꼭 포옹하면서 자기도 떨고 있음을 느낀다. 그녀는 숨을 더 가쁘게 몰아쉬면서 거칠게 호흡하는 그의 밑으로 기어 들어간다. 그녀는 "그의 밑에서 움직이는데, 그녀의 율동은 서까래를 뒤흔드는 바람소리 그리고 나무에 떨어지는 빗소리와 하나가 되었다. 그러자 그는 이 순간 이전에 살았던 삶으로부터 멀리 벗어나 막연하지만 자신의 몸과 의식의 깊은 내면에 열중했다"(91). 타요가 신비하고 강한 밤의 백조와 가진 관계는 그를 육체적, 정신적으로 성숙시켰으므로 그가 지금까지 자신의 마음을 짓눌렀던 소외감과 자신감 상실을 극복하는 계기가 된다. 왜냐하면 그는 자기 몸을 그녀의 육체에 밀착시켜 몰아의 경지에서 그녀와 하나가 될 뿐 아니라 정신과 육체의 일원론으로 혼혈아로 인한 소외감과 수치심에서 잠시나마 벗어나기 때문이다. 인디언들은 땅을 여신으로 숭배하여 성과 신성을 동일시한다. 세속적인 성행위도 여신의 몸에 다가가는 길이다. 더구나 그들은 서구철학과는 달리 영혼과 육체를 분리하지 않는다.[21] 또 그의 "밤의 백조와의 만남이 [그의 전쟁후유증을 완쾌하는데 결정적인 역할을 하는] 여자 힘의 다른 화신을 . . . 다시 상봉할 것임을 예고한다."[22]

그가 옷을 입는 동안 그녀는 그를 오랫동안 지켜보면서 눈의 색도 보았다고 말한다. 이 말을 듣고 그는 처음으로 혼혈아로 겪었던 수치심과 모멸감으로 인한 마음고생과 소외감을 솔직하게 털어놓기를, "멕시코사람 눈입니다. 다른 아이들이 나를 놀렸습니다. 나는 언제나 나도 다른 사람들처럼 검정 눈을 가졌으면 하고 바랐습니다. 그들은 나를 볼 때마다 과거에 일어났던 일들을 기억할 겁니다. 특히 내 어머니가 [저질렀던 창피한 행위나 실수를]." 그녀는 그의 고백과 고민을 수긍할 수 없어 고개를 저으면서 그를 위로하고 격려하려고 말하기를, "타요, 그들은 두려워하고 있다. 그들은 주변에서 이상한 일이 일어나고 있음을 느끼고 인식할 수 있다. 이 때문에 그들은 겁이 난다. 인디언들이나 멕시코사람들이든 백인들도 거의 전부가 변화를 두려워한다. 그들은 자식들이 자기와

---

21 Todd, 163.

22 Robert M. Nelson, "The Function of the Landscape of *Ceremony*," in *Leslie Marmon Silko's Ceremony: A Casebook*, 145.

같은 색의 피부와 눈을 가지고 태어나면 아무런 변화도 없다고 안도한다. 그들은 바보들이다. 그들은 자기들과 다르게 보이는 우리를 비난한다. 이런 식으로 그들은 자기들 내부에서 일어나는 일(양심의 소리, 진실한 자아탐구와 실현 욕구, 자기와 다른 사람들의 본능충족 그리고 인권존중 욕구)을 묵살한다." 그녀는 계속 부언하면서 암시하기를, "너는 지금 일어나고 있는 일을 반드시 다 이해할 필요는 없다. 그러나 오늘을 기억하라. 너는 나중에 오늘[의 의미]를 깨달을 것이다. 너는 이제 오늘의 일부가 되었다"(92). 타요는 자기 실존에 절대적으로 필요한 육체적, 정신적 변화 뿐 아니라 밤의 백조가 자기를 위로하고 격려하려고 자기에게 쏟은 깊은 관심과 배려를 실감한 새로운 의식에 고무되어 그녀와 작별한다.

그는 그녀와 헤어진 후에 평생 처음으로 자기를 동생이라고 부르는 로키의 권유에 응해 육군에 지원한다. 로키는 육군모병관에게 자기는 조종사가 되어 전 세계 방방곳곳에 날아가고 싶은데 그게 가능하냐고, 또 동생과 함께 지원하면 같은 부대에 배속되느냐고 묻는다. 모병관은 바로 지금 지원하면 조종사 훈련과정을 비롯한 모든 분야에 응모할 자격을 갖게 되고, 동생과 같은 부대 배속도 가능하다고 대답한다. 로키는 평소의 자신만만한 태도를 버리고 동생의 동의를 구하는 표정을 짓는다. 모병관은 혼혈아인 타요의 엷은 갈색 피부와 담갈색 눈을 응시하면서 둘은 정말로 형제이냐고 확인한다. 그런 다음 모병관이 로키에게 지원서를 꺼내주자, 먼저 로키가 서명하고 타요도 따라한다. 타요는 형과 함께 육군에 입대하여 형제로 같은 부대에서 생활할 수 있다는 생각에 마음이 가벼워짐을 느낀다. 로키는 이런 동생의 등을 가볍게 두들기면서 말하기를, "타요, 우리는 정말 잘할 수 있을 거다. 전 세계를 돌아다니면서 다른 국가들과 [우리와] 다른 사람들을 볼 수 있을 거다." 타요는 이렇게 들뜬 기분으로 귀가해서 외삼촌의 소형화물차를 보고, 고등학교를 졸업하면 얼룩소들을 돌보겠다고 외삼촌에게 했던 약속을 어길 수 없으므로 육군지원을 취소한다는 자기 뜻을 로키와 가족에게 밝힌다. 로키는 동생에게 아버지와 외삼촌이 얼룩소들을 사육할 수 있으니 걱정할 필요가 없다고 강조한다. 그러나 이모는 타요가 집에 있어야 한다고 고집을 부린다. 그러자 외삼촌은 물론이고 외할머니도 거들어 주장하기를, "그(타요)를 육군에 입대시켜라. 형제가 서로 보살피면 모두 무사히 돌아올 수 있다." 이렇게 이모의 뜻이 꺾이자 타요는 그녀에게 "제가 형을 안전하게 데려오겠습니다"(66-67, 67)고 약속하고 출전한다.

그러나 타요는 전 세계를 돌아다니면서 다른 국가와 사람들을 볼 수 있을 거라는 기대에 어긋나는 필러핀즈(Philippinnes)의 전쟁터에서 자기가 생활신조로 고수하려고 했던 만물은 하나이다는 인디언들의 실존철학이 무용지물임을 직감한다. 그는 전쟁터의 실존에서는 조화와 균형이 이루는 전체성은 있을 수 없고 오로지 우리와 적의 이분법을 철칙으로 하는 전쟁이 증폭시키는 참상과 참혹만을 목격한다. 그는 이 직감과 목격이 유발한 정신적 외상(trauma)으로 부지불식간에 정신분열증 환자가 되고 그 증세가 점점 악화된다. 그는 정신분열증에서 기인한 착란으로 사람과 장소를 분별하는 능력을 상실한다. 그는 양손을 머리에 얹고 동굴 앞에 일렬로 선 일본군 포로들을 사살하라는 중사의 명령을 받고도 방아쇠를 당기지 못한다. 그는 그 순간에 거기에 서 있는 사랑과 존경의 대상인 외삼촌 죠우시어를 보았기 때문이다. 그의 "얼굴은 햇볕에 그을렸고, 눈은 마치 그가 타요를 보고 미소를 지으려는 것처럼 가늘게 뜨고 있었다. 그래서 타요는 메스꺼움으로 몸이 굳어진 채 서서 전우들이 포로들을 사살하자, 외삼촌이 쓰러짐을 보았다." 그는 슬픔을 억제할 수 없어 울음을 터뜨리자, 로키는 그의 어깨를 흔들며 그러지 말라고 달래지만 소용이 없다. 전우들이 그를 진정시키는 약을 강제로 입 안으로 넣는다. 로키는 시체들 중 하나를 군화로 뒤집어 그에게 보여주면서 "이건 일본군이고, 복장도 일본군 군복이다"고 말한다. 이러지만 타요는 사망자가 일본군이 아니고 외삼촌이라고 비명을 지르기 시작한다. 이번에는 중사의 명령을 받은 의무병이 그에게 와서 주사를 놓아 잠들게 한다. 지배세력의 전쟁도구로 전락하여 인간의 존엄과 생명에는 관심이 전혀 없는 부대원들은 타요의 돌출행동을 전투 피로증(battle fatigue)으로 간주하고, 그의 정신착란은 멀레어리어(malaria) 열 때문에 생기는 증상이라고 대수롭지 않게 말한다. 다음날 그들은 아무 일도 없었다는 듯이 행동한다. 로키만은 외삼촌은 필러핀 밀림과 일본군들로부터 수천 마일 떨어진 러구너에 계시므로 여기서 사살당할 수 없다고 논리적으로 타요를 납득시키려고 말하기를, "그는 아마 지금 암석대지 정상에서 나무를 베고 있을 거야. 이 봐 내가 알기로 너는 [어떻게 할 수 없는 심각한] 향수에 젖어 있다. 그러나 타요, 우리는 여기에 있어야 한다. 이것이 지금 우리 임무이다"(7). 타요는 머리로는 형의 논리를 수긍하지만, 마음은 그러하지 못한다.

더욱 비참하게도 타요와 전우들은 일본군의 포로가 되어 수용소까지 버탠에서 시작된 죽음의 행진(Bataan Death March)을 감내해야한다. 그는 고난의 행진에서 부상당한 로키를 들것에 아니라 담요에 눕혀 폭우를 무릅쓰고 하사와 함께 수용소까지 이송해야한다. 그가 담요 뒤쪽 끝을 잡고 앞쪽 끝을 쥔 하사 뒤를 따라갈 때, 밀림 속에서 격렬하게 퍼붓는 폭우는 마치 하늘에서 지상으로 가지들을 뻗어 아치를 이루는 잎사귀들처럼 보인다. 그와 전우들은 이런 비를 흠뻑 머금은 잎사귀들이 물방울을 뚝뚝 떨어뜨리 듯이 땀을 잔뜩 흘리며 행군하면 숨이 턱턱 막혀 헐떡거린다. 그들의 발가락은 비에 흠뻑 젖은 군화 속에서 불어 터져 살갗이 완전히 벗겨진다. 이런 악조건에 밀려 하사는 담요 끝을 잡은 채 미끄러져 넘어진다. 타요는 일본 군인이 넘어진 하사와 진흙 범벅이 된 로키를 보고 소총 개머리판으로 그들의 머리를 내리치러 오지 않을까 노심초사한다. 그는 불안감에서 벗어나려고 자신과 하사에게 이제 다 왔다거나 지금부터는 내리막길이라고 끊임없이 말한다. 그는 이야기가 하사를 지탱해주고 자기 무릎이 휘청거리지 않도록 하여 담요를 꼭 잡을 수 있기를 바란다. 그는 잠시 담요를 내려놓고 얼굴과 목을 타고 흘러내리는 빗방울을 닦고 싶지만, 하사가 앞서 가고 있으니 계속 따라가야 한다. 하사는 산에서 거세게 불어오는 바람에 날리는 빗방울이 얼굴에 쏟아져 앞이 보이지 않으므로 넘어져 담요 끝이 손에서 빠진다. 타요는 일본 군인이 눈치 채기 전에 진흙탕 속을 기어 다니면서 하사를 찾아 일으켜 세워 담요를 다시 함께 잡는다. 이때 키 작은 일본 군인이 다가와 담요에 누워 있는 로키를 보면서 키 큰 군인을 부른다. 키 큰 군인은 거의 눈에 띄지 않을 정도로 재빨리 하사를 자기 쪽으로 끌어당긴다. 타요가 하사에게 담요 한쪽 끝을 다시 쥐어주려 하자, 키 큰 군인은 타요를 흙탕물이 가득 흐르는 도랑으로 밀어낸다. 키 큰 군인은 진흙투성이 담요로 로키머리를 덮어씌운 후 개머리판으로 쿡 찌른다. 타요가 비명을 지르기 시작하자, 전우들은 그를 살리려고 다른 쪽으로 끌고 간다. 그는 로키로부터 떨어지지 않으려고 이미 진흙더미 속에 일부가 파묻힌 담요 옆에 누우려고 안간힘을 쓴다. 하사는 팔로 그를 감싸 일으켜 세우면서 말하기를, "자, 진정해. 울지 마라. 네 형은 이미 죽었다. 나는 일본 군인이 이미 죽었다고 하는 말을 들었다. [. . .] 아무도 할 수 있는 묘책이 없다."(40) 타요는 철조망으로 겹겹이 둘러싸인 포로수용소에서 정신분열증과 형의 죽음에 대한 죄책감에 시달리면서 땅과 비를 저주하는 악몽의 시간을 보내야 한다. 그러나 그는 이런 극한상황에서도 외삼촌의 명언 — "인간만이 외부 조건에 저항하기 때문에 어떤 고난과 [시련도] 감내해야 한다"(40, 24) — 에 의존하여 극복하고 생존한다.

타요는 만물은 하나이다는 인디언 철학을 부정하는 전쟁터와 포로수용소에서 자기만 생존하여 돌아와 보훈병원에서 전쟁후유증 치료를 받는다. 그는 백인의사들이 그의 불면증, 정신착란 그리고 구토를 전투 피로증으로 진단하고 치료하지만 효과를 보지 못한다. 왜냐하면 그들은 건강은 정신과 신체가 조화와 균형을 이루는 전체성이라는 원리를 이해하지 못할 뿐 아니라 그를 인격을 가진 환자로 치료하려고하지 않고 의술의 대상으로 간주하기 때문이다. 또 그들은 그의 불면증과 정식착란은 만물은 하나이다는 철학의 부정, 더 구체적으로 말하면 그와 땅의 분리에서 비롯되고 있음을, 그리고 그의 구토는 "우리"와 "그들"을 구별하여 "그들"을 타도해야 한다는 허위의식[23]에서 기인하고 있음을 전혀 인지하지 못한다. 따라서 그들은 그가 건강을 회복하려면 자신만 생각하고 다른 사람을 배려하지 말아야하고 "우리"와 같은 단어를 사용하면 안 된다고 그에게 강요한다. 그들은 그에게 이런 강요만 하고 합리적인 치료법은 제시하지 않고 그를 퇴원시키는 무식하면서 오만하고 무책임하고 자기주장만 하는 독선적인 의사들이다. 별수 없이 그는 러구너로 돌아와 가족들이 자기 병의 심각성을 모르기를 바라면서 혼자 불면증, 정신착란 그리고 구토로 인한 고통스러운 병상생활을 하려고 결심한다. 그러나 이모가 자기는 독실한 천주교신자로서 조카를 위해 자기희생과 시련을 감수할 수 있음을 가족과 주민들에게 과시하기 위해 그를 간병한다고 나선다. 그녀는 그를 돌본다고 공언하면서도 과거에 혼혈아로 무시했을 때처럼 빤히 쳐다보면서 냉소적 반응을 보인다. 그녀는 그가 너무 허약하여 걸을 수 없어 몇 개월 동안 침대에 누워 있을지라도 그를 보살필 거다. 그렇지만 그는 그녀의 마음에 없는 간병을 받는 갈등과 고통, 로키와 함께 귀국하지 못한 죄책감 그리고 가족에게 부담이 되는 처량한 신세에 더해 외삼촌이 타계했고 얼룩소들을 잃었다는 말을 듣고 오열한다. 이처럼 그의 현존재는 불면증, 정신착란, 구토, 갈등, 죄책감, 불가피한 의존 그리고 오열의 잡동사니이다.

그가 불면증, 구토 그리고 오열로 건강이 매일매일 악화되어 점점 쇠잔해지자, 외할머니는 언제나 주민들의 구설에 신경을 쓰는 이모의 반대에도 손자를 살리려는 일념으로 주술의(medicine man), 쿠'우쉬(Ku'oosh) 영감을 불러온다. 영감은 타요가 망각한 원주민문화와 땅의 기억을 갑작스럽게 강하게 되살려, 그를 경악시켜 무력감에서 벗어나게 하려고 시도한다. 영감은 원주민 방언과 영어로 말해 그가 얼른 이해하지 못하는 의미를 파악하도록 극도로 긴장시킨다. 그는 이 긴장으로 잠시나마 무력감을 탈피한다. 또 그는 영감이 러구너 동북쪽에 있는 깊은 용암동굴을 자세히 묘사하는 말을 듣고 침대에서 일어나 등을 철제 침대 틀에 기댄다. 그는 영감이 가리키는 동북쪽을 보면서, 과거에 그 동굴에서 느꼈던 생

---

[23] Todd, 157.

명력과 자연의 신비를 회상한다. 그의 회상에 따르면 "방울뱀들은 이른 봄에 아직도 날이 쌀쌀할 때 햇볕이 먼저 검은 용암바위를 따뜻하게 하면 거기에 기분 좋게 누웠다. 뱀들은 생명력을 회복하려고 거기로 갔다. . . . 타요는 머리를 그쪽으로 돌려 넓고 둥근 구멍을 기억했다. 그 구멍은 너무 깊어서 그가 로키 옆에 배를 깔고 엎드려도 밑을 볼 수 없었다. 그의 기억에 자기와 로키는 작은 돌들을 구멍 속으로 떨어뜨려, 그 돌들이 밑에 부딪칠 때 어떤 소리가 나는지 알아보려고 귀를 기울였다. 그러나 동굴은 소리를 못들을 정도로 깊었다"(32). 이처럼 영감의 "동굴 이야기가 그의 주술로 . . . 타요의 생명력을 회복시켜, 그를 침대에서 일으킨다."[24]

또 영감은 그에게 "이 세상은 부서지기 쉽다"고 말한다. 영감의 "부서지기 쉽다"는 말은 역설적으로 다시 굳어져서 단단해질 수 있음을 암시한다. 영감은 그에게 그가 비록 지금 병들어 누워있지만 좋은 이야기를 듣고, 그 이야기에 따라 처신하면 병을 치유할 수 있음을 시사한다. 왜냐하면 부서짐에는 그 반대의 뜻과 현상이 내재되어 있기 때문이다. 영감이 선택한 단어 "'부서지기 쉬움'은 연속과정의 복잡성과 . . . 거미줄의 고유한 힘으로 넘쳤다. 어떤 단어도 홀로 존재하지 않기 때문에 부서지기 쉬움과 복잡성을 설명하는데 많은 시간이 필요했다. 어떤 단어를 선택하는 이유는 왜 이 단어가 그처럼 확실하게 사용될 수밖에 없었다는 이야기로 해명되어야했다. 이렇게 하는 것이 인간의 책임이고 . . . 단어 뒤에 숨어있는 이야기는 그 의미에서 오해가 없도록 전달되어야했다. 이 전달은 대단한 인내심과 사랑을 필요로 했다"(32-33). 이처럼 단어들이 이야기를 만들고, 이야기는 단어들에서 나온다. 영감이 "부서지기 쉬운" 단어로 기술한 세계는 "강하면서도 언제나 다시 얽을 필요가 있는 거미줄의 특징을 가진 이야기들로 만들어진다."[25] 지금 타요가 필리핀즈의 전쟁터에서 정신적 외상으로 어이없이 망가진 정신과 육체의 병, 즉 전쟁후유증과 홀로 고군분투하고 있지만 결국 거미줄의 특징을 가진 이야

[24] 앞글, 158-59.

[25] Salyer, 38.

기의 도움을 받아 치유된다. 왜냐하면 이야기는 "모든 사람이 언제나 [다른 사람들과 함께] 사회의 구성원임을 의식하도록 하여 어떤 시간과 장소에서도 소외감과 고립감을 느끼지 않도록 도와주는"[26] 큰 힘이 되기 때문이다. 실제로 영감의 용암동굴에서 나온 이야기가 허약하고 무력한 타요에게 활력과 생명력을 불어넣어 그를 침대에서 일으켰다.

게다가 영감은 타요의 병을 단지 한 개인의 문제로 접근하지 않는다. 영감은 그의 발병 원인을 규명하고 싶어 한다. 영감은 이 규명이 타요를 위해서 뿐 아니라 이 부서지기 쉬운 세계를 위해서 필요하고, 더욱이 우리 모두에게 매우 중요하다고 믿기 때문이다. 또 영감은 타요가 빨리 쾌유하지 않으면 우리 모두에게 어떤 나쁜 일이 일어날까 두렵기 때문이다. 영감은 백인문화의 수용을 거부하는 전통주의자로 백인들의 정착 이후부터 재래식으로 치유할 수 없는 질병이 있다고 투덜거리면서도 파란 옥수수자루와 인디언 차 봉지를 두고 간다. 타요가 이 차를 마시고 옥수수 죽을 섭취하자, 지금까지 그를 죽음도 마다할 극심한 고통으로 절망감에 빠뜨렸던 위경련과 구토가 일어나지 않는다. 그는 이런 일시적 호전상태에서 목재 헛간 옆에 있는 사과나무에서 하나의 과일 사과가 될 때까지 여름 내내 익어갈 작은 파란 열매를 보면서, "더 이상 생존에 관심을 갖지 않겠다고 작정한 다음부터 살아있음이 매우 편안하다고 생각했다. 작은 사과들도 그렇게 매달려 있었다. 사과들은 강한 바람에도 떨어지지 않을 것 같았다"(36). 그는 이런 생각을 한 다음부터 불면증과 구토에서 해방되어 편안한 생활을 영위할 수 있다. 그러나 그는 전통주의자 쿠'우쉬영감의 치료로 완쾌할 수 없으므로, 그가 소개한 절충주의자 베토니(Betonie)영감을 만나러 이모부와 함께 갤럽으로 간다. 그는 영감을 상봉하기 전에 다리 위에서 어머니와 함께 비참한 삶을 살았던 강가의 판잣집을 바라보면서, 지금도 거기 살고 있는 인디언여자와 아이들을 위해 로키가 출전하기 전에 기원했던 무사귀환을 간절히 소망한다.

---

[26] Per Seyersted, "Interview with Leslie Marmon Silko," in *Conversations with Leslie Marmon Silko*, 31.

그런 다음 그가 큰 기대를 갖고 찾아간 베토니영감은 처음에 주술의처럼 보이지 않아 그를 크게 당황시키고 실망시킨다. 그러나 반의적으로 쿠'우쉬영감은 그의 전쟁후유증을 파란 옥수수와 인디언 차로 완치시킬 수 없었음에 반해, 베토니영감은 그의 병을 의식으로 치유한다. 베토니영감은 그의 병이 인간과 자연이 조화와 균형을 이루는 전체성을 부정하는 미국백인문화에서 기인하고 있음을 간파한다. 그는 타요가 왜곡된 의식 때문에 다른 사람과 정신적, 육체적으로 돈독한 유대관계를 유지할 수 없고, 자기가 성장한 사회 속에 존재할 수 없으며, 자연과 하나가 될 수 없음을 인지한다. 따라서 영감은 그가 상실한 전체성을 의식을 통해 회복할 수 있도록 그를 도와주려고 전력한다. 의식은 "개인이 다시 한 번 물질과 정신세계의 전체성 그리고 균형과 하나가 됨으로써 그의 건강을 회복하는 수단이 되기"[27] 때문이다. 영감은 타요의 전쟁후유증 치유, 즉 전체성 회복에 장애가 되는 왜곡된 의식을 점진적으로 개혁시킨다.

베토니영감은 갤럽의 불결한 지역 근처의 산기슭에 있는 호우건((hogan, 나버호우(Navajo)인디언족의 주거))입구에 거꾸로 세운 낡은 양철통 위에 앉아 있다. 영감은 자기를 찾아온 타요와 이모부를 보자 자리에서 일어나 거침없이 연세에 어울리지 않는 강한 힘으로 악수를 청하고, 유창한 영어로 여기 사는 이유를 밝힌다. 이 호우건은 백인들이 아래 도시에 정착하기 훨씬 이전에 언덕에 아주 안락한 생활공간으로 건축되었다. 내 "할머니는 이 언덕을 떠나지 않으시려고 했다. 할머니는 여기서 세상을 다 내려다 볼 수 있다고 말했다." 내 증조할아버지가 젊으셨을 때 나버호우족이 저 언덕들에서 살면서, 강을 따라 조그마한 농장을 일구었다. 그러나 백인들이 도시를 건설하기 시작하자, 나버호우족은 이주할 수밖에 없었다. 그들은 자기들 주거지로 좋은 땅을 차지하고, 인디언들에게 철로 북쪽, 강가 그리고 쓰레기 하치장 옆의 나쁜 땅을 주었다. 영감은 이런 사정으로 거처에서 이전의 아름다운 자연을 즐길 수 없지

---

[27] Valerie Harvey, "Navajo Sandpainting in *Ceremony*" in *Critical Perspectives on Native American Fiction*, 256.

만, 지금은 "사람들(인디언들)이 (강가의) 술집들 사이 골목길에서 잠을 자는" 광경을 비롯한 백인과 인디언들의 사는 모습을 구경하는 재미로 산다고 속마음을 털어놓는다. 타요는 이 말을 듣고 구토할 것 같은 기분을 느낄 때, 이모부가 간다고 떠나자 그를 따라가고 싶어 안달한다. 영감은 그의 마음을 알고 그에게 말하기를, "너는 지금 떠날 수 있다. 대부분의 나버호우족 사람들도 나에 대한 같은 생각을 한다. 네가 도망친 첫 번째 사람이 결코 아니다." 결국 타요는 망설이면서도 다시 보훈병원에 입원할 수도 없고, 러구너에서 지금처럼 살고 싶지 않아 주저앉는다. 다행히 그가 영감의 눈이 자기와 같은 담갈색임을 알고 다소 안도하자, 영감은 "할머니는 푸른 눈을 가진 훌륭한 멕시코여자였다"(121, 108, 109)고 말하면서 그를 진정시키고 위로한다.

그가 영감을 따라 거처 안으로 들어가 보니 방은 약초봉지, 마분지상자, 트렁크, 신문지 꾸러미들이 천장에 닿을 정도로 쌓아올려 있다. 쾨쾨한 냄새에다 찢어진 상자 밖으로 튀어나온 옷가지와 물건들이 꼴불견이다. 여기에다 여러 도시 — 세인트 루이스(St. Louis), 시애틀(Seattle), 뉴욕(New York), 그리고 오우크런드(Oakland) — 를 돌아다니면서 가져온 전화번호부들이 쌓여 있다. 그는 이 어지럽게 널려 있는 잡동사니들을 보고 심한 현기증과 구토증을 느끼므로 쓰레기로 전부 버리고 싶은 강한 충동을 느끼면서도, 꾸러미, 상자 그리고 트렁크들이 이루고 있는 하나의 모형이 어슴푸레 떠오른다. 영감은 그를 경악시켜 상상불허의 미지세계로 인도하려고 말하기를, "느긋하게 생각하라. 모든 것을 한꺼번에 보려고 서둘지 말라. 우리는 이 모든 물건들을 오랜 기간, 즉 수백 년 동안 수집했다. 할머니가 내가 태어나기 전부터 모았고, 증조할아버지도 그녀가 출생하기 전부터 수집했다. 이 수집은 아주 오래 전부터 계속되어 왔다." 게다가 그가 벽에 걸려 있는 약제봉지들 밑에 겹겹이 쌓여 있는 오래된 달력들 중에서 외삼촌이 샌터 페이(Santa Fe)역에서 가져온 1939년과 1940년 달력을 본 기억이 있다고 말하자, 영감은 말을 다시 시작한다. 그의 말에 의하면 "이 모든 물건들은 살아있는 이야기를 내포하고 있다.

나는 샌터 페이역의 고객들 중의 한명이다. 나는 1903년에 거기서 기차를 타고 쉬카고(Chicago)로 갔다. 사람들은 내가 방문했던 도시들을 그들에게 말하면 언제나 놀란다. 나는 모든 이름들이 수록되어 있는 전화번호부들을 가져왔다. 내가 보았던 사물들을 기억하려고. [. . .] 할머니는 나를 캘러포니어(California)주 리버사이드(Riverside)에 소재한 셔먼학교(Sherman Institute)에 보냈다. 그때 나는 기차를 처음 탔다. [. . .] 나는 할머니에게 가고 싶지 않다고 말했다. [. . .] 그러나 할머니는 내게 강조하기를, '지금부터 모든 언어를 알아야 매사를 처리할 수 있다. 그러니 너는 영어를 배워야 한다'"(110-11, 112). 영감은 자기 말을 반신반의하는 그에게 자기를 믿지 못하면 지금 돌아가라고 타이른다. 영감은 자기를 불신하는 사람의 병을 치유할 수 없다고 단언한다.

이러하자 타요는 지금까지 자기 마음을 억눌렀던 사연들을 영감에게 털어놓고 그의 반응에 의존하려고 작심한다. 그는 외삼촌이 러구너 집에 계신 줄 알면서도 정신착란으로 필러핀 밀림에서 일본 군인들과 함께 사살당하는 현장을 목격하고도 그분을 구출하려는 어떤 행동도 하지 않았다고 괴로워한다. 영감이 그에게 외삼촌이 언제 타계했냐고 묻자, 그는 자기가 전쟁터에 있을 때 그분이 밤의 백조의 권유로 매입한 얼룩소들을 도둑맞고 찾으려고 노심초사할 때 누구의 도움도 받을 수 없는 번뇌로 돌아가신 것 같다고 대답한다. 그의 계속된 부언에 의하면, 어머니가 백인남자와 관계를 갖고 태어난 자기 때문에 그녀의 비행이 드러났고, 가족의 수치가 되었다. 로키 형은 인디언거주지를 떠나 백인사회에서 입신양명하기를 갈망했다. 이모(Emo)는 혼혈아인 자기를 괴롭혔고, 인디언들과 그들의 땅을 비하했으며, 백인여자들을 성적으로 정복하는 데서 희열을 느꼈고, 일본군 장교 시체에서 발취한 이빨들을 장난감으로 가지고 놀았다. 그러자 영감은 반응하기를, "너는 오래 전부터 계속 무언가를 해왔다. 지금도 그러고 있다. 이제 너는 이 이야기의 핵심 부분에 있다. 일본 병사들. 네가 그들과 함께 있는 외삼촌을 본 것은 놀랄 일이 아니다. 너는 그들의 본질을 보았다. 3만 년 전 그들은 친구들이었다. 너는 악이 사람들 사이를 어떻게 갈라놓았는가를 인지했다. 너는 마법이 이 세상에 널리 퍼져 있음을 파악했다." 게다가 영감은 그의 질병 치유의 지연, 즉 그가 의식을 끝내지 못하도록 방해하는 사람들이 있다고 중얼거린다. 그는 이런 중얼거림에 대응하여 자기는 아무것도 모르고 다만 오랫동안 환자였으니 제발 병을 치유해 달라고 영감에게 하소연한다. 영감은 "그의 병은 더 거대한 무엇인가의 일부일 뿐이라, 치료(법)는 더욱 원대하고 전부를 포용하는 무엇인가에서 찾아질 수 있다"(114-15, 116)고 결론짓는다. 요컨대 영감은 오로지 의식을 통해서만 그의 병을 치유할 수 있다고 확신한다.

영감은 의식거행에서 과거전통을 그대로 고수하지 않는다. 그는 세상이 바뀌었으니 의식거행에서도 변화를 수용해야한다고 타요를 납득시킨다. 그의 의식관에 의하면, "한때는 의식이 거행되었던 그대로 답습하는 방법이 옛날 세상에서는 통용되었다. 그러나 백인들이 정착한 후로 세상이 달라지기 시작했으므로 새로운 의식 창안이 필요했다. 나는 의식거행에서 변화를 시도했다. 사람들은 이 변화를 크게 불신하지만, 이런 성장만이 의식을 더 강하게 지탱시킨다." 게다가 영감은 변화의 중요성과 필요성을 강조하려고, 변화가 없으면 인간은 멸망한다고 역설한다. 그의 역설에 따르면, "할머니는 나에게 제일 먼저 이런 진리 — 변화하고 성장하지 않는 사물들은 사체들이다 — 를 가르쳤다. 사체들은 마법사들이 원하는 사물들이다. 마법은 사람들을 위협하여 그들 스스로 성장을 두려워하게 조종한다. 그러나 변화와 성장은 항시 필요했고, 어느 때보다 지금 [우리에게] 절대적으로 필요하다. 우리가 변화하지 않으면 생존하지 못한다. 마법은 이런 기회를 노리고 있다: 우리가 전통의식을 고수하면, 자기세력이 승리하고 사람들은 멸망하기를"(116, 116-17). 그러니 우리는 항시 변화와 생성에 지대한 관심을 쏟아야한다고 영감은 주장한다. 이렇게 하여 영감은 우선 타요가 자기를 하얀 연기로 간주하려는 실체 없는 자아와 그 벽을 허물고, 이 자아를 변화시켜 자기와 실체가 있는 자아로 성장시키려고 시도한다.

더욱이 영감은 인디언들이 백인들에게 땅을 빼앗겼다는 좌절감에 빠져 분노와 고통으로 가득 찬 삶을 살고 있다고 조소한다. 그들은 빼앗긴 땅을 찾겠다고 백인들과 치열하게 싸웠지만 도로에 그쳤다. 그들은 땅을 찾지 못했지만 생존하고 있다. 영감은 마지막 햇빛을 받아 검푸르게 보이는 테일러(Taylor)산 정상을 가르치면서 말하기를, "그들(백인들)은 땅을 자기들의 소유물이라고 생각하는 바보들에 불과하다. 권리증서와 문서들은 아무런 의미가 없다. 사람들이 산에 속해 있다는 사실이 중요하다." 이렇게 영감은 타요가 그릇된 생각을 버리고 새로운 마음을 갖도록 하려고 열변을 토한다. 영감은 그에게 백인들은 더 이상 인디언들의 우월자가 아니고 적수이고 친구이라는 현실을 강조한다. 이럼에도 인디언들의 백인들에 대한 증오심 조장은 "마법의 장난이다. 그들(마법사들)은 우리가 모든 악의 근원은 백인들에게 있다고 믿기를 원한다. 그러면 우리는 정말로 무엇이 일어나고 있는지 알아보려고 더 이상 신경을 쓰지 않을 것이다. 그들은 우리가 우리 자신을 백인들과 분리시켜, 우리 자신의 파멸을 목격하면서도 파멸을 모르고 파멸에 대응하지 못하게 유도한다. 그러나 백인들은 마법사들이 조종하는 도구에 불과하다. 내가 너에게 말하지만 우리도 백인들, 그들의 기계와 신념들을 좌지우지할 수 있다"(118, 122). 이처럼 영감은 타요에게 이제 인디언들도 백인들의 피지배자, 피해자 그리고 복종자라는 열등의식에서 벗어나 그들과 그들의 문화를 무조건 배척하려하지 말고 수용해야한다고 강조한다. 요컨대 영감은 그에게 그의 생존은 원주민문화와 백인문화의 절충 그리고 이 절충의 변화와 성장에 의존하여 그의 실존과 자연은 조화와 균형을 이뤄야한다고 역설한다.

영감은 타요의 병을 치유하기 위한 의식을 거행하려고 조수, 슈우쉬(Shush[28], 곰을 의미함)와 함께 해뜨기 전에 그를 데리고 츄스카(Chuska)산 기슭의 소나무 숲으로 간다. 영감은 이 의식으로 그의 마음과 실존을

[28] Tayo가 보기에 그는 심상치 않은 소년으로 마치 깊은 산속에서 혼자 사는 사람처럼 그의 눈에는 달관의 경지에 이른 것 같은 초연함이 서려 있다.

자연과 조화와 균형을 이루는 인간으로 재생시키려 한다. 영감은 마음속에 "모든 종류의 악"(소외감, 죄책감 그리고 허위의식)을 품고 있는 타요를 모래 위에 그려져 있는 흰 옥수수 그림의 중앙에 앉힌다. 조수는 일정한 간격으로 모래를 파서 다섯 개의 고리를 묻고, 모래에다 곰 발자국들을 만든다. 영감은 무릎을 꿇은 채 타요 쪽으로 움직이면서 고리에 산을 그린다. 그들의 작업이 끝나자 영감이 부싯돌로 타요의 윗머리를 순식간에 날카롭게 벤다. 그런 다음 두 사람은 그의 어깨를 잡아 일으켜 세우고 곰 발자국에 그의 발이 들어가도록 이끈다. 영감은 이끌면서 노래를 부른다: "나는 집으로 걸어간다/ 나는 내가 속한 곳으로 돌아간다/ 나는 행복을 찾아 집으로 돌아간다/ 나는 장래가 밝은 삶으로 돌아간다"(134, 133). 영감은 그에게 다섯 개의 고리를 지나가라고 말한다. 그가 마지막 고리를 지나자, 의식은 하늘이 별들로 환한 밤에 끝난다. 그들은 피어 놓은 불 옆에 그를 앉히고, 그에게 인디언 차를 마시라고 권한다. 영감은 조수가 그에게 담요를 챙겨주자, 잠을 자라고 이른다.

타요는 자면서 얼룩소 꿈을 꾼다. 얼룩소들은 샘물 근처의 암석대지 밑의 노간주나무들 사이로 흩어지고 있는데, 몇 마리 뒤로는 송아지들이 뒤쫓고 있다. 그는 소들을 쫓아가려하지만, 말이 없어 그럴 수 없다. 소들은 홀로 높이 솟은 파'토'츠(Pa'to'ch)라고 불리는 암석대지가 위치한 서남쪽으로 뛰어가면서 사라져버린다. 그는 바로 소를 찾으러 가고 싶은데, 주위를 둘러보니 말들은 소나무에 묶여 있지만 영감과 조수는 보이지 않는다. 이때 그는 갑자기 자기와 다른 사람들, 사회 그리고 자연을 분리시켰던 경계들이 사라지고 이것들과 하나가 됨을 느낀다. 그의 느낌에 의하면, "그는 벼랑 가장자리의 바위 위에 서서 아래를 내려다보았다. 협곡과 계곡들은 짙은 검정색 가루투성이이었지만, 그 높이와 깊이의 차이에 따라 검은색의 명암이 달랐다. 그는 호우건 바닥에 깔려있는 모래에 그려진 그림의 검은색을 기억했다. [그의 앞에 펼쳐진] 언덕과 산들은 그들(영감과 조수)이 모래에 그렸던 산과 언덕들이었다. 그는 차가운 산 공기를 깊이 들어 마셨다. 경계는 없었다. 그날 밤 아래에 있는 언덕과 산들은 호우건 안의 모래에 그려진 그림들과 동일했다. 그날 밤 그곳에 모든 방향으로부터 산들이 모여들었다"(134-35). 이 찰나에 영감이 나타나서 그에게 의식은 아직도 거행 중이고, 그가 여자, 얼룩소, 산, 그리고 특이한 모형을 이룬 별들을 찾아야 끝나며, 그러면 그의 삶이 자연과 조화와 균형을 이룬다고 조언한다. 요컨대 영감은 그에게 그가 자연과 하나가 되면 병은 자연히 치유된다고 공언한다.

타요는 얼룩소들을 찾으러 가는 도중에 테일러산 기슭에서 황혼에 "창조력과 생명(활력) 회복력"[29] 그리고 "러구너산(테일러산)영기(Laguna mountain spirit)"[30]의 화신인 자기보다 더 늙어 보이지 않는 여자, 쎄'에(Ts'eh)를 만난다. 그는 그녀에게 얼룩소들을 찾으러 다닌다고 말한다. 그녀는 그가 건강, 즉 삶의 조화와 균형을 회복하여[31] 얼룩소들을 찾는데 결정적인 역할을 한다. 그는 베토니영감이 의식을 끝내려면 무엇보다도 먼저 찾아야한다는 여자와 특이한 모형을 이룬 별들을 한꺼번에 본다. 그는 바람이 맹위를 떨치는 날이 저물어 하룻밤을 안전하게 쉴 수 있는 장소를 물색하려 할 때, 그녀의 도움을 받는다. 그가 그녀의 따뜻한 방에서 저녁식사를 끝내고 밖으로 나와 하늘에서 영감이 땅에 그렸던 한 무리의 별들을 본다. 그런 다음 그녀가 발가벗은 채 그를 애무하면서 그의 옷을 차례로 벗기자, 그의 몸은 흥분과 열기로 달아오른다. 그는 자기 몸을 그녀에게 더욱 밀착시키면서 지금까지 느낄 수 없었던 격렬한 힘이 전신에서 솟아 나옴을 민감하게 의식한다. 그는 절정의 순간에 폭우로 가파른 강둑이 한꺼번에 무너지면서 터지는 것 같은 폭발적인 힘을 만끽한다. 그는 여자가 누웠던 자리가 축축하게 젖어 있음을 다리의 감촉으

---

29 Allen, "The Feminine Landscape of Leslie Marmon Silko's *Ceremony*," 233.

30 David A. Rice, "Witchery, Indigenous Resistance, and Urban Space in Leslie Marmon Silko's *Ceremony*," *Studies in American Indian Literatures* 17.4(2005): 131.

31 Elizabeth Hoffman Nelson and Malcolm A. Nelson, "Shifting Patterns, Changing Stories: Leslie Marmon Silko's Yellow Woman," in *Leslie Marmon Silko: A Collection of Critical Essays*, 121.

로 느낄 수 있다. 그는 그녀와 관계를 가진 이후로 자주 그녀와 함께 있는 꿈을 꾸면서 깊고 편안한 잠을 잘 수 있다. 게다가 그는 이런 꿈으로 그녀에 대한 사랑이 더욱 그립고 깊어진다. 더욱이 나중에 두 사람이 다시 만나 함께 보낸 시간의 괴력을 비유적으로 표현하면, 그 "날들은 암석대지와 협곡에서 뿜어져 나오는 중력을 발휘했다. 이 중력이 오래 전에 멈춰버린 [생활]율동을 복원시켰다. [. . .] 소외감과 압박감은 사라졌고, 그의 가슴에는 사랑이 용솟음쳤다. 그가 지금 울고 있다면, 그 이유는 그녀가 그를 너무도 강렬하게 사랑하기 때문이었다." 그녀의 사랑이 그를 다시 사랑할 수 있고 사랑을 받을 수 있는 인간으로 변신시킨다. 따라서 그는 일시적으로 망각했던 가족 간의 사랑을 새롭게 느낀다: "그는 언제나 그들(외삼촌과 로키형)을 사랑했었던 것처럼 그때도 그랬다. 사랑의 감정이 한결같이 그의 가슴을 벅차게 했다. 그들도 그를 그렇게 사랑했고, 그도 그 사랑을 언제나 느낄 수 있었다. 그가 받았던 마음의 상처도 사랑의 감정을 마르게 하지 못했다. 이 감정이 그들의 생명력이고 그들의 피 속에 간직된 활력이었다. . . . 사랑이 있는 한 그들은 아무것도 상실하지 않았다"(211, 204). 이렇게 그는 사랑의 재발견으로 구원된다. 또 그는 이 재발견으로 다른 사람들과 돈독한 관계를 다시 유지하기 시작한다.

그는 베토니영감이 찾으라는 여자와 별들을 보았으니 산과 소와 마주칠 거라는 믿음을 갖고 말에 의존하여 바위투성이의 가파른 협곡을 따라 산으로 올라간다. 그는 믿음 때문에 올라가기 힘든 험로를 포기할 수 없다. 그가 이 악전고투를 인내하고 극복하는 유일한 방법은 빨리 오르려고 서두르지 않고 오로지 현재 순간에 집중하는데 있다고 깨닫는다. 그의 깨달음에 의하면 "산에 오름은 시간의 초월이었다. 그는 왜 옛날 사람들이 어제와 내일을 현재 순간, 즉 유일하게 확실한 순간으로 말할 수밖에 없었는가를 이제야 개득했다. 현존재는 '나는 어제 산에 오른다, 혹은 나는 내일 산에 오를 거다'고 말함으로써 어제나 내일과 같은 최소한의 표현으로 한정되었다. [. . .] 오늘 밤이 유일한 밤이다. 다른 밤은 없었다.” 이처럼 그는 오로지 현재 순간에만 몰입하면서 난관을 극복하려고 최선을 다한다. 더욱이 그는 영감이 말한 산, 즉 테일러산을 찾는다. 그는 인디언들이 백인들에게 땅을 빼앗겼다는 망상에서 해방되는 계기를 갖는다. 그는 산 속에서 땅이 여전히 인디언들의 소유임을 실감하기를, “눈 덮인 산은 소유권 문서나 산을 소유했다고 생각하는 백인목장주인들과는 상관없이 [우람하게] 솟아있다. 백인들이 나무를 베고, 사슴과 곰 그리고 퓨마를 남획하고, 울타리를 높이 쌓았다. 그러나 산은 이런 파괴력과 만행에도 꿈쩍하지 않는 위대한 존재였다. 사랑이 죽음을 초월하는 것처럼 산은 그들의 파괴력을 능가했다. 산은 그들(인디언들)의 뼛속 깊숙이 뿌리박고 있기 때문에 백인들에게 결코 빼앗길 수 없었다”(179, 204). 이처럼 그는 개인적인 상실감의 절망과 분노에서 해방되어 자기, 다른 사람들 그리고 사물을 객관적으로 판단할 수 있는 능력자로 성숙한다.

그는 마지막으로 “자신과 인디언들의 지탱력과 생존력을 상징하는”[32] 얼룩소들을 찾으러 간다. 그는 백인목장주인이 산에 세운 철조망 너머의 용암 바위 경사면에서 울타리를 따라 이동하는 얼룩소들을 발견하고 마음속으로 환호한다. 그는 얼룩소들이 남쪽 울타리 가까이 머물 것 같다는 느낌을 갖자, 서둘지 않고 날이 어두워질 때까지 기다리다가 철조망을 절단하려 한다. 그는 밤에 얼룩소들을 절단한 사이로 몰고 나오기 위해 어둠 속에서도 쉽게 식별이 가능한 장소를 물색한다. 그는 벼락을 맞은 소나무의 중심부분은 숯 덩어리로 변해있고 껍질은 모두 벗겨져 있으며 그 주변이 대낮처럼 밝은 은백색으로 바래 있는 곳에서 철조망을 절단하기 시작한다. 그가 달빛 속에서 작업하는 동안 무릎은 무감각해지고, 손에는 물집이 터져 팔과 어깨에 심한 통증을 느끼면서도, 얼룩소들이 쉽게 찾아 나올 수 있도록 철조망 6m를 절단한다. 그는 작업을 끝내고 그곳을 떠나 숲속 개간지에서 얼룩소들을 기다리지만, 기대는 이뤄지지 않는다. 그러나 그는 날이 새서 해를 뒤로 하고 말을 타려는 순간 산 밑

[32] Rice, 131-32.

메마른 호수 바닥에서 풀을 뜯고 있는 얼룩소들을 본다. 그가 움직이자 얼룩소들도 입에 풀을 문 채 달리기 시작한다. 그는 얼룩소들이 고향을 향해 갈 방향을 알기 때문에 천천히 뒤따라가면서 절단하여 만들어 놓은 공간으로 빠져나오기를 기대한다. 오후 늦게 그는 두 명의 무장경비원을 보고 도망가려다 덤불 위로 미끄러져 그들에게 붙잡힌다. 한 경비원이 그를 관리사무소로 데려가려고 소형화물차를 가지고 올 동안 그는 일어설 수 없어 등뼈를 찌르는 자갈밭에 누워서 땅의 힘을 느낀다. 이제 그는 땅과 가까워진다. 이 가까워짐으로 "그는 자기 밑에서 중심을 의식했다. 중심은 검은 가루먼지가 뒤덮인 손의 찢어진 피부를 통해 땅으로부터 그의 몸 안으로 스며들었다. 중심의 자력이 마치 목과 어깨를 타고 내리는 빗방울처럼 부드럽게 그의 온몸에 퍼졌다 . . . 자력은 그를 땅에 가깝게 끌어당겼는데, 땅의 중심은 산의 돌처럼 시원하고 조용했다. 그의 머리에 가득한 소음과 고통에도 불구하고, 그는 어떻게 될까를 알았다: 헤어짐보다는 오히려 돌아감이 될 거라고"(187). 그가 이런 생각을 하고 있을 때 소형화물차를 가지고 온 경비원이 오는 도중에 퓨마 발자국을 보았으니, 이 친구를 여기 두고 어두워지기 전에 퓨마를 잡으러 가자고 다른 경비원을 재촉한다. 그는 위기일발의 순간에서 벗어나 얕게 페인 웅덩이에서 마른 낙엽을 덮고 하루 밤을 보낸다. 그는 날이 밝아 길을 찾으려고 하나 하염없이 내리는 눈과 온몸에 퍼진 통증 때문에 빨리 걸을 수 없다. 게다가 그는 절단한 철조망 위치도 알 수 없고 얼룩소들도 볼 수 없다. 그는 내려가는 길을 찾다가 노랫소리를 듣고, 사냥꾼이 자기를 발견할 때까지 기다린다. 사냥꾼은 사슴을 잡고 돌아오다가 그를 보고 미소를 짓는다. 사냥꾼은 그가 얼룩소들을 찾고 있다는 말을 듣고, 아마 저 밑에 있을 거라고 대응한다. 사냥꾼은 그가 발로 쌓여 있는 눈을 치우면서 얼룩소들이 지나간 흔적이 있나 살펴보려고 꿈틀거리자, 우선 집안으로 들어가서 뭐라도 좀 먹고 얼룩소들을 찾아도 늦지 않다고 타이른다. 그가 사냥꾼을 따라 집안으로 들어가 함께 식사를 한 후에, 쎄'에로부터 어제 말과 얼룩소들이 우리에 들어와 있다는 말을 듣는다. 그녀는 얼룩소들이 좁은 골짜기를 따라 내려와 자기가 계곡 한가운데에 만들어 놓은 덫 우리 속으로 들어왔다고 설명한다. 그는 이모부와 함께 와서 얼룩소들을 가축수송용 대형화물차에 싣고 와서 집 근처 목장에 방목한다. 그는 외삼촌의 유지를 받들어 얼룩소들을 성심성의를 다해 사육하려고 결심한다.

타요는 얼룩소들을 찾고 돌아와서 밤에 쎄'에가 양팔로 자기를 힘차게 껴안는 꿈을 꾼다. 그는 그녀를 사랑하는 열병에 걸려 눈에는 눈물이 가득 고이고 가슴은 타서 정신을 차릴 수 없으면서도, 그녀가 그의 삶에 충고와 조언을 할 거라고 기대한다. 그는 그녀를 다시 만날 거라고 믿고, 이모부에게 목장에 가서 얼룩소들을 돌보고 싶다고 말한다. 그는 5월의 온통 푸른 대지에서 새로운 성장의 힘을 실감한다. 어느 날 그는 절벽 위로 올라갔다가 샘 근처에서 야영하고 있는 쎄'에를 만난다. 그는 그녀를 마주보고 물웅덩이 가장자리에 있는 모래 위에 누워서 눈을 감는다. 그는 그녀와 사랑을 나누는 꿈에서 "발가락과 무릎에서 따뜻한 모래, 더욱이 그녀의 육체를 느꼈다. 그녀의 육체는 모래처럼 따뜻했다. 그는 그녀의 육체가 어디서 끝나고 모래는 어디서 시작하는지 알 수 없었다." 그가 잠에서 깨니, 몸에서는 땀이 흐르고 그의 주먹에는 모래가 가득한데 그녀는 자리에 없다. 잠시 후에 그는 "여기 있다"는 그녀의 목소리를 듣고, 바위 위로 올라간다. 그녀는 자기 대신에 때가 되면 아직 두꺼운 껍질에 싸여 있는 씨 주머니를 따달라고 부탁하면서, 그에게 파괴자들을 주의하라고 경고한다. 그녀의 경고에 의하면, 파괴자들은 "사람들이 서로 공유하려는 감정을 억압한다. 그들의 궁극적인 목적은 아직도 숨을 쉬고 있는 사람을 잔혹하게 살인하고, 심장이 뛰고 있는 사람을 무감각한 피해자로 전락시키는 데에 있다. 그들이 목적을 달성하면 당신은 당신 자신을 멀리서 쳐다볼 수 있을 뿐이고 울 수도 없고, 심지어 당신 자신을 위해서도 울 수 없다"(206, 213). 그는 경고를 듣고 비로소 자기가 보훈병원에서 자아를 빼앗긴 하얀 연기의 허수아비였음을 인지한다. 또 그녀는 이모가 자연과 조화와 균형을 이루려는 그를 미치광이로 모함하여, 백인과 인디언 유지들을 동원하여 그를 체포하려한다고 그에게 경각심을 일으킨다. 게다가 그녀는 이모가 그에게 위해를 가하려고 하수인들을 조종하고 있다고 일러준다. 그녀는 이런 경고를 남기고 떠난다. 이런 때 이모부도 그를 찾아와서 이모가 온갖 악담을 하면서 날뛰고 있으니, 마을노인들에게 그렇지 않다는 사실을 밝혀주면 좋겠다는 뜻을 그에게 전한다.

우선 그는 자기를 방어하기 위해 절벽 길로 내려가려고 작정한다. 그가 절벽에서 일출을 보는 순간 "사방팔방에서 공평하고 완벽하게 낮과 밤 그리고 여름과 겨울로 균형을 이루는 만물은 기가 막히게 아름다웠다. 골짜기는 한 순간에 모든 생각을 내포하는 마음처럼 이런 전체성을 함축하고 있었다. 활력은 이 골짜기, 이런 감정으로부터 솟아나왔다. 활력은 항상 거기에 있었다. 그는 얼굴에 햇빛을 받고 서서, 아마도 위기를 극복할 수 있을 거라고 자신했다." 그가 높이 떠오른 해를 벗 삼아 걷다가 차 소리를 듣고 숲속으로 뛰어가 잔뜩 긴장하고 있는데, 전우, 할리(Harley)가 운전하는 러로이(Leroy) 소형화물차가 다가온다. 그는 이 절박한 순간에 전우들을 보고 이제 살았다는 생각에 눈물이 솟구친다. 그는 두 전우가 만취상태로 횡설수설하므로 그들의 말을 이해할 수 없지만, 일단 동승하여 그들이 권하는 맥주를 마신다. 그가 술에 취해 자다가 깨자, 그들은 없고 차는 바위투성이의 작은 언덕 아래에 주차되어 있고, 햇빛을 강하게 받는 창문은 모두 닫혀 있다. 그는 차 안의 열기로 기력이 빠져 차에서 쉽게 나올 수 없어, 창문을 열고 맥주를 토하기 시작한다. 그는 겨우 빠져나와 전우들을 찾지만, 그들은 자취를 감추었고 차가 인적이 없는 용암 바위 옆에 주차되어 있는 것으로 미루어보면, 자기를 살해하려고 유인한 것 같다고 생각할 수밖에 없다. 이제 그는 "그들이 친구들이 아니고 자기 공격자들임을 알았다. 이 앎이 그의 마음을 매미 껍질처럼 공허하고 메마르게 했다." 그는 차 의자 밑에서 찾은 녹슨 드라이버를 호신용으로 뒷주머니에 넣고 뛰기 시작한다. 그는 온 힘을 다해 협곡을 건너고, 암석대지와 언덕을 넘어, 최초로 유레이니엄(uranium)을 채광했던 광산 옆의 바위 밑 모래밭에 누워 호흡을 가다듬는다. 그는 할머니가 밤중에 자기 흐린 눈에 갑자기 섬광이 반짝이면서 너무 밝아 해가 다시 떠오르는가 착각했다는 말을 들은 적이 있다. 지금 그는 사상 최대의 폭발을 일으킨 원자탄 제조에 필수적인 광석을 채굴했던 광갱을 바라본다. 그는 무고한 사람들을 대량 살상한 광석과 원자탄, 더욱이 모든 인간의 생명이 파괴자들의 손아귀에 달려 있다는 생각으로 북받치는 감정을 억제하면서 광갱으로 걸어가자, 역설적으로 그의 의식은 거기서 완성된다. 왜냐하면 드디어 그가 실존 진리를 깨닫기 때문이다. 그의 깨달음에 의하면, "그는 드디어 하나의 완벽한 형태를 보았다고 느낀 안도감으로 흐느꼈다. 그 형태는 모든 이야기들 — 옛날이야기, 전쟁이야기 그리고 그들의 이야기 — 이 함께 조화를 이루면서 여전히 이야기되는 설화로 변형되면서 계승되는 방식이다. 그는 미치지 않았고, 미친 적도 없었다. 그는 오로지 세상을 있는 그대로 보고 들었을 뿐이었다. 세상에는 경계가 없었으며, 시간과 공간에서 변화만 있었다." 더욱이 그는 별들을 보면서 터득하여 각오하기를, "그는 북쪽 하늘에서 별무리를 보았는데, 네 번째 별이 바로 그의 머리 위에 있었다. 의식의 형태가 별들 안에 담겨 있는데, 별무리가 그가 의식을 위해 길을 떠났던 방향에 있는 산들의 지도를 그렸다. 각각의 별에는 밤과 장소가 있는데, 지금 밤의 어둠과 낮의 밝음이 균형을 이루는 마지막 밤이고, 여기가 마지막 장소였다. 그의 안전은 하늘, 태양의 위치 그리고 별들의 모형에 있었다. 그는 이제 몇 시간 동안 파괴자들의 손아귀에서 벗어나 이야기를 지키면서 이 밤을 무사히 넘겨야했다. 그러면 그들의 마법은 그 자체에 그리고 그들에게 돌진할 것이다"(220-21, 225, 229). 이처럼 그는 앞으로 실존에서 경계를 허물어뜨리고, 자기와 땅이 조화와 균형을 이루기 위해 변화를 수용하려고 전심전력한다.

그가 이런 결심을 하고 있을 때, 이모의 승용차가 그가 숨어있는 바위 가까이 오고 있음을 달빛으로 확인한다. 이모는 할리를 결박하여 차 트렁크에 싣고 와서 러로이와 핑키(Pinkie)와 함께 모닥불을 피우고 포도주를 마시면서 그에게 무자비한 잔혹행위를 자행한다. 이모는 그가 감시

소홀로 타요를 놓친 실수를 그의 신체일부를 절단하는 야만행위로 보복하고 있다. 이모는 자기 분풀이를 그가 지르는 비명으로 상쇄한다. 타요는 이 비명을 듣고 분노를 억제할 수 없어 드라이버로 이모를 공격하려고 몸을 일으킨다. 그러나 그는 공격 충동을 자제한다. 그는 그들과 같은 파괴자가 되고 싶지 않고, 더욱이 스스로 마법의 노예로 전락하는 무절제한 인간도 되고 싶지 않기 때문이다. 그래서 그는 자기, 사회 그리고 자연과 조화와 균형을 이루는 사람이 되려는 마음으로 자신의 자제력을 최대로 발휘하여 위기일발의 순간을 넘긴다. 그가 이 순간을 놓쳤다면, "마법이 계획한 대로 이야기가 끝날 뻔했다. 타요는 마법이 원하는 대로 이모의 머리에 드라이버를 찔러 박아 쇠끝이 머리를 파열시킬 때 망가지는 뼈와 막피(膜皮)를 느낄 뻔했다. 가을의 한복판에서 그들이 벌인 죽음의 의식이 그에 의해 막을 내릴 뻔했다"(235). 그러나 그는 자중자애하여 슬기롭게 위기를 모면한다.

이제 타요는 "우리는 땅에서 왔고, 우리는 땅의 소유물이다"(236)는 진리를 깨달았으니 돌아가 쎄'에가 부탁한 대로 씨들을 모아 모래 언덕 주변에 정성을 다해 심을 것이다. 또 그는 인디언들의 지하예배당에서 쿠'우쉬영감과 마을노인들에게 자기가 병을 치유한 과정을 이야기할 것이다. 그들은 그가 지난겨울에는 북쪽에서 사냥꾼 퓨마와 함께 그녀(쎄'에)를 보았고, 또 여름에는 남쪽에서 그녀를 만났다는 말을 듣고 기뻐한다. 그들은 그가 그녀를 보았으니 축복받을 거라고 환호한다. 그는 그들의 환호를 들으면서 자기가 땅과 조화와 균형을 이루고 있으면 마법은 본색을 드러낼 수 없으므로 죽은 거나 마찬가지다고 확신한다. 그는 이 확신을 전제로 소외감과 전쟁후유증을 극복하고 전체성을 회복한 인간으로 재생한 과정을 이야기한다. 이야기는 "완성과 전체성을 암시하는 순환, 일출에서 시작하고 끝난다."[33]

---

[33] Owens, 96.

III

지금까지 *의식*의 주인공, 타요가 소외감과 전쟁후유증을 극복하고, 자기와 땅이 하나가 되어 자연과 조화와 균형을 이루는 전체성을 회복한 인간으로 재생한 과정의 이야기를 고찰했다. 이 고찰에 구현된 실코우의 소설 창작철학과 기법의 요체를 약술하여 그 중요성을 재삼재사 강조할 필요가 있다. 그녀의 소설 창작철학은 인디언들의 실존의식, 즉 만물은 반드시 조화와 균형을 이뤄야함을 전제로 공간을 원형으로, 시간을 순환으로, 그리고 우주를 변화의 소용돌이 속에서 지탱되는 균형으로 인식하고 수용하려는 의지와 실천을 바탕으로 한다. 타요의 질환은 병원균으로 발병한 신체적 장애와 고통이 아니고, 그가 혼혈아로 따돌림 당한 소외감 그리고 전쟁터와 보훈병원에서 그의 신토불이 철학과 주체적 자아를 부정하는 허위의식에서 기인한 전쟁후유증이다. 그의 소외감과 전쟁후유증은 우리 사회에 만연되어 있는 가장 심각하고 고질적인 질병이다. 그 이상적인 치유법은 의술보다도 오히려 인디언들의 신토불이 철학에 의존한 의식개혁에 있다. 이러므로 실코우는 그의 소외감과 전쟁후유증 극복의 원동력을 인디언 철학에서 탐구하고, 그 극복이야기를 서구소설기법으로 기술한다. 그녀는 서구소설기법 구사에서도 이 철학에서 가장 중요시하는 전환과 변화 그리고 과거와 미래를 현재에 집중시키는 시간의 순환을 가장 효과적으로 활용한다. 그녀가 창작한 극복이야기는 전통적 서구소설기법에 의존하여 타요가 직면한 갈등과 대립을 해소한 성과가 아니고, 베토니영감의 의식을 통해 체득한 전환과 변화의 필요성을 바탕으로 자기와 사회를 분열시키는 경계를 허물고, 쎄'에와 영혼과 육체를 합일시키는 사랑으로 만물과 조화와 균형을 이루는 전체성의 회복이다. 실코우가 이런 의도로 집필한 *의식*은 "우리 모두 — 100년 이상 자연을 멀리하는 위험을 안고 분열, 근원 상실 그리고 진정성 결여를 당연한 듯 용인하고 신봉했던 서구세계의 거주자들 — 을 위해 [제시한 이상적인] '치유책'이다."[34] 따라서 *의식*은 "미국 원주민소설가에 의해 집필된 가장 큰 갈채를 받은 소설들 중의 한권일 뿐 아니라 20세기후기 미국사회의 개인적, 문화적 양상을 탐구하는 기본도서이다."[35] 결론적으로 *의식*은 우리 모두가 항시 느끼고 가장 두려워하는 소외감, 무력감, 허무감, 그리고 의욕상실을 극복하는 이상적인 방법을 제시한 불후의 명작이라는 절찬 그리고 우리의 필독서이라는 주장으로 글을 마무리한다.

---

[34] 앞글, 95.

[35] Salyer, 57.

10

레슬리 마먼 실코우: 근원으로 회귀 강조

I

레슬리 마먼 실코우의 두 번째 소설, *망자들의 비망록*[1](*Almanac of the Dead*, 1991)은 처음에 혹평을 받았지만, 지금은 "20세기의 가장 중요한 소설들 중의 한권이다"[2]는 절찬이 많은 비평가들의 정평이다. 그러나 이 소설에는 주인공이 실존에서 직면하는 극한상황을 극복하는 변신도 성숙도, 과거 삶을 반성하고 회개하는 자아성찰도 없다. 주로 스페인(Spain)사람들이 500년 전에 중앙 어메리카(Central America)에 정착하여 원주민(인디언)들의 땅과 생존권을 빼앗고, 그들의 신토불이 그리고 만물은 상호의존하여 조화와 균형을 이루는 하나이다는 철학을 부정했고, 그들의 후손은 자아와 양심을 상실하고 자기만족과 도취에 빠져 비행과 만행을 저지르고 있다. 또 후손은 이원론의 포로로 전락하여 상대방을 인정하고 존중하려하지 않기 때문에 인간으로 사랑할 수 없고, 특히 인

1 국내논문들은 *Almanac of the Dead*를 "죽은 자(들)의 책력, 역서, 또는 연감"으로 번역했다.

2 Ellen L. Arnold, "Introduction," in *Conversations with Leslie Marmon Silko*, Ed. Ellen L. Arnold(Jackson: University Press of Mississippi, 2000), vii.

디언들을 무시하고 학대하며 억압한다. 이런 여건에서 다수의 인디언들도 비정상적이고 파괴적인 사고와 행동을 하면서, 빼앗긴 땅을 찾으려고 폭력행사도 마다하지 않는다. 실코우는 이런 비정상적인 주인공들의 삶과 행위를 폭로하여 고발하고, 그 치유책으로 인디언들의 과거 실존철학 — 신토불이와 만물은 하나이다 — 을 제시하여, 근원으로 회귀를 강조한다. 그녀가 이 회귀를 강조한 *망자들의 비망록*의 "almanac"은 마야(Maya)족의 역서와 경전을 지시한다. 그녀가 마야족의 역서와 경전의 예언 — 인디언들이 빼앗긴 땅을 되찾을 수 있다 — 을 전제로 집필한 *망자들의 비망록은* 763쪽이나 되는 매우 길고 복잡하여, 종전 소설개념으로는 어떤 종류의 소설이라고 규정하기가 어려운 작품이다. 이 소설은 주요 주인공들의 모임과 떠남의 총본산인 투손(Tucson) — "1880년대와 어패취 인디언과의 전쟁(Apache Wars) 이래 여러 부류의 인간들, 즉 투기꾼, 사기꾼, 횡령자, 변호사, 판사, 경찰관과 범죄자에다 마약중독자와 밀매자의 집결지"[3] — 을 중심으로 스페인사람들이 식민지화한 멕시코(Mexico)와 중앙 어메리커의 500년 역사를 서술하는 *망자들의 비망록*에는 70여명의 주인공이 등장한다. 이들을 중심으로 하여 다섯이나 여섯 개의 큰 이야기들이 얽혀 있지만, 이야기들을 하나로 통합하는 주인공은 없다.[4] 실코우는 이런 주인공을 창조하지 않았지만 인디언들이 백인들의 횡포와 억압을 극복하고, 그들에게 빼앗긴 땅과 자유를 되찾으려는 염원과 열망을 작품 주제로 부각시킨다. 그들 중 일부는 자신들의 과거 실존철학의 전체성과 공존을 부정하는 기독교, 공산주의 그리고 폭력에 의존하여 이 염원과 열망을 실현시키려는 오판과 과오를 저지른다. 실코우는 이 염원과 열망을 구현하는 최선책은 인간이 실존하는 매일 매일이 생명력 있는 실재이고, 이 실재는 선조 없이는 있을 수 없으므로 선조를 존경

---

[3] Leslie Marmon Silko, *Almanac of the Dead* (New York: Simon & Schuster, 1991), 17, 지도. 앞으로 이 작품에서의 인용문은 괄호 안에 쪽수만 표시함.

[4] Kim Barnes, "A Leslie Marmon Silko Interview," in *Conversations with Leslie Marmon Silko*, 82-83.

해야한다는 마야족의 역서철학에 있다[5]고 확신한다. 따라서 이 논문은 인디언들이 빼앗긴 땅과 자유를 되찾는 가장 이상적인 수단과 방법으로 그들의 본래 실존철학을 고수하고 거기에 귀속하려는 주인공, 스털링(Sterling)이 우여곡절을 겪고 자기가 태어난 터전으로 돌아가 본디 사람으로 재생함, 즉 "근원으로 회귀"를 논지로 작품을 고찰한다. 이 고찰은 스털링과 직접적, 간접적으로 관련된 주인공들의 이기심, 욕심, 소유욕, 아집, 그리고 편견으로 빚어진 왜곡된 의식의 파괴적 양상과 폐해를 제시하고, 이상적인 실존은 부분적이고 파편적인 이념과 종교를 초월하여 만물과 조화와 균형을 이루려는 전일의식 확장, 즉 인디언들의 본래 실존철학의 실천과 고수에 있음을 강조한다. 그러기 위해 고찰은 실코우의 *망자들의 비망록* 집필 동기와 과정, 작품에 대한 평가, 그리고 소설구성 위주로 전개된다.

실코우의 술회에 의하면, 그녀는 소설을 미리 세운 계획과 개요에 따르지 않고 직관과 본능에 의존하여 창작한다. 그녀는 성공적인 처녀작을 출판한 소설가는 두 번째 소설의 무거운 부담감을 덜기 위해 짧고 간단한 작품창작이 좋다는 선배작가들의 조언을 무시한다. 그녀는 란다(Landa)주교와 스페인사람들이 마야족을 야만인으로 둔갑시키기 위해 그들의 도서관에 소장된 수천 권의 도서를 분서했기 때문에 그들의 역서 일부만 남아있음을 인지한다. 그녀는 그들의 시간개념 — "시간은 살아있어 지나갈 뿐이라 결코 소멸하지 않으며, 더욱이 날들(days)과 주들(weeks)은 결국 되돌아온다" — 에 깊은 관심을 갖는다. 게다가 그녀는 "과거와 미래는 우리의 상상력의 현재에만 존재하기 때문에 동일하다"는 철학을 믿는다. 더욱이 그녀는 "어메리커대륙의 원주민들 모두가 유럽사람들의 침입을 예상하는 예언을 믿었으면서도, 그들의 철학과 제도가 어메리커 대륙에서 서서히 위력을 상실할 거라는 예언을 더욱더 확신한다"는 신념에 고무된다. 그녀는 이런 개념, 철학 그리고 신념을 소재로

[5] Laura Coltelli, "*Almanac of the Dead*: An Interview with Leslie Marmon Silko," 앞책, 122.

*망자들의 비망록*을 집필하기 시작한다. 그녀는 집필 중에 떠오르는 무수한 영감과 사상을 추가하고 또 추가하니 작품은 점점 방대해져서 어떻게 작품을 끝내야 할지 갈피를 잡지 못한다. 이때 극단적인 인종차별주의자, 에번 미컴(Evan Mecham)이 애러조우너(Arizona)주 주지사로 당선되는 불상사가 일어난다. 그녀는 그의 당선에 극도의 분노, 좌절감 그리고 절망감에 휩싸여 온 몸과 마음이 마비됨을 느낀다. 그녀는 마비에서 벗어나려고 소설 집필을 중단하고, 건물 벽에 9m길이의 아주 거대한 뱀 벽화를 그리기 시작한다. 뱀 뱃속에는 많은 두개골이 들어있다. 그녀는 뱀 윗부분에 이런 글을 써놓는다: "서민들은 배고프고 춥다. 부자들은 땅을 약탈하고 자유를 유린했다. 서민들은 정의를 요구한다. 그렇지 않으면 혁명을 [일으킨다]."[6] 그녀는 서민들의 인권을 유린하는 정치적, 사회적 현실에 반항하는 수단으로 구호, 선동 그리고 폭력을 선호하지 않는다. 그녀는 가장 효과적인 항의방법은 소설 집필이라고 확신한다.[7] 그러므로 그녀는 벽화를 완성한 후에 소설 집필을 성공적으로 끝마친다. 그녀는 뱀이 이 끝마침에 촉매의 주역으로 결정적인 역할을 했다고 믿는다.

이렇게 집필이 끝나 출판된 *망자들의 비망록*은 "소설가가 창작한 법적 기록문이다: '이 소설은 5백 년 동안 [백인들이 자행한] 절도, 살인, 약탈, 그리고 강간에 대한 나(실코우)의 763쪽 고발장이다.' [. . .] 비망록은 . . . 생존권을 빼앗긴 사람들에게 거부되었던 정의를 되찾는 서사시적 이야기와 강력한 성명서이다."[8] 이런 호평을 받은 *망자들의 비망록*에 대한 논평들 중에서 대표적 혹평은 "실코우를 '독선적인' [인간으로] 그리고 이 소설을 '복수심에 불타는' [작품으로] 낙인찍은 . . . 1991년 12월 9일자 *타임(Time)*에 게재된 죤 스코우(John Skow)의 서

---

[6] Leslie Marmon Silko, *Yellow Woman and a Beauty of the Spirit: Essays on Native American Life Today* (New York: Simon & Schuster, 1996), 136, 137, 144.

[7] Laura Coltelli, "Leslie Marmon Silko," in *Conversations with Leslie Marmon Sliko*, 63.

[8] Gregory Salyer, *Leslie Marmon Silko* (New York: Twayne, 1997), 98.

평이다."[9] 그는 작품에 대한 학문적 평가를 하지 않고 자신의 정서적 불안과 현실적 불만을 토로한 것 같다. 이 소설에 부정적인 반응을 표출하는 비평가와 독자들 중 일부는 자신들의 개인적인 사심과 이익 그리고 사회적 지위와 명예를 계속 보존하기 위해 불공정하고 불평등한 사회에 안주하려한다. 그러기 위해 그들은 자기들이 옹호하고 유지하려는 기득권자 위주의 사회를 공격하고 붕괴시키려는 반항자와 개혁가들의 의도와 철학을 결코 용납하고 수용하려하지 않는다. 따라서 그들은 이 소설을 혹평할 수밖에 없다. 또 다른 일부는 자신들의 한정적이고 폐쇄적인 소설개념에 유폐되어 *망자들의 비망록*을 제대로 이해할 수 없을 뿐 아니라 작가의 창작 의도와 기법을 간파할 수 없다. 실코우는 이 소설 창작에서 기존의 소설개념과 구성을 전적으로 부정하는 파격적인 기법을 구사한다. 그녀의 주장에 따르면, "이 소설은 개인적인 도전 양식이다 . . . 나는 현대언어학회(Modern Language Association)가 요구하는 방식으로 소설을 집필하고 싶지 않다. 나는 이 학회방식에 익숙한 독자들을 경악시킬 소설을 창작한다."[10] 그녀의 이런 파격적인 기법을 음미하지 못하고, 더욱이 이 소설의 "정신적 재각성의 낙관적 예언"[11]을 인지할 수 없는 비평가와 독자들은 *망자들의 비망록*을 부정적으로 평가한다.

반면에 *망자들의 비망록*은 "20세기의 가장 중요한 소설들 중의 한권이다"는 절찬을 받을 뿐 아니라 *실락원(Paradise Lost)*, *일리어드(The Iliad)* 그리고 *오더시(The Odyssey)*의 반열에 올라 서로 비교된다.[12] 이 소설의 이런 위대함과 탁월함은 우리의 의식을 개혁하고 확장시킬 수 있는 위력에 있다. 실코우는 언급하기를, "신화들이 우리의 시간과 진리체험을 변화시킨다 . . . *망자들의 비망록*은 신화들, 다시 말하면 현대 신화

[9] Kimberly Roppolo, "Vision, Voice, and Intertribal Metanarrative: The American Indian Visual-Rhetorical Tradition and Leslie Marmon Silko's *Almanac of the Dead*," *American Indian Quarterly* 31. 4 (2007): 544.

[10] Barnes, 69.

[11] Arnold, xi.

[12] Roppolo, 545.

들을 포함하여 어메리커대륙의 모든 신화들을 소재로 창작되었다."[13] 그녀의 변화의 궁극적 목적은 "지구는 [우리 모두의] 공유물이고 유한적이며, 우리는 태어나는 순간부터 지구와 결합되어 있으며 상호의존적이어야 한다는 의식"[14]의 확장과 파급에 있다. 이렇게 확장된 의식은 "우리는 땅에서 왔으므로 땅의 소유물이다"[15]는 진리로 귀결되어야 한다. 그러므로 우리는 이 진리를 전제로 우리 의식을 언제나 만물이 상호의존하면서 조화와 균형을 이루고 있는 땅으로 돌아가 본디 사람으로 다시 태어나려는 의지와 실천에 집중시키려고 최선을 다해야한다. 요컨대 *망자들의 비망록*의 위대함과 탁월함 그리고 절찬 요인은 우리가 언제나 근원으로 회귀하려는, 더욱이 회귀해야하는 의식의 고취와 확장의 당위성과 중요성을 역설한 데에 있다.

실코우는 *망자들의 비망록*에서 역사가 아닌 소설로 "세계사에서 가장 추악한 500년을 서술한다."[16] 그녀가 소설로 가장 추악한 500년을 서술함은 인디언들이 물리적으로 땅과 자유를 강탈당했을 뿐 아니라 정신적으로 만물은 하나이다는 실존철학이 부정당했던 비극과 치욕의 과거사를 기술하면서, 동시에 땅, 자유 그리고 철학을 되찾는 상상적이고 이상적인 최선책을 제시하려하기 때문이다. 이 기술과 제시의 시발점은 스페인사람들의 인디언국가의 침략과 정복으로 인디언들의 토지경계와 소유개념이 없는 자유스럽고 평화스러운 사회의 붕괴에서 비롯된다. 인디언들은 스페인사람들에게 정복당하기 전에는 경계선을 모르고 동서남북으로 자유스럽게 이동하면서 살았다. 그들의 관습에 따르면, "우리(인디언들)는 경계선을 믿지 않는다. 국경선들. [. . .] 우리는 우리가 땅 어디에 있는가를 알고 있다. 우리는 항시 자유스럽게 이동했다. 동서남북으

13 Silko, *Yellow Woman*, 140.

14 Thomas Irmer and Matthias Schmidt, "An Interview with Leslie Marmon Silko," in *Conversations with Leslie Marmon Silko*, 156.

15 Leslie Marmon Silko, *Ceremony* (New York: Penguin, 2006), 236.

16 Linda Niemann, "Narratives of Survival," in *Conversations with Leslie Marmon Silko*, 109.

로, 우리는 비현실적인 가상(인정하지 않는) 경계선에 신경을 쓰지 않는다. [. . .] 성문법에도 [신경을 쓰지 않는다.] 우리는 경계선도 성문법도 인정하지 않는다." 이렇게 경계선과 성문법을 모르는 인디언들에게 어느 날 갑자기 "땅이 자기들의 어머니임을 인정하지 않는" 스페인사람들이 정복자로 나타났다. 그들은 땅이 성스러운 생명의 근원임을 모르기 때문에, 신토불이와 만물은 하나이다는 실존철학을 이해하고 수용할 수 없는 무식쟁이들이었다. 게다가 그들은 "자기들의 첫 부모, 애덤(Adam)과 이브(Eve)처럼 목적 없이 방황했다. 왜냐하면 그들을 창조한 비정한 하나님이 그들을 유기했기 때문이다"(216, 258). 이처럼 그들은 고아에서 정복자로 돌변하여 땅을 모든 사람이 생존을 위해 보존해야하는 공유물에서 자기들의 사사로운 이익과 탐욕을 위해 마음대로 황폐화시킬 수 있는 사유물로, 더욱이 인디언들을 억압과 학살의 대상으로 간주했다. 따라서 그들은 어메리커대륙에 와서 법원을 설치하여 인디언들로부터 빼앗은 땅을 자기 소유로 등기하고, 이런 강탈에 반항하는 인디언들을 억압하고 처벌하는 관공리들을 선출했다. 또 그들의 군인들은 인디언들의 반항의지를 꺾으려고 여자들과 어린이들을 협곡의 가장자리에 일렬로 세우고 총을 난사하면서, 시신들이 낭떠러지 아래로 떨어지는 것을 보고 웃었다. 그들은 재미와 장난으로 모두를 사살할 때까지 사격을 멈추지 않았다.[17] 실코우는 *망자들의 비망록*에서 인디언들의 이런 비극적인 과거를 기술하면서, 그들이 신토불이와 만물은 하나이다는 실존철학에 의존하여 평화적으로 빼앗긴 땅, 생존권 그리고 자유를 되찾으려는 상상적이고 이상적인 방법을 제시한다.

실코우가 이 기술과 제시를 기조로 서술하는 *망자들의 비망록*은 6부 19장으로 구성되어 있다. 이 글은 1부 "어메리커 합중국(The United States of America)" 8장에서 스스로 극복할 수 없는 폭압적이고 부패한 사회 그리고 개인의 인권과 존엄을 무시하고 부정하는 탐욕적이고 비정

[17] Silko, *Almanac of the Dead*, 216.

한 파괴자들의 피해자로 전락하여 서로 감정교류와 의사소통을 할 수 없는 자기중심적인 주인공들을 소개한다. 그러나 이들 중 제타(Zeta)와 레차(Lecha)는 비망록이 인디언들에게 "그들이 누구였고, 어디서 왔는가를 일깨워주었다는 말"을 명심한다. 또 두 사람은 비망록의 한 구절 — "성스러운 시간은 항시 현재에 있다"(246, 136) — 에 깊은 감명을 받는다. 또 2부 "멕시코" 2장, 3부 "애프리커(Africa)" 3장, 4부 "미대륙(Americas)" 2장, 그리고 5부 "제5세계(The Fifth World)" 3장에서 지배세력과 부정부패한 정부와 결탁하여 약자들에게 만행을 자행하면서 탐욕충족과 자아도취에 탐닉하는 파괴자들, 그리고 공산주의에 의존하여 폭력으로 억압적인 정부를 전복하려는 혁명가들을 고찰한다. 끝으로 6부 "하나의 세계, 많은 종족들(One World, Many Tribes)" 1장에서 평화적 수단과 방법으로 땅과 자유를 쟁취하려는 이상주의자들의 주장을 논의한다. 이들의 정신적인 영향을 받고 본디 사람으로 다시 태어나 근원으로 회귀하는 주인공을 예찬한다. 요컨대 *망자들의 비망록*은 자기 일방적인 독선과 만족, 이념, 그리고 반항과 폭력을 극복하고 땅과 자유를 되찾는 첩경은 근원으로 회귀함에 있을 뿐이라고 시사한다. 본론에서 주인공들이 자유를 강탈당하거나 스스로 본래 자아를 상실하고 제각각 영위하는 비극적인 삶, 끈질기게 집착하는 탐욕과 자아도취, 그리고 빼앗긴 땅과 자유를 되찾으려는 굳은 의지와 실천이 구체적으로 고찰된다.

II

*망자들의 비망록*은 멕시코 태생의 혼혈인디언 쌍둥이 자매의 언니, 제타가 경계가 엄중한 투손 외곽의 농장 부엌에 서서 옷을 밤에 잘 보이지 않는 검정색으로 염색하려고 난로의 약한 불에 부글부글 끓는 갈색 액체(염료)를 집중력을 다해 젓는 장면으로 시작된다. 이 농장은 아버지로부터 물려받은 유산으로 불모지이지만 혁명군의 많은 지휘소들 중의

하나일 뿐 아니라 군비자금 조달을 위한 마약과 무기밀매 본거지이다. 따라서 이 부엌 "어디에도 음식물은 없고, 조리대에는 권총, 엽총 그리고 탄약통들이 어지럽게 흩어져 있고, 식탁 위에는 주사바늘과 알약들이 쌓여있다. 악마의 부엌도 이런 난장판은 아닐 거다." 이 부엌은 60세의 제타, 그녀의 동생 레차, 레차의 30세 아들 페로(Ferro) 그리고 백인간호사 겸 비서인 씨쎄(Seese), 페로의 백인친구 폴리(Paulie) 그리고 인디언농장 정원사 스털링의 정신적 황무지를 상징한다. 부엌은 쌍둥이자매, 페로, 씨쎄, 그리고 스털링은 모두 부모의 따뜻한 보살핌과 사랑을 받지 못하고 자란 애정 결핍생활로 인해 다른 사람을 존중하고 배려할 수 없는 인간의 집합소이기 때문이다. 이렇게 메마르고 비정한 삶을 살면서도 제타와 레차는 "세월이 흘러 늙는다고 믿지 않았다. 그들은 때의 경과를 전혀 믿지 않았다. 사람이 늙음은 햇수가 아니고 이 세상에서 여행한 멀고 먼 거리였다"(20, 19-20). 그들의 여행 거리에서 제타는 빼앗긴 땅과 자유를 쟁취하기 위한 수단과 방법으로 폭력을 선호하여 혁명군을 무장시키려고 무기를 밀매하고, 그 자금을 마련하려고 마약을 암거래한다. 레차는 심령술사로 자유분방한 삶을 즐기려고 출산하고 1주일 후에 아들을 버린 냉혈 인간이다. 어머니의 보살핌과 사랑을 받지 못하고 자란 페로는 그녀를 극도로 증오하면서 사람보다 온갖 종류의 총기에 지대한 관심을 갖는다. 폴리는 그의 친구와 교감할 수 없으므로 경비견들에게 애정을 쏟는다. 씨쎄는 유괴당한 아들을 레차의 심령술에 의존하여 찾으려고 자진하여 그녀에게 마약을 투약하는 간호사 겸 비서로 일한다. 스털링은 자기 잘못이 아니라 모함과 비난 때문에 부족평의회의 결정으로 은퇴생활을 즐기려던 인디언마을에서 본의 아니게 추방당해 농장정원사로 취직한다. 이처럼 이들은 오로지 자기목적, 만족 그리고 도취에만 열중하기 때문에 상대방을 사랑, 존경 그리고 배려의 대상으로 인정하여 수용할 수 없다. 이렇게 그들이 서로 감정교류와 의사소통을 할 수 없는 괴물로 둔갑한 까닭은 스스로 극복할 수 없는 극한상황의 피해자로 전락하여 속수무책으로 살 수밖에 없는 비극적인 삶에서 연유한다.

먼저 스털링이 씨쎄에게 실토한 과거의 비극적인 삶을 기술한다. 스털링은 일찍 부모를 여의였기 때문에 학령에 바로 기숙학교로 진학한다. 그래서 그는 인디언 관습과 전통을 익힐 기회를 갖지 못한다. 머리(Marie)숙모는 정부정책에 부응하여 "교육은 미래의 동력이다"고 믿고 50년 전에 상실했던 기회를 지금 후회해야 아무 소용이 없다고 주장한다. 그러나 그는 이 상실로 나중에 치명타를 맞는다. 그는 어린 고아이지만 숙모의 헌신적이고 인디언 특유의 가족애에서 연유한 따뜻한 보살핌과 사랑을 받고 성장하면서 홀로 있기를 좋아한다. 따라서 그는 다른 사람들과 어울리려고 고심하지 않았고, 숙모와 같은 심정이 깊은 여자를 만나지 못했으므로 독신으로 지낸다. 또 그는 사회생활에 독자적으로 슬기롭게 대처하는 자립의지와 능력도 부족하며, 실존목적과 전통의식도 없고, 더욱이 개척정신도 없이 현실에 안주했던 59세의 철도회사 은퇴자이다. 그는 기회상실에다 이런 부정적인 삶과 의식 때문에 자기가 은퇴생활을 계획하고 돌아온 출생의 터전인 러구너(Laguna), 즉 인디언보호구역에서 추방당한다. 그는 마땅히 갈 곳이 없으므로 도저히 짐작할 수 없는 이상하고 내밀한 행동을 하는 제타, 페로 그리고 폴리의 심부름을 하면서 지내기가 편한 농장에 오래 머물고 싶어 한다. 요컨대 그는 자아, 민족 그리고 사회의식 없이 주로 대중잡지, 음주 그리고 성에 의존하여 무사안일한 삶을 추구한 전형적인 개인주의자였지만, 지금은 농장에서 정원사로 일하면서 심기일전하여 자아를 성찰하려고 전력한다. 이렇게 그는 자아를 성찰하고 제타와 레차의 영향을 받아 지금까지 망각하고 무관심했던 인디언문화와 철학의 진가를 새롭게 인식하고 자아를 성숙시킨다. 그는 "항시 과거 관습과 철학은 소멸하고 있는 중이라고 믿었기 때문에 과거전통과 유산을 중요시하지 않았다. 그러나 투손이 스털링을 변화시켰다"(88, 762).

그가 이 변화를 실감할 때까지 우여곡절을 겪는다. 그는 고등학교를 졸업하고 철도회사원으로 인디언보호구역에서 아주 멀리 떨어진 캘리포니어(California)주의 남부도시 바스토우(Barstow)에서 사회생활을 시작한다. 그가 1949년 마을 축제기간에 고향에 들르자, 유레이니엄(uranium) 광산개발을 하느냐, 않느냐의 논쟁이 뜨겁다. 촌로들은 광석을 채굴하려고 대지를 파서 갱도를 만드는 작업을 신성모독으로 간주하고 격렬하게 반대한다. 또 그들은 대지 훼손이 큰 재앙을 초래할 거라고 크게 염려한다. 그러나 제2차 세계대전에 참전하여 경제적, 사회적 혜택을 누렸던 제대군인들은 초라하고 무기력한 실직자에서 벗어날 수 있는 직장을 갖게 될 거라는 기대감으로 광산개발에 적극 찬성한다. 더욱이 미국정부도 냉전에 가장 효과적으로 대응할 수 있는 특급무기인 원자탄제조에 필수적인 광석 확보가 급선무이므로 염려와 반대를 일축한다. 제대군인들의 기대와 미국정부의 필요에 부응하여 광석채취가 본격화된다. 광석채취에 필요한 여러 행정조치와 직업이 땅을 훼손하지만 인디언들을 축재자로 변신시킬 뿐 아니라 그들의 삶을 풍요롭게 한다. 철도회사에 근무 중인 스털링의 친구들도 사표를 내고 고향으로 돌아와 수입이 더 많은 새 직장을 갖는다. 스털링은 처음부터 과격한 대립적인 논쟁에 가담하고 싶지 않고, 가까운 친척과 친구들도 없는 러구너로 돌아와 직장생활을 다시 힘들게 시작할 마음도 없으므로 광산개발에 오불관언한다. 반어적으로 이런 스털링은 광산 때문에 궁지에 빠진다. 항시 혼자 있고 싶어 하고 다른 사람들과 시비를 가리는 논쟁을 싫어하는 그에게 광산이 일으킨 청천벽력에 의하면, "스털링은 광산 때문에 어느 날 자신의 삶이 궁지에 빠질 거라고 꿈에도 생각지 못했다. [. . .] 스털링은 [광부들이] 땅을 파서 구멍을 뚫은 갱 입구 근처에 얼씬도 하지 않았는데, 광산이 그의 삶을 파멸시켰다. 광산이 없었다면 거대한 뱀 석상도 출현하지 않았을 것이다. [그러면] 할리우드(Hollywood)영화제작진도 이 뱀 석상을 결코 보지 않았을 거고, 따라서 촬영하지 않았을 거다"(35). 요컨대 스털링은 뱀 석상 때문에 태어난 터전, 즉 근원에서 추방당하는 비운을 극복해야 하지만, 슬기롭게 대응할 능력도 자질도 없다.

그가 추방당하는 계기는 철도회사를 퇴직하고 은퇴생활을 하려고 고향으로 돌아와서, 부족평의회의 요구로 할리우드 영화제작진의 감독관직을 맡는 데서 비롯된다. 부족평의회는 그가 캘러포니어주에서 수년 동안 백인들과 함께 생활했으므로 영화제작진을 잘 관리할 거라고 믿고, 그에게 감독관직을 위촉한다. 그러나 그는 이 감독관직을 사양하지만, 부족평의회 위원 중 누구도 맡으려고 하지 않는다. 그는 별수 없이 영화제작진에게 인디언의 성소는 출입금지시키면서도, 자기가 돌아오기 몇 개월 전에 출현했다는 뱀 석상에는 크게 신경 쓰지 않고 뱀 석상 촬영을 허용한다. 그는 이 촬영허용으로 전혀 예기치 않았던 엄청난 곤욕을 겪는다. 마을주민들은 수호신으로 숭배하는 뱀 석상이 백인들에게 노출된 사실에 경악하고 분노한다. 그들은 뱀 석상을 내밀하게 성령으로 모시고 싶어하기 때문이다. 게다가 그들은 선조들이 80년 전에 지하예배당 제단에 모셨던 작은 조부모 현무암조각품이 도난당했을 때 느꼈던 울분과 격노를 상기한다. 선조들은 비록 얼굴과 수족이 없지만 작은 하얀 조개껍질과 광석 구슬 목걸이를 걸치고 있는 조부모상을 불가사의한 영적 힘의 원천으로 숭배했다. 주민들은 조부모상이 도난품으로 샌터페이(Santa Fe) 박물관에 버젓이 전시되어 있지만, 선조들이 저명인사의 기증품이라는 이유로 되찾아오지 못한 무능, 무력감, 창피, 그리고 자괴감을 뼈저리게 느꼈음을 잘 안다. 그래서 그들은 뱀 석상을 반드시 간수하려고 안달한다. 그들은 부족평의회가 신뢰했던 스털링의 오판으로 기대가 어긋나자 큰 배신감을 느낀다. 따라서 그들은 그의 뱀 석상 촬영허용을 신성모독으로 극렬하게 비난한다. 더욱이 그들은 그가 영화제작진과 공모하여 뱀 석상을 반출하여 매각한 돈으로 마약을 구매하려했다고 터무니없이 그를 모함한다. 부족평의회는 무조건 이런 비난과 모함을 수용하여, 그를 마을에서 추방하는 결정을 내린다. 그는 이 결정에 슬기롭게 대응도 항의도 하지 못하고, 편협하고 비이성적이고 자기중심적인 집단의 피해자로 전락하여 자기에게 가장 소중한 태어난 터전, 즉 근원에서 추방당한다. 그는 추방당했으면서도 자아비판 없이 방랑생활을 하면서 대중잡지, 술 그리고 여체에 탐닉한다. 그는 방탕생활을 하다가 지금 농장정원사로 소박한 삶을 살기 시작한다.

그는 농장에서 동병상련의 씨쎄를 만나 사이좋게 지내면서 주인 심부름으로 함께 투손 도심지를 출입한다. 그는 한때 비행과 범법행위를 저질렀던 “정부자금 횡령자, 밀매업자, 뚜쟁이, 그리고 살인자들이 [지금은] 투손의 ‘유지’로 행세하고”(80)있는 현실을 개탄한다. 그는 이런 유지들보다는 투손에 잠시 체류했던 무법자들에게 관심이 더 많아 씨쎄와 함께 도심지에 오면 그들의 행적지를 찾아보고, 그녀에게 그들에 관한 야담을 이야기하기를 좋아한다. 그가 존 딜린져(John Dillinger), 빌리 더 키드(Billy the Kid) 그리고 프리티 보이 플로이드(Pretty Boy Floyd)와 같은 백인무법자들에게 매료되는 이유는 “백인의 법과 질서가 어떻게 집행되고 유지되는가를 이해하려고 골몰하기 때문이다. 그러나 스털링은 ‘무법자들’이 ‘정의’를 팔고 있는 경찰과 법원의 수중에서 부당한 [가혹한] 대우를 받는 고초를 겪고 있다는 사실을 인지한다. 또 그는 미국에서 통용되는 ‘법과 질서’는 불법과 인종주의임을 지실한다. 스털링은 스스로 예의바르고 법을 준수하기 때문에 불법을 자행하는 조직과 투쟁하는 대담하고 열정적인 반항자들에게 매료된다.”[18] 이처럼 스털링은 비행과 부정을 용납하지 않고, 모든 사람에게 공정하고 평등하게 집행되는 법, 유지되는 질서, 그리고 구현되는 정의가 지배하는 사회를 희구하는 이상적인 주인공이다. 더욱이 그는 이 소설의 주인공들 중에서 유일하게 근원으로 회귀하여 본래면목, 자연, 그리고 인디언 문화와 철학을 가장 중요시하는 인물로 변신한다.

스털링처럼 씨쎄도 부모의 보살핌과 사랑을 받지 못했고, 이기적이고 비열한 남자의 애통한 피해자가 되어, “행방불명이 된 사람들을 찾는” 데에 신통력을 가졌다는 레차의 간호사 겸 비서로 농장에 체재하면서 유괴당한 아들을 찾으려고 안달한다. 그녀는 부모가 이혼하고 아버지가 타계한 후에 재혼한 어머니와 갈등을 빚고 가출하여 바(술집)에서 요부만 가리고 광란하는 선정적인 춤(strip show)을 추는 무희로 사회생활을 시

---

[18] Coltelli, 120.

작한다. 그녀는 청혼을 거절한 남자의 동성연애자, 데이비드(David)와 관계를 갖고 임신하여 행복한 마음으로 출산하려한다. 그녀는 그에게 임신했다고 실토하고 그의 눈빛이 빤짝이는 환희를 보았기 때문이다. 그러나 불행하게도 그녀는 데이비드의 동성연애자, 보우프리(Beaufrey)의 강요로 태아를 유산시킨다. 그녀는 유산으로 마음의 큰 상처를 입었지만 데이비드가 아이를 갖고 싶어 하는 마음을 알고 다시 임신한다. 보우프리는 자기 의사와 권위에 도전하는 그녀의 행위가 매우 못마땅하고 불쾌하지만, 이번에는 태아 유산을 강요할 수 없다. 그녀가 아이를 가지려는 집념이 상상 외로 강하기 때문이다. 드디어 그녀가 아들을 출산하자 보우프리는 낭패에 빠져 주먹을 꽉 쥐고 눈 하나 깜짝 않으면서 그녀와 아이를 노려본다. 그는 데이비드가 아들을 극진히 사랑해서, 아이가 자기와 데이비드와의 연애에 큰 방해물이 될까 굉장히 염려한다. 결국 그는 불안감과 절망감을 없애려고 6개월 된 아이를 유괴하는 파렴치한 범죄를 저지른다. 그런 다음 그는 데이비드를 데려가고 그녀를 홀로 둔다. 씨쎄는 아들이 있던 유아침대가 비어있다고 확인한 순간을 영원히 잊지 못할 것이다. 그녀는 아들 이름을 목메어 부르면서 양팔과 두발로 기어 모든 방을 뒤진다. 그녀는 아들을 찾지 못하자 온몸에 땀이 흐름을 느낀다. 이후로 그녀는 악몽에 시달리다가 "어린이 로우션과 그의 피부 냄새가 풍기기 때문에 울면서 잠에서 깨어, 아들을 지금 바로 침대에 눕혔다고 착각한다. 이런 꿈 때문에 그녀는 아들이 아직 살아있다고 확신한다. 이러다가 그녀는 데이비드가 탐정들을 고용하는데 수천 달러를 썼을 뿐 아니라 정보제공자들에게 사례비를 지불했음에도 [아무 성과가 없음을 감안하면] 아들은 죽은 것 같다고 추리한다." 그녀는 이런 불확실성과 절망감에 휩싸인 상황에서 레차의 협조를 받으면 아들을 찾을 수 있을 거라고 믿는다. 따라서 그녀는 백방으로 수소문하여 레차를 찾는데 성공하자 외치기를, "나는 당신을 찾을 수 있을 거라고 결코 생각하지 않았다. 나는 당신의 도움을 필요로 한다." 이렇게 그녀는 레차를 만나 함께 택시를 타고 경계가 엄중한 농장으로 간다. 레차가 농장정문을 통과하려고 아들에게 "페로, 나는 재결합하고 싶다"고 말하지만, 아들은 비웃는 어투로 "저도 성인입니다"(46, 42, 166, 99)고 대꾸하면서 거부반응을 보인다. 결국 레차와 씨쎄는 제타의 도움으로 개들이 지키고 보안시설이 갖춰진 정문을 통과하여 농장건물 안으로 들어간다. 얼마 지나지 않아 씨쎄는 감정교류와 의사소통이 가능한 스털링이 곁에 있으므로 조금이나마 악몽과 아픔에서 벗어날 수 있다.

이렇게 씨쎄의 소박한 삶의 행복과 모성애를 짓밟은 악마적인 파괴자, 보우프리는 그의 어머니를 증오한다. 그는 어머니가 본의 아니게 자기를 임신하여 유산시키려 했으나 실패했다는 그녀의 말을 듣고, 자기는 태어나기 전부터 버림받은 인간이라고 생각하기 때문이다.[19] 그래서 그는 오로지 자기위주의 사고와 행동으로 일관하면서 실체가 없는 관념으로 간주하는 다른 사람들에게 아주 무관심할 뿐 아니라 그들과 호혜적 관계를 가지려하지 않는다. 그의 이런 특이한 이상 성격을 요약하면, "그는 언제나 자기 자신을, 오로지 자기 자신만을 사랑했다. [. . .] 그는 그의 어머니와 아버지, 심지어 가장 친절한 유모들에게도 무관심했다. 보우프리는 그들의 행위가 마음과 몸에서 배어나는 배려이고 사랑임을 이해하면서도 그들에게 무관심할 뿐이었다. 그들이 [그에게] 소중한 사람들이 아니었으므로 그들의 감정, 사랑, 혹은 염려도 아무 소용이 없었다. 그는 자신의 이기심으로 매우 흡족했다." 그는 이런 사연으로 여자를 무시하고 경멸하여 여자와 황홀한 성관계를 즐기려하지 않고, 독선적이고 자기중심적인 동성연애자로 돌변한다. 게다가 그는 부모를 미워하여 서로 애정과 사랑을 느끼지 못하고 자랐으므로 부자간의 따뜻한 정을 실존의 절대가치로 인정할 수 없는 괴물이다. 그는 자신의 "정욕 충동과 욕망의 노예"로 동성연애 상대자, 데이비드가 영육을 합치한 전부를 오로

---

19 Janet St. Clair, "Cannibal Queers: The Problematics of Metaphor in *Almanac of the Dead,*" *in Leslie Marmon Silko: A Collection of Critical Essays*, Eds. Louise K. Barnett and James L. Thorson (Albuquerque: University of New Mexico Press, 1999), 218.

지 자기에게만 쏟아주기를 갈망한다. 따라서 그는 자신의 갈망 극대화에 장애가 되는 데이비드의 아들을 유괴하여 살해한다. 그는 유괴를 합리화하려고, 씨쎄를 어머니가 될 자격이 없는 마약중독자이고 창녀이라고 비난한다. 그는 이런 범죄를 양심의 가책 없이 즐겁게 저지를 뿐 아니라 다른 사람들이 고통당하는 참혹한 장면을 좋아한다. 그는 아들을 지극히 사랑하는 데이비드가 그의 실종으로 겪고 있는 이루 말할 수 없는 고통을 보면서 혼자 즐거워한다. 그의 이런 이상한 쾌감의 또 하나의 실례는 "고문당한 인체의 사진이나 그림이 보우프리에게 수갑과 족쇄로 결박당한 피해자의 신음소리가 들리는 영화나 비디오우보다 더욱 큰 충격을 주었다." 더욱이 그는 서민들에게 무자비한 자본주의를 옹호하고, 그들을 무시하고 비하하는 소견을 피력하기를, "미국과 영국의 보통 사람들은 우둔하여 지배자들에게 반항하지 못했고, 모든 노예는 그들의 주인들보다도 더욱 잔인한 주인이 되려고 몽상했다"(533, 561, 565). 요컨대 그는 오직 자신의 이기심과 욕망을 극대화하려고 다른 사람들을 악의적으로 조종하는 냉혹한 인간의 본보기이다.

보우프리보다 더욱 간악한 파괴자, 트리그(Trigg)는 가난한 사람들을 살해한 다음 시신에서 적출한 장기들을 암거래하는 악한이다.[20] 그는 불행하게도 대학교 신입생일 때 교통사고로 척수 부상을 당해 하반신 불구자가 되어 온갖 불편과 차가운 눈빛을 감수하면서 오로지 축재에 집착한다. 그는 금전으로 무엇이든 보상받을 수 있다고 믿고, 돈벌이에 비인간적, 반인륜적 수단과 방법을 총동원한다. 그는 병원입원과 재활치료에 소요된 18개월 동안 병원도서관과 대학병원 교수도서관에 소장된 모든 장서를 읽는다. 이제 그는 의술과 첨단기술이 척수 부상과 신경조직 이식에 일으킬 미증유의 기적을 꿈꾼다. 그는 이 꿈 실현에 필요한 자금을 조달하려고 혈액매수소를 운영하면서, 혈장(血漿)과 혈액 판매 이상의 새로운 시장을 개척하려고 시도한다. 그러기 위해 그는 대학병원의 인간장

---

[20] Paul Beekman Taylor, "Silko's Reappropriation of Secrecy," in *Leslie Marmon Silko: A Collection of Critical Essays*, 49.

기 이식 의사들과 교제하고, 그들이 필요로 하는 새로운 생체적합재료들(biomaterials)의 공급자가 되고 싶어 한다. 그는 그들이 그의 다리와 뇌에 설치한 전자추진 접속장치의 도움으로 언젠가 다시 걸을 수 있기를 기대하기 때문이다. 그는 자신을 생체적합재료 산업의 선구자로 자찬하면서 이 산업을 밝게 전망하기를, "'생체적합재료들'은 새로운 항생물질이나 약제가 아니고 21세기의 뜻밖의 행운일 것 같다. [. . .] 생체적합재료들! 혈장도 아니고, 혈액도 아니다! [. . .] 생체적합재료들 — 태아뇌 물질, 인간 신장과 심장 그리고 폐, 안구 이식에 필요한 각막, 그리고 화상환자에게 필수적인 인간 피부 산업에 '알맞은' 용어." 게다가 그는 인간 장기와 시체 피부를 냉동시키면 장기간 전혀 손상되지 않으므로 국제적 암거래를 염두에 둔다. 그는 가능한 한 많은 인간장기와 피부를 확보하려고, 고용직원이 모집하여 자신의 혈액매수소로 데려온 가난한 사람들의 피를 과다 채취하여 그들을 살해한다. 그는 양심의 가책 없이 시신에서 적출한 장기를 서독의 생의학협회에 불법으로 판매한다. 그는 자신의 살인행위를 합리화하려고 "가난한 사람들은 인간쓰레기이다"(398, 444)고 비난한다. 요컨대 그는 자신의 장애 보상과 사익을 극대화하기 위해 지식과 기술을 악용한 대표적 악질분자이다.

백인의 대표적인 악마와 악한, 보우프리와 트리그 못지않은 멕시코 원주민, 메나도(Menardo)는 자기기만, 과시욕 그리고 무자비의 대명사이다. 그는 혼혈 인디언이면서도 권투하다가 강하게 얻어맞은 상처로 자신의 코가 납작하다고 변명하면서 백인 행세를 한다. 그는 할아버지에게서 전수받은 "인디언 삶과 문화를 저주"하면서 백인사회에 동화하려고 안달한다. 그는 "금전으로 명문가 [출신이라는] 갈증을 해소하려" 한다. 그는 보안산업과 보험업의 귀재로 벼락부자가 되어 사욕만 챙기려는 부정부패한 백인고위관료와 유지들과 어울린다. 그는 재력으로 몰락한 백인가문의 규수와 결혼하여 취아파스(Chiapas)주도, 투스틀라(Tuxtla) 근처의 밀림에다 마얀 피러미드(Mayan pyramid)를 모방한 대저택을 짓는다. 유감스럽게도 그와 건물설계사, 알레그리아(Alegria)는 재력을 과시하는 거대한 저택을 짓는데 여념이 없어 "거룩한 신전을 뻔뻔스럽게 경시하는 불경을 저지르고 있다는 사실을 인지하지 못한다."[21] 이런 불경 때문인지는 모르나 불행하게도 그의 부인이 신축건물의 대리석계단에서 넘어져 사고사로 타계한다. 그는 회사의 금지사항인 고객과의 성관계를 자기와 가졌기 때문에 면직당한 알레그리아와 재혼한다. 그는 자기가 그토록 선망한 전문직 백인여자와의 재혼을 가장 큰 영광으로 자랑한다. 그는 배우자 선택과 상류계층백인들과의 교제에 결정적인 역할을 하는 재력을 보험업으로 탄탄하게 키운다. 그의 보험업 성공비결은 가입자들의 재산을 화재나 자연재해의 범위를 넘어 폭동, 반란 그리고 전쟁으로 인한 피해도 보상한다는 데에 있다. 그는 이런 피해보상금을 최소한으로 지불하려고 개인적으로 정예 육해공군을 거느린다. 그는 폭동과 반란이 자주 과격하게 발발하면 자기 보험회사가 파산할 것 같아 폭력단과 반란군을 무자비하게 사살한다. 따라서 그는 항시 암살당할 위험을 느끼기 때문에 자기승용차 앞뒤로 경호차를 두고 방탄조끼를 입고 다닌다. 그는 방탄조끼를 잘 때도, 심지어 부인과 성관계를 가질 때도 여자의 마음과 심리는 아랑곳하지 않고 입는다. 그는 방탄조끼를 물신(物神)으로 숭배한다. 그는 방탄조끼의 성능을 과시하기 위해 백인고위관료들이 보는 앞에서 자기에게 발사하라는 명령을 받은 운전사로 위장 취업한 혁명군 첩보원, 타쵸(Tacho)의 총을 맞고 즉사한다. 요컨대 그는 자기 선조의 저주자, 자기 종족의 살인자 그리고 물신의 과신자로 비극적 종말을 자초한 자기기만과 과시의 피해자이고, 인디언들의 인권을 유린한 폭군이다.

인디언들은 이런 악마, 악한 그리고 폭군의 제거, 이들을 적극 비호하는 정부의 전복, 그리고 강탈당한 땅과 생존권의 회복을 염원한다. 그들 중 다수는 이 염원실현의 한 방편으로 막스주의(Marxism)와 폭력에 의존하려한다. 실코우는 이런 의존심 그리고 막스(Marx)와 막스주의의 통념을 깨는 주인공으로 막스주의 교육을 받아 거기에 매료된 강단 있고

[21] Deborah Horvitz, "Freud, Marx and Chiapas in Leslie Marmon Silko's *Almanac of the Dead*," *Studies in American Literature* 10.3 (1998): 57, 59.

매력적인 여성지도자 겸 혁명군 고위장교, 안젤리타(Angelita)를 창조한다. 또 그녀는 그들의 염원실현의 또 하나의 방편으로 평화적 방법을 선호하는 주인공도 창조한다. 더욱이 그녀는 이런 주인공들의 다양한 견해를 통합하는 이상적 대안으로 인디언들의 전통철학 — 인간과 자연은 하나이다 — 을 제시하여 자연으로 돌아가는 주인공 찬탄으로 소설을 마무리한다. 안젤리타는 많은 인디언들의 큰 기대와 희망 — 막스와 막스주의자들의 격려와 지원을 받아 자기들이 강탈당한 땅을 되찾을 수 있을 거다 — 을 일축한다. 그녀는 자기 민족의 의식과 소망과는 반대로 그들을 격렬하게 비난하기를, "백인 막스는 안 된다! 백인종교도 안 된다. 우리가 이 땅을 되찾을 때까지 [백인의] 어떤 것도 [수용해서는 안 된다]. [. . .] 막스주의자들은 인디언들의 땅을 되돌리고 싶어 하지 않는다. 우리는 종족 땅의 반환에 반대하는 모든 막스주의자에 관심이 없다." 이처럼 막스와 막스주의자들도 인디언들의 땅을 강탈하여 "지구를 산업적으로 발전시키고" 싶은 마음은 백인자본주의자들과 다를 바가 없다. 다시 말하면 "막스주의자들과 산업자본가들은 하나같이 지구 파괴자들이다. 막스주의도 존립을 위해 산업발전을 필요로 한다."[22] 그런데 안젤리타는 이런 비난을 하면서도 막스가 역사와 이야기를 중요시한다는 사실을 알고 경탄을 금치 못한다. 지배계층백인들은 인디언들에게 과거를 망각하라고 강요해 왔는데 반해, "백인 막스가 오더니 인디언들에게 [과거를] 기억하라고 역설했다. 이 역설은 인디언 선조들의 믿음이었다. 선조들은 현재와 미래의 뿌리는 과거에 있기 때문에 과거를 중요시했다." 그러므로 안젤리타는 막스가 언급했던 역사와 변화에 지대한 관심을 갖는다. 그녀는 그의 "역사는 성스러운 이야기들"이고, 그의 역사관 — "가장 완벽한 역사는 가장 강력한 힘"이다 — 을 수용하려고 전심하기 때문이다. 따라서 그녀는 "막스를 이야기들을 다시 말함으로써 세상의 고난과 사악을 없애기 위해 요술적인 이야기 전집을 편찬하려고 혼신의 힘을 다했던

[22] Tamara M. Teale, "The Silko Road from Chiapas or Why Native Americans Cannot Be Marxists," *MELUS* 23.4 (1998): 158, 161.

이야기꾼으로"(518-19, 311, 316) 상상한다. 이처럼 실코우는 많은 인디언들의 막스에 대한 통념을 깨고, 그를 이야기꾼으로 전제하여 그들이 강탈당한 땅과 생존권을 되찾는 이상적인 통합 방안을 제시하려고, 정략적으로 백인남자와 결혼했던 요에메(Yoeme)와 그녀의 두 손녀 제타와 레차, 정치와 이념을 초월하여 땅을 되찾으려고 헌신하는 쌍둥이 형제 엘 페요(El Feo)와 타쵸, 그리고 스털링에 관한 이야기들을 계속 말한다. 실코우는 스털링이 신토불이와 만물은 하나이다는 철학을 전제로 자기가 태어난 터전으로 돌아가 본디 사람으로 재생하는, 즉 근원으로 회귀하는 삶의 중요성과 필요성의 역설로 소설을 마무리한다.

요에메는 멕시코의 야키(Yaqui)족 출신으로 인디언들의 생명을 보호하고 땅을 지키기 위해 백인 구스만(Guzman)과 정략적으로 결혼한 여걸이다. 그녀가 백인과 결혼하기 전에 "그들(백인들)은 도처에서 인디언들을 사살했다. [백인과 인디언들과의] 전쟁이었다. 더 많은 은광을 발견하려고, 또 더 많은 인디언 땅을 강탈하려고 백인들이 몰려왔다." 그녀는 구스만과의 결혼 조건으로 백인들이 앞으로 더 이상 인디언들의 사살과 땅 강탈을 않기로 협정을 맺는다. 그러나 그는 "인간 피부로 등불 갓을 만드는"(116, 216) 재주는 있지만, 패기와 지도력이 없어 계속 몰려오는 백인들의 만행을 제지하지 못한다. 더욱이 그는 백인들이 인디언이라고 그녀를 극도로 증오하고 위협하는 데도 보호하려하지 않는다. 그래서 그녀가 그에게 반항하자 그는 7명의 아들과 딸에게 어머니는 죽은 사람이나 다름없다고 선언한다. 별수 없이 그녀는 자식들을 버리고 집을 뛰쳐나가 혁명군에 가담한다. 그녀는 체포당해 치안방해죄와 대역죄로 처형되는 전시물로 교수형이 집행되기를 기다리고 있다. 그녀의 처형을 고위관리들과 함께 직접 보려는 총독의 바쁜 일정으로 집행이 연기되다가, 1918년 독감이 마을을 휩쓸자 구사일생으로 살아난다.

그녀는 이렇게 살아서 고향으로 돌아오지만, 그녀가 객사하기를 바란 아들과 딸들은 겨울철인데도 어머니를 집안으로 모시지 않는다. 그래서 그녀는 큰 저택 뒤에 있는 조리실에 기거하면서, 강요로 백인광산기사와 결혼하고 허약한 체질로 요절한 딸의 어린 쌍둥이 딸, 제타 그리고 레차와 사이좋게 지낸다. 그들은 어머니가 작고하기 전에도 미국에서 광산기사로 일하는 아버지와 별거한다. 이러다가 그들이 14살에야 겨우 투손에서 상봉한 후에 타계한 아버지가 비록 실패한 광산기사였지만 남겨준 학자금으로 미국에서 고등교육을 받고 전문 지식인으로 활동하자, 요에메는 그들에게 상형문자, 스페인어 그리고 래틴어(Latin)로 기록된 비망록을 영어로 번역하고, 또 어떤 부분을 해독하라고 당부한다. 그녀는 여러해 전에 어느 여인으로부터 비망록을 넘겨받았기 때문이다. 그 여인은 그녀에게 넘겨주면서 비망록의 일부가 소실되었고, 그 부분이 암호로 표기되어 있었기 때문에 의미가 명확하지 않지만, 언젠가 그 부분을 보완하라고 요구한다. 요에메는 많은 세월이 지났는데도 이 요구에 응하지 못해 초조한 마음으로 쌍둥이자매에게 말하기를, "나는 평생 동안 보완을 생각했다. 문제는 소실된 부분의 의미 그리고 그 의미를 보완하는 방법을 찾는 과제였다. [. . .] 그 여인은 그 의미가 언어로 표현되어서는 안 된다고 경고했다. 내가 너희에게 이런 사정을 말하는 까닭은 옛날 필사본과 비망록이 얼마나 주의 깊게 보존되지 않으면 안 되는가를 이해시켜야 한다고 작심했기 때문이다. 기존에 없었던 어떤 사항도 절대로 첨가되어서는 안 된다." 이 비망록은 인디언들에게 "그들은 누구였으며, 어디서 왔는가"를 깨우쳐주는 가장 중요한 보물이다. 이 보물이 보존된 경위를 알아보면, 남부 인디언들이 백인들의 침략을 받아 전멸의 위기에 봉착하자, 비망록을 간수하려고 네 등분으로 나누어 안전한 북부로 가지고 갈 세 명의 소녀와 작은 소년을 선발한다. 그들은 어린이들에게 그들의 임무가 막중함을 강조하기를, "비망록은 . . . 그들 부족이 [생존한] 모든 날을 [기록한] 책이다. 이 [지나간] 날들과 해들은 살아 있으므로 다시 돌아올 것이다. 이 책은 어떤 희생을 치르더라도 보존되어야한다." 12살이 맨 위인 어린이들은 몇 개월 동안 낮에는 자고 밤에만 걷는 고행 길에 도저히 참고 견딜 수 없는 굶주림에 시달린다. 그들은 아사 직전에 책의 종이를 몇 장 찢어 죽을 끓여 먹고 생존한다. 큰 언니는 종이에 기록되어 있는 내용을 너무 많이 들어서 다 기억하고 있다고 장담한다. 이렇게 그들은 비망록의 신비한 힘 덕택에 살아 임무를 완수한다. 요에메는 이런 불가사의한 위력을 지닌 비망록을 보완하지 못한 채 레차에게 주면서 번역하고 해독하라고 당부하고, 제타에게는 극히 일부만 맡기면서 "네 재주는 다른 데에 있다"(129, 247, 131-32)고 말하고 영면한다.

제타는 래틴어와 스페인어로 주석이 붙은 비망록 일부를 검토하기 시작한다. 그녀는 비망록에서 이런 구절 — "성스러운 시간은 항시 현재에 있다" — 을 읽는다. 그녀는 이 구절로 깨닫기를, "성스러운 시간은 과거, 현재 그리고 미래를 명확하게 구분하지 않는다. 성스러운 시간은 시간과 공간의 절대불변 속에서 반복, 평행 그리고 모형에 의해 구성되는 가능성의 영역이다. 이 견해에 의하면 시간은 무한정하게 이용할 수 있는 실물이며, 공간과 상관관계가 있다. 시간은 인간이 신처럼 앞뒤로 이동할 수 있는 공간이다."[23] 부연하면 그녀는 "성스러운 시간은 항시 현재에 있다"는 깨달음에 의존하여 강탈당한 땅과 생존권으로 인한 고난과 시련을 감내해야했던 비극적인 과거와 땅과 자유를 되찾는다는 기대와 희망이 넘치는 낙관적인 미래가 통합되는 건설적인 현재의 창조를 가장 중요시한다. 따라서 그녀는 많은 인디언들이 무시하고 부정하는 고유문화와 철학을 적극적, 긍정적으로 수용하려고 최선을 다한다. 그녀는 이런 의식을 전제로 주장하기를, "어메리커대륙 어디에도 유럽사람들에 의해 수립된 합법정부는 없었다. 어떤 정의(定義)로도, 더욱이 유럽사람들의 정의와 법에 의한 합법정부는 없었다. 어떤 합법정부도 강탈당한 땅에는 수립될 수 없었기 때문이다. 강탈당한 땅은 분명한 국호와 [정부를] 가질 수 없었기 때문이다"(133). 이러므로 제타는 인디언들의 땅과 생존권을 강탈하여 불법으로 수립된 정부를 인정할 수 없으므로 전복하려고 노심초사한다. 그녀는 전복수단으로 폭력을 선호하기 때문에 아버지 유산으로 물려받은 투손 외각의 불모지 농장을 혁명군 지휘소 겸 군비자금 조

---

23 Caren Irr, "The Timeliness of *Almanac of the Dead*, or a Postmodern Rewriting of Radical Fiction," in *Leslie Marmon Silko: A Collecion of Critical Essays*, 227.

달을 위한 마약과 무기밀매 본거지로 이용한다. 마침 그녀가 비망록의 자기책임 부분의 번역을 끝마쳤을 때, 출산하고 1주일 후에 아들을 버리고 집을 나가 자유분방한 삶을 즐긴 레차의 귀환은 결코 우연도 예사로운 일이 아니라고 단정한다. 비망록에 포함된 책력이 언제 파종하거나 수확하느냐를 기술하지 않고, 앞으로 닥칠 재앙들, 즉 가뭄이나 홍수, 전염병, 내전이나 침략을 예언하고 있기 때문이다. 그녀는 조만간 큰 변화가 일어날 거라는 예감을 떨쳐버릴 수 없다. 그녀는 이 예감으로 빼앗긴 땅과 자유를 되찾을 수 있다는 기대와 희망으로 고무된다. 그녀는 폭력에 의존하여 이 꿈을 실현하고 싶어 한다. 그녀의 폭력 선호는 선천적 기질이라고 단정하기보다는 오히려 부모 애정의 결핍에다 정신적 외상(trauma)으로 인한 후천적 이상성격의 산물일 수도 있다. 그녀는 어렸을 때 외숙부로부터 성희롱을 당했을 뿐 아니라 성인이 된 후에 직장에서 승진 대가로 성관계를 요구하는 상사의 강요에 경악했기 때문에 이성을 멀리하고 평생을 독신으로 지낸다. 요컨대 제타는 자신이 다른 사람을 사랑하고 싶은 마음도, 사랑할 능력도 없으므로 실존에서 사랑, 애정 그리고 평화보다는 오히려 의무, 책임, 목적달성, 그리고 성과를 더욱 중요시하는 무정한 실용주의자이다.

레차는 아들을 버린 비정한 어머니이고 마약중독자이지만 심령술사로 명성을 얻어 전국을 누비고 다니면서 많은 남자들과 관계를 갖는 자유분방한 삶을 즐긴다. 그녀는 티비 토크쇼우(TV talk show)에 나와 사회자의 요구에 응해 실종자들을 찾아주는 심령술을 유감없이 발휘한다. 그래서 그녀는 사람들의 "과거를 통찰하고 미래를 예언할 수"(46) 있는 탁월한 능력의 소유자로 각광받는다. 그녀는 외할머니 요에메의 영향을 받아 자신의 이런 능력을 향상시킬 수 있었다고 믿기 때문에, 이 능력은 외할머니의 선물이라고 실토한다. 게다가 그녀는 자기가 티비 토크쇼우에 타고난 재주가 있어서 사회자와 관객들의 반응을 바로 간파할 수 있다고 자랑한다. 그녀는 폭발적인 인기를 누리고 돈벌이도 좋지만, 생존하고 있는 인물이 아니라 이미 사망한 사람들에 관한 이야기를 해야 하는

데 큰 회의와 싫증을 느낀다. 그녀는 여기에다 갑자기 비망록을 번역하고 해독해서 외할머니와의 약속을 지켜야한다는 책임감을 강하게 의식한다. 따라서 그녀는 자기심령술에 의존하여 유괴당한 아들을 찾으려고 안달하는 씨쎄를 간호사 겸 비서로 대동하고 제타와 아들이 거주하는 농장으로 가서, 본격적으로 비망록 번역과 해독 작업에 착수한다.

레차는 마약 기운이 떨어져서 심하게 일어나는 통증도 잊은 채 비망록과 신문의 오려낸 기사들을 몇 시간 동안 탐독한다. 그녀는 바로 비망록이 "위대한 유산"임을 실감한다. 요에메와 인디언들이 "비망록에는 생명력, 즉 땅을 되찾기 위해 어메리커대륙의 모든 부족 인디언들을 일치단결시킬 위력이 있다고 믿었음"(569)을 인지했기 때문이다. 비망록은 백인들이 인디언들의 땅과 생존권을 강탈하려고 쳐들어오기 몇 백 년 전에 그들에게 침략에 대비하라고 경고했다. 또 비망록은 큰 도시에 거주하는 인디언들에게 뿔뿔이 흩어져서 백인들의 집단학살행위를 미연에 저지하여, 희생자 수를 최소화하라고 조언했다. 그들은 비망록이 없었다면 땅을 되찾을 시기(몇 월 몇 일)를 알 수 없으므로 절망하여 자포자기했을 것이다. 그러나 그녀가 보기에 그렇게 소중한 비망록의 모양새는 엉망이다. 몇 백 년 동안 비망록을 간수했던 사람들은 찢어진 부분들을 종이로 붙여 최선을 다해 보존하려고 무척 애쓴 흔적이 역역하다. 술, 물, 혹은 피가 튀긴 부분도 있다. 원본의 파편들은 누렇게 변해 백지들 사이에 잘 끼어있고, 검정과 빨간 색으로 그려진 상형문자들은 아주 선명하다. 원본의 상당 부분이 소실되었고, 어떤 부분은 암호로 압축되어 있다.

그녀가 이렇게 험상궂은 비망록을 영어로 번역하고 암호를 해독하여 파악한 내용에 의하면, "이야기는 실제 체험과 닮은꼴이다. 그러나 실제 체험은 이미 존재하지 않고, 기억과 상상력의 융합체이다. 과거라고 명칭 되는 체험은 영향력이 이전과 동일한 균형이나 조화를 유지한다면 현실적으로 반복될 수 있다. 세부는 다를 수 있어도 본질은 변하지 않는다. [. . .] 기억의 영상은 현 순간에 있다." 또 그녀는 외할머니가 비망록의 여백에 가필한 이야기 — 마을을 휩쓴 독감 때문에 교수형집행 직전에 구사일생으로 살아남았다 — 를 읽는다. 그녀가 외할머니의 가필 의도를 간파한 바에 의하면, "요에메는 어떤 이야기들에는 위력이 내재되어 있다고 믿었다. 이 위력이 우리가 이야기를 되풀이해서 말 하게한다. 이야기를 재삼재사 말 할 때마다 사소할지라도 부단한 변화가 일어났다. 요에메의 구사일생 이야기가 모든 포로는 처형당한다는 상식을 뒤엎었다 . . . 그런 기적적인 탈출이야기가 높이 평가되고 빠르게 퍼진다면, 사형집행장으로부터 불가사의한 탈출 건수가 점점 증가할 것이다"(574-75, 581). 레차는 이 번역과 해독 과정에서 빼앗긴 땅과 생존권을 회복할 수 있다는 자신감으로 고무된다. 게다가 그녀는 멕시코에서 엘 페요와 타쵸가 땅을 되찾기 위해 부락 단위의 비무장군인들을 인솔하고 투손을 향해 북진할 계획을 세우고 있다는 소문을 듣는다.

제타와 레차처럼 쌍둥이 형제, 엘 페요와 타쵸도 빼앗긴 땅과 생존권을 회복하는 과업을 자신들 실존의 궁극적 목적으로 삼는다. 그러나 그들은 그 달성 방법을 쌍둥이 자매와 달리한다. 그들은 그 방법으로 폭력, 비망록, 정치지도자와 조직, 공산주의, 그리고 기독교보다도 오히려 모든 부족민의 땅을 되찾겠다는 집요한 투쟁의식 확장과 자유염원의 실현의지를 더 선호한다. 타쵸는 자기가 모시는 보험업과 자산증식의 귀재, 메나도가 휘하의 군인들에게 백인농장을 무단 점거한 인디언들의 오두막을 철거시키라고 내리는 명령을 듣는다. 군인들이 오두막을 철거하면, 그들은 다른 지역에다 다시 오두막을 짓고 텃밭을 가꾼다. 군인들이 텃밭을 짓밟고 오두막을 방화하면, 그들은 장소를 옮겨 새 터전을 만든다. 그들은 땅이 원래 자기들 소유였음을 알기 때문에 집요하게 백인농장을 무단 점거하여 농사를 짓는다. 심지어 군인들은 이런 거머리 같은 인디언들에게 인체에 매우 유독하고 위험한 살충제를 마구 쏟아 붓는다. 그래서 타쵸는 메나도가 친구사업가에게 이렇게 땅에 매달리는 인디언들이 곤충들보다도 더 악질이어서 그들을 추방시키는데 막대한 병력과 비용이 낭비된다고 푸념하는 볼멘소리를 듣는다. 타쵸는 "전쟁은 비행기나 무기가 아니라 꿈의 세계에서 승리하거나 패배하거나가 결판난다"는 영험한 앵무새들의 말을 경청한다. 더욱이 인디언들은 탁월한 정치가의 지도를 받지 않고 이런 집요한 투쟁을 자발적으로 지속한다. 그들은 "영혼에서 우러나오는 이상한 소리를 경청하고 있었다. 그들이 경청한 소리는 . . . 과거에서, 기억에서, 악몽에서, 감미로운 꿈에서, 그리고 선조들에서 배워야하는 삶과 행동의 지침이었기"(475, 513) 때문이다.

엘 페요와 타쵸는 쌍둥이로 태어났는데, 함께 자라면 불운이 닥친다는 미신 때문에 서로 헤어진다. 엘 페요는 산 근처 마을에서, 타쵸는 해안가에서 성장한다. 엘 페요의 관심은 "첫째가 땅이고, 말과 이념은 그 다음이다." 그는 땅을 되찾으려면 자기 휘하에 군대가 있어야함을 알기 때문에, 위장전술로 백인들의 지원을 받아 마을마다 야구부를 만들고, 야구선수들을 군인으로 둔갑시킨다. 그는 군 조직에 필요한 인원과 자금 마련에 막스주의교육을 받은 부인, 안젤리타의 도움을 크게 받는다. 그녀는 대학과 마을을 돌아다니면서 "거대한 '변화의 물결'이 다가오고 있다"고 대학생과 주민들을 선동하여 엘 페요의 부대로 데려온다. 또 그녀는 티비에 출연하여 막대한 기부금을 받아 군비에 충당한다. 더욱이 그녀는 메나도의 운전기사로 위장 취업한 타쵸로부터 입수한 군과 경찰 동향을 오지에 있는 부군에게 보고한다. 엘 페요는 군 지휘관으로 급부상하여 군을 가장 효율적으로 통솔하기 위해 스스로 변신하여, "그는 자기가 넓은 강들이 모든 사람과 사물, 심지어 엥걸즈(Engels)와 막스까지도 포용하는 거대한 바다로 흘러가는 영원 속에 자신을 완전히 망각할 때까지 지구의 중심핵으로 자기를 더욱더 깊이 묻고 있는 중이다고 상상했다"(524, 468, 522). 그는 이런 포용정신으로 무장하고 타쵸와 함께 마찰, 충돌, 적대감, 그리고 증오심 없이 무자비한 백인군인과 경찰을 압도하려고 수적으로 월등 우세한 땅을 되찾으려는 비무장군인들을 인솔하고 투손을 향해 북진한다.

실코우는 제타와 레차 그리고 엘 페요와 타쵸가 강탈당한 땅과 생존권을 회복하려는 목적은 일치하면서도, 그 달성 방법을 달리함을 고찰했다. 그녀는 이 방법이 다양할 수 있음을 인정하면서도 모두가 공감할 수 있는 통합적 대안을 소설의 마지막 장(6부 "하나의 세계, 많은 종족들," 1장 "예언")에서 제시한다. 그녀는 자기 이익, 목적 그리고 편의를 위해 다른 사람들의 인권과 재산을 강탈하고 자연을 파괴하는 세력과 정부, 그리고 이들의 비호를 받으면서 비행과 만행을 자행하는 악마, 악한 그리고 폭군을 규탄한다. 그녀는 오로지 현재의 이익, 편의, 만족, 그리고 탐욕을 극대화하려고 과거와 미래를 부정하고 무시하는 정부와 도당을 타도의 대상으로 간주한다. 그녀는 이 전복과 타도를 폭력과 파괴가 수반하는 혁명적 방법을 결코 선호하지 않는다. 그녀는 인디언들의 신토불이와 만물은 하나이다는 전통철학을 바탕으로 모든 사람이 공존, 평화, 균형, 그리고 조화를 이루려는 의식으로 전복과 타도를 현실화하려고 고심한다. 또 그녀는 이 의식, 과거, 현재 그리고 미래를 구분하지 않는 시간개념, 그리고 공간에서 자유자재로 이동할 수 있다는 자신감을 확신하는 사람들이 수적으로 독선, 아집 그리고 탐욕의 광신자들보다 월등 우세하면 마찰과 충돌 없는 사회변화와 개혁은 불가피하다고 갈파한다. 그녀는 갈등과 대립에서 유발되는 폭력과 파괴를 미연에 방지하는 화해, 공존 그리고 자연과의 합일을 삶과 행동의 지침으로 강조한다. 따라서 그녀는 이 지침에 따르려고 자기가 태어난 터전으로 돌아가 재생하는, 즉 근원으로 회귀하는 주인공, 스털링의 결단과 기대로 소설을 마무리한다.

실코우는 소설의 마지막 장에서 먼저 무력을 사용하지 않고 강탈당한 땅을 되찾으려고 엘 페요와 타쵸의 진영에 집결한 청장년, 부녀자 그리고 어린이들을 고찰한다. 쌍둥이형제는 공존과 평등의식을 생활과 행동 신조로 삼아 도처에서 진영으로 찾아온 이들을 환영하면서 끼니 걱정은 없으니 서로 사이좋게 지내자고 당부한다. 그녀의 고찰에 의하면, 그들은 쌍둥이형제의 지도에 따라 인디언 생활철학의 핵심을 이루는 상호이해, 배려 그리고 존중을 바탕으로 외지인, 땅 없는 농민 그리고 빈민들을 비롯한 각계각층의 모든 사람을 부대원으로 편입시켜 일치단결하여 투손을 향해 북진한다. 엘 페요와 타쵸는 그들을 일치단결시키기 위해 그들에게 마음에 품은 탐욕과 이기심을 버리라고 조언한다. 특히 쌍둥이

형제는 그들에게 백인들처럼 자기 이익, 목적 그리고 편의를 도모하는 사고와 행동을 타파하라고 강조한다. 그러면 그들은 모든 사람, 생물 그리고 사물과 조화, 균형 그리고 평화를 유지할 수 있다. 게다가 쌍둥이 형제는 그들에게 가장 시급한 과업은 땅으로 돌아가, 더 이상 땅을 폭파하고 굴착해서는 안 된다고 역설한다. 엘 페요와 타쵸는 그들이 이 조언과 역설로 정신무장하여 그 영향력을 확장한다면, 비행과 만행들로 얼룩진 백인사회는 저절로 붕괴되어 백인의 억압과 탄압 통치는 종말을 고할 거라고 자신 있게 예언한다. 그들은 이 예언에다 멕시코 경찰이 쌍둥이 형제가 진두지휘하는 북진을 저지하지 못함을 직접 목격하고 정신적으로 고무된다. 쌍둥이형제는 이 예언이 현실화되는데 100년이 걸릴지라도, 그때까지 인내심을 갖고 평온하게 기다릴 것이다. 또 그들은 인디언들이 수적으로 백인들을 압도적으로 능가할 때까지 기다릴 것이다. 그들의 기다림은 이런 확신을 전제로 하기 때문에 가능하다: "부족민들이 어메리커대륙을 되찾을 것이다. 부족민들이 전 세계에 있는 선조들의 땅을 되찾을 것이다. 이 되찾음이 땅의 혼령이 원하는 바이고, 땅을 사랑해서 해치지 않는 토착 어린이들의 소원이다"(712). 그들의 이런 확신과 기다림이 실코우 소설의 핵심이다.

그러나 안젤리타는 엘 페요 그리고 타쵸와는 다른 시각으로 백인사회를 통찰한다. 타쵸가 투손에서 개최되는 국제전체적의술가대회(International Holistic Healers Convention)에 연사로 초청을 받았으나, 비무장군인들과 함께 도보로 북진해야함으로 참석할 수 없어 대리로 그녀를 참석시킨다. 그는 그녀가 대독한 연설에서 인디언들이 평화적으로 땅을 되찾을 때까지 기다릴 거라고 천명한다. 그는 청중들이 이 취지에 동감하면, 비무장군인들은 인디언선조 혼령의 보호를 받고 있으므로 무기는 필요 없고, 군량미구입에 사용할 현금을 보내달라고 호소한다. 쌍둥이형제는 순진하게 혼령의 가호로 비무장군인들이 미국국경에 도달할 때까지 미군의 발포가 없을 거라고 믿지만, 안젤리타는 그 전에 사살당할 거라고 염려한다. 따라서 그녀는 미군의 공격으로부터 그들을 보호하기 위해 무기를 준비하려한다. 그녀는 무기를 장만하려고 대회에 참석한 무기를 밀매하는 제타와 접촉하여 거래를 시도한다. 요컨대 그녀는 백인들의 무자비한 폭력에는 오로지 무력으로 대응하려는 전략가이고 현실주의자로 꿈과 이상에 큰 관심을 갖지 않는다.

레차는 제타와 함께 대회에 참석하여 일전에 티비 토크쇼우에서 만났던 시인 겸 변호사인 윌선 위절 테일(Wilson Weasel Tail)의 연설을 듣는다. 그는 변호사는 가난한 사람들에게 치료제가 아니고 질병이라고 믿고, 법학전문대학원을 중퇴하고 반항적 기질이 다분한 시인이 된다. 그는 주장하기를, "법은 어떤 피부색이든 가난한 사람들을 짓밟고 부자들만 옹호한다. [그래서] 대중은 시를 필요로 한다. 시는 꿈과 영혼을 노래하여 사람들을 해방시킨다." 그는 청중들을 무한한 생명력의 근원인 땅을 강탈당한 데서 연유한 뼈에 사무친 분노와 박탈감에서 해방시키려고 미국정부를 극렬하게 비난하는 자작시를 낭송하기를, "불법정부만이 강탈한 땅을 점유한다. [. . .] 당신은 강탈한 땅을 되돌려라. 그렇지 않으면 자멸을 재촉할 거다." 레차는 그의 시낭송에 공감하여 반항과 투쟁의 대열에 들어서는 기분에 휩쓸린다. 그러나 그녀는 바로 다음 연사로 등단한 맨발의 호피(Barefoot Hopi)의 열변에 매료된다. 그는 고함지르기를, "이제 우리는 우리 어머니인 땅과 하나이다. 우리는 강과도 하나이다. 이제 우리는 우리의 근원, 즉 우주의 신비력으로 돌아왔다. 환호하자." 또 그는 엘 페요와 타쵸의 빼앗긴 땅을 되찾으려는 꿈, 되찾을 수 있다는 자신감과 확신, 그리고 꿈이 실현될 때까지 어떤 난관도 감내하면서 포기하지 않고 기다리려는 결연한 마음을 찬탄한다. 게다가 그는 그들이 평화적으로 빼앗긴 땅을 찾으려는 수단을 적극 지지한다. 그래서 그는 쌍둥이형제를 따라 북진하는 비무장군인과 동조자들을 쌍수를 들어 환영한다. 더욱이 그는 안젤리타가 대독한 쌍둥이형제의 연설문 중에서 일부를 격찬한다. 그 일부는 "땅은 자기를 사랑하는 사람들을 환호속에 맞이한다. 어떤 울타리, 담벼락, 총, 그리고 폭탄도 그들의 땅 사랑을 막지 못할 것이다. 그들은 [땅을 위해] 죽음도 두려워하지 않는다"

(714, 713, 725, 733, 736). 이 순간 레차는 요에메가 예찬했던 땅의 생명력과 복원력을 믿는 신비주의자가 된다. 그러나 레차와 제타는 반항적 기질을 가진 현실주의자이다.

레차는 농장이 갑작스레 무장괴한들의 습격을 받아 극심한 혼란에 빠진 와중에 씨쎄와 스털링을 승용차에 태우고 필사적으로 탈출한다. 그녀는 월선 위절 테일과 그의 일당이 사우스 더코우터(South Dakota)주에 구축한 비밀진영으로 가려한다. 그들은 인디언들로 구성된 전투부대를 창설하려는 계획을 가지고 있다. 레차는 스털링도 그 부대원이 되기를 원함으로 함께 가자고 말한다. 그러나 스털링은 투손에서 많이 알고 성숙했으므로 이전처럼 살 수 없다고 깨달았다. 따라서 그는 레차에게 호의는 고맙지만, 조카들의 목장 오두막에서 지내고 싶다는 의사표시로 거절한다. 그는 승용차창문에 촌로들이 비구름에 둘러싸인 산이라고 일컫는 테일러산(Mt. Taylor)의 높은 푸른 봉우리가 멀리 보이자, 목이 메이고 눈물이 하염없이 쏟아진다. 그는 차에서 내려 두 여자와 아쉬운 작별을 하고, 작은 모래언덕을 올라가 사암절벽 위에 있는 오두막에 다다른다. 그는 풍차가 퍼내는 물로 얼굴과 손을 씻고 마시자 비로소 고향, 자기가 태어난 터전으로 돌아와 본디 사람으로 재생했음을, 다시 말하면 근원으로 회귀했음을 실감한다.

그는 이 실감으로 비극적인 과거를 잊고 오로지 땅에서 보고, 듣고, 만지고, 맡는 즐거움에 심취한다. 이제 그는 부족평의회가 자신의 뱀 석상 촬영허가에 책임을 물어 결의한 추방결정에 격분했던 마음이 없어지고, 평의회와 화해하고 싶다. 그는 유일한 즐거움과 편암함의 원천이었던 통속잡지에 조금도 관심과 흥미를 느끼지 못한다. 그가 스스로 자신의 삶을 회고하고 반성하면, 일찍이 고아가 되어 학령에 바로 기숙학교로 진학하여, 백인교육을 받은 덕택에 철도회사에 취직하여 자기중심의 안이하고 편리한 생활을 즐겼고, 은퇴하여 고향에서도 이런 삶을 계속하려고 계획한다. 그는 "언제나 과거관습과 전통은 소멸한다고 생각하고 과거생활방식과 철학에 전혀 관심이 없었다." 결국 자신의 무지와 방심으로 은퇴계획에 큰 차질을 빚고 고향에서 추방당한다. 이 치욕의 절망감에서 벗어나려고 술, 여체, 그리고 불안감과 좌절감 해소에 다소 도움이 되는 통속잡지에 탐닉한다. 그가 이렇게 자제할 수 없으면서도 인지한 바에 의하면, 백인들이 인디언들이 신성시하는 땅을 강탈하여 이기적 목적으로 이용하려고 폭파하고 굴착하는 모독행위를 거침없이 자행했다. 또 백인들은 인디언들의 인권을 유린하고 생존권을 박탈하려고 무자비한 살육행위를 주저 없이 감행했다. 그런데 그는 투손에서 인디언철학과 자아상실에서 비롯된 무질서가 촉발한 지리멸렬한 만화경을 목격한다. 그는 인디언들의 강탈당한 땅과 생존권을 회복하자는 목적은 같으면서도, 그 달성방법을 달리하는 사람들의 대립과 갈등에 환멸을 느낀다. 특히 그는 그 방법으로 땅을 신성시하지 않고 폭력과 무력에 의존하려는 독선적, 편파적 현실주의자들을 혐오한다. 그는 땅과 생존권을 회복하는 최선책은 인디언들의 신토불이와 만물은 하나이다는 철학의 수용과 실천에 있을 뿐이라고 확신한다. 그는 이 확신으로 재생하여, 다른 사람들도 이 철학의 수용과 실천에 동참하기를 기대하는 마음으로 "[땅을 제일로 단정하는] 쌍둥이형제와 그의 동조자들이 [북진하여] 오고 있는 방향, 즉 남쪽을 바라본다"(762, 763). 이 구절이 실코우가 그의 확신과 기대로 이렇게 소설을 마무리하는 끝이다.

III

지금까지 "근원으로 회귀"를 논지로 70여명의 주인공이 서로 얽혀 있는 복잡다단한 이야기들로 구성된 *망자들의 비망록*을 고찰했다. 근원으로 회귀는 *망자들의 비망록*이 "지구와 여기 사는 사람들의 위치를 인식하는 원주민(인디언)방식으로 회귀를 . . . [이 회귀로 촉발되는] 세계질서의 격변과 세계사의 대대적 수정을 요구한다"[24]는 주장을 대변한다.

[24] Adam Sol, "The Story as It's Told: Prodigious Revisions in Leslie Marmon

또 근원으로 회귀는 우리가 오늘날 실존에서 신토불이와 만물은 하나이다는 인디언 철학을, 더욱이 이 철학을 전제로 의식개혁과 확장을 절실히 필요로 한다고 강조한다. 실코우는 지금 우리 실존에 가장 이상적인 인디언철학을 부각시키려고 이야기들을 두 부류로 나누어, 한 부류는 백인들이 인디언들의 땅을 강탈하여 수립한 불법정부의 만행들, 그리고 이런 정부의 비호를 받아 비행과 부정을 저지르면서 치부하는 악한들의 권모술수를 폭로하여 고발하는 이야기들이다. 불법정부의 만행들 중 하나는 인디언들이 신성시하는 땅을 이기적 목적과 편의를 위해 폭파하고 굴착하는 자연 파괴이다. 또 다른 만행은 불법정부에 반항하는 인디언 남자 뿐 아니라 무고한 부녀자와 아이들까지 무자비하게 살육하는 잔혹한 행위이다. 악한들은 자신들의 쾌락과 이익추구를 극대화하려고 살인도 불사하는 파렴치한 범죄를 저지른다. 이런 폭로와 고발이 소설의 핵심은 아니다. 또 하나의 부류는 인디언들이 빼앗긴 땅과 생존권을 되찾으려는 목적은 같으면서도, 그 달성방법을 달리하는 두 집단에 관한 이야기들이다. 한 집단은 그 방법을 폭력과 무력에 의존하려는 독선적 현실주의자들이다. 이들은 땅을 신성시하지 않고, 자신들의 주장과 방법에는 합리성, 보편성 그리고 정당성이 없음에도, 이를 간파하지 못하고 옹고집을 부리는 편협한 무리들이다. 또 하나의 집단은 실코우가 찬탄하는 현실적 이상주의자로 신토불이와 만물은 하나이다는 인디언 철학의 신봉자이고 실천가들이다. 이들은 땅을 제일로 신성시하고, 땅의 불가사의한 생명력, 지구력 그리고 복원력을 절대시한다. 또 이들은 인디언 철학의 실천가들의 숫자가 압도적으로 능가하면 평화스럽게 강탈당한 땅과 생존권을 되찾을 수 있다고 확신하고 그때까지 기다리려는 현실과 이상의 통합론자들이다. 이들의 인디언 철학신봉과 그 실천, 이 신봉과 실천으로 강탈당한 땅과 생존권을 회복할 수 있다는 확신, 그리고 이 확신 때문에 여유있게 기다리는 마음 이야기가 실코우 소설의 핵심이다. 이 이야기가 "우

Silko's *Almanac of the Dead*," *American Indian Quarterly*. 23. 3/4 (1999): 24.

리를 우리 자신의 한정된 세계관의 편협성에서 벗어나게 하여, 우리는 좋아하든 싫어하든 더욱 자유로운 이야기를 상상하고 창조하라고 요구한다."[25] 실코우는 *망자들의 비망록*에서 폭로와 고발 그리고 합리성과 정당성을 도외시하는 편협한 주장보다도 신토불이와 만물은 하나이다는 인디언 철학의 실천을 더욱더 중요시하고, 이 실천으로 촉발되는 의식개혁과 확장을 강조한다는 결론이 글의 요지이다.

[25] Salyer, 117.

찾아보기

저자__**고지문**

전남대학교 영문학과 학사(1955-1962)
서울대학교 영문학과 석사(1962-1964)
University of Hawaii 미국학과 석사(1971-1972)
제주대학교 영문학과 전임강사(1964-1969)
전남대학교 영문학과 교수(1969-2002)
University of Wisconsin, Milwaukee ACLS-Fulbright 교환교수(1981-1982)
University of South Carolina 방문교수(1990-1992)
University of Texas at Austin 방문교수(1996-1997)

현재: 전남대학교 영문학과 명예교수

〈저서〉

Major Themes in the Contemporary American Novel
(서울: 진명문화사, 1984; 신아사, 1999)

최근미국여성소설론과 작품세계: 굴레에서 자유로
(서울: 신아사, 1999)

최근미국소설론과 작품세계: 삶 예술 자아실현
(서울: 동인, 1994; 신아사, 2000)

최근미국소설의 핵심 주제: 사랑 자유 정의
(서울: 신아사, 2001)

포우스트모던 미국소설론과 작품세계: 언어 상상력 자아창조
(서울: 신아사, 2005)

최근미국소설 연구방법: 주체적 자아, 자유스런 삶 그리고 열린 사회의 창조를 바탕으로 [증보판]
(광주: 전남대학교출판부, 2011)

포우스트모던 미국소설론과 작품세계 2: 언어 상상력 자아창조
(광주: 전남대학교출판부, 2013)

행복을 추구한 세대: 철학 업적 유산
(광주: 전남대학교출판부, 2015)

포우스트-포우스트모던 미국소설론과 작품세계
언어 상상력 자아탐구 공존의식

2018년 8월 25일 인쇄
2018년 8월 30일 발행

지은이 | 고지문
펴낸이 | 정병석

펴낸곳 | 전남대학교출판문화원
주 소 | 61186 광주광역시 북구 용봉로 77
전 화 | (062) 530-0571~3 팩스 | (062) 530-0579
등 록 | 1981. 5. 21. 제53호
홈페이지 | http://www.cnup.co.kr
이메일 | cnup0571@hanmail.net

값 17,000 원

ISBN 978-89-6849-523-6 (93840)

이 도서의 국립중앙도서관 출판예정도서목록(CIP)은 e-CIP홈페이지(http://www.nl.go.kr/ecip)와
국가자료공동목록시스템(http://www.nl.go.kr/kolisnet)에서 이용하실 수 있습니다.
(CIP제어번호: CIP2018627010)